倡导能力为重的数学，旨在让数学学习多一点点变化与挑战、多一点点实践与综合，保持学生的好奇和灵动，体会到数学学习的惊喜和欢乐。

——唐彩斌

· 教育家成长丛书 ·

唐彩斌
与能力为重的小学数学

TANGGAIBIN YU NENGLI WEIZHONG DE XIAOXUE SHUXUE

中国教育报刊社·人民教育家研究院 组编

唐彩斌 著

北京师范大学出版集团
BEIJING NORMAL UNIVERSITY PUBLISHING GROUP
北京师范大学出版社

图书在版编目（CIP）数据

唐彩斌与能力为重的小学数学/中国教育报刊社人民教育家研究院
组编；唐彩斌著. —北京：北京师范大学出版社，2017.9（2020.10重印）
（教育家成长丛书）

ISBN 978-7-303-22918-5

Ⅰ.①唐…　Ⅱ.①中…　②唐…　Ⅲ.①小学数学课－教学研究
Ⅳ.①G623.502

中国版本图书馆 CIP 数据核字（2017）第 236225 号

营　销　中　心　电　话　　010-58802135　010-58802786
北师大出版社教师教育分社微信公众号　京师教师教育

出版发行：北京师范大学出版社　www.bnup.com
　　　　　北京市西城区新街口外大街 12-3 号
　　　　　邮政编码：100088
印　　刷：天津旭非印刷有限公司
经　　销：全国新华书店
开　　本：787 mm×1092 mm　1/16
印　　张：23.5
字　　数：402 千字
版　　次：2017 年 9 月第 1 版
印　　次：2020 年 10 月第 2 次印刷
定　　价：56.00 元

策划编辑：倪　花　　　责任编辑：马力敏　　王玲玲
美术编辑：焦　丽　　　装帧设计：焦　丽
责任校对：陈　民　　　责任印制：马　洁

教育家成长丛书

编委会名单

总 顾 问：柳　斌　顾明远

顾　　　问：叶　澜　田慧生　林崇德　陈玉琨

编委会主任：杨春茂

编　　　委：（按姓氏笔画为序）

于　漪　　王瑜琨　　方展画　　田慧生

成尚荣　　任　勇　　刘可钦　　孙双金

齐林泉　　杨九俊　　杨春茂　　李吉林

吴正宪　　张志勇　　张新洲　　陈雨亭

汪瑞林　　郑国民　　施久铭　　徐启建

唐江澎　　陶继新　　龚春燕　　程红兵

赖配根　　鲍东明　　窦桂梅　　魏书生

主　　　编：张新洲

副 主 编：赖配根　　王瑜琨　　汪瑞林

总 序

　　教育是国家发展的基石，教师是基石的奠基者。古人云："国将兴，必贵师而重傅。"兴国必先强教，强教必先重师。党中央、国务院高度重视教师队伍建设。2013 年教师节，习近平总书记在给全国广大教师的慰问信中指出："百年大计，教育为本。教师是立教之本、兴教之源，承担着让每个孩子健康成长、办好人民满意教育的重任。"2014 年，在第 30 个教师节前夕，习总书记到北京师范大学视察并发表重要讲话，指出："一个人遇到好老师是人生的幸运，一个学校拥有好老师是学校的光荣，一个民族源源不断涌现出一批又一批好老师则是民族的希望。"《国家中长期教育改革和发展规划纲要（2010—2020 年）》也明确提出，"有好的教师，才有好的教育"，要"努力造就一支师德高尚、业务精湛、结构合理、充满活力的高素质专业化教师队伍"。"倡导教育家办学"，要创造有利条件，鼓励教师和校长在实践中大胆探索，创新教育思想、教育模式和教育方法，形成教学特色和办学风格，造就一批教育家。"两个一百年"奋斗目标的实现、中华民族伟大复兴中国梦的实现，归根结底要靠人才、靠教育，而支撑起教育光荣梦想的，是千百万的教师。

　　时代呼唤好老师。有一流的教师，才有一流的教育；有一流的教育，才有一流的国家。出名师、育英才、成伟业，是时代赋予我们教育战线的神圣使命。"所谓大学者，非谓有大楼之谓也，有大师之谓也。"好学校、好教育的最重要标准，就是要有好老师。一所学校、一个地区，乃至一个国家，如果教师有理想、有爱心、有学识、有高超的教育艺术，那么即使硬件设施有些简陋，家长、学生也会心向往之。教师是中国梦的奠基者。教师的重要使命，就是为每个孩子播种梦想、点燃梦想，并帮助他们实现梦想。每一间平凡的教室，每一节朴实的课，都不仅是知识的传递，而且是人类文明精神的接续、人生梦想的起航。正是有亿万个孩子梦想的放飞、绽放，中国梦才更加光彩夺目。如果说中国梦最坚实的土壤是学校，那么教师就是最伟大的"筑梦师"，他们用默默无闻、孜孜不倦的智慧劳动，让每一颗年轻的心灵都与中国梦激情相拥。

倡导教育家办学，造就一批好老师，首先要尊重、珍惜我们的本土智慧、本土创造。教育家不是凭空产生的，而是扎根于自己的民族文化土壤，同时吸收人类文明成果，从而创造出独特而生动的教育实践、教育智慧和教育文明。五千年源远流长的中华文明，不但形成了有我们民族特色的教育理论体系，而且涌现出了千千万万优秀的教育家，有被推崇为"大成至圣先师""万世师表"的孔子，有"匹夫而为百世师，一言而为天下法"的韩愈，有"捧着一颗心来，不带半根草去"的人民教育家陶行知，等等。改革开放40年来，随着教育改革的不断深入，教育战线涌现出了一大批杰出教师。他们痴情于教育事业，坚守理想信念和教育良知，在三尺讲台上默默耕耘、刻苦钻研，同时以敢为天下先的精神大胆创新，不断进取、不断超越，形成了各具特色的教育思想和教学风格。正是他们的成功探索和实践，创造了具有中国风格的教育经验，丰富了具有中国特色的教育理论宝库。原由教育部师范教育司组织编写，现由中国教育报刊社人民教育家研究院组织编写的"教育家成长丛书"，就是要向这些宝贵的本土创造性的教育经验致敬。

当前，教育领域综合改革正在深入推进，考试招生制度改革的大幕已经拉开，立德树人、培育和践行社会主义核心价值观成为大中小学教育的头等任务。可以预见，中国教育将发生深刻的变革，将从"中国制造"向"中国创造"转变。"没有革命的理论，就没有革命的运动。"没有适合中国土壤、具有中国智慧的教育理论，就不可能为未来的中国教育改革提供有效的指导。我们的教育要向"中国创造"飞跃，

必然要首先创造属于我们自己的教育理论，而不是"言必称希腊"或者老是贩卖欧美的教育理论。170 多年前，美国思想家、诗人爱默生发表了著名演说《美国学者》，号召美国知识界："我们依赖旁人的日子，我们师从他国的长期学徒期时代即将结束。在我们周围，有成百上千万的青年正在走向生活，他们不能老是依赖外国学识的残余来获得营养。"由此，美国迈入精神立国阶段。

如今，我们也面临与爱默生同样的情形。随着我国 GDP 已从世界第二向第一迈进，我们的经济崛起已成为事实，但在道德文明、文化精神等方面，我们还需奋起直追。没有文明的崛起，经济崛起就难以持续。当务之急，是我们需要化解内心深处的文化自卑情结，摆脱对他国文明的精神依附，自觉养成强烈的"中国意识"，独立的中国文化品格，并由此去俯视世界，去改造本土实践，去创造属于我们自己的精神养料——这在教育界显得尤为紧迫。"教育家成长丛书"，旨在把我们本土教育实践中蕴含的中国智慧提炼出来，从而形成具有时代意义的中国特色的教育话语体系，再以此去观照、引领、改造中国的教育实践，为伟大的教育改革提供经验、理论支持，也为未来的教育家提供丰富、可资借鉴的精神养料。

让我们为中国教育的伟大未来一起努力吧！

张志勇

2015 年 3 月 9 日

前　言

　　见证着中国基础教育半个世纪的春华秋实，代表着中国基础教育教学成果的最高成就——"首届基础教育国家级教学成果奖"，闪耀着李吉林、窦桂梅、吴正宪、张思明、洪宗礼、唐江澎、邱学华、于永正、孙双金、薄俊生、龚春燕等一大批优秀教师的名字。而上述这些教师杰出代表恰恰都是《人民教育》"名师人生"栏目中最受读者喜爱的名师，都是"教育家成长丛书"的作者。

　　"教育家成长丛书"（以下简称"丛书"），是在第 20 个教师节前夕，为了研究、总结、宣传和推广我国众多优秀中小学教师的先进教育思想和鲜活的宝贵的教育教学经验，培养造就一大批德才兼备的优秀教师和杰出的教育家，促进教师队伍整体素质的提高，根据教育部党组安排，由师范教育司组织编写的一套凝聚着一大批教育家成长智慧的大型教育丛书。

　　"丛书"自 2006 年问世以来，不但得到国务院和教育部领导同志的高度重视，而且先后印刷多次尚不能满足广大读者的需求。这其中的奥秘何在？

　　当你翻开"丛书"，每一部著作都讲述着一位教育家成长的故事。这些著作主要从"成长历程""思想概述""课堂实录"和"社会反响"等方面全景式反映其教育思想、教育智慧、专业精神和专业人格的形成过程与教学实践过程。这是教育家成长的基本素质所在。

　　当你沿着教育家成长的足迹走近他们的时候，你会融入这些带有"草根色彩",扎根中华教育实践大地,充满田野芳香的真实感人的教育故事中。

当你从"丛书"中,从这些当年和自己一样的普通教师,成长为今天受人尊敬的教育家的成长过程中受到启迪,当你触摸着自己的心,把学生的成长和祖国的未来紧紧连在一起的时候,你会真切地感受到教育家离我们并不遥远。

当你用整个身心蘸着自己的生活积累去品味"丛书"中的每一部著作的"成长历程"时,在一位位名师不断学习、不断超越自我、不断超越学科教学的求索足迹中,你会读懂"教育是事业,其意义在于奉献"的丰富内涵。

当你研读"丛书"中的每一部著作的"思想概述",和每一位名师展开心灵对话的时候,都会深深地感受到,一名教师对教育独立的理解与执着的追求有多么重要。从一名普通的教师成长为受人尊敬的教育家的过程中,你会读懂"教育是科学,其价值在于求真"的深刻含义。透过"丛书",你会看到一代代教师用爱与智慧塑造民族未来的教育理想。

随着我们从"知识核心时代"走向"核心素养时代",教师教育教学活动的视野已拓展到人的生存与发展的方方面面。教师要结合自己的教学实践去感悟"教育理念是指导教育行为的思想观念和精神追求",应该把爱化为自己的教育行为,让爱充盈课堂,触摸到一个个灵动的生命,让爱产生智慧,让爱与智慧在学生心中留下岁月抹不去的美好回忆,让教育者和受教育者都感受到教育的幸福。这是"丛书"给我们的启示,也是每位教师应有的胸怀和视野。

时代呼唤教育家。为了进一步把我们本土教育实践中蕴含的中国智慧提炼出来,从而形成具有时代意义的中国特色的教育话语体系,以此去观照、引领、创新中国的教育实践并在更大范围加以推广,"丛书"将由中国教育报刊社人民教育家研究院继续组织编写,希望能够在更广大教师的心田中播种教育家成长的智慧,从而出更多的名师,育更多的英才,成就中华民族复兴的伟业。这是时代赋予广大教育工作者的神圣使命。如果广大教师能在每位教育家成长、探索教育智慧的过程中受到启迪,形成自己的教育智慧,则实现了我们编辑这套"丛书"的初衷。

"教育家成长丛书"
编委会
2015 年 3 月

目 录
CONTENTS
唐彩斌与能力为重的小学数学

发展数学能力的教学策略

能力为重的数学课堂的教学实施

能力为重的数学活动课程的新尝试

青年教师专业成长个案

附 录

小学数学课程与教学的国际视野

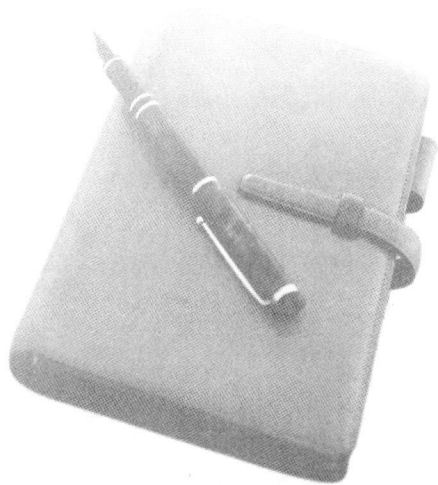

一、发达国家小学数学教材的共性特征

教育是人类共同永恒的话题，纵览全球，世界各国在不同的历史时期中都曾掀起过一场场教育变革，正是在这样的变革中，数学的课程改革也一次次被推向新的进程。漫漫长路，身处前进的队伍，我们需要环顾左右，探听前方，是谁在引领课程改革？引向何方？是什么主流着改革的思想？源于何故？虽然处在不同的文化背景和历史传统下，但世界各国数学课程的发展还是有律可循的，尤其是各发达国家数学课程改革的先进经验，从不同的维度预示着我国数学课程改革的方向，影射着我国数学课程改革的轨迹。基于此，我们也就不难理解当前众多课程改革专家的积极的呼吁："拓宽视野，在国际视野下建立我国数学课程改革的参照系，是推动新一轮课程改革不断取得进展的重要前提。"探询发达国家小学数学教材建设共性特征，就是在这样的背景下提出的。值得说明的是本文所指的发达国家，仅指文中所列的美国、德国、日本。为了中华民族的复兴，为了每位学生的发展，我们数学教育工作者有责任、有必要借鉴全球课程改革成果之精华，博览世界小学数学教材之特色，力图在比较中探询，探询教材建设的内在规律；力求在借鉴中创新，创造全新的高质量有特色的小学数学教材。

（一）共性特征

1. 重视问题解决和数学应用，已成为发达国家数学课程改革和教材编写的显著特点

【特征综述】21 世纪是一个信息化社会，瞬息万变的信息充斥着人们的生活，人们必须随时根据变化的信息进行决策、做出选择。审视数学教育的目的，数学教育不仅仅是为了学生学到一些数学知识，更重要的是让学生学会在这个丰富多彩、充满疑问、有时连问题和答案也没有的不确定的世界里生存的本领。每一个发展着的国家都期盼着国家有更多具有数学修养的人才，但不是希望所有的国民都成为数学家，其目的是想借数学知识对错综复杂的世界里的实际问题做出有条理的分析和预测，以便最后做决策。基于此，把数学应用到现实世界解决实际问题的"问题解决"的兴起成为各国数学课程改革的显著特点，就毋庸置疑了。

纵观世界各国的数学课程改革，我们不难发现这方面一些明显的特点。早在

1980 年美国数学教师协会就正式提出"把学生引进问题解决中去"，后来，美国数学课程标准(1989 年发表的《中小学数学课程与评估标准》)把"能够解决数学问题"列为学校数学教学要达到的五个目标之一，在其分项标准中，"数学用于问题解决"居于首位。德国巴伐利亚州在 1～4 年级十分重视让学生运用学到的数学知识去认识周围世界，去解决实际问题，在数学教学计划的"目的与任务"中明确要求使学生"具有解决问题地思维"，使学生"有能力在其他学科和日常生活中解决数学问题"。日本数学教育界也十分重视"问题解决"，从 1994 年开始全面实行新数学教学大纲，已把"课题教学"列为大纲内容，所谓"课题教学"就是以"问题解决"为特征的数学课。日本学校的数学教育课堂已在日本被公认为是一个学生学习解决问题的场所，教育界也为此开展了深入研究，涌现了大量专著。例如，早在 1986 年日本的能田伸彦教授就公布了对于"问题解决中数学模式的发现"的研究成果，这项研究成果促进了人们在数学问题解决上的研究，对日本教材的编写以及教学方法的改进有着重要的促进作用。

需要特别指出：问题解决不仅是一项数学课程的目标，还是一个发现的过程、探索的过程，使学生实现"再创造"数学的过程。学生借此过程可以认识和理解数学，因此，问题解决同时也是实现数学教育目的的重要手段。此时，问题解决就独立于一般的具体数学内容而成为数学学习的重要方面。

【教材实例】

美国的教材：

> 在讲解乘法分配律的时候，教材联系的实际情境为"图书馆的扩建"：由于这家图书馆要翻新，在完成扩建后，图书馆的总面积为多少？用多种方法进行计算(图 1-1、图 1-2)。(说明，什么样的问题具有驱动性，这方面国外的教材有值得借鉴的价值。)
>
> 面积$=ac+bc$　　　　　　面积$=(a+b)c$
>
>
>
> 图 1-1　　　　　　　　　图 1-2

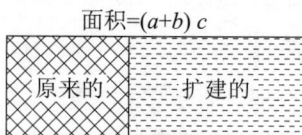

美国的教材，在每一个章节都设有专门的栏目"问题解决工作站"，还设有专门的课节用于介绍问题解决策略。

德国的教材在强调数学应用方面做了一系列的教学改革：

例如，有关时间的计算，教材中编写了许多实际生活中的问题。课本中印有一张奥格斯堡火车站9：00—12：00的真实火车时刻表。时刻表中包括在9：00—12：00这段时间里，从奥格斯堡火车站发出的各列火车的车次、火车行驶方向、旅客上车的站台号、沿途在各站停靠的时间、到达终点站的时间等信息。根据这张时刻表，教材要求学生解答类似于下面的一些问题。①写出在9：00—12：00这段时间中，从奥格斯堡发出的去向下列方向的所有火车车次：a)去慕尼黑；b)去纽伦堡。②在9：00—12：00这段时间里，乘哪几次火车的旅客要从8号站台上车？③卡塔琳小姐在9：20到达奥格斯堡火车站，她想去慕尼黑，可以乘哪几次火车？最快的是哪一次？到达慕尼黑是几时？从奥格斯堡到慕尼黑要多少时间？有关看火车时刻表的问题，这套教材里有13个大题、29个小题，几乎日常生活中碰到的一些实际问题都被编进了教材。

日本教材：

在小学三年级的教材中有一课叫"我居住的小镇"，其主要内容是："枚子的家乡小镇有居民18574人，从车站步行450米到达电视塔。从电视塔走1200米就到了游览船的码头，乘游览船40分钟可绕湖一周。游览船船票的价格是儿童每人280日元，我们5人乘船的话……"引导学生提出问题：5个儿童乘游览船要多少钱？从车站经过电视塔到游览船的码头，有多远？此外，还要鼓励学生提出别的问题。

一般教材都力求贴近学生生活的事实，以逼真直观的实景，不断激活学生已有的生活经验，不断促进学生投入问题解决的过程中。

2. 提倡现代技术的应用，在数学学科中提倡适当应用计算器和计算机，已成为各国数学课程改革的一大趋势

【特征综述】随着科学技术的迅猛发展，技术自然会冲击原来的数学课程与模式。在过去，对于在中小学阶段的数学学习中是否应当允许学生使用计算器，东西方在认识和观念上有着相当大的分歧。翻阅相同历史时期的数学课本我们可以发现东方国家的教科书，在计算器的使用上是相当保守的。保守现象的背后是教育者更多的担忧：应用计算器会不会影响学生的计算能力，会不会减弱学生的思维水平，会不会降低学生的操作技能……而在当时培养计算能力是东方国家中小学阶段数学学习的核心目标之一。

在美国，早在 1989 年颁布的《中小学数学课程与评估标准》中就指出，应当鼓励所有阶段的学生在数学学习中使用计算器。在他们看来，计算器和计算机的使用是有利于学生们的计算能力的发展的。另外，该标准还指出，并没有证据证明因为允许使用计算器而使得学生在简单的计算中也依赖于计算器。相反，学生应当学会选择最为恰当的计算工具。对于"计算器的使用"，美国的 UCSMP（University of Chicago School Mathematics Project）数学教材系列的编写者们做了更为详尽的阐述，他们认为学生在学前教育阶段，就应该被鼓励去使用简易计算器，即含有四则运算键的计算器，以帮助他们探究数学概念。在四至六年级时，学生可以根据自己的学习情况自主决定何时使用何种计算器。到了七年级，学生应开始使用科学计算器，因为到那时学生们通常所要处理的数字可能会很大或很小，简易计算器已无法胜任这些操作。而当学生开始学习 UCSMP 的代数时，图像计算器或是其他的自动绘图仪就要开始介入教学，而且会一直贯穿最后三年的中学数学课程。可以发现：计算器和计算机是有序地介入数学学习的。

德国巴伐利亚州现行的小学数学教学计划公布于 1981 年，在计划中关于计算有这样的特别说明：……低年级就可以利用计算器计算，虽然有人认为计算器的使用不易发展学生的思维，但省时、省力又经济，它是为大众所喜欢的最重要的技术之一，在课堂教学中同样不可或缺。针对教育者的担忧，在国际上有很多项关于数学学习中使用计算器和计算机的实验研究，这些研究报告表明，在数学教学中引进计算器和计算机利大于弊。计算器和计算机作为一种先进的学习工具引入后，教育工作者要重新审视各教学内容的目标定位和内容地位。这种先进技术的合理化的恰当使用，已是大势所趋。

在日本，计算机在社会生活中是必需品，对于学校的数学教学来说，利用计算机同样十分重要。日本的一些教育专家明确指出了计算机的两种利用方法：为了促进学习，作为教具利用；作为使用工具，进行操作学习。日本教材非常重视数学内容、计算方法和计算机的有机结合，教育专家认为运用计算机和信息技术是解决问题的一种重要手段。

(二)借鉴启示

囿于资料的有限，穷于研究视角的短浅，限于篇幅，以下阐述的仅是笔者研究和比较发达国家的数学课程改革得出的两点明显的共性特征：问题解决与信息技术。可能它只是冰山一角，但不管怎样，研究和分析的最终目的是为了学习和借鉴，历史的经验和教训告诉我们，在建设中国小学数学教材的道路上，任何主观臆造或者"东施效颦"式的模仿他人、他国的东西，终究会因不符合本国的实际而被人们无情地唾弃。因此我们唯有用发展的眼光来看待共性的特征，结合自己的实践和研究，有选择性地借鉴，这才是"洋为中用"的根本所在。

1. 构建主题化设计和开放性学习模式，落实问题解决和数学应用

在我国，关于"问题解决"华东师范大学张奠宙、南京大学郑毓信等前辈已有专论。粗略地说，"问题解决"就是教师为学生创设实际情境，激励学生独立探索，在学生的学习过程中提出高质量问题，启发和培养学生多向思考的意识及习惯，使学生认识到解决问题的途径不是单一的，而是开放式的，即问题的答案可能是多样的，甚至是无数的。如何具体体现这一思想呢？在《新思维小学数学》(浙江教育出版社出版，基于《现代小学数学》，按照新课程标准编写的数学读物)的建设中，主题图的设置可谓是"量身定制"的。学生面对一幅主题图，要从不同的方面提出问题，这有效地培养了学生的问题意识，实现了知识问题化和问题知识化。例如，在学习"比长短、比高矮、比轻重"的单元中，教材编排了这样一幅主题图，如图1-3。

学生经过独立观察，小组的合作与交流，能从不同的角度提出各种各样的问题：大象怎么去上学？大象坐船会沉吗？熊猫它们坐哪条船？长颈鹿脖子那么长能过山洞吗？斑马该走哪条路？……学生一看到新奇的主题图总能提出不同的问题。《新思维小学数学》将单元的数学内容整合在了一个主题图中，使问题贯穿始终，但学习的内容并不局限于主题范围内，主题化的设计与开放性的学习总是相互依存、辩证作用的。贴近生活的主题，是为了引发学生的问题意识，但数学的应用，却是现实开放的，为学生提供了大量解决问题的情境和机会。粗略来说，数学教学的过程——从既定的主题中，提炼、概括出数学的模型，再把数学模型开放地应用到丰富的现实中，这也正是构建主题化设计和开放性学习相统一的教学模式的宗旨所在。

图 1-3

2. 增强现代技术的工具性和应用性，有序、有机地整合现代技术

《基础教育课程改革纲要(试行)》指出："大力推进信息技术在教学过程中的普遍应用，促进信息技术与学科课程的整合，逐步实现教学内容的呈现方式、学生的学习方式、教师的教学方式和师生互动方式的变革，充分发挥信息技术的优势，为学生的学习和发展提供丰富多彩的教育环境和有力的学习工具。"对于小学数学学科而言，我们应该朝着怎样的方向努力呢？

近年来的实践表明，有了计算器，数学不再困于繁难的计算之中。在数学的学习过程中，我们也欣喜地发现：计算器的引进，渐渐被广大的教师和学生所接受。然而随着信息技术的发展，计算机也崭露头角，怎样把计算机有机地整合到学习数学的过程中，使学生有更多的精力投入到现实探索性的数学活动中成为我们研究的新课题。计算机的工具性不仅体现在它是教学的工具上，可以用来演示教师的教学课件，同时它也是学习的工具。《新思维小学数学》旨在把熟练操作计算机的技能纳

入小学数学教材中，并进行了突破性地尝试。例如，在学生学习轴对称图形的时候，教师可以让学生根据对称图形的特征，利用信息技术中的画图软件，进行简单的复制、粘贴、翻转、组合，制作轴对称图形，这样也凸显了信息技术的优越性(图1-4)。在操作中既加深了学生对对称图形特征的了解(对称图形不仅仅是两边一模一样，不只是"复制"就行，还需要

2.* 对称图形还可以通过电脑的画图工具来制作。
　　(1) 画树的一半，如图①。
　　(2) 复制，如图②。
　　(3) 把复制好的图②水平翻转，如图③。
　　(4) 图③平移后与图①组合在一起，如图④。

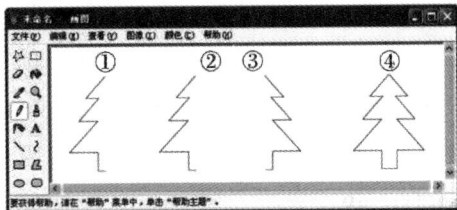

图1-4

"翻转"，也就印证了"对折以后完全重合的特征")，而且还让学生练习了用计算机画图的操作技能(这也是计算机学科要求掌握的基本技能)。在后继的学习中，教师可以结合数学材料引进Excel等工具性软件。与此同时，更为重要的是，整合信息技术的目的，是为了切实增强学生的信息素养。例如，在学习了对称图形之后，教师可以在"数学百花园"中，介绍中国民间传统工艺剪纸的信息(图1-5)，增强学生对轴对称的理解，也可以链接一些网址，渗透利用网络搜索更多的信息的意识，并介绍获取信息的方法，培养学生获取信息的能力，切实增强学生的信息素养。

图1-5

　　另外，编写人员在编写数学教材《新思维小学数学》的过程中，在呈现形式上也渗透了信息技术的一些思想。例如，知识的链接。比如，之前在学习长方形周长时学生对身边的相关事物做过调查或测量，知道这些物体的长和宽，并求出了周长；等到学习面积的时候，为了沟通长方形周长和面积之间的内部联系，同时也是对学生已有材料的再利用，教材安排了一个链接，示意学生检索并利用以前的信息进行

应用。这样既是增强了知识的应用，同时又利于学生自主构建知识体系。

以上内容，并不能标榜为借鉴发达国家数学教材建设共性特征的最好体现，只是表明了在学习的基础上做出的尝试与探索，我们不能以结论的形式来描述，展示更多的是我们仅有的设想和面临的问题。课程改革是一个过程，教材作为课程的一个重要载体，仍然需要我们不断反思，反思现行教材的实施状况；需要我们不断借鉴，借鉴国际数学课程改革的先进、鲜活的经验，扬长避短，博采众长，为创造百花齐放的课程改革时代做出自己的贡献！

二、美国的小学数学课程与教学

——访谈美国特拉华大学蔡金法教授

专家简介：

蔡金法，浙江萧山人，1994 年于美国匹兹堡大学获得博士学位，并荣膺杰出博士论文奖，2000 年获终身教职。现为美国特拉华大学(University of Delaware)数学系和教育学院正教授、博士生导师。在国内于杭州师范大学获理学学士学位，于北京师范大学获数学教育硕士学位，在教育研究领域，蔡博士尤其注重以中美宏观教育体系为背景，探索学生如何学习数学和解决问题，以及教师应怎样设置课堂情境来促进学生的数学学习和问题解决。他也是教育评价与评估方面的专家，特别是对纵向研究的评估。近年来，他的研究获得了美国国家科学基金会等机构超过 500 万美元的基金资助，已有 100 多篇学术论文发表于国际著名期刊或专著章节中，出版了 10 本学术专著并应邀主编了 6 期具有国际影响的杂志特刊。主要中文著作有《中美学生数学学习的系列实证研究——他山之石，何以攻玉》《华人如何学习数学》《美国现代数学教育改革》等。

※美国课程政策有怎样的动向？

唐彩斌：在地方分权制的美国，各州可以独立地制定其教育政策和教学标准，但近几年美国社会开始关注全美基础教育课程标准的统一性，研制了《州际共同核心标准》(*Common Core State Standards*，CCSS)。现在是不是各个州都是按照这个标准来执行的？这对美国的数学教育有怎样的影响？

蔡金法：据我所知，到 2012 年，美国已有 45 个州和华盛顿特区已经签署了该文件，这些州或特区正在实际教学中实施这一标准。作为美国政府，近年来也推出了一些可申请教育拨款的项目，如："竞争最优"（Race to the Top）等，并且拨款力度很大。尽管没有明文规定，但实际上要想该款项申请成功，其中的一个前提就是要实施《州际共同核心标准》。像我所在的特拉华州两年前就拿到了这个拨款，尽管它是美国第二小的州，但是所获得的拨款也有一亿美元。这样做的效应，其实就是在引导或鼓励每一个州都照着这个标准执行。值得指出的是，采纳《州际共同核心标准》的州或特区都在全方位地讨论如何结合课程评估、教师专业发展等来切实有效地实施该标准。

※"基础"究竟指什么？

唐彩斌：2008 年，布什总统召集人员成立了国家数学教育顾问委员会，最终提交了报告《成功的基础》，产生了重大的影响。这个"基础"主要指的是什么？

蔡金法：对美国来说，一般所谓基础，尽管可能在不同的文件中会有不一样的解释，但是总体来说，往往有两个方面，一个是后续的升学所需要的基础；另一个是为将来的就业所做的准备。

我们在看美国的文件时，有时需要从宏观一点的层面去考虑，美国几乎每年都会有一两个很重要的与教育有关的文件。这些文件有的是从民间机构出来的，有的是从联邦政府出来的。像你刚才说的 2008 年的布什的那个文件，实际上是政府直接主导的文件。最近，我们把过去 60 多年的美国数学教育改革做了一个比较详细的梳理，并成书为《美国现代数学教育改革》，发现美国的数学教育改革，每每提到"基础"的时候，都会与一个国家提升在世界范围的经济、政治、军事的竞争力联系在一起。这让我感受非常深刻，即大家意识到基础教育是如此重要，以至于会影响美国在全球的竞争力。

唐彩斌：说到"基础"，"双基是中国的传统"，经过 10 年的试验和实践，《义务教育数学课程标准（2011 年版）》正式颁布，在"双基"的基础上提出了"四基"（在基础知识、基本技能的基础上提出基本活动经验和基本思想），对此您有何评论？

蔡金法：不管是哪个国家、哪个民族，改革、反思、进而寻求改进一定是好的、必需的。我国过去十年的课程改革应该是非常积极的，因为至少体现了我们在反思我们的教育怎么改进。美国数学教育中的"基础"，比我们的课程标准里所提到的"四基"要来得宏观得多。既然"四基"已经提出，讨论"四基"的提法是否合适在目前来说不是最重要的。最重要的应是让教师怎么来理解、来贯彻，并课堂上来落实这"四基"，这一点我觉得是最重要的。任何一种教育的政策文件，包括课程标准，最终归根到底是要教师通过课堂来实施的。退一步说，哪怕有一个非常好的根据"四基"来编制的课程教材，如果教师对这四个方面的含义不是了解得很清楚的话，这个效果也不会很理想。

前些年，我们在美国做了一个大型跟踪研究，涉及几万名学生、20 所学校。尽管我们可以用同样的一个改革型的课程来教学，但最后的结果是，教师对改革理念认同程度高的班级的学生比认同程度低的班级的学生的数学成绩要好。实施得较好的班级跟实施得较差的相比，学生的成绩有很大的差异。所以我觉得最关键的是：教师怎么在课堂里落实以及怎么理解课程标准中的"四基"。

※简单地比较课程的"难易"有用吗？

唐彩斌：从课程内容的角度来看，中美两个国家之间最大的区别在哪里？之前留给我们的粗浅印象是美国数学课程"宽而浅"，中国的课程内容相对"窄而深"，还可以这样形容吗？这样的描述是否会过于简单化？

蔡金法：一般来说，为了让大家能够尽快理解研究结果的精髓，或让民众很快了解研究结果的要点，有的研究者就会召开研究结果发布会，用一些很简短而形象的词句来突出研究结果的重点，"宽而浅"以及"窄而深"就是一个例子。但仅仅使用这样的词句来概括中美数学课程的差异可能就显得太简单化了。

从内容来说，中国的课程分为四个领域，美国的课程分为五个领域。中国有一个领域叫"综合与实践"，这在美国是没有的，美国的课程标准从内容角度来说，把"数"与"代数"分开了，又多了一个"测量"，"测量"是单独的一个，这在我们国家是没有的。

唐彩斌：您怎么来看待两国数学课程的差异？

蔡金法：课程在很大程度上反映了教育及教学的理念。以下我要谈到的两个方面可能帮助我们理解数学课程的差异。第一，美国的教育普及起步比我们早，且普及率也比我们高，因此在小学及初中阶段的数学课程中，包括了很多内容供不同学区的不同学校选择性地使用。第二，对一般学生来说，美国的中小学教育是希望能拓展学生的知识面及一般见识，而不是希望学生很快地"钻"到一个领域里，但如果有学生对某一学科特别有兴趣的话，也可以有一些不同的选择。比如说，在我们家所在的学区，对数学感兴趣或确有专长的学生可以从小学开始就进入数学程度较高

的特别班级。在高中，还设置、提供了一些大学课程供有兴趣的学生选修，如线性代数和离散数学。

唐彩斌：就具体的一些学习内容来说，是不是有些方面中国的要求比美国的高一些，有些方面美国的要求比中国高一些？

蔡金法：的确，在具体内容上各有不同。比如，"代数"的一些内容，我个人觉得中国小学教材的正式引入比美国的要早得多。对于美国小学教材来说，在"概率""统计""数据分析"等方面比中国的引入更早一点，特别是"数据分析"以及"数据的呈现"方面。目前《州际共同核心标准》出台以后，对"数学模型"非常强调，尤其是到了高中以后，比中国要强调得多得多。需要特别说明一下的是：从课程内容的角度来说，一年级到八年级这一学习阶段，确实是中国的内容比美国的要深得多，但是到了高中以后，实际上有的内容我觉得美国比中国要深得多。

唐彩斌：您能否给我们举个例子？

蔡金法：以我们家所在学区的学校为例。我们所在的学区其实到十年级以后，相当于中国的高一年级，就有一些所谓的 AP（Advanced Placement Program）课程。我的女儿现在是高中二年级，她正在学微积分 AP 课程，她学习的程度跟我所在的特拉华大学教的微积分的难易程度是相当的，而且他们下学期就要开始学习线性代数了。

唐彩斌：也就是说，在美国选修数学的人也许比中国的学生学的数学还要更深一些吗？这一点，好像也能从德国、英国等不同的国家得到类似的印证？

蔡金法：是的，所以从这个角度来说，他们更强调学生个性化的发展。如果学生在数学方面有潜力、有兴趣，学校就给你提供进一步学习数学的机会。这样，不同的人学习不同的数学，让那些对数学有兴趣的学生有足够的空间发挥潜力。

※"大众教育"与"英才教育"怎么兼顾？

唐彩斌：在美国曾提出"大众教育"的口号，一度也影响到中国的数学教育改革，但是，美国也倡导"英才教育"，怎样妥善处理它们之间的关系呢？

蔡金法：在美国，所谓英才教育是有法律保障的，世界上据说只有两个国家有这样的条件，一个是新加坡，另一个是美国。在美国的学校有一套程序来鉴别英才学生，如果有学生被鉴定为英才的话，他/她就可以接受特殊的教育。美国的中小学也是这样的，如果有学生学得非常好，那么学校就要专门为他们"开小灶"，哪怕是两三个学生，学校都会为他们配备专门的英才教育的教师，给他们做一些特别的辅助，以开阔他们的眼界。而且，每年学校都要与英才学生的家长开会，讨论针对这些孩子的具体的特别教育计划。

唐彩斌：既提"英才教育"，又说"大众教育"，这是相互矛盾的吗？

蔡金法：我本人觉得不管在哪个国家，英才教育跟大众教育永远是矛盾的。因为对于国家来说，总的财政拨款是一定的，在一方面多了，另一方面就会少，这是一个我们必须要承认的事实。

从美国的历史来看，即使倡导大众教育，英才教育也一直是美国教育的重点，包括财政紧张的现在。一般地，如果学校获得的拨款紧缩了，英才教育相应地也会受到影响，但依然会被重视。无论是教育部的文件，还是州的课程标准，对英才教育都有明确的规定。譬如，不同的学生要进行不同的教育，有数学特长的学生要进行特殊的数学教育。

另外，社会上还有一些公益性的教育机构，他们会组织一些全国性的理科竞赛，除了给予物质奖励，还推荐表现优异者进好的大学，这些举措对英才教育的发展也起到了推波助澜的作用。

唐彩斌：说到竞赛，现在中国国内对"数学竞赛"人人喊打，我想特别请教一下，美国中小学也是有一些数学竞赛的，大家是怎么看待的？

蔡金法：有类似的。但是每个人都可以参加，不是选拔多少人出来进行特殊的训练。我刚刚说的理科竞赛，与这种所谓的数学竞赛很不相同，他们会选一个热门话题，比如生物方面的问题，参赛者可以应用统计方法分析与某一类疾病有关的问题，进行原创性的研究，组织者会评选出优秀的研究成果，给予很好的物质奖励。有的奖金额度高达五万美金，而且有些在全国范围的竞赛中获奖的学生，可以去白宫接受总统的接见。

从内容上来说，美国的竞赛中也有数学题目，但不像国内那样让学生在数学的一些分支里"深钻"，而更多的是鼓励学生利用数学来解决问题，同时也特别注重利用竞赛来培养学生对某一学科的兴趣。

与竞赛有关的所有事务性工作大都由民间工作者来完成，这些工作对英才教育的发展都会有直接或间接的影响，至少为数学的英才教育创造了一种很好的外部环境。

※"解决问题"和"问题解决"哪个更恰当?

唐彩斌:"问题解决"源自美国,这让我想起了中国小学数学的传统内容"应用题",在课程改革过程中,它先改成了"解决问题",现在又改成"问题解决"了,您怎么看待它们的联系?

蔡金法:这是一个很好的问题,但这里其实涉及太多方面了,看看我们能不能很简洁地把它解释一下。

我先说从"解决问题"到"问题解决"的这个改变,我不知道它为什么要这样改,但是我本人是比较赞同的,其中一个原因是应用题的教学。因为我对国内的应用题教学还是比较了解的,因为我自己也是在这样一个教育系统当中长大的。我们把应用题往往分成很多的类型,你看到"这个"马上就用"这个"办法做,看到"那个"马上用"那个"办法做,所以练到一定的程度不用再思考就可以解题了,只是靠识别应用题的类型就够了。对于这样的教学,我本人觉得不太适合数学能力的发展以及人才的培养,所以我觉得"应用题"的教学需要改进。

把"解决问题"改成"问题解决",好像只是字面上词序的改动,但我比较赞同这样一个改变。为什么呢?差别在于,如果用"解决问题",似乎将问题的最终解决作为目的。如果说"问题解决"的话,重点不是在"解决"这两个字上,而以"问题解决"作为一种教学的方法或学习手段,其实问题最后有没有被解决不是唯一的目的,目的是让学生在问题解决的过程中,学习数学,也学会思考。

唐彩斌:我们在讨论"应用题""解决问题"和"问题解决",有时其实也不是一种称谓的不同,而是"定性"的不同,您曾经强调把"问题解决"作为一种教学模式,这是一种怎样的考虑?

蔡金法:之所以我强调把"问题解决"作为一种教学方法,是有理论支持的。现在学习界有两大学习理论,一个是从认知建构的层面看学习,另一个是从社会情境的层面看学习。从认知建构的角度来说,每个个体都可以根据自己的认知特点来进行信息处理,从而建构自己的知识。在以问题为基础的数学教学中,学生成为知识的创造者,而不是被动接受规则和程序的参与者。而从社会情境的角度来看,学习是一个社会性的过程,学生的数学学习可以通过相互的交往、有意义的交谈和讨论来进行,并且在这个过程中学生可以达成对数学知识的共同理解。

基于问题的数学教学提供了一个自然的、"社会"的环境，让学生通过交往和互动学习数学。

※"改革型课程"的效果究竟怎样？

唐彩斌：您正在进行一项长期的研究项目"数学改革型课程对学生学业的影响"，并已得出了一个初步的结论："使用改革型课程的学生虽然在解决复杂问题上显著优于使用传统课程的学生，但在计算和解决简单问题上却不如后者。"对这个结论我们可以做怎样的分析？

蔡金法：我所做的有关课程改革的纵向研究有两个，一个是在美国做的，涉及美国的一个改革型课程教材；另外一个是与香港中文大学的倪玉菁教授合作的，主要针对中国的一套改革型教材。

对这两套教材的跟踪研究，我们得出的结论有些是一致的，有些是不一致的。一致的方面是：用开放式的问题去测试学生的时候，使用改革型课程的学生表现更好。这个结论在两个国家的项目研究中都是一致的。

关于基础知识与简单问题的测试结果，这两个研究稍微有些差别。美国课题研究的结论是，不管用什么课程，纵向比较，学生从低年级到高年级获得的知识量、进步的趋势和速度都是一样的。但是关于中国的课题研究，这个结论就跟你提到的是一样的，使用改革型课程的学生，在解决一些简单的问题上不太如使用传统课程的学生。

唐彩斌：我想是不是可以这样以为，数学教学有些是为了发展高层次的能力，对于计算和解决简单的问题来说，需要相对低层次一点的数学能力。是不是说使用了改革型课程的学生，在高水平的能力方面表现更好一点，但是在低水平的能力上表现欠佳？

蔡金法：我们要思考这样一种低水平的"表现欠佳"是不是值得的。使用改革型的课程，让高水平上的思维得以提高了，然后在低水平的思维上降低一点，我觉得还是值得的。因为实际上使用改革型课程的中国学生，计算题的答对率还在80%以上。可见，基础的部分也不错。

唐彩斌：可以类比您前面讲的"大众教育"与"英才教育"的关系，总值如果是一定的话，这方面多一点，那方面就要少一点了。对于一个学生的精力来说也是一个

总和，如果老是在低水平的方面投入过多的话，显然对高水平的投入就少了。

蔡金法：是的。这又是一个平衡度的问题。

※"提出问题"能力的差异在哪里？

唐彩斌：对于"问题解决"来说，提出问题也越来越得到人们更普遍的关注。我们国内的数学课程也在积极倡导这一内容。以前我看到过一个结论：美国学生提出问题的能力好像比中国学生要强一点。但我最近看您的实证研究时，我倒看到了另外一个结论，在您调查的中美学生当中，提出问题的水平，好像差不了太多？

蔡金法：我觉得结论应该是差不了太多。针对在数学问题解决上的优势来说，在问题提出上差别不大，学生在问题提出上的优势没有像解决问题方面表现得那样强。而针对中国学生自身来说，在问题解决上的水平是高于他在问题提出上的水平的。总的一个结论来说，我觉得你说的是对的，如果要补充一点的话，在多样性上面，美国学生好一点。

唐彩斌：就是类别上？

蔡金法：对，就是提出问题的类别上多一点。

唐彩斌：这让我想起了巴克的研究，他曾提出衡量"提问能力"的几个维度，一个是流畅性，一个是灵活性，还有一个是创造性。流畅性指的就是问题的数量，灵活性指的就是问题的种类，说明我们在灵活性上可能不如别人？

蔡金法：对，种类上不如别人，这是有一些证据的。

唐彩斌：其实从理念上来说，我们也希望去培养学生提出问题的能力，但是具体到课堂的实施，好像除了不断地语言鼓励以外，并没有一些操作性建议帮助我们来改进，您在这方面有没有好的建议？

蔡金法：最近有几个国内的访问学者在大学和我一起做课题。其中一个课题就是对人民教育出版社 1994 年的小学数学教材和 2004 年的教材进行比较。我们的重点放在了与问题提出有关的例证或者练习题上。结果我们发现 2004 年版的教材在编写当中，已经有意识地把"问题提出"作为一种类型的题目放进去了，不仅有例证，而且还有练习题。这一点在我们访问了人民教育出版社小学数学组的组长卢江老师后也得到了证实。1994 年的版本，尽管也有一些"问题提出"的题目，但那些题目的设置不是为了"提出问题"而设计的，而是为了让学生更好地学习解决不同类型的应用题而设置的跳板。

唐彩斌：就是"中间问题"。

蔡金法：对，中间问题。至于怎么来落实，我本人觉得随着数学建模意识的增强，数学活动经验的增加会有好转的。数学活动经验跟建模有非常大的联系。我觉得建模是数学活动经验当中很重要的一个主题，而建模的过程就要提出问题，不同的问题提出来以后，我们需要思考怎样解决这些问题，以及我们已有的条件或资源是否足够解决这些问题。

对于提出问题的关注，一方面，我们已经有了一个好的开端了，有关问题提出的题目已经被有意识地放进教材中去了；另一方面，我们也要意识到目前这些题目的总量还是少得可怜，我们发现一套中国的小学数学教材中，只有3‰左右的数学问题与问题提出有关。至少从课程内容上看，我们还应该增强这方面的意识和行动。

※"质量标准"要不要？

唐彩斌：除了数学课程标准，在美国是否有针对学生的数学学业质量的标准？有的时候我们真不知道学生到底学得怎样才是这个年龄的学生应该达到的标准。比如计算能力和提问能力，到底对一个12岁的学生来说，他的计算正确率达到多少，才算他学会计算了？提怎样的问题，就认为他已经学会提问了呢？在美国有没有这种学业质量的标准？

蔡金法：你提的问题实际上是关于制定一个量表而不是标准，来评估学生的能力的问题。比如，在美国数学教师协会2000年发布的数学课程标准中，已经给出了针对不同年级水平的关于数学与运算的标准，但不是量表。对于这个问题，我本人有两方面的看法。

一方面，这样的量表即使做出来了，我不确信到底有多少现实意义。我们常常提基本技能和基本知识，那么怎样才叫"基本"呢，学生会解决什么样的问题才叫已经达到这个基本要求了？如果有一个量化指标，似乎比较容易操作。但是这个很难，难在哪里呢？就是我们对于什么样才叫达到"基本"，目前是没有一致性意见的，而且有没有必要真的去达到一致性的意见呢？我本人觉得这个必要性不大，因为毕竟每一个学生都是一个不一样的个体，如果只用一套题目来测试学生能不能达到某些指标，这样就显得不是很科学了。

另一方面，我个人觉得，不管怎么样，数学教育最终的目的还是为了让学生真正学到知识，发展思维能力。从这个角度来说，学生思维的发展是没有极限的，教师能做的是为他们的发展提供支持。

总的来说，不同的学生应该要有不同的要求。比如，有的学生非常优秀，而且在数学方面真的有天分，如果我们也只是用这样的"标准"去评估他的学习，我觉得没有多少意义。从课堂教学角度来说，我们教师的职责之一，就是把学生的潜力发挥出来，让不同的学生能够达到不同的要求。促进每一个学生有更大的发展，这是首要的。

※中美课堂有怎样的不同？

唐彩斌：课程是否能实施好，关键在课堂。您一直关注着两个国家的数学课堂，而且在两国都听过很多的小学数学课。就整体来说，你觉得最大的不同在什么地方？

蔡金法：如果你一定让我挑一个最大的不同的话，从形式上来说，美国的课堂人数比较少，班级规模比较小。

唐彩斌：有多小？

蔡金法：这跟不同的学校所在的学区有关系，一般公立学校，学区比较富的，一般很少会超过 25 个学生，像我们家所在学区的小学，每班大概有 18 或 19 位学生。在美国有很多私立中小学，这些私立中小学，大部分都是通过小班教学来吸引家长的，学生人数一般都会少于 20 位。所以从这个角度来说，你让我一定挑一个最大的差别，这个可能是非常容易观察到的一个大的差别。

唐彩斌：由于这个差别会引起的教学上的不同，你觉得可能会在哪里？会不会照顾到学生个体的机会会更多一点？个性化教学会好一些？

蔡金法：是的，教师能照顾到的个体会更多一点。我个人觉得我们中国课堂的结构是非常非常清晰的，换句话说，是非常结构化。在一堂课里，这个时间干什么，那个时间干什么根据教师备的课这样执行下来，一气呵成，从表面上来看是非常连贯的。但是美国的课堂，你去看的时候，一般情况下给人的感觉会有点乱乱的，这个时间做什么，那个时间做什么似乎没有事先计划好，所以不是那么有结构化。至于这两种课堂风格哪个好、哪个不好，这是一个值得讨论的问题。但至少我认为，你现在直接问我差别在哪里，这是另外一个我觉得可以比较明确观察到的差别。中国课堂的这种风格可能跟我们的教育理念有关，也可能跟我们的班级规模有关。

※"自主合作探究"的学习方式怎么落实？

唐彩斌：现在我们国内推行新课程的时候，努力倡导"自主合作探究"的学习方式，这种理念大多数教师也能认同，但是真正实施起来还是有困难的。比如合作，有时候也能看到课堂上的一些合作，"四个人一组，大家转个身，转过去说两句，说两句就转过来了"，是不是美国学生在这些方面做得好一些？

蔡金法：这有点像"一件穿的年份比较久的西服上贴了一块新的补丁"，刚开始总会有点不顺眼，因此，我本人觉得需要有一个过程，我们不能够期望一下子能够改变。因为在课堂上发生的事情，实际上是一个大的社会或文化背景的折射。如果我们对这一点有认同的话，我们应该允许教师去慢慢适应和探索，教学本身就是一个设计和探索的过程，如果说教师和学生本身都没有尝到"合作学习"的甜头，只是听起来好，或是为了"公开课""教学竞赛"加一点表面性的东西，这样，教师就很难去思考如何实施"自主合作探究"了。

一方面，我觉得要给教师一点时间去思考，另一方面，要让教师跟学生有自己的体会，即为什么这样的合作会比较好。这一点就好像我们做研究一样，我是很喜欢与他人合作的，几个人合作下来做的东西就是比一个人做的东西好。

同时在策略上要对教师进行一些培训。比如说，合作学习并不是对所有的学习任务都是适合的。一个问题很简单，我自己一个人随便一想就能解决的话，还有必要把头转过去做一些合作和讨论吗？可能没有必要吧！我认为，即使我是班上学习最好的一个学生，当学习任务超出了我一个人能够单独解决的能力范围时，合作学习会更有价值或效果。

另外，要合作学习能够真正进行得起来，哪些人在同一个合作小组也很重要。有的学生就是不太喜欢讲话，有的学生就是喜欢讲话，有的学生的组织能力很强，有的学生就是不擅长组织。不同背景的学生，不同个性的学生，可以互补，就可以把他们安排到一个合作小组，让小组中的每个人的长处都可以发挥出来，而每个人的短处都得到了弥补。我觉得，这才是合作学习要追求的效果，而不是一种形式上的合作。对于学生来说，还有一点很重要的是，可以把合作精神和合作能力作为一

个目标来培养，而不仅仅是关注通过合作解决了什么问题。

唐彩斌：把合作精神和合作能力也作为教学的一个目标来考虑，值得我们重视。我们平时讨论更多的是"数学教学的内容"，而对于怎样"让学生学会合作"却很少去考虑，甚至会觉得是不用"教"的。

蔡金法：所谓教书育人，其实我们在教书本知识上讲得很多，但是在育人这个方面，我们可能讲得少了一点。我们常常在特殊的场合中来进行德育与爱国主义教育，但是实际上德育与爱国主义，在生活里的每一分钟都可以体现，不能仅仅靠说一个小故事，如介绍"祖冲之发明圆周率"。总之，不能简单化、表面化地来说这个事情，要融合到学生的生活当中去。合作学习也是相同的，要融合到学生的生活当中去，要融合到日常教学活动中。

※教师的"主导"或"引导"的"度"如何把握？

唐彩斌：我们熟知在课堂上，教师是主导，学生是主体，但在实践中，对一线教师来说，有时因为班级人数较多，的确很难判断自己到底什么时候是起"主导"作用，有的时候就遵循着学生的主体思路稍加"引导"，常常难以取舍抉择？

蔡金法：对这个"度"的处理永远是一门艺术，也是比较难解决的一个问题。就像家长对自己的孩子，什么时候该多放点手，什么时候该多抓紧一点，永远是一个比较棘手的问题。

我觉得至少有两方面的规律我们可以去找，有些问题是针对大的班级的，这样的一些具有普遍性的问题，我觉得教师可以多主导一点，有些问题是针对某一些或一部分学生的，在不同的场合，我们教师可能就要少引导一点。

此外，还是有一些一般的规律在里面，很多的研究证据表明如果学生接受的挑战越多，往往他们学到的东西就越多。所以主导与引导之间的取舍，就在于我们不要让挑战达到太大的程度，以至于让学生丧失了信心，但是也不要让这个挑战太弱，以至于让学生失去参与的兴趣。

唐彩斌：您曾经介绍过"比萨饼的案例"，学生想出了 8 种不同的方法，有的方法很有创意，真是让人欣喜。不过我也有疑问：对于一个班集体来说，会不会有些同学找到了很多的方法，但有些同学却连一种解决方法都没有找到呢？怎样看待那些没有找到方法的同学呢？

蔡金法：这个我觉得是有可能的，而且可能性是很大的。一个班级里面的学生毕竟是有差别的，但我觉得有些学生一种方法都没找到并不是一个问题，如果"暴露"他们，让大家知道哪些人是一种方法都没有找到的，以至于让那些人难看，这样就不好了。

唐彩斌：只要他们努力在思考了，这就是最重要的了，哪怕没有结果？

蔡金法：他们经历过思维的过程了，然后教师在教学中能够对这些学生提供合适的帮助就更好了。在他们自己解决问题的过程中，我们做教师的是在一旁观察的，如果发现哪些学生一个方法都找不到，我们可以单独跟他们交谈，和他们一起分析为什么找不出方法来，在哪些地方有障碍了，可以给他们单独的辅导。在全班介绍另外一些方法的同时，我们也可以帮助他们，让他们明白为什么这些方法他们没有想到。

但我本人觉得，要避免的是在课堂上把这些做不出来的学生作为一个"对立面"放在那里，让他们失去自信心，下次他们就没有信心再做了。我觉得作为教师来说，我们面对的毕竟是一群活生生的，有情感、有思维的人。如果一次、两次，甚至多次受到这样打击的话，这个学生就会放弃努力，产生"反正我最差，我做不出来"的想法，那就很糟了。

唐彩斌：在一个班级中，除了我刚才的这种假设，其实还有一种情况，就是也有一些学生，当别人还在寻找解决问题的方法的时候，他一个人就找出了多种方法，他自己可能已经满足了。作为教师，是叫这个学生再去做别的题目呢，还是让他再继续想更多的方法呢？

蔡金法：这个是很普遍的现象。假设是我在上课，我会用两种办法，第一，对这样的题目，我会预先想出有多少种方法，如果还有方法的话，我就这样鼓励该学生："尽管你找出三种方法了，请继续努力，你会找出更多的方法来的！"

第二，如果仅仅只有这三种方法，我会鼓励他把这三种方法比较一下，看看不同的方法涉及的知识是什么，这些方法之间有什么样的不同、什么样的相同。总之，一定要让这些好学生有挑战性的事情做，能够比别的学生获得的更多。

在一般的情况下，我本人不会让他们做新的题目，因为一做新题目的话，很容易让别的学生发现，这样就不自觉地把一个班级的学生分出层次或等级了。

我觉得我们做教师也好，包括我们做家长也好，在我们的心目当中，不管是差

学生还是好学生，我们真的应该同等对待他们，让他们感受到教师是"一碗水端平"的，所以，我本人不赞成使用不同的题目。

唐彩斌：而是倡导在解决同一问题的过程中，让不同水平的学生都得到发展。

蔡金法：对，如果一定要用不同的数学问题的话，一定想要让好的学生觉得更能"吃饱"的话，倒不如在与学生的单独交谈中，把这个问题稍微改动一下。比如说，同样是比萨饼问题，他用画图切割的方法来做，我们就可以给他一个变化了的题目，如增大数量：如果有七万个女孩子要分三千个比萨饼，怎么个分法？他自己就会觉得这个切割的办法太"笨"了，做起来就不太好了，就会促使他去想更好的方法。

※教学应"循序渐进"还是"直面挑战"？

唐彩斌：在课堂上，面向群体，呈现一个怎样的问题，也是一种"选择的艺术"。我本人就有不少顾虑：如果教师提出一些具有挑战性的问题，万一有些学生参与其中却不能解答，他可能会得不到提高，但是如果我用循序渐进的方式铺垫，从易到难地提供一些问题或内容，即使那种高水平的思维没有得到培养，但至少基础的东西得到了巩固。您怎么看？

蔡金法：我本人觉得这种担心是没有必要的。如果你把这个挑战性的问题给学生，实际上，在解答问题的过程中，学生会通过他们自己的办法，把之前我们认为需要铺垫的知识和技能一一的抓取过来。区别就在于铺垫是教师给的还是学生自己搭建的。

并且，我觉得教师的铺垫，大都经过精心设计，是由小到大、一步一步、循序渐进地搭建的。而学生自己的铺垫，有可能没有那么有序。因此我本人觉得，要使解决一个挑战性的问题的过程起到同样的"循序渐进"的效果，就需要教师在教学的过程中将学生各种解决问题的方法，按照一定的顺序组织起来，让大家讨论。

唐彩斌：也就是说，针对学生在课堂上的表现，教师就要发挥自己的主导作用了，把学生发现的素材组织到教师原来想给学生呈现的知识序列中去，用"孩子的方法来教孩子"。

蔡金法：对，这个两头都照顾到了。但是我觉得还有一点，我们一直还没有谈到，即自主学习也好，鼓励学生合作学习也好，给学生一些挑战性的问题让他们思考也好，看上去都是要让学生去做，教师似乎被"架空"了，但实际上，这些方法对教师的要求更高了。通过这样的教学，教师自己也会有长进，因为在这样的课堂中，有可能会出现预先想不到的东西。

所以，我本人觉得你提的这个顾虑应该不是一个问题。课堂使用挑战性的问题，学生不仅基础可以得到巩固，而且他们的思维能力也能够在迎接挑战中得到提高。最关键的点在哪里呢？我觉得是把这个挑战性的问题提出来以后，不管好学生也好，差学生也好，都会在他的脑子里面产生一个认知的冲突，而认知冲突是促进学习发生的重要因素。如果我们学习的内容都是预先循序渐进编排好的，那么下一次，学生碰到新的、有挑战性的问题时，就不知道如何下手了，因为没有人给他事先做好铺垫了。

另外，我有一个亲身体会，我所在的数学系有很多从中国和其他东南亚国家来的留学生。留学生的许多研究涉及通过建立数学模型（如各类方程）来解决一些工业界或金融界的问题，中国的一些博士生往往在解一些复杂的方程时很在行，但是在建立模型方面，不一定比美国学生好，这也许与我们平时的教学有关。

※"理想的课堂"是怎样的？

唐彩斌：在访谈的最后，如果请您描述一下，在国际视野下，理想的数学课堂应该是怎样的？也算是给我们广大的小学数学教师的寄语吧。

蔡金法：这个问题蛮难回答的，如果一定让我这么快仅凭我的直觉来说的话，我觉得理想的课堂至少有以下三个方面：第一，我觉得学生应在学习当中表现出很大的热情，对所学的内容是感兴趣的，而不是"被迫的"。第二，一旦有了这个热情以后，我们应该能够看到学生的潜力得到尽可能地发挥。第三，学生对自己的学习有成功感或成就感。要做到这样，作为教育者要尊重人，尊重每一个小孩。概括成几个关键词就是：潜力、热情、尊重、成功感和成就感。

唐彩斌：太好了。谢谢您，蔡老师。祝圣诞快乐。

蔡金法：谢谢，祝圣诞快乐，祝新年快乐。

（致谢：特别感谢聂必凯博士对访谈稿所做的细致的修改工作）

三、英国的小学数学课程与教学

——访谈英国里丁大学教育学院凯瑟琳博士

英国里丁大学教育学院在全英国教育学院中排名第三，小学教师培训工作在英国更是享有盛誉，综合实力排名第一。凯瑟琳博士是这所学院负责小学数学教师培训的专职讲师，曾参与英国国家信息技术与学科整合的一个项目，对电子白板①的使用有深入的研究。近年来她在对不同水平的学生如何进行分层教学开展专题研究。

※教师培训：职前培训把关严，职后培训时间紧

唐彩斌：教育学院的小学教师培训工作享有盛誉，学院除了培养、教育本科学生以外，还组织了很多教师培训活动，这些培训主要是教师职前培训还是教师在职培训呢？

凯瑟琳：我们的工作更多的是职前的教师培训，是帮助他们通过 PGCE（Postgraduate Certificate in Education，中等教育研究生教育证书课程）考试，成为一名合格教师。他们都是新的受训生，所以他们将用一年时间跟我们一起学习。要获得这种资格培训的名额，也不是一件容易的事，因为我们仅提供给那些有经验的人，比如曾在学校当过助教、在托儿所工作过、做过志愿工作、曾帮助过孩子们野营或者具备与儿童教育有关的学位的人。

唐彩斌：英国小学在职教师是进行全科教学的，平时的课时很多，他们有时间培训吗？一般在什么时候以什么方式进行？

凯瑟琳：教师的职后培训取决于学校。有些教师得到继续教育培训的机会很少。一般学校每周有一次员工培训会，每年有五天"校内职业培训日"。但是，有的学校培训内容常常是布置一些事务性的工作而非 CPD（Continuing Professional Development，在职教师职业发展）业务培训。他们可能一年只得到两天实实在在有关教学

---

① 电子白板是汇集了尖端电子技术、软件技术等多种高科技手段研发的高新技术产品，它通过应用电磁感应原理，结合计算机和投影机，可以实现无纸化办公及教学。

专业素养的发展培训。

唐彩斌：如果有些教师认为自己需要在某些方面发展，他们能申请或者请几天假来接受 CPD 业务培训吗？

凯瑟琳：这种情况并不常见。当地教育主管部门可能会主办一些培训项目，比如为期 3 天的数学课程，校长可以选派数学教师参加这种培训项目。我们大学也主办"数学专长教师培训项目"，如果有的教师对数学非常有热情，想要在数学方面接受进一步培训，就可以申请参加，但是这要利用他们的休息时间，因为课程是排在平时的周末和复活节这些假期中的。

唐彩斌：上次我来听的是 PGCE 的最后一讲。学员参加培训后，怎样对他们的培训效果进行考核与评价？

凯瑟琳：我们通过多种方式对受训学生进行评估，有时根据他们上交的作业进行评价，有时组织数学学科知识考试。不过，这种考试一般都是规定上交作业的截止日期，由受训者自主选择时间答题，由培训教师进行评分。最主要的评估依据是他们在学校实习的表现，大学的导师和学校（中小学）的指导教师对他们的教学实践进行监管和评估，促使他们的教学技能达到规定的标准。评估是对受训者的学科知识和实践技能的综合评估，涉及的内容比较广泛，因此，这一年的教师培训对于受训者个体来说很有挑战性。我们总是发现：受训的学生白天在学校很紧张地学习，晚上也要继续学习。

※教育技术：硬件与软件相结合，兼顾设备与培训

唐彩斌：几年前，您参与了英国国家级项目的研究，并发表了关于电子白板的文章。我在中国正在主持一个信息技术与学科整合的国家级课题。现在，电子白板在英国小学的应用情况怎样？

凯瑟琳：2004 年至 2008 年，英国绝大部分小学都安装了交互式电子白板，现在仍然有个别学校没有安装电子白板，也许他们不认可电子白板。事实上，虽然大部分学校安装了电子白板，但我不能确定很多学校是否真正知道如何使用它们。有些学校的资金投到了教学设备上而不是应用培训上，所以虽然安装了电子白板，但却没有真正了解电子白板如何使用，一些教师只是用它们来投影。因此，我所参与的国家级项目通过当地教育主管部门对教师做了很多相关培训。但是，能得到培训

的教师真的太少了。一所学校，如果有一两个人真正了解如何很好地使用电子白板，那对于校内教师的培训将很有帮助；如果一所学校没有这样的人，情况就会比较困难。

唐彩斌：与别的学科相比，电子白板应用到数学学科的优势在哪里？

凯瑟琳：我认为电子白板还是有用的。比如，一堂课在开始时可以引导学生讨论他们已掌握的知识，并用电子白板记录下所有的观点保存下来，到课结束的时候再展示出来，前后比较一下，这样有利于学生发现学习的增长点。这看起来很简单，但是我觉得有时候能够带来巨大变化的就是这样简单的事情。这一点对于任何学科都是适用的。对于数学而言，用形状和图片来展示形状变化是非常实用的。组织信息、画图形和表格并处理数据也是如此。数学课堂中使用电子白板的一个最大的问题就是，教师可能会忽略学生的动手能力。曾令大家担忧的是，智能电子白板会成为学生学习的障碍，教师觉得电子白板的操作很有趣，而学生却没有参与到学习过程中。这种情况现在已经有所好转。

唐彩斌：教师平时忙于教学，没有那么多的时间和精力自己制作课件，那么，教师使用的资源从哪里来？

凯瑟琳：第一类是免费的资源，来自国家教学策略项目，其中关于数学的"互动教学"专栏提供了一些非常简单适用的数学资料，比如，为时间的教学提供不同的钟表，为计量单位的教学设计不同的活动等。第二类来源于网络，有一些网站提供免费的软件和资源，教师只需上网就可获取。第三类资源来自一些商业性的教育机构，如出版社在出版课本的时候会提供配套的软件资源，一些特定的公司也做了很多很好的小学教学软件。一般教研组长负责研究不同的教学资源，并向学校推荐或者组织购买教学资源。

唐彩斌：在英国的课堂里，小学生什么时候开始可以自由选择使用计算器。您认为计算器的使用会不会影响学生的计算能力？

凯瑟琳：这是个好问题。这里并没有规定他们什么时候开始使用计算器。我建议在四年级之前也就是大概 9 岁之前，学生不使用计算器计算加减乘除，但是他们能使用计算器来探索一些数学规律。例如，我和学生做一个课堂游戏，想让他们理解 237 这个数字，我可能在活动中让他们在计算器上按出数字 237，然后让他们把 3 变成 0，如果学生知道用计算器减去 30 可以把这个数字变成 207，那么我可以说他们理解了。所以，我可能在很多小游戏中利用计算器来帮助他们理解一些数学概念。但是在确认他们已掌握了加减乘除计算之前，我们不会允许他们用计算器进行计算。我们让学生先学会心算。

唐彩斌：在中国，很多小孩几乎每天都做很多心算题。这里的情况也是这样吗？

凯瑟琳：在这里没有中国训练的强度。一般每一堂数学课有 10 分钟的关于数学练习的预热时间，然后是课堂主要教学部分，最后是课末的活动。英国的小学生确实每天也在做心算，但并不是大量计算。相关的练习更像是课堂中的游戏，或者数数，或者玩"宾果游戏"（如先请学生自己在一个九宫格中写下九个数，将九宫格填满，教师用骰子随机丢出相应的两个数，如果两数相乘的结果与学生自己写的数相同就可以划去。谁"划去的数先形成一条直线"或者"先划去全部的数"，谁就是游戏的胜者）。

※学生培养：分层教学，不同的人学习不同的数学

唐彩斌：记得英国重要的教育理念就是"每一个孩子都重要"。2010 年，您发表了论文，关注怎样让所有儿童在数学上获得成功。您的主要经验是什么？

凯瑟琳：对于小学教师而言，资优生培养是最难的事情之一，尤其是在数学上。我们有时会把一个学生放到高一级的班级中上数学课，有时会给他们布置额外的学习任务。所以，我们在试图将他们融入其他学生群体的同时，给他们提供了更多的教育。如果有的学生有特殊需要（指的是有学习障碍的学生），我们可能会请一位助教与他们一起学习。有些学校是按能力分班的，教师可以给数学资优生上难度比较大的数学课；对于较低水平的学生，学校会设置比较小的班额，这样教师就有更多的时间教他们。我们面临的一个主要问题是，一所学校有很多母语不是英语的学生。很多学校是有多元文化的，有些学校甚至讲四五十种不同的语言，这对学生的成长是有利的，但是教学很难进行。因此，这样的学校的教师具有教很多种不同语言的学生的经验，能运用大量的、直观的，或者实践性强的教学资源，让家长也参与进来帮助口译，以帮助学生学习。在不同的地区，人口构成不同，这就决定了教师采用的教学策略也不同。

唐彩斌：通常，一个班级有多少个学生？

凯瑟琳：通常一个班级有 30 个学生，而且会有一位助教。但有的助教只是在一天的某一段时间内协助工作，也有的助教是专职配备给班里某一个有特殊教育需要

的学生的，他的工作主要是辅助这个特定的学生。有些学校存在有 34 或 35 个学生的班级，但一般的班级大概有 28 个学生，低年级一个班级可能只有 20 个学生。

※课程建设：教材自主选择，国家提供策略指导与质量监测

唐彩斌：目前，英国有几套常用的小学数学教材，小学里一般怎样选用教材？我曾经问过几位教师，他们甚至说没有教材，他们的教学计划怎么实施？教学内容怎么组织？怎样保障教学质量？

凯瑟琳：我们先了解一下英国《国家课程标准》和《国家教学策略》两份文件吧。《国家课程标准》要求的内容是法定的，通常教师先看《国家课程标准》。《国家课程标准》比较宽泛地规定了教师必须教的内容，但是，并没有告诉他们什么年级教什么以及任何更多的细节。《国家教学策略》规定的内容不是法定的内容，但是大多数教师会参照国家策略安排教学，因为《国家教学策略》指出了学生在每一学年中应该学习的具体内容，能为教学提供指导。有一个关于国家策略的网站，里面有所有的学习模块和单元。教师能从这个网站上知道哪个学期哪一周他们所选择和教学的特定内容。但他们仍然需要计划如何教，使用什么素材。国家策略为他们提供了一些蓝本，学校和教师可以更改策略，如有很多学校使用自己的教学规划。

这里有一套典型的教学资料：备课笔记，能给教师提供教学目标、教学环节设计和一些活动的点子；专门为教学预热环节设计的小册子，给教师在课开始时该做什么提供支持；课堂练习册，可以复印后供学生在课堂上练习；活动设计，能给教师具体的活动指导；专门针对学习困难学生的练习册；专门给数学特长生用的挑战题；还有单元测试卷和学期末的测试卷。

唐彩斌：除了学校测试，英国小学生毕业时还要参加全国统考，也就是 SATs（Standard Attainment Tests，标准成绩考试）。考试过后，成绩怎样公布？

凯瑟琳：事情是这样的。六年级末，学生（一般 10~11 岁）参加这样的考试，考完后将试卷寄到考试机构进行统一评分，学校会收到打印出来的每一个学生的成绩，每个学生也都能拿到自己的成绩和试卷。而在第一学段（一至二年级为第一学段，三至六年级为第二学段），教师主要是对学生的学习状况进行评估，也有可能组织统一的考试，但考试成绩主要是用作学生评估的辅助内容。

唐彩斌：以什么标准来衡量小学生的数学水平？是不是用 8 个水平给学生划等

级？水平的划定与所学的学习内容之间是什么关系？如果是对应的，为什么不是一个年级一个水平，划定6个等级？

凯瑟琳：8个水平是从第一学段开始一直到中学的第三学段，所以水平不只是针对小学阶段的。第一学段，我们希望学生达到水平1～2；第二学段，我们想让学生达到水平3～5。六年级的时候，我们想让学生平均达到水平4，有些学生会达到水平5，有些资质非常好的学生可以达到水平6。如果要求一年级的学生达到水平1，二年级的学生达到水平2，标准就没有弹性了，有些学生将达不到级别，就失败了。这让他们接下来的学习很困难。我们经常对学生进行评估，以确定学生所处的水平。但是，我们不按描述的水平来教学，而是按照国家标准规定的内容推进教学，然后通过测试学生、与学生谈话、观察他们在活动中的表现，参照水平标准，评估他们所处的水平位置。在对学生的水平评估方面，我们有很多辅助材料，比如APP（Assessing Pupils' Progress，学生进步评估），为教师提供了每一个水平对应的学生的作业测试等实例。教师可以参照自己学生的功课，确定学生所处的水平位置以及他们下一步该怎样提高。

唐彩斌：为什么在SATs试卷上，有的规定可以用计算器，有的规定不可以用计算器。选哪种试卷，是学生选，还是教师规定？

凯瑟琳：每一个学生都可以选做两份试卷，一份计算要求不高，不允许用计算器，一份允许使用计算器。两次考试时间都是40分钟，分两天进行。学生可以根据自己的情况选择其中的一套试卷对自己的学业进行测试。

唐彩斌：在英国，除了SATs以外，有没有一些数学竞赛，如数学奥林匹克竞赛？家长怎么看待这些竞赛？您怎么看待呢？

凯瑟琳：我们可能会参加世界数学日活动，那可能会有比赛。我们有像"数学俱乐部"这样的组织，里面有很多的挑战和活动，是专门为数学资质稍好的学生设计的。他们每个月有一次比赛，学生可以尝试解决问题，并寄出他们的解决方法参加比赛。对于这样的比赛，整体看来，家长们并不热衷。有些私立学校的学生可能会参与。

唐彩斌：中国家长们比较热衷于让自己的孩子参加这样的比赛，因为如果学生赢得了这种比赛，那么更有希望被一个更好的中学录取。英国有没有这种挤着进好中学的现象？

凯瑟琳：在这里大多数地区，学生都是免试就近入学，所以不管能力如何，都

去当地的中学。有一些选拔性的学校，确实要经过选拔比赛招收学生，但他们通常做一个被称为非言语推理的考试来测试学生智商，而不是测试读写、计算等能力。另外，有些地方仍然还有文法学校，通过举行考试，选拔部分成绩优秀的学生。比如，我们这里有两所地方文法学校，即里丁男校和肯德里克女校，我们有一些优秀的学生想要到那里读中学。从整体来看，可能家长会为孩子花钱请老师，有时候老师也提供一些帮助，但那只是极少的现象。

※课堂教学：注重数学应用和数学表达

唐彩斌：在数学课程目标中，为什么把使用和运用数学作为重要的部分？

凯瑟琳：我认为它是数学中最重要的部分。如果会计算，当然是好的；如果不能在看到一个问题后决定需要做什么，找出可用的策略，然后解释为什么，那么计算能力就没有意义了。在真实生活中，人们无法直接应用计算能力，因为现实生活中不会有人站在你身后，说："现在做加法运算。"开始学习计算时，学生去商店买一些东西，就可以试着解决需要买什么，一共需要多少钱等问题。所有类似的事情都可以试着让学生自己做决定，决定做什么以及需要什么，并且做出合理的解释。在我看来，所有的教学都应以使用和运用开始，然后进入内容的学习，如计算、认识图形与空间以及处理数据。有的教师可能是这样教的，周一、周二、周三和周四教具体内容，然后试着在周五运用所教知识来解决问题。这样做效果不好，其缺陷在于过分注重教学内容，而并没有充分地进行实际运用。

唐彩斌：我看到《国家课程标准》在关于教学目标的描述中提到，学生会用"如果……将会……""为什么"等语言提出问题；理解概括性的语言，如"所有能被 2 除的整数"等。英国的数学教学是否很重视数学表达？

凯瑟琳：是的，应该是这样，但并不总是。这方面的差异很大，因为在有些地方，仍然非常关注学生的练习，而在另一些学校会有大量的谈话和讨论，让学生解释缘由。我们在培训教师时会给受训教师提供很多用数学语言解释问题的机会，促使他们在以后的工作中能够有信心地为学生设计类似的教学活动，让学生能够讨论数学，而不仅仅是做练习。

唐彩斌：数学阅读很重要，但教师常常苦于没有合适的材料。在英国是否有系列的数学阅读书籍？学生的阅读情况怎样？

　　凯瑟琳：英国有大量的学生读物，既是普通的读物，也可以用来帮助学生学习数学。比如，这个故事是关于数字6的，是一头奶牛的故事。这头奶牛有很多不同的家，它需要去6个不同的家并在每个家里都吃饭。这对学生学习简单数字是非常有益的。还有，这个卖东西的故事主要介绍孩子认识钱。我们试着鼓励教师使用故事进行教学，这是激发学生数学学习兴趣的一种办法。

　　唐彩斌：您对中国小学数学教学的印象是什么样的？

　　凯瑟琳：恐怕我知道的非常少。我猜测，可能更多是以练习计算、训练技能等为基础，在教学效率上胜过我们，但在推理、思考和讨论上做得较少。我想真正了解更多的中国数学教育将是非常有趣的，我们可以互相学习。

　　唐彩斌：您觉得对于一位小学数学教师来说，最为重要的是什么？

　　凯瑟琳：作为一名小学教师，我想最重要的是让学生享受学习，愿意学习。因为，如果他愿意学习，在初中就会学得很好，然后进入大学。如果他讨厌学习，就会无聊得要哭。等到了16岁（英国的义务教育结束的年龄），他就会说"算了，到此为止，我再也不想学了"，那样他就不会走得太远。

附：我们可以向英国数学教育借鉴什么？

　　纵观20世纪以来国际数学教育的重大改革，以数学家培利为代表掀起的英国数学改革揭开了20世纪数学教育改革的序幕，并提出了数学教育的目的在于强调应用。伴随着现代化的"新数运动"思潮，20世纪60年代初，英国剑桥大学的学者和教师们成立了"学校数学设计组"（School Mathematics Project，SMP），编写了从幼儿园到大学预科的SMP教科书。尽管"新数运动"以失败的主基调而告终，但是广为流传的SMP教科书还是为英国乃至国际数学课程建设积累了宝贵的经验。在"回到基础"的潮流中，在大众数学的反思下，20世纪80年代，英国再次掀起了数学教育改革的浪潮，以柯克克罗夫特为代表的英国国家教学委员会发表了题为《数学算数》的报告，强调：数学教育的根本目的是为了满足学生今后成人生活、就业和进一步学习的需要。这是英国数学教育改革的纲领性文件，对英国乃至世界数学教育改革产生了深远的影响。以该文件为背景，1988年，英国实行《教育改革法》，成立了国家课程委员会，对包括数学在内的学校主要科目提出了改革方案，经议会通过，1989年全国所有公立学校实行统一的国家课程，确定了国家层面的数学课程体系，

改变了纯粹由教师决定课程的局面。20世纪90年代以来，根据各学校实施国家课程的实际情况，英国教育部先后三次对数学课程进行修改。如今，课程标准正在进行新一轮修改。

"重视教育""每一个孩子都重要"一直是英国各届政府的竞选纲领和教育主张，英国本届政府更是规划在2020年教育应实现"个性化"。在这个背景下，英国的数学课堂是如何把这些先进理念落实到日常教学中去的？笔者有幸参加了英国教育部首批"中小学教师高级研修班"，于2010年年底开始历时半年，在英国里丁的中小学中，记录所见所闻，努力寻找适合中国的经验，希望获取借鉴与启示。

把教材的选择权交给教师

英国的课程管理系统属于混合式系统，《国家课程标准》主要由学习大纲和教学目标两部分组成。同时国家教育资格和课程发展署又颁布了对课程具体实施提供指导的《国家教学策略》。很多商业教育机构也会出版不同的教学策略资源，各考试机构会颁布考试说明。学校一般根据课程标准、教学策略和考试说明，以及学校的整体发展计划和学校的具体情况，构建具有校本特色的课程体系。在学校整体课程体系的框架之下，各教研组做具体的工作规划，所有教师根据教研组统一的工作规划设计安排自己的教学内容、方式和进度。

英国的教材由出版社负责编写，选用哪种教材由学校进行自主选择，课堂教学内容更是充满教师个体的选择性和创造性。目前，英国中小学数学的教材种类比较繁多，从笔者搜集到的几个版本教材来看，都比较注重学生的差异，教材都按国家课程标准的要求分为高、中、低三个等级供学校选择。同时，除了教科书以外，出版社还提供丰富的教师教学资源，包括教师用书、教学设计、单元测试卷、配套的教学课件等。在每学期开学之前出版社会把当年教材的目录寄给学校，选择哪套教材由学科教研组长组织学科教师讨论后决定。

在英国，教材的地位没有那么"权威"，教师很少拿着教科书"照本宣科"，教学内容大都要经教师加工，以活页讲义的形式发给学生，教室里都备有循环使用的教材，供学生随时使用。教学一般也不按教材的编写顺序进行，一次笔者听课中发现：9年级的学生学习分数的加减运算，当讲到分数与小数的转换时，却拿出了8年级的课本。教师选择教学内容的标准不是教材，而是严谨的校本教学计划。英国教师是国家课程的执行者，也是校本课程的研发者，在国家课程的基础上，融入本校教师的实践经验，根据本校的学生情况做校本化处理，充分体现了教师对教学内容的自主性和创造性。

显然，与我国教师相比，英国数学教师的教材选择权要大很多。新课程改革以来，我国教材在多样化方面取得了很大进展，但相对于英国来说，教材的限制还是过多。因此，只有以更加开放的姿态欢迎不同的机构与团体参与教育资源建设，增强学校的办学自主权，才能"把教材的选择权交给教师"。因为，教师处在做出教材选择的最佳位置上。

另外，英国教师对教材处理的自由度也非常大。对于教材来说，任何教材的编写依据的都是普遍情况，它无法保证完全适合每个学校和每个学生。教师在教学过程中，针对自己所面对的学生，对现成的教科书的某些方面进行加工修改，积极开发其他课程资源，在一定程度上"重组"或"改编"教科书，不是"教教材"而是"用教材教"，这才是一种比较理想的状态。

综上所述，在教材编写方面，是否可以放宽教材编写的准入门槛，让更多的人参与到课程资源建设的队伍中来，只要继续执行教材审查制度，就能把好教材质量关。一旦通过审查，就不再设定省、市、区等各级用书目录，相信学校，相信教师，让学校教师可以根据学生情况选择合适的教材。

用现代信息技术丰富数学教育内涵

英国南安普顿大学范良火教授曾接受笔者访谈，他认为：现代信息技术几乎可以改变数学教学的一切。因为技术，教学目的、教学手段、教学内容都会发生改变。关注现代信息技术，是国际数学教育的研究焦点。

在英国的数学课堂中，电子白板的普遍使用已有近5年的时间，无论是新教师还是老教师，都能够熟练运用电子白板教学，白板如同"黑板"一样成为教师教学的有机部分。电子白板不仅能够发挥黑板、屏幕的原有功能，还能发挥其他作用，如直观展示、过程回放、把手写体变成标准字体、插播课件、画格子图、制作统计表、演示电子计算器。总之，电子白板技术运用起来非常方便。只要经济条件允许，电子白板的广泛应用是必然的趋势。

如果说电子白板需要一定的经济条件，那么广泛应用于数学课堂的"手写白板"就显得特别实惠、实用。数学课堂上，学生人手一块手写板，在教师引导下把相关算式或结果写在白板上，一题做完，每个学生都可以马上翻转白板，出示给教师看，课堂

反馈特别方便。我们时常感到为难的及时反馈问题，"小白板"从技术角度给予了启发。我们也期待着不久的将来，中国的数学课堂也能告别黑板，迎来"白板时代"。

对于信息技术与数学学科的整合，除了研发一些可用于课堂教学的教学课件，让课件资源更有序列，让教师使用更便捷外，更为重要的是研发深入数学学科的教学软件，帮助教师提高数学教育质量。英国世纪数学教材设计的计算机活动系列，贯穿了整个教材，较多地参考了 LOGO2000 软件和 LOGO 软件，结合信息技术学习数学，并形成了系列的课程资源，起到了先锋示范的作用。随着信息技术的发展，对于中小学生来说，不一定要再去学习 LOGO 语言，但是这种课程建设的思路仍有借鉴意义。

计算器应用于数学课堂是英国数学课堂中十分普遍的事情，也是国际数学教育的发展趋势，然而国内的课堂在计算器的使用问题上总是"犹抱琵琶半遮面"，很多时候"教会了学生怎么使用就不再让学生用了"，主要原因是担心影响学生的计算能力。也许我们可以借鉴英国的数学水平测试标准，研发一个针对中国学生计算能力的标准，只要达到了计算标准就可以放手让学生自由选择了，否则纠结于学生的计算能力，既不利于丰富学生学习"数学"的内容，也不利于数学教学改革的发展与创新。"计算器进课堂只是时间问题"，已是众多数学教育者的共识。

鉴于此，如果经济条件允许，学校应当积极引进电子白板，使电子白板进入课堂，做好硬件建设与教师培训的同步发展。相关教育部门可以省或市为单位，统筹基于信息技术的数学教学资源，集成散落在网络和教师个体教学中的软件资源，不受教材版本限制，不受地区限制，以学科教学知识点为纲目，共同分担任务，共同分享成果，共建数学学科资源平台；鼓励学校在中小学数学学习中引进计算器，共同研发中小学生计算能力标准，让技术自然融入数学的学习中。

不同的人学习不同的数学

因材施教的重要性，毋庸置疑。国家颁布的《国家中长期教育改革和发展规划纲要（2010—2020 年）》再次明确指出："注重因材施教。关注学生不同特点和个性差异，发展每一个学生的优势潜能。推进分层教学、走班制、学分制、导师制等教学管理制度改革。"然而，在现实教学中，人们总是很容易找到一个简单的理由就放弃往前再跨出一步的决心，其中最大的障碍可能就是班级授课制，尤其是国内有些班额特别大的学校，要做到因材施教的确不可能，笔者曾经亲眼见过 80 多人的班级，还听说有108人的班级。但是，能否"让一部分学校的班级先'走'起来"，从对英国学校教育的考察来看，这是可能的，即使是在普通的学校。

在英国，不同的学生要到不同的教室去上数学课，有的学校甚至从小学一年级就开始了分层教学。分层并不局限于班级内，整个年级甚至两个年级的学生都可以按数学水平实行分层教学。笔者亲眼所见：一个年级的数学课分成3个不同的班级来上，四年级的学生可能在三年级的某个班级中学习。中学的分层走班制更为普遍，教师和教室不变，学生几乎每节课都在走动。学生到不同的班级去学习不同程度的数学，有的班级还把教学目标定为3个不同的层次，有"全部学生必须掌握的""大部分学生掌握的""少数学生掌握的"，切实进行有差异的数学教育。

那么，"不同"的数学差异在哪里呢？其实，英国很多学校制订教学计划时会考虑到数学的基础学科性质。比如，即使学生以后在A-Level（英国普通中等教育证书考试高级水平课程，也是英国高中课程）选择了文科地理，也必须参加地理、经济、数学的考试。因此，分班只是学习程度上的不同，基础的数学还是人人都要学习的，只不过在知识的深度和广度上要求不同而已。在分层教学的基础上，到了高中阶段，随着选修模块的增多，学生的差异性会带来更多的选择性，实现不同的人学习不同的数学。目标、层级的不断细化，也对教学提出了更高的要求，在英国同一年级的数学课通常被安排在同一时间，这也造成一个教师要上很多年级的数学课，而不是像中国教师那样重复上同一个年级很多班的数学课。

"不让孩子输在起跑线上"的观念在中国根深蒂固，过低的年级走班分层教学可能会带来负面的社会影响，也许在小学第二学段或者更高年级引进走班制，进行分层教学，值得尝试，或许这将成为提高课堂教学的针对性和有效性的有力举措。实行走班制，与原有的教学机制自然会产生冲突，教师的课将会被全部打乱，一个教师不再只教一个年级，甚至一个班的数学不一定是同一个教师教。所有的这些习惯变得"不习惯"的时候，我们就需要有价值取向的排序，是为了方便教师的工作，还是为了学生更好地学习？如果是后者，那么我们就不得不选择改变。

另外，从全球英才教育的发展看来，精英教育和大众教育看似是一对矛盾体，但事实上要在大众教育的基础上培养精英也需要在课堂的第一时间就开始。不能简单地认为"课内大众教育，课外精英教育"，这样势必加重学生的课业负担。实行走班制，数学学习的分层教学才有可能实现，从而才能真正实现让不同的人学习不同

的数学，践行因材施教，为资优教育提供基础。

鉴于此，应当鼓励和支持一些地区和学校，开展数学走班制教学实验，积极摸索新时期因材施教的新方式。毕竟，小班化、走班制、个性化是教育现代化的标志。我们理应迈出坚实的步伐。

建立科学有效的学业评价机制

对基础教育进行质量监测是国际教育发展的共同趋势。考试是评价教师教学和学生学习的必要手段，是改进教学的重要依据，关键是考什么、怎么考、怎样看待考试结果、考完以后怎么办。人们常常习惯地以为把考试的次数减少，似乎就是把学生的课业负担减轻了，其实它们之间并不是那么简单的关系。

与英国相比，虽然在我国义务教育阶段，学生也不需要按照学业的成绩来选择学校，但是这一阶段学生的学业质量监测还是必要的。近年来，我国成立了专门的基础教育质量监测中心，但对于地域广阔、人数众多、差异明显的中国基础教育来说，质量监测事业仍然是任重而道远。英国健全的评估体系及数学学业方面的水平等级划分有着可供我们借鉴的经验。

就英国而言，教育质量评估部门是独立于教育部的专业机构，由英国教育标准办公室负责，评价结果更具有独立性与可信度。

在学业质量监测的方法上，如果一味参照心理学类似于智商测试的方法，甚至不同的年级采用同一份测试卷，并不能起到发现学习中具体问题的作用。虽然检测结果具有可比性，但缺乏针对性。评价最重要的目的不是为了比较，而是为了帮助改进。从英国的经验来看，每个年级都是针对该年级不同的教学目标来监测，这样的监测对于教学的帮助是最为直接有效的。

在监测形式上，尽管国内有时也用等级制，优秀、良好、合格、不合格等，但在实际的操作中，还是把分数折合成等级，而这个等级是相对的、不确定的，"三年级的优秀"与"四年级的良好"哪个好？三年级的95分和四年级的95分又有什么区别？都不确定。英国把数学学习水平从四个方面划分为8个等级，每一个等级中又细分为A、B、C三档，如果学生的成绩是3A，可以确定他学会了什么，以前的水平是3B，接下来要努力达到的水平是4C，而这种确定性对于教学来说，能够发挥积极的导向作用，每一位任课的教师能以此确认学生的学习起点。这种连续性，也在教学中发挥着极为重要的作用，甚至成为每一位教师日常教学的参照依据。中英两国数学学习内容、要求均有不同，但水平等级划分的方法还是值得借鉴的。根据我国《义务教育数学课程标准(2011 年版)》研制"学生数学水平等级"，对于提高教学效率、切实降低学生负担，必将起到积极的作用。水平等级评价制度在为学生学业评价带来积极变化的同时，也会为教师的绩效评价带来变革的契机。

英国数学教育的相对不足

也许是还没有彻底消除"新数运动"的影响，"回到基础"，即进一步提高学生的基础知识和基本技能，可能还是英国数学教育相对的弱势。在中学阶段，还有很多的学生不能很快地算出"8×9"的结果，甚至还在掰手指头；看到一个简单的两位数加减两位数的式子"75＋25"，首先想到的就是用计算器；在求 64 和 64 这两个数的平均数是多少时，学生还是需要先加起来然后再除以 2……类似这样的现象，在英国中学的课堂中时有出现。尽管，我们也可以认同，在信息时代对于计算能力的要求可以降低一些，也认同数学学习的目标不在于算得多快，而在于能否选择合适的方法解决问题，但是对于一些最为基本的数学知识和技能，对于那些学生稍做努力就可以达到的目标，"督促他们学会"是否应当成为教师应有的责任？这一点，笔者进行访谈的大学的教育研究人员也对此表示担忧，他们也认为必要的效率是会促进学生的数学学习的。

英国现任教育大臣在发表公开讲话时，也提及未来英国的教育应该更加"尊重知识""注重基本技能"。

众所周知，受到教育体制的影响，英国中小学教师满负荷的工作是一个事实，这对提高教师的专业素养和教学技能来说是一个不小的挑战。一位中学副校长不无感慨地说："老师把更多的时间用来做事情，而没有更多的时间去想怎样把事情做好。"也许这就是对当下英国中小学教师现状最为直接的描述。大量的课务让英国数学教师没有足够的时间来思考怎样提高自己的教学素养，职后培训全部依赖学校层面进行，尽管校本教研的确可能成为未来全球学校教学改革的通行方式，但深入学科的业务培训少之甚少。大量课务也让教师的批改变得有限，而对于数学学科来说"答案对"不一定"过程对"，教师也难以照顾到个体的思考，教师和学生个别交流的时间变得有限，个别辅导难以实现。这样会导致对学生是否适合学好数学做出的判断变得不够充分与周全。"只想不做"不行，"只做不想"也不行。目前对于英国教师来说，要进一步提升数学素养和教学技能，首先缺的是时间。

他山之石，可以攻玉。如今在国际视野下做好教学改革变得越来越重要。扬长

避短，相互学习是未来国际教育交流的一种基本态度，唯有借鉴国际数学教育的经验，结合我国实际情况，创建富有中国特色的数学教育新方式，才是一种理性成熟的选择。

（本文指导教师：英国里丁教育学院 Tony Macfadyen 博士）

四、新加坡的小学数学课程与教学

——访谈曾在新加坡南洋理工大学任教的范良火教授

专家简介：

　　范良火，浙江象山人，英国南安普敦大学数学与科学教育研究中心主任，终身教授，在美国芝加哥大学获得博士学位，曾在新加坡南洋理工大学工作多年，一直从事数学教育研究。编著有《华人如何学习数学》《教师的教学知识发展研究》《数学教学的行为评价》等，曾先后担任新加坡胜利出版集团的中小学数学教材共同主编，以及多媒体通讯出版社的中学数学教材主编，国内义务教育课程标准实验教科书（浙教版）中学数学教材主编。在数学课程改革与研发、学生学习评价、教师专业发展，以及信息技术在数学教育中的作用等方面有深入研究，曾多次在国际会议中做重要报告，为国际数学教育的交流与研究做出了积极的贡献。

（一）关于课程核心目标

　　唐彩斌："思考的学校，学习的国家"是新加坡学校教育的大目标。新加坡教育部不仅积极推动"思考课程"的实施，注重培养学生的思考技能，而且还列出了具体的思考技能。具体是怎么落实的？

　　范良火：我想先补充一下背景，新加坡是一个经济高度发达的国家，政府往往包揽了更多的责任，什么事情都给国民安排得好好的。政府就想，在这样的环境下，国民的创造力或者说创业精神是否受到影响，是否需要进一步提高。经常有人拿中国香港做比较，觉得香港人民比新加坡人民更有奋斗精神，更有创业精神，他们到世界各地去办公司或创业。而新加坡的国民有时就表现得过于依赖政府。这就是提出这个教育理念的一个大背景，政府希望通过教育能够培养国民的创新精神和创业精神。

另外，新加坡的基础教育与世界各国相比应该说是很好的，比如在 TIMSS (Trends in International Mathematics and Science Study，国际数学和科学评测趋势)比较方面，基本上都是第一名。当然，作为数学教育工作者，我认为新加坡学生的数学功底有些方面还是不足的。总之，绝对地看是有问题的，但相对地比较，已经是最好的了。所以，政府希望能够在创造能力和创新精神方面有更高的要求。

新加坡的数学课程大纲中详细列出了具体的思考能力，同时在教师的职前和职后培训中都有针对性的培训，比如，针对比较、分类、推理等技能具体怎样落实到教学中都有明确的规定和计划。新加坡把这样的能力培养放在一个系统和宏观的高度来落实。从我的研究经验来看，成效比较明显。

1. 关于问题解决

(1)反思就是让一个人的经验有意义。

唐彩斌：数学问题解决中除了注重思考的技能，还有解题策略。解题策略是怎样有序地编排的？是融入问题解决的过程中，还是需要提升为一个概念被学生所熟知，成为学生学习话语系统中的词汇，比如"倒推""从简入手""等量替换"？会不会有"贴标签"的形式化倾向？

范良火：我想讲两点，第一，教授问题解决的策略是有必要的，因为数学本身是有方法和策略的。有时候学生做了很多题目但是水平没有提高，如果能够把学生的经验做提升和总结，对于学习来说，会有事半功倍的效果。有时学生题目做了很多，但没有达到策略这一层次，对于解决问题来说没有真正的帮助。所以，我觉得教策略是重要的。当然，教师自己首先需要知道这些基本的方法和策略，否则谈不上教给学生。第二，问题解决的策略到底什么时候教，这个问题在研究上好像还没有共识，都还在探索之中。但是有一点，我和我的合作者们是这样认为的：单独地教策略的效果可能不大好，应该在问题的情境中或基于必要的经验进行抽象，总结提炼。不能为了策略而教策略。新加坡以前的教材也有专门单独教策略的，后来发现不是特别成功，所以现在改为在解决问题的过程中或经验的基础上，点明这是一种什么策略，也就是说把教授问题解决的策略融入问题的解决中，我认为这种方法目前看来是一种比较可行的办法。

当然，作为教材编写者和教师应该有意识、有目的地引入具体的问题解决的策略。因为策略很多，在什么问题中渗透怎样的策略需要仔细思考。相对而言，不同

策略引入课堂教学的先后次序，不像数学知识那样有一个基本的线索（当然数学知识的线索也不是一个既定的结构）。对此，我们可能只是有一个大致的认识，比如直观形象的策略总是较适合低年级的学生，那些需要抽象思维的策略总是较适合高年级的学生。当然同一年级的学生程度也有不同。这方面最大的问题是：具体到某一策略，比如"倒推"，到底是放在哪一个年级好？到底哪些适合放入小学，哪些适合放入中学？……这些问题，都没有一个公认的答案，有待研究。这对于教师和数学教育研究者来说都是一个挑战。

唐彩斌：新加坡数学教学中倡导"注重元认知"，他们又是怎样在具体的教学中落实的？

范良火：新加坡数学教育关于"元认知"有比较明确的界定，主要有三个方面：监控自己思维的过程；问题解决之后要探究有没有不同的解法；检查答案是不是合理。每一位学生都需要清楚地知道这样的三个方面，刚开始可能需要教师的培养和提醒，但是学生到了后来可能就形成了良好的习惯。比如得到一个答案，如"新加坡1965年的人口是几亿"后，元认知能力强的学生想了以后可能会发现答案不合理，但有的学生做出答案后就可能不再想了，这是一个重要的区别。教材有时也会设专门的栏目，比如"回顾"，进行提示。

这种元认知能力的培养，对于成人来说也很有意义，事实上这就是一个人的反思能力。有的人经历了很多，但是没有学到很多东西，关键就在于没有必要的反思。反思就是让一个人的经验有意义的一个心理过程。这也如《论语》里说的，吾日三省吾身，自己不断自省反思，是让自己学习提高的最有效的方法之一。也就是说，把人类学习的一般方法融入中小学的课堂，让学生从小就培养良好的学习习惯。在我看来，越来越重要的是，现代教师在学生学习方面，不仅要传授知识、培养能力，也要更加重视教给学生良好的学习方法，这样可能会起到事半功倍的效果。

2. 关于信息技术

（2）现代信息技术几乎可以改变数学教学的一切。

唐彩斌：随着信息时代的到来，信息技术已成为数学课程改革的一个重要组成部分。信息技术与数学教育如何整合？有哪些教学目标、教学内容也会随着手段发生改变？

范良火：我个人强烈地认为：现代信息技术几乎可以改变数学教学的一切，其影响将是"革命性"的。因为现代信息技术，教学目的、教学手段、教学内容都会发生改变。以前我们说计算器的产生改变了课堂教学内容，比如说一些繁杂的计算就不需要了，但这是最为初步的认识。后来引进了一些软件以及电子白板等，又发现这些改变了教学手段和方法，但是，我想说的是，信息技术的发展会影响教育的整个系统，而不是局部的和技术性的。

比如说评价，我曾经在新加坡主持一个项目，是基于 ICT（Information and Communications Technology，信息与通信技术）为基础的学生学业评价体系，把数学问题数字化，一切都基于网络，问题通过网络传送，学生在网络上作答，教师在网络上收集学生解答，网上阅卷，网上分析，网上管理。在这一系统中，不同的学生可以在不同的时间完成，就连完成的时间长短网络也能自动显示，而在传统的测试环境下，我们不可能知道每个学生完成每一问题的具体时间。网络教学平台的建设，还让学生个别化的学习成为可能，老师不在，学生也可以在网络上智能对答学习数学。从评价的角度来说，原来教师是评价者，学生是被评价者，现在智能平台也是评价者，并且从某种角度来说，不仅更及时而且更全面准确，因为平台可能聚结了很多人的集体智慧。从这一点来说，影响非常深远。可能以后的评价都会通过 ICT 进行，像托福英语的考试已经在这样做了，数学可能也会这样。当然现在还是初步阶段，所以题目一般都是标准化的问题。

对于不是标准化的问题，在解答的过程中，信息技术网络作为工具和资源的作用也显得越来越重要，尤其是学生在解答一些综合性的"设计题"或者"项目题"的时候，利用互联网搜索相关信息来解答，已经成为一种常用的学习方式。

唐彩斌：信息技术与学科整合，据您的观察或调查，日常教学中教师做起来是否经常化？新加坡之前有数据说明大约有 11% 的教师会常常借助计算机进行教学，现在情况是否有所好转了？教师有繁重的教学任务，那么谁为教学提供信息技术应用的资源呢？

范良火：信息技术与学科教学的整合是越来越明显了。这里也涉及一个政策层面的支持和导向问题，以及软件资源的建设如何与硬件的建设同步发展的问题，后者可能需要有专业的团队来完成，以供教学中选用。

（3）计算器进课堂是一个时间问题，是没有任何人可以阻挡的。

唐彩斌：在新加坡小学数学课堂中，关于计算器的使用情况是怎样的？在中国

的小学数学的课堂中，教育工作者对于计算器的使用还是"抱有担心"的，比较保守，您有怎样的建议？

范良火：我认为计算器进课堂是一个时间问题，是没有任何人可以阻挡的。这是可以确定的。计算器的引进能够促使学生从烦琐的计算中解放出来，有更多的时间进行创造性的活动。坦率地讲，有些担心是多余的，有些困难是对于这方面的意义不是十分了解，当然有些担心是可以理解的，比如担心削弱了学生的计算能力。对于使用计算器削弱学生的传统意义上的计算能力，我认为总体上是难以避免的。问题是你需不需要学生达到那样的原有的计算目标。比如有的人学珠算，快得不得了，但是这对于大多数人来说没有必要，也没有时间。当然对于少部分人来说，那是不同人的兴趣爱好或特长选择。我的建议是，计算器一定要进入课堂，但是不能让学生完全依赖计算器，而把中国的关于基本运算的好传统丢弃，这样就太过了，理想的是保持一种平衡。对于英美的孩子来说，什么都用计算器，这样当然是另一个极端了。另外，计算器进入课堂对于数学学习的好处是，它不仅涉及速度，而且还涉及有效性的问题。比如要解决现实生活中的问题，情境越真实学生兴趣可能越大，但是生活中的数字往往很大或者没有那么凑巧，所以用了计算器就不会有这个担心了。如果习题中凑数凑好了，就有人为编造的感觉，就不自然，有效学习和问题的自然真实是正相关的。比如我们在编写教材的时候就有尝试，如圆周率 π，原来我们都取近似值 3.14，或者 22/7，但是现在可以直接用 π，只要在计算器上一按，不仅计算更方便，答案也更精确。这也是现代技术对于课程教材建设带来的正面影响。

怎么评价现代信息技术已经融入课程教材呢，简单地说一个指标就是，离开了信息技术，教材将学不下去，无法使用，这样才可称为是有机融入，不是外加或可有可无的。

在这方面，当然还需考虑到地区的差异、客观条件的不同，应该也为没有计算器和计算机的学生的数学学习提供有效的方案。这方面我认为重要的是，要为有需要的地区或学生积极地创造条件，而不是在整体上无视大的发展趋势。否则条件差的地区就可能更赶不上了。

(二)学生学业的评价

唐彩斌：一直以来，不少人认为东方国家的学生在数学上擅长于基本运算和解决常规问题，而在解决开放题和创造性方面就不如西方国家的学生。这一次，中国也派代表参加了 PISA(Program for International Student Assessment，国际学生评价项目的测试)，排名第一。新加坡学生在 TIMSS 研究中数学成绩在各参加国中排名第一。您怎么看待这些国际测试的成绩？

范良火：关于 TIMSS，人们一般都认为这是考查学生常规的数学技能的，事实上查看题目和测试的双向细目表，你会发现其中也有些是挑战性的问题。PISA 不是以学校课程而是以社会需要为出发点，关注生活和工作中所需要的数学素养。它们是互补的，应该说这些大型考试还是有帮助的。不过我们也不能全信结果，就像新加坡 TIMSS 常得第一，但是也存在着很多问题。我想这一次上海中学生参加 PISA 的成绩很好，大家都很高兴，但同时也应谨慎看待，多注意不足，再接再厉。另外，应该看到上海很多方面在全国有其特殊性。

1. 别让教育就是为了考试

唐彩斌：新加坡有 PSLE(Primary School Leaving Examination，小学离校考试)，英国有第二学段的 SATS(Standard Attainment Tests，标准成绩考试)，在英国和新加坡都有小学生毕业全国性测试，这些测试发挥着怎样的作用？对教学有怎样的导向作用？

范良火：正面的影响是为学校提供了一个比较的基准，并且学校有了这样的目标，可以横向比较，实行质量监控，在一定程度上对教学实施规范，不至于差距太大。负面的影响就是可能导致学校教育就是为了考试，因为这是家长、社会关注的主要指标。看你学校好不好，主要就是看学生的考试成绩好不好，使考试成为办学的指挥棒。从这个角度来说，考试命题的质量极为重要。所以，应该说考试正反两方面的影响都有。

从中国教育来看，社会批评的是考试多，但是从英国来看，考试的次数不比中国少。美国、新加坡都很多。但西方社会可能对于考试的结果看得更加开放一些，也没有那么高的利害关系，这与整个社会背景和文化传统都有关系。我认为在现阶段，没有考试是不现实的，也是不可能的，对教育工作者来说，关键是怎样改进考试评价的方法，使其更加有利教学。

2. 速度快不代表着思维的品质高，有时需要慢一点、深刻一点

唐彩斌：考试是必要的，关键是考什么，怎么考？当前，各种测试还是以纸笔测试为主，但是根据您的研究，您倡导的多元评定，尤其是对高层次数学能力的评

定有重要的作用，具体包含哪些方法？在实施的过程中，有什么优势，有什么困难？您还倡导用"设计题"来评定学生的数学能力，适用于小学生吗？怎么操作？

范良火：我曾经在文章里指出，高层次数学能力的运用一般具有创造性、批判性和决策性的特点。解决非常规性问题、开放性问题和实际性问题常常需要高层次数学能力。多元评定的方法常见的有运用设计题、学生代表作集、学生演示作业、学生日记、口头讲演、教师课堂观察、面谈、学生自我评定、同伴评定等。

传统的考试有三个限定：时间限定、地方限定、工具限定。高层次的思维能力测评有时需要更长时间，有时需要户外的。就像评价一个数学家，往往不是看他一年两年的成绩，而是看他五年十年，甚至是一辈子的工作贡献。也不在于做得多快，有时宁愿做得慢一点，但是希望深刻一点。对于学生的学习来说有时也是这样，速度未必代表着思维的品质。但是考试没有办法做到不讲速度，考试注重的是效率。让每一个人都用设计题来测试，现在看来是不可能的，但是把设计题的思想渗透在一些传统的测试中，还是可能的。我们在做研究的时候也发现一点：如果学生平时总是做一些常规的训练，往往会失去在数学学习上的兴趣，因此，除了必要的练习巩固外，可以让学生用一部分的时间来完成有挑战性的问题，发展高层次的思维。

唐彩斌：对于学生数学能力，英国实行等级评价，新加坡拟定了专门的数学评定指导纲要，那有没有具体评价小学生数学学业水平的标准？是怎样规定的？

范良火：英国课程标准把中小学生的整体数学水平划分为8个等级，但正在进行的课程改革可能会有改变，新加坡没有类似的做法。这个等级评价有一个难题就是等级的划分，凭什么说一个学生是等级一，另一个学生是等级二？就凭几道题就可以确定了？怎样确保等级的确定是正确的，是一个带有根本性的问题。有时描述起来可能主要是词语的不同，如理解、掌握、探索、发现、创造，但是到底怎样算掌握，怎样算理解。语言上看起来有差别，但实际上是否能精确区别出来？当然，等级制的评价，从大的方面上来看还是有意义的，尤其是英国数学水平的弹性化设置，给不同学生在数学上不同的发展提供了余地，但是从研究的角度来说，也有不完善的方面。

3. 分层教育不能影响孩子的自尊心

唐彩斌：对于数学方面的资优学生和学习特别困难的学生，您所知道的比较好的经验是什么？

范良火：新加坡有全国性的英才教学计划，或所谓高才班，在全国最好的中小学已实施多年，更多的普通学校有学习支援计划，可以说一个就是针对资优学生的，一个是针对学习困难的学生的。我曾经教过小学四年级的四名学习困难生2个月，每周一次，教学上感觉很有挑战性。新加坡也有这样的专门学校，招收学习特别困难的学生。

新加坡到小学三年级末会有全国选拔特优学生的考试，原则上所有的人都可以自愿参加，但实际操作中也有教师推荐。选出几百个学生集中教学，这些学生升入中学都比较受欢迎，但有时候也发现一些与其他同伴相处的问题。现在这方面的工作有些淡化，中学的高才班已经在逐步取消。通常情况，对于不同的学生，一般到了初中阶段的时候，学校会根据小学的会考成绩，分成3个层次学不同的课程。不少小学在二年级或三年级末的时候通过测试，把最好的学生集中在一或二个班级里，其他的学生平均分配编班。英国也有根据学生成绩编班的情况。

总之，根据学生的学业水平进行分层教学，在国外还是比较明显的。不过，我个人对于分层教学总是有所担忧，就是分层总是会影响有些学生的自尊心，从某种角度来说也显得不那么公平。分层教学对教师的要求也很高。

五、芬兰的小学数学课程与教学

——访谈芬兰赫尔辛基沙滨小学教师 Kermi

芬兰，北欧国家，也是被誉为"全球教育第一"的国家。芬兰教育成名源自经合组织主办的 PISA，这是目前世界上最有影响力的国际学生学习评价项目之一。PISA 从2000 年开始，每三年一次，主要考查学生的阅读能力、数学能力和科学能力。前三次测试，芬兰学生的成绩名列前茅，多个项目夺冠，震惊国际教育圈。在2009 年和2012 年的 PISA 中，中国上海学生三个项目都取得全球第一，芬兰学生的成绩排名略有下降。但是即便如此，并没有影响世界各国的教育者继续研究和学习芬兰教育成功经验的热情。在经合组织国家中，芬兰学生的学习时间最短，却能取得如此优秀的成绩，令人好奇，且芬兰与亚洲各国一起占据"第一方阵"，芬兰教育持续卓越的表现也是当今世界教育的榜样。

笔者于 2015 年 10 月 4 日至 24 日，在芬兰实地培训，期间，听到大学教授形象

地对比，中国的学生是用"大量的时间学习大量的知识"，所以成绩好，负担重，而芬兰的学生是用"少量的时间学习重要的知识"，所以成绩好，负担轻。除了 PISA 的成绩排名，芬兰的教育成功到底还有怎样的秘密？为了能够对芬兰的小学数学教学有进一步的了解，笔者特意约请了一位有一定经验的在一线教学的小学数学教师，接受笔者的访谈，以了解更多芬兰小学数学教育成功的秘密。

※芬兰小学数学教学概况

唐彩斌：Kermi 您好，谢谢您能接受邀请来参加访谈，我们希望通过对您的访谈，能让我们对芬兰小学数学有更深入细致的了解，您能不能就一些基本情况先做一个简单的介绍？

Kermi：在芬兰的小学，一般没有专职的数学老师，我们都是包班教学，也就是说我们会教很多的科目，当然我们也教数学。数学课一般一个星期 4 节，但到底是哪一天的哪一节，就由我们老师自己调节。知道您在国内参与小学数学教科书的编写，我特意带来了我使用过的各种数学教科书。

唐彩斌：在芬兰，有多少套教材可以供选择？

Kermi：在赫尔辛基的学校，一般有 3 套教材可以供选择。不过对于我们老师来说，以前的一些教材的材料也会沿用到今天的课堂上。就像我手头的这本 20 世纪 70 年代的数学书，有些材料也可以用到今天的课堂上。

唐彩斌：和这本过去的教科书相比，现在的教科书要厚很多，是不是意味着现在的孩子要学得更多些？

Kermi：相对来说是这样的，不过，不同的学生可以学习不同的内容。如果学生学习有困难，可以选择"精简版的数学"。

在平时的教学中，我们在布置作业时也区别对待，有的学生只要完成一般的家庭作业就可以，有的学生还要完成课后延伸作业，如果学有余力，就可以布置拓展型的作业。对于学习进度快的人，作业量可以给得多一点，对于学习迟缓者，作业可以少一点。

唐彩斌：什么是"精简版数学"？会有多少人去学习"精简版数学"？有"精英版数学"吗？

Kermi：在学期开始前，我们会测试学生的数学学习水平，然后选择相应的内容。每 6 周测试一次，再根据相应的情况来选择。

至于"精英版数学"，其实内容还是这个内容，但不是直接给一些简单的问题，而是需要借助阅读理解，希望学生基于知识解决问题。知识还是这个知识，能力的要求高一些。

不过，在芬兰，我们更推崇的是最基础的数学，教师的任务是让学生能达到最为基础的水平，不同的地区、不同的学校对于学生的要求可以不同。

※芬兰小学数学课堂

唐彩斌：前两天，我们在凯瓦昆普小学听数学课，教师也和您一样，给学生设置不同层次的数学问题，不过他用了现代化的设备，让学生自带手机和平板电脑来学习数学，您的课堂也是这样吗？您对信息技术支持数学教学怎么看？

Kermi：在这个问题上，我保留我的意见，尽管我也知道，这可能是未来教学的趋势。因为我总认为：45 分钟的时间很有限，学生可能会应用计算机浪费一些时间，教授一个新的知识，最重要的内容需要全班的人一起听教师讲，而不要就一个内容反复对不同的人讲。所以，我觉得课堂上已经没有时间，对同一个内容反复讲给不同的人听，我更愿意把时间花在那些学习需要帮助的学生身上。

这种基于信息技术开展的数学学习可能是未来的趋势，但就现在来说，不同地区、不同学校的条件不一样，也不是每一个人都有平板、每一个地方都有网络。

唐彩斌：那么您的课堂是怎么开展教学的呢？是教师讲得多，还是学生讨论得多？

Kermi：我一般在讲课的时候根据内容来选择方式。从简单的问题开始，逐步深入。我最希望学生在课堂上保持诚实，不懂就要提出来，把问题解决在苗头上。没有听懂，安静地坐那里，不懂装懂，这是我最不希望的。

芬兰的数学教学参考书给我们教学提供了很多的帮助。教学参考书中为我们推荐了适合学生学习的教学情境，应用在课堂上，就像是在讲故事，学生还是比较感兴趣的。最近，在我的课堂里，不是我讲，而是我请学生来讲。我用实物投影机展示问题，让学生来讲自己是怎么想的，发现比我直接讲，效果要好一些。

唐彩斌：在您的课堂里，只有 20～25 人，比起中国的很多教师来说，已经很少了。会不会还有些同学学习数学有困难？

Kermi：对于学习来说，"有人会有人不会"是一件很平常的事情。如果有两个学生不会，我会让其他人继续其他的学习任务，而我则需要腾出时间，去帮助他们。在我的教室里，需要个别辅导的学生的位置就在我的讲台旁边，"离教师越近，越需要关心和帮助"。

※芬兰小学数学教学评价

唐彩斌：在 PISA 中，芬兰的成绩很好，你怎么看芬兰的数学成绩？

Kermi：现实中的数学成绩，感觉没有对外公布的那么好，区域和学校不同，成绩也不一样。不过芬兰总体的成绩是高的，但不能说全芬兰就是 PISA 所反映的那样。

教师教学的目的不是为了考试，学生如果有这样的感觉，学习是为了应付考试，长期来看这不是好事。总有一天，他们要明白学习是为了要学到真正的知识。PISA 只是一次测试，关键在于学到了什么。

唐彩斌：芬兰的教师是全科教学，对各个学科的教学都有高要求，会不会有时在教高年级数学的时候，会有力不从心的时候？

Kermi：一般 1～6 年级不会有问题，本体知识层面不会有问题，毕竟芬兰的教师都是"百里挑一"，具有硕士学历。不过在教学知识层面，可能会有问题。有时，我们面对一个问题，不知如何展开教学让学生们都明白，在教学方面倒是可能有困难。

唐彩斌：芬兰正在推进"混合"教学，作为全科教师是否更利于推行？

Kermi：的确，这是改革趋势，学科的分割在被打破，学校将按照主题展开教学。对于我们来说更方便。单一的知识，缺少生活情境，其实知识本身不枯燥，我们需要让它们变得丰富起来。从长远来说，这是一件好事，学生的学习热情从某种角度会被激发。不至于像我们从某些教科书上看到的那样：干巴巴的、与现实生活脱节，单一而枯燥。

唐彩斌：本来每一个学科的线索是清楚的，混合教学会不会让学科学习线索模糊了？

Kermi：知识体系本身也是一个仁者见仁智者见智的事，可能是教师的习惯。从学生的角度来看，知识所谓"固有的体系"，并不是不可改变的。其实，如果站在学生的角度，知识体系并没有打乱，学习的线索本来就是多元的。

※芬兰小学数学教学价值

唐彩斌：怎么看待学生的考试成绩？在您的班里会不会有学生因为成绩不好而感到沮丧？

Kermi：不能保证所有学生不沮丧，但大部分不会因为考试成绩不好而自卑沮丧。生活不是由一个测验来决定喜怒哀乐的，无论是过关还是不过关，生活还要继续。教师教育学生的内容也应该包括怎样面对考试：考试不是生活的全部，如果某一次考试考得不好，只是帮助我们了解到了哪一部分还需要提高。

教学数学时，重要的是让学生达到基本的水平，也不是希望所有学生达到统一的水平。关键是让学生理解到自己达到了什么样的水平？

唐彩斌：在您教学数学的过程中，您的教学追求不是成绩，那是什么？

Kermi：教师教得少，学生学得多。这也是我们芬兰国家的教育哲学。我教的只是基础的东西，但通过这些简单的知识，可以帮助学生设定合理的目标，包括合理的人生目标。

当每一个学期或每一个学年结束的时候，让每一个学生感受到自己在积极健康地成长。当9年的学习时间结束，让学生感觉到在学校的学习是一件有趣的事情。这是我最大的教学愿望。

唐彩斌：芬兰的教育经验享誉全球，从您工作的角度看，您觉得芬兰数学的教学经验最重要的是什么？

Kermi：我在教学数学时最看重的经验有两条：学生在数学课堂上可以很诚实、很勇敢、很直率地向教师说我不会；让学生感受到对于学数学来说拿满分也不是那么重要的。

访谈启示：

1. 芬兰的教育成功源自信任

与我们国内的教育机构相比，芬兰没有那么多庞杂的教育机构。芬兰没有教研室，教学研究主要在学校；芬兰没有教师培训中心，倒是有教师培训学校，供新教师实习所用；芬兰没有督导评价，学校有高度的自治和自主，因为社会相信学校有责任提供高质量的有效教学，就像人民相信警察一样，民众也相信教育。芬兰社会对教育特别信任，社会相信学校，学校相信教师，教师相信学生。芬兰

教育部每四年制定并公布核心课程纲要，其他如征聘师资、经营管理则由各校自治；班级大小、课程内容、学生课表，甚至是每年上课几学期都由学校全权负责；至于要教什么、怎么教、用什么教，由教师自由选择。从 Kermi 老师身上看到的从容自信，也是芬兰老师的典型气质。芬兰是个高税收、高福利国家，当生活有高品质保障时，人们往往会寻求有尊严又自由的职业，教师恰恰是最符合芬兰人求职标准的职业。难怪在芬兰要当老师不容易，硕士学历，百分之五左右的录取率。

2. 芬兰教育不放弃任何一个人

芬兰的学校没有校服，为的是让每一个孩子都不一样。芬兰教育关注学生的个性发展，当然也不只是外表的校服是否一样，更重要的是为每个学生设计个性化的学习目标，每个学生的成长都能得到最大程度的支持，尤其是学习有困难的学生更应得到完整的支持系统，这已成为芬兰学校教育的核心理念。芬兰国家法律规定学校要区别对待不同学生的不同需求，要实施"三阶梯辅导模式"，即面向全体学生的一般性辅导，面向一部分学生的加强性辅导和针对个别学生的特殊性辅导。甚至在国家教育投入方向上，芬兰教育明确指明把钱花在最需要花的人身上，其中就包括学习迟缓者。

而对于班级里的学习迟缓者和学习优等生的处理，芬兰教育者的确自有他们的逻辑：学得快的人可以自己学，学得慢的人更需要帮忙。这一点，Kermi 老师和大多数芬兰老师都一样。

3. 芬兰教育稳健推进与时俱进的改革

芬兰的政策是在政治左翼和右翼人士达成的共识上形成的，因此在芬兰不会每四年就发动一批"重大而随意"的教育变革。诺基亚是芬兰国家的另一品牌，如今略显萧条，但"科技以人为本"的理念却依然深入人心，如今芬兰学校也积极推进教育信息化。翻转课堂、在线学习，芬兰学校的教师和学生也在积极地行动，很多公共网站成了学校教学资源的空间。笔者在芬兰的多个中小学的课堂里，看到学生自带设备进课堂，应用信息技术学习数学成了课堂的新常态。尽管 Kermi 对信息技术的应用保留自己的意见，这也是芬兰"我的课堂我做主"教师自主教学的真实写照。

在芬兰的教学改革中，始终坚持不变的教育哲学观是"少即是多"。芬兰老师都认同：学生学的知识点少，但是学习能力强；教师教学时间少，但学生自由安排的时间多；虽然芬兰统一组织的考试少，但教与学的主动性高；学校里同学间压力小、竞争少，同伴之间的合作多；教师教得少，学生学得多。

当初，芬兰因 PISA 的高分而引发教育者的关注，但关注芬兰后发现更值得关注的是"高分"背后的芬兰教育卓越理念。在芬兰老师看来：教育的目的不单纯是成绩，而是教育的人能够在社会中最大限度地实现自身的价值。就像 Kermi 老师所认为的那样，学生通过学习数学，学会给自己设定合理的目标，将来为自己的人生设定合理的目标。

（特别感谢芬兰赫尔辛基沙滨小学老师 Kermi 以及芬兰欧洲促进会的李弘宇老师提供的帮助）

附：我们可以向芬兰数学教育借鉴什么？

1. 前后呼应：学生核心素养的培养需要在数学课程中得到具体落实

芬兰的核心课程指出了七种核心素养（T1～T7），在整体的课程框架描述中，每一个主题的素养都是跨学科的。芬兰重视跨学科的主题式学习，是一直以来的教学传统，新课程的颁布较以前更加重视学生的共通能力，学生需要参与更多跨学科的单元学习。需要说明的是，单独学科的学习并没有因此而忽视，相反，学生的核心素养根据不同学科的特点和学生发展阶段的身心特点，被明确地、具体地落实在学科教学中。

比如七大核心素养之一的信息技术能力。在芬兰，信息技术能力的地位不言而喻，具有与时俱进的时代前瞻性。显然这一素养也是跨学科的，在数学课程中的学科任务中强调"信息传播技术用来支持学习"，在数学教学目标中一至六年级都强调"鼓励学生通过具体工具，图画，语言，书写，使用信息技术呈现他们的解法和结论"。有了国家课程的明确要求，在接下去的地方课程和学校课程的构建中，信息技术能力会得到进一步的具体化落实，直至落实在日常的教学中，落实在每一个孩子的身上。

笔者在芬兰的小学课堂里，时常看见，学生自带设备（或手机或平板电脑），并将其熟练应用于自己个性化的学习中。尽管他们都使用芬兰民族品牌"诺基亚"手机，屏幕不大，但应用自如，融合很深。我国在 2016 年发布的《中国学生发展核心素养

（征求意见稿）》总体框架中也包含着技术运用、信息意识这些内容，这也说明在信息时代的环境下，我国基础教育阶段也开始密切关注这些具有时代气息的素养。但要落实，还需要具体到各学科的课程中，落实在课堂上。只有这样，核心素养的宏观概念才会真正落实。

2. 少即是多：精选基础教育数学核心且重要的学习内容

芬兰的学生学习成绩好，更让人惊奇的是学业负担轻。笔者在坦佩雷大学，听一位教授对中芬的教育做了形象的比较：中国的学生是用"大量的时间学习大量的知识"，成绩好但负担重，而芬兰的学生是用"少量的时间学习重要的知识"，成绩好却负担轻。言词背后折射出的是芬兰人坚持的教育哲学"少即是多"。

从篇幅上来说，芬兰国家数学课程是核心课程中的一部分，不像其他国家是单独的一部分。它的内容就很少，一至二年级有 12 个小目标，三至六年级有 14 个小目标。芬兰数学课程内容领域的分类和中国的四大领域相比也有所不同，见表 1。

表 1　中芬小学数学课程内容领域主题比较表

国家	中国		芬兰	
年段	一至三年级	四至六年级	一至二年级	二至六年级
内容主题	数与代数	数与代数	思考与活动技能	思考与活动技能
	图形与几何	图形与几何	数、运算与代数	代数
	统计与概率	统计与概率	几何	几何
	综合与实践	综合与实践	测量	数据收集、统计与概率

芬兰数学课程中的"思考与活动技能"与我国的"综合与实践"类似，这些内容主题并不针对特定的数学知识，而是根据相应学段的内容规定一般性的技能或实际应用要求。内容分布上的不同之处是，芬兰有"测量"这一独立的内容主题。而我国数学课程标准中有关"测量"的内容从属于"几何"部分，没有独立设置。

我国数学课程中，每一个学段都有四个领域，只是内容各有侧重。芬兰的数学课程内容不受主题限制，不同学段就有不同的框架，充分考虑不同学段学习内容的需要，不受统一模式的限制。

受基础教育阶段学生年龄和身心特点的影响，世界各国大部分国家的数学课程标准在认知要求维度上，都体现出低水平类认知要求（识记、程序性操作、表达）明显多于高水平类认知要求(数学推理、问题解决、联系)。两国相比较,中芬都重视"问题解决",中国重在"数学推理",芬兰在"表达"和"联系"类认知要求上比我们要求更高,而我国在"表达"和"联系"这两方面有所欠缺。在课程内容分布中,有研究发现,我国的跨学科、跨领域、与生活联系的知识内容相对较少,这使得我国数学课程标准中的"联系"类认知要求也相对较为薄弱。

核心素养的提出,不是要求我们再增加新的学习内容来提升新的核心素养,即使在芬兰,他们想强调的跨学科学习,也不是在新课程中才提出的。重要的是基于核心素养,能科学统筹学习内容,加强学生学习的共通能力。对于我国的数学课程来说,不应期待通过内容的"多"来实现素养的"高",在过去的大规模国际比较测试中,中国学生"扎实的基础并没有在问题解决中表现出优势"我们在低等级水平技能上过于高频地训练,甚至有些过剩,需要匀一些时间和精力到高等级水平技能的学习上。只有这样,我们才有实现"轻负高质"的可能。

3. 评价同行:数学课程除了提供内容标准还提供数学评价标准

芬兰的核心课程在描述完具体目标和内容后,都会明确某一学段具体的评价指导意见,比如三至六年级的评价指导意见:"评价应是多功能的,能提供引导性和建设性的反馈。它们应支持学生数学能力的发展,而且必要时应能鼓励学生再次尝试。学生会被引导着进行自我学习的评价,并意识到自我的优势。反馈会帮助学生理解自身应进一步发展哪些知识技能以及如何发展。学生也会被引导着关注自身的学习行为,意识到自身对数学学习的态度。学生被要求通过口语、使用工具、绘图和书面工作不断证明自己的数学思维。评价对象包括学生的操作过程、解题的正确率以及运用已学知识技能的能力。当学生共同合作时,评价既会关注小组成员个体的行动和成果,也会关注整个团队的行动和成果。"更值得借鉴的是,核心课程还给出了具体的数学教学评价标准,这对于实际教学来说是具有直接指导意义的(表2)。

表2 与三至六年级的教学目标相对应的评价标准(达到8分良好的标准)

目标1 不影响等级评定。作为自我评价的部分,学生被引导着反思自我经历	目标2 学生能识别已学事物间的联系,并举例	目标3 学生能够提问,并得出具有数学意义的结论

目标4　学生用不同方式呈现结论和解题过程	目标5　学生使用不同策略解决问题	目标6　大部分情况下，学生能够评估出解题是否合情合理
目标7　学生主要使用正确的概念的符号	目标8　学生掌握小数和小数的运算法则	目标9　学生能够处理正有理数和负整数
目标10　学生能够非常流利地完成心算和笔算	目标11　学生能够对物体、图形进行分类识别；学生能够使用比例尺进行学习；学生能够识别关于点和关于直线对称的图形	目标12　学生能够选择合适的测量工具，进行一次测量并判断结果是否合理；学生能够计算面积和体积；学生掌握了大部分的常见单位转换
目标13　学生能够基于给定的数据绘制表格，并能解释图表；学生能够算出平均数，并确定众数	目标14　学生能够在图形环境中编制有作用的程序	

对于一线教师来说，在学习课程标准的时候，不仅期待知道"教什么"，而且还期待知道"教到什么程度"。相比芬兰的数学课程标准来说，我们国家的数学课程标准在评价标准方面也有待加强。

4. 以生为本：让每一个学生在基础教育阶段得到充分的发展

依据芬兰《宪法》和《反歧视法案》规定，不能在性别、年龄、种族、国籍、语言、宗教信仰、观念、性取向、健康情况、残疾情况或其他个人特征上歧视他人。在芬兰，任何一个愿意上学的人，都不会因为先天条件的弱势而被教育拒之门外。不会因为智力水平低，也不会因为家庭条件差。芬兰人常常说"芬兰没有差生，即使再差的学生也很好，我们一个学生都不会放弃"。芬兰国家法律规定学校要区别对待不同学生的不同需求，要实施"三阶梯辅导模式"，即面向全体学生的一般性辅导，面向一部分学生的加强性辅导和针对个别学生的特殊性辅导。之前，芬兰人最愿意把教育的经费投入到"学习迟缓者"身上。当问起英才培养时，芬兰教师很幽默："学得慢的人更需要帮助，学得快的人自己会学。"但是在新的课程标准中，芬兰人也开始关注英才的培养。即使在一至二年级的时候，教学评价指导意见中也有相应提法："有才华的学生有机会更深入地了解一至二年级的内容。这些内容范围可以包括自然数的特性、不同的数字序列、几何形状、创造性的问题解决以及对基本算术运算的更高要求的应用等。"

芬兰学校没有校服，是因为他们坚信学生本来就是与众不同的。将这个想法迁移到学习上，他们也鼓励学生有不同的表现。"评估和反馈应是鼓励性的，鼓励学生保持自己的优势并练习他们新习得的技能。学生应有机会以不同的方式表现他们的进步。"在官方的文本中，依然能够读到教育者的温暖。

当中国代表团的成绩在 PISA 中有波动的时候，人们就开始关注生源的差异。芬兰人从来没有这样"在意"，芬兰教育的优质均衡也是国家教育质量持续卓越的基础。在芬兰教师看来：教育的目的不单纯是成绩，而是教育的人能够在社会中最大限度地实现自身的价值。每一个教师在每一个课堂上都在考虑，努力使学生在起始水平的基础上得到充分的发展，取得积极的进步。

他山之石，可以攻玉。芬兰教育发展之路是一种独创性地展示芬兰人自己的梦想，而不是向别的国家"租赁这个梦想"之路。在芬兰人看来，"现在是追求速成的时代，但教育需要迥然不同的心态"。一方面，他们在虚心吸纳国际先进教育理念之时，也决不盲从与随波逐流；另一方面，他们十分珍视本国的教育传统，在努力思考"如何从其独有的教育改革传统遗产中看待外部的建言"。这也许是更值得我们学习的芬兰教育改革经验。

附：芬兰国家课程体系中对数学教学目标的分段描述

和世界各地的情况一样，芬兰小学数学教学也分成了两个学段。所不同的是，一至二年级为第一学段，三至六年级为第二学段。在每一个学段，其教学目标的描述分为 3 个维度：意义、态度和价值观；操作技能；概念性目标和具体知识目标。每一个维度的内容均与相关的核心素养紧密相连。

在一至二年级阶段，数学教学需要为学生提供多种经验，为他们形成数学概念和知识结构建立基础。数学的教与学要能运用不同的感官，通过具体的工具，语言、书写、画图以及描述图片等，来提高学生表达数学思维的能力。这一阶段的数学教学，要为理解数字概念、十进制和学习算术运算技能打下坚实的基础。具体目标和内容见表1。

表 1　一至二年级的数学教学目标及对应的内容

教学目标	教学内容	核心素养
意义、态度和价值观		
1. 激发学生对数学的兴趣和热情，发展他们的自我形象和自信心	C1—C4	T1, T3, T5
操作技能		
2. 指导学生提高他们的数学观察能力，让他们在不同情境中能够理解和运用这些能力	C1—C4	T4
3. 鼓励学生通过具体工具，图画、语言、书写以及信息技术来呈现他们的方法和结论	C1—C4	T2, T4, T5
4. 指导学生发展他们的推理能力和解决问题的能力	C1—C4	T1, T4, T6
概念性目标和具体知识目标		
5. 帮助学生理解数学概念和符号	C1—C4	T1, T4
6. 引导学生理解数字概念和十进制原理	C2	T1, T4
7. 让学生熟悉基本的算术运算法则和特征	C2	T1, T4
8. 指导学生熟练掌握对自然数的基本运算技能和发展不同的心算策略	C2	T1, T4
9. 让学生熟悉几何形状，引导他们对其特征进行观察	C3	T1, T4, T5
10. 指导学生理解测量的原理	C3	T1, T4
11. 帮助学生熟悉表和图	C4	T4, T5
12. 帮助学生发展制订步骤和遵循指示的能力	C1	T1, T2, T4, T5

芬兰国家课程指明了学生需要具备的七种核心素养：T1 思考与学会学习的能力；T2 多元文化认知、社会交往与自我表达能力；T3 自我管理与日常生活能力；T4 综合素养；T5 信息技术能力；T6 就业与创业能力；T7 可持续发展意识与社会参与能力。

其中，一至二年级与数学目标相关的重要内容包括：

C1 思考与活动技能：

为学生提供机会发现相似性、差异性和规律性；学会比较、分类，按顺序放置物品和识别因果关系；学会从不同的角度来检视数学情境；通过制订和测试步骤指令开始熟悉编程的基础知识。

C2 数字和运算：

学会用自然数进行演算。确保小学生熟悉数字、数值、数码之间的联系；通过计算、感知和估算来拓展学生对数字的理解；练习数数技能、比较和把数字排序的能力。能够检查数字的特性，比如利用除以 2 来判断奇偶、倍数等；能熟练掌握数字 1 到 10 的分拆。

教会学生在不同的情况下合理的运用数字，比如表达数量、顺序、测量结果和进行运算。

学生通过使用具体模型熟悉十进制原则。

学生首先发展 20 以内的数的加法和减法技能，然后在 0～100 范围内，练习不同的心算策略，以提高算术技能；学会在不同的情境中运用加法和减法进行运算；学习使用加法的交换律和结合律。

指导学生通过具体示例理解乘法的概念，并且学习数字 1～5 和 10 的乘法表，为理解除法以及乘法和除法之间的联系建立基础；学会在乘法中运用交换律，并熟悉乘法的结合律。

通过学会将一个整体分为若干相等的部分来介绍分数的概念。

C3 几何和测量：

提高学生感知三维空间和观察其中的平面几何元素方面的技能；练习使用方向和位置的概念。

学生与教师一起检视物体和平面图形。除了会识别它们之外，学生还要能搭建和绘制；引导学生发现和命名物体和平面图形的性质，会用这些特性对物体和平面图进行分类。

让学生练习测量，指导他们掌握测量的原理；让学生讨论一些量，如长度、质量、体积和时间，并且学习使用相应的测量单位；知道米和厘米、千克和克以及升和毫升是关键单位。学生在时钟上学习时间和时间单位。

C4 数据处理和统计：

就一些有趣的话题，开始发展学生收集和保存信息的能力；学会绘制和解释简单的表和条形图。

在三至六年级阶段，数学教学需要为学生提供多种经验，便于他们能理解数学概念和知识结构。数学教学要帮助学生以不同的方式、借助不同的工具向他人呈现

他们的数学思维和解法；数学教学还要帮助学生更广泛地解决问题，既能独立地完成，也能在小组中完成，还要能比较不同的解法。这一阶段的数学教学，要确保学生理解数的概念和十进制，并且拓展他们的理解能力。学生的算术运算技能要流畅、熟练。具体目标和内容见表2。

表2　三至六年级的数学教学目标及对应的内容

教学目标	教学内容	核心素养
意义、态度和价值观		
1. 维持学生对数学的热情和兴趣，建立积极的自我形象和自信心	C1—C5	T1，T3，T5
操作技能		
2. 引导学生感知和理解所学的知识之间的联系	C1—C5	T1，T4
3. 指导学生发展提出问题的能力，并能根据观察做出合理的结论	C1—C5	T1，T3，T4，T5
4. 鼓励学生通过具体的工具、画图、演讲、写作和使用信息技术向他人呈现结论和解决方案	C1—C5	T1，T2，T4，T5
5. 帮助学生发展问题解决的技能	C1—C5	T1，T4，T5
6. 指导学生评价自己的解法是否合理和有意义	C1—C5	T1，T3
概念性目标和具体知识目标		
7. 帮助学生使用和理解数学概念及符号	C2	T1，T4
8. 引导学生进一步加强和拓展对十进制的理解	C2	T1，T4
9. 帮助学生把对数的理解扩展到有理数和负整数	C2	T1，T4
10. 借助运算性质，让学生心算和笔算的算术技能更熟练、流畅	C2	T1，T3，T6
11. 指导学生观察并描述对象的几何属性，熟悉了解几何的概念	C4	T4，T5
12. 指导学生估计测量对象的大小，选择合适的工具和单位，并考虑结果是否合理	C4	T1，T3，T6
13. 指导学生准备和解释表格和图表，会使用关键的统计数字来表达概率	C5	T4，T5
14. 激励学生在图形化的编程环境中用计算机程序来制定指令	C1	T1，T4，T5，T6

其中，三至六年级与数学目标相关的重要内容包括：

C1思维与活动能力：

发展学生的能力寻找相似性、差异性和规律性；提高学生比较、分类、对物件进行排列、系统地寻找其他可能性以及观察数学中的因果关系和联系的能力；能在图形化的编程环境中制订计划并开展学习。

C2 数字和计算：

确保学生能理解十进制系统并加深对此的理解；学生能观察并将数字分类，从而更全面地理解数字的结构和数字的可拆分性之间的联系。

提高基础的心算能力；通过练习加减法法则，从而能够熟练地进行加法运算；能够理解乘法的概念，学习6~9的乘法表；能够掌握1~10的乘法表；通过练习乘法法则，从而能够掌握乘法运算；通过数量单位学习除法，会运用除法运算的特性并明白其中的相互联系。

指导学生通过四舍五入等取近似值的方式进行计算，并借此学习如何估算结果；在多种情境下学会利用所需的工具进行数学运算的练习。

了解负数的概念，将数的范围扩展到负整数；学习分数的概念，并练习各种基本的分数计算；用自然数练习乘、除法；了解小数作为十进制系统的一部分，练习基本的小数计算；对百分数的概念开始有一定的了解；通过简单的计算练习，逐渐理解百分数和百分数值的计算；了解分数、百分数和小数之间的关系。

C3 代数：

观察数列的规律，并能根据其规律续写数列；了解未知数的概念，观察方程并通过推理和实验学会解方程。

C4 几何和测量：

学生能构建、绘制、检查和分类图形对象；能对圆柱体、圆锥体等其他形状进行分类；熟悉长方体、圆柱体、圆锥体和棱锥体；能将平面图形分为多边形和其他形状，了解他们的属性；熟悉三角形、四边形和圆；熟悉点、线段、直角、角的概念；学习画角、量度角和对角进行分类。

学习关于直线的对称性；在周围的世界，如艺术中，了解旋转对称和平移对称。

先学习坐标轴的第一象限，然后依次学习其他象限。

熟悉比例尺的概念，知道比例尺是用来进行放大和缩小的，并学习在地图中运用比例尺。

练习测量，并注意测量的精准性，会估计测量结果和验证测量结果；测量和计算不同图形的周长和面积，测量计算长方体的体积；理解测量单位之间的关系，并能在常用的测量单位间进行换算。

C5 数据处理、统计、概率：

针对感兴趣的话题，学生能具有系统地收集数据的能力；能通过图表记录、呈现数据；除了统计的关键数据，还学习最大值、最小值、平均数和众数。

通过事件的不可能性、可能性和确定性，了解日常情况中事件的概率。

（本文得到了香港中文大学张侨平博士、天津师范大学康玥媛博士的指导与无私的帮助）

六、韩国的小学数学课程与教学

——访谈韩国东州大学校长朴成泽教授

专家简介：

朴成泽：现任韩国东州大学校长，数学教育系教授。曾任韩国釜山教育大学校长，长期担任韩国国家小学数学教材审查委员，曾获得由韩国总统颁发的黄条素星勋章，主要著作有《初等数学教育研究》《数学教学》《数学学习心理和教学策略》等。

唐彩斌：2011 年 2 月，韩国正在讨论的未来的数学课程标准叫作《以创意为中心的课程标准》，与之前的课程标准相比，您觉得突出了什么？

朴成泽：坦率地说，从数学教学的本质上来说是没有什么创意性可言的。所谓的创意性，主要是指教师在指导方法上的创新。教师对学生的指导包括学习内容的指导和学习方法的指导。创意性课程标准强调教师对学生学习方法的指导。

唐彩斌：您长期以来担任国家教材的审查委员，您觉得一套好的教材的标准是什么？

朴成泽：我认为，使数学教学的目标和数学的本质相一致的教科书是最好的。数学作为一种工具，我们不应该把它的各种概念、原理、法则等割裂开来，而应该把它们看成一个整体，它们可以帮助我们解决问题，增加和现实生活的联系，也可以帮助学生提高逻辑思维的能力，同时让学生利用数学的方法来了解自己的周围世界。因此，数学教科书和数学教学应该使学生的能力得到最好的培养，让学生成为对未来社会有丰富思考的人。好的教科书，应把抽象的数学阐述得简单、通俗易懂，而不是把简单的数学问题变得复杂化；好的教科书，应尽量满足学生的兴趣和好奇心，而不是让孩子只知道数学的答案；好的教科书，应该贴近学生的生活实际，为培养他们的创造性提供时间和空间；好的教科书，也应是与时俱进的，以适应这个不断变化的社会。

唐彩斌：在教材编写中往往会遇到这样的问题，如果编得太具体就会显得刻板，不利于教师发挥创造作用；但是如果编得精要而富有弹性，又担心教师不能理解教材意图。在这方面，韩国有什么好的经验？

朴成泽：这个问题也是我们正在探索的。教材的编写应力求最大限度地培养学生的创造性，同时培养他们的自信心。因此在编写时应提供满足学生好奇心的问题，以吸引学生的兴趣。教科书有页码的限制，我们编写的内容不能太多、太细，因此教师在教学时要灵活地使用教材，多为学生设计很好的、有启发性的问题，同时要像主持人一样，注意调节教学节奏、引发质疑等。

唐彩斌：在教材的编写中，需要兼顾不同学生的差异。在韩国，是否有专门针对不同学生的教材？比如针对资优学生的数学教材，针对困难学生的数学教材。

朴成泽：韩国数学教科书的要求是按照国家最低水平的要求来制定的。比如说，对于小学一年级第1册教科书，一个幼儿园课程还没结束的儿童也能理解的情况是存在的。由于学生的学习能力和学习水平不一样，所以在教科书中也储存着专门针对不同学生学习的补充材料以及可供学生深化学习的内容。对于资优学生，韩国教育部以及各级教育单位每年都有资优学生的选拔考试，有专门的英才学校和英才班级对其进行培养；对于学习困难学生，教师根据学生的个别差异对学生进行辅导。

唐彩斌：好的教材出版机构往往会为教师提供配套的教学材料。在韩国，一般老师除了教科书，还可以得到哪些资源？

朴成泽：在韩国除了教科书，出版机构还会提供和教科书配套的教师教学指导用书。一些和教学配套的光盘以及其他多媒体材料，学校和老师可以根据教学需要购买使用。韩国的课堂教学比较重视活动，因此，在教科书的最后往往附有活动中所需要的一些粘纸等教学材料，以配合学生的学习活动。同时韩国的老师还可以买到各种各样的教具。

唐彩斌：小学数学的教学内容随着时代的变化在变化。以前有人将西方国家的教材描述为"一英里宽，一英寸深"，相比之下中国的教材窄而深。您觉得韩国教材改革的总体方向是怎样的？

朴成泽：韩国的数学学习内容和中国一样，是深化型的。数学知识包括内容型知识和方法型知识。举例来说，2＋3＝□，对于答案"5"，是属于内容型知识；而探究"5"这个答案是怎么得出的，从而找到多种多样的方法，则属于方法型知识。与一些校外辅导机构相比，学校教育更注重方法型知识的教学。

唐彩斌：韩国把小学数学教学内容分为哪几个领域？每一部分各占多大比例？

朴成泽：一共有五个领域，包括：数和运算（70%），图形（10%），测量（10%），概率和统计（5%），探索规律和问题解决（5%）。其中，占比重最大的是数和运算，不这几乎是全世界各国小学数学教材的共同特点。但是到了初中和高中，数和运算的所占比重会不同程度地降低。在小学，数与运算占比重比较大也是必需的，这可以为学生的后继学习打下良好基础。

唐彩斌：对于计算教学，随着计算器的广泛应用和计算机时代的到来，其教学要求是否会降低？您赞成小学生使用计算器吗？

朴成泽：计算技能是学生后继学习的基础，因此学生对于四则计算必须达到正确和熟练的程度。但是，计算并不仅仅是对数的计算，到了初中和高中，还有代数式的计算。心理学家认为，小学是学生计算能力形成的最重要的阶段。如果学生在小学阶段没有形成很好的计算能力，那么他们以后到初中和高中，学习数学就会遇到很多困难。在韩国前一版本的课程标准中，允许学生在小学五年级学习数学时使用计算器，现在又把这部分内容删去了，而在高中增加了计算器的学习内容。我个人认为，在小学数学的学习中，没有必要使用计算器。

唐彩斌：信息技术飞速发展，您如何看待信息技术给数学教学带来的影响？基于信息技术和网络的数学教学和学习，韩国有哪些好的经验？

朴成泽：韩国梨花女子大学的计算机系教授认为：对于计算机，即便是到大学开始学习也不会太晚。为了培养学生对计算机的亲密感，可以在小学的图形领域尝试用计算机辅助教学，因为这个领域和计算机的关联比较大。从数学的整体内容上来说，韩国没有一个非常系统的计算机辅助教学的指导方法。

唐彩斌：您在图形的变换方面写过专著。和以前的教材相比，数学内容是否有增加的趋势？现在增加的平移、旋转、对称等内容，怎样与原有的图形内容形成一个有机的整体？

朴成泽：数学内容是否有增加的趋势，这一点并不明朗。和以前一样，韩国图形领域的学习内容大致是这样的：三年级时，通过学习简单平面图形的平行移动(平移)、对称移动(翻转)、旋转移动(旋转)来理解图形的变化(图1-6、图1-7、图1-8)；五年级时，通过具体的操作活动使学生理解点对称图形和线对称图形。图形变换的内容和图形领域的其他内容都是有一定联系的，教材中适当增加这方面的内容，有利于培养学生的空间观念。

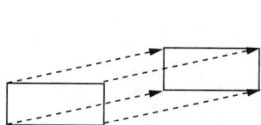
图1-6　平移

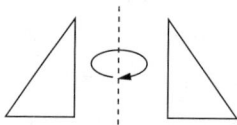
图1-7　翻转

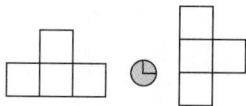
图1-8　旋转

唐彩斌：问题解决是广受国际认同的数学教育思想，韩国是否也特别重视指导学生用数学去解决问题？具体怎么落实？

朴成泽：在韩国，问题解决也是一个非常重要的学习内容。数学学习内容包括计算、概念(数学用语和符号)、原理、问题解决等(图1-9)。计算、概念(数学用语和符号)都是非常重要的，在学生掌握了这两部分内容之后，才能安排数学原理的学习和数学文章的阅读。然而，所有这些都和问题解决有关，或者说都是为问题解决服务的。学生在解决问题时，需要计算，需要用规范的数学用语和数学符号来表达意思，需要运用数学的公式和法则发现规律。因此，为了使学生形成清晰的数学知识系统，必须在基础知识学习的基础上，再强调用数学知识来进行问题解决。数学教育的本质也是从概念开始，到思考力、想象力，再到创新力(图1-10)，因此，在韩国，我们也非常重视问题解决。

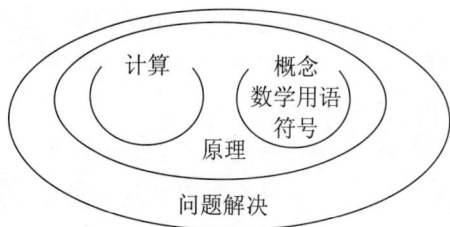
图1-9

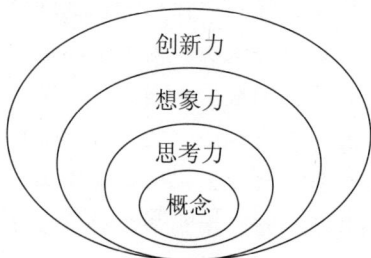
图1-10

唐彩斌：韩国倡导"跟着教科书一起做，让数学变得有趣"，是不是特别倡导组织一些活动？这些活动有什么共同的特点？在课堂上方便实施吗？

朴成泽：韩国的教科书中特别注重学生的动手操作，强调在活动中学习，每一节新课的学习都会有一两个甚至更多的活动。在各种各样的活动教学中，学生活动素材的准备是一件非常困难的事情。教材中各个年级、各个单元对操作活动的要求都不一样，对不同年级、不同单元的活动，难易度的把握也是非常困难的。一般来说，五年级操作活动的要求比四年级高，但是在实际教学过程中往往会出现相反的情况。在课堂教学中，教师认为最困难的一点是活动时间不够用。在 40 分钟的时间里，除了留给学生整理和练习的时间外，要把教材提供的所有活动全部完成是非常困难的。因此实际教学中，教师往往选择其中的一部分活动来进行。

唐彩斌：韩国的教材是否特别注重联系现实生活，在教材中是怎样具体体现的？

朴成泽：韩国以前的数学教学是从生活到数学，而现在则更注重从数学到生活。20 世纪 60 年代之前，韩国倡导实用数学，即先呈现生活中的问题，然后引导学生用数学的方法来解决。比如教科书中有名叫"菜地"的单元(类似求菜地面积的单元)、"数学旅行"的单元(计算 3 天 2 夜旅行所需要的费用、制订旅行计划等)，这些都是实用数学。而现在，学生先学习数学知识，然后运用所学知识解决实际生活中的问题。比如在数学学习时，先学习汇率的有关知识，然后让学生解决生活中各种汇率换算的问题。

根据学生的认知发展特点，如果学生在现实生活中对即将学习的数学内容已经有所接触，则这对他在课堂中理解这些数学内容会有一定的帮助。比如，学生有去市场买东西和结算费用的经验，则对其在课堂上学习相关内容的帮助更大。一年级中立体图形和平面图形的学习也是如此。

唐彩斌：您主编的《初等数学教育研究》，是从数学角度来阐述小学数学教学内容的。但是，作为小学生学习的数学，在严谨性方面是否应该适当弱化？

朴成泽：数学是强调逻辑的严密性和形式化的。但是，为了适应小学生的认知特点，小学阶段的数学内容在逻辑的严密性上会有一定程度的弱化。在小学阶段，基础知识的学习是非常重要的，但更重要的是学生学习到分析问题、解决问题的方法。

唐彩斌：有时从教材来看，学习的内容并不多，但这不一定意味着学生的学习负担就轻了。韩国小学生的学习负担重吗？

朴成泽：韩国小学生和中国小学生一样，学习负担也是不轻的。在大学入学考试中，数学所占的比重越来越大，学生的数学学习负担也随之增加。在韩国，有很多学校以外的教育机构，如补习班，为学生提供更深、更广的数学学习内容，但是他们常常为了加快学生学习的进度，往往只注重数学知识的教学，而不注重教学方法，这样对学生的数学学习是不利的。

唐彩斌：您怎样看待小学数学竞赛？在韩国，奥林匹克数学竞赛受家长欢迎吗？

朴成泽：韩国有很多各种各样的数学竞赛。虽然我也鼓励小学生有机会可以参加一些数学竞赛，但是现在，因为竞赛而引发的数学课外学习，家长在这方面投入的显著增加以及产生的过度竞争意识，都在一定程度上成了问题。

唐彩斌：在中国，教科书是老师们教学的基本材料；而在美国、英国等一些西方国家，教科书仅仅是供老师们选择的教学材料之一，并没有那么重要。韩国老师是怎样看待教科书的作用的？

朴成泽：在韩国，教科书也是教师们教学的基本材料，但是韩国的教科书是作为依托课程标准这个"核心"而存在的补充材料，同样成为补充材料的还有教师教学指导用书、教学实施的各种媒体等。韩国的课堂往往是这样的：在40分钟的课堂时间里，教师先根据教学指导用书和准备好的教案来进行教学，然后在最后的5分钟里，师生一起利用教科书来整理本节课所学习的内容。当然，这是比较理想的状态，在实际教学中，教师还是比较多地依赖于教科书。

（本文合作作者袁慧娟）

七、关于俄罗斯小学数学教材的对话
——张奠宙、倪明、唐彩斌三人对话

背景：

华东师范大学出版社教辅分社倪明社长从俄罗斯带回一套小学数学教材，在第一时间送到华东师范大学数学系张奠宙教授家里。两人打开翻看，不禁大吃一惊。一年级小学生学加法、解方程。二年级学乘除法继续解方程。三年级学习行程问题的数学模型 $s=vt$。四年级学习解不等式，引入坐标角（第一象限），画各式各样的 $s=vt$ 的运动图像。函数思想呼之欲出。此后数日，杭州市时代小学校长唐彩斌正好来张奠宙家

中作客，看到此套教材也深感兴趣。于是三人就基于此套教材展开了谈话。

唐彩斌：倪社长，你能否介绍一下这套俄罗斯教材的基本情况？

倪明：这套小学数学教材是一套着眼于未来的系列改革教材的一部分。由彼得松主编。这次看到的是 2014 年的版本，印数已到 33.5 万册。从这个数字来看，这不是当前大面积使用的通用教材，但也不是孤零零几所学校的实验教材，而是已经拥有 30 多万读者的新型教材。据莫斯科大学的一位学生介绍，他在读小学的时候就用这套教材，这是一套适合给数学能力较强的学生使用的教材。

张奠宙：封面上印有"ПЕРСПЕКТИВА"的字样，意思是"远景""面向未来"（图 1-11）。

唐彩斌："不同的人学习不同的数学"，也是我国数学课程的基本理念，提出来已有些时间，但落实起来却相当困难。俄罗斯的这套教材给了我们很大启示，值得我们关注。俄罗斯的小学也是 6 年吗？

图 1-11

倪明：俄罗斯基础教育一共 11 年。小学 4 年。本套教材，每个年级有 3 册教材。每册由 30～40 课组成，有 60～70 页。教材呈现样式与我们不同，全部由问题驱动。整本教材中间，除了插有少量说明文字之外，从头到尾全是问题，另有习题册相配。教材印刷精良，内文为彩色的，封面非常精致。

张奠宙：看了这套教材，内心久久不能平静。我们的课程改革，多在教育理念、情境创设、呈现方式、分组学习等教学方式上下功夫。这自然有其必要性。相比之下，除了增加概率统计作为学习领域之外，我们在数学思想体系上所下的功夫实在不多。尤其是高瞻远瞩地面向未来的基础数学课程的思考几乎是空白。人无远虑必有近忧。俄罗斯继承了数学大国的传统，在数学教育改革上一向有深刻的数学见解。就这套教材而言，着眼于培养数学优秀生的数学英才教育，迈出了令人惊讶的改革步伐，非常值得我们学习借鉴。

唐彩斌：通常来说，小学数学一年级的第一课，一般是从认识 1～10 的数开始。

接着就是 1~5 的数的加减。我们新思维小学数学教材是从认识生活中的立体图形开始的，俄罗斯这套教材的一年级是怎么开始的？

张奠宙：这套教材完全不是这样的。它从认识线段、三角形、圆、正方形、长方形等图形开始，然后用这些图形作为集合的元素。在第九课出现"不相交集合之并集"，称为加法（图 1-12）。出现阿拉伯数字 1，要到第 17 课了。①

图 1-12

加法的本质，是把部分合并为整体。减法则是从整体中去掉一部分。并集和差集的元素是可以直接显示出来的，比较直观。阿拉伯数字是集合个数的抽象，抽象度要高很多。

唐彩斌：的确是有些意外，把数的加法，建筑在不相交集合并集的基础上，可能更加接近人的认识过程。

倪明：教材将加法定义为：加法是将两个部分合并为一个整体的过程。

三个三角形的集合 T，与两个正方形的集合 K 作和（并集），结果记为 $T+K$，而且有算式 $T+K=K+T$。此时，1、2、3、4 的数字还没有出现。集合的元素用的是半抽象的三角形、圆等图形（图 1-13）。

用不相交集合的并集引进加法，用集合与其子集之差集引进减法。并且立刻将之符号化。

这样做，使得加减法的意义直观明确：合并，移去。两个集合的元素，与它们的并集、差集的元素清清楚楚地显示出来，给出了"并"（"加"）"差"（"减"）的过程。更重要的是，学生接触数学的一开始，就面对符号和算式。这样一来，不再是以前那样，一年级

———————

① 本书引用图片时，为保持原文原貌，图中变量等符号均未做任何修改。

图 1-13

开宗明义，一定是先有 1、2、3 的数，要到很晚才使用符号，用文字代替数，相当吃力。俄罗斯教材这种数与式共生的做法，使得加法交换律早早借助直观形象就出现了。

唐彩斌：一般情况，学生接触到加法交换律、用字母表示数，都应该在三年级以后了，俄罗斯的教材的确比较大胆，比较前卫。在他们的教材体系中，如何从集合的加法，过渡到数的加法呢？

张奠宙：以上的"加法"，只是集合的加法，出现在"数"之前。数的加法，是从集合的演变而来的。下一步，便是将物体的集合，用一一对应的方法在数量上做比较。这里的 $K=T$、$K \neq \pi$，为自然数的大小做了准备（图 1-14）。

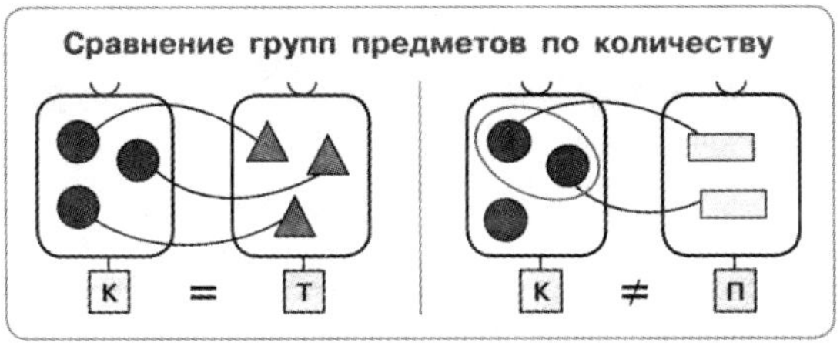

图 1-14

再看（图 1-15）：

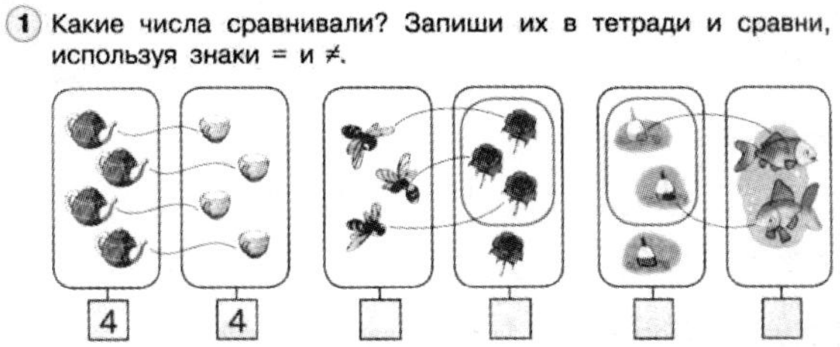

图 1-15

在一年级第一分册的第 48 页上，标题是"也是加法"。先要求给每个集合一个"数"的标记。然后用算式，数字相加，线段相加，分别进行解释。最后，在第 60 页，为"数字加法的组成部分"命名(图 1-16)：

① Что значит «сложить»? Верно ли равенство? Назови части и целое. Как ещё можно назвать компоненты сложения?

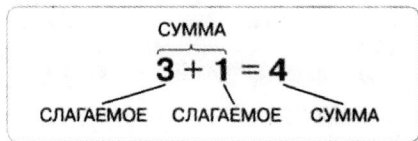

СУММА
3 + 1 = 4
СЛАГАЕМОЕ СЛАГАЕМОЕ СУММА

Равенство 3 + 1 = 4 **можно прочитать** так:
«Три плюс один равно четырём», или
«Сумма трёх и одного равна четырём», или
«К трём прибавить один получится четыре», или
«Первое слагаемое – 3, второе – 1, сумма – 4», или
«Части – 3 и 1, целое – 4».

图 1-16

【部分译文】

1. 什么是加法？它是一个等式吗？哪个是部分，哪个是整体？对加法的各个成分还能说些什么？

（3 与 1 之和）

3 ＋ 1 ＝ 4(和)

（被加数）（被加数）

等式 3＋1＝4 可以这样读：

"3 加 1 等于 4"；

"3 与 1 之和等于 4"；

"3 加 1 是 4"；

"如果部分是 3 和 1，那么整体是 4"。

"第一个被加数是 3，第二个被加数是 1，它们的和是 4"。

唐彩斌：看起来，这套教材，也很注意语言表述。数学，毕竟不只是会求得数而已。我觉得，集合加法过渡到数的加法，似乎有点困难。数的相加，是一个"数

数"的过程，先数第一个集合中元素的个数，接着数第二个集合中元素的个数，数完了就是相加的结果。

张奠宙：在数的加法之前，呈现集合加法过程，是否有利于学生的理解，当然还要通过教学实践加以检验。

唐彩斌：俄罗斯教材一年级就要解方程，我曾经好多次拿俄罗斯教材的图片让身边的数学老师猜，几乎没有人会猜到是一年级的，很新鲜，很大胆。

张奠宙：这确实是一个大胆的创新。一年级的第 3 分册，大半本是解题训练。其中包括线段的比较、加减，二维图形的比较、加减，巩固整体和部分的关系。在第 3 分册的第 22 页，出现了方程的定义（图 1-17）：

图 1-17

【部分译文】

2. 方程中的公共部分是什么？如何求解具有未知被加数的方程？

形如 $x+a=6$，$a+x=6$。

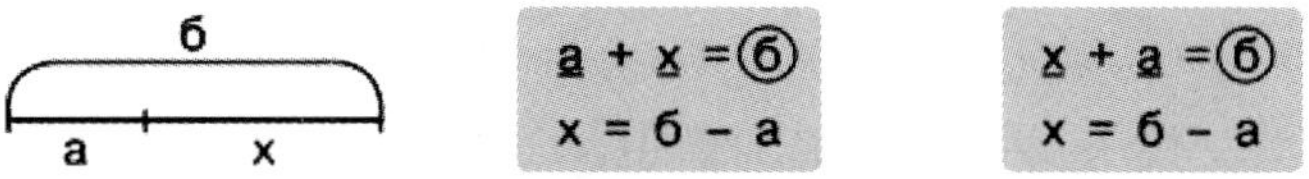

图 1-18

为了求出未知项，需要从整体中减去已知项。

倪明：同样地，形如 $b-x=a$ 方程，也可以从线段图中，给出 $x=b-a$ 的结果。这里无须"移项""两边同加 x"之类的说法。很精彩。

唐彩斌：等式里只有加减符号的方程，用线段图求解。那么含有乘除号的方程如何处理呢？

张奠宙：这套教材的二年级第 3 分册第一课就是含有乘除号的方程。基本想法是依据长方形面积等于长乘宽的公式，看未知数 x 相当于面积还是边长，分别选择除法和乘法，求得 x 的值（图 1-19）。

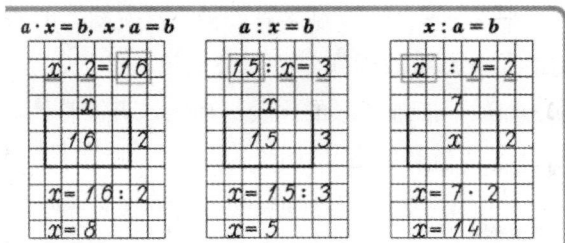

图 1-19

解这类方程，第一步是弄清未知部分处于长方形面积的边长部分，还是面积部分。第二步是看未知部分是不是边长，若是，用面积数除以已知边长即为方程的解。若不是，则将两个边长相乘，其乘积即为方程的解。

唐彩斌：这样一来，在系数都是正整数的情形下，$ax \pm b = c \pm dx$ 的一元一次方程在二年级就可以解出来。也就是说，一元一次方程，利用线段图和长方形面积公式，可以直接求出方程的解，而完全绕开移项、负数之类的代数知识。真是有些高明。

张奠宙：对，这里不能出现负数。此外，还要用到分配律，提取公因数。总之，在正整数范围内，一元一次方程在小学低年级就可以解了。

唐彩斌：小学低年级有很多基本训练，如多位数的加减乘除、进位退位，等等。解方程也是主要任务吗？

张奠宙：对。俄罗斯教材的二、三年级的课程，重在打好基础，大量的练习有关多位数的加减乘除、横式与竖式，绝不马虎。此外，常见的度量衡问题，图形的运动、全等，在方格纸上求平面图形的面积，等等，还是占据着主流地位，这里就不细说了。值得关注的是教材着力构建了物体的运动模型，通俗地说，就是研究"行程问题"，为函数思想打基础。

唐彩斌：把建模放在突出地位。当前，我们正在倡导使学生形成构建数学模型的素养。俄罗斯教材是如何具体做到的呢？

张奠宙：要做许多准备工作。在三年级引进了∈、∪、∩，以及集合的包含关系。四年级第 1 分册第一课便是解不等式、求解集。这都是为以后的运动模型的时间区间 $a \leqslant t \leqslant b$ 做准备（图 1-20）。

Урок 1　　**Решение неравенства**

1　Прочитай текст в рамке. Найди в нём: а) тему; б) вводную часть; в) главную мысль; г) пример. Какими символами обозначены эти части текста?

Сделай *конспект* (краткую запись содержания текста). Придумай свои примеры неравенств и их решений. Как ты думаешь, что понимается в тексте под «решением неравенства» – действие или число?

Решение неравенства

Неравенство $y < 9$ верно при $y = 5$ и неверно при $y = 16$. Говорят, что число 5 *удовлетворяет* этому неравенству, а число 16 ему *не удовлетворяет*.

Решение неравенства – это значение переменной, которое при подстановке в неравенство превращает его в верное высказывание.

Например, число 5 является решением неравенства $y < 9$, а число 16 не является решением этого неравенства.

图 1-20

【部分译文】

不等式的求解。

对不等式 $y<9$ 而言，$y=5$ 时是正确的，$y=16$ 时是不正确的。这就是说，5 满足该不等式的要求，而 16 则不能满足。

不等式的解，是指变量所取的那些值，代入不等式后能够使之成立。例如，5 是不等式 $y<9$ 的解，而 16 不是。

唐彩斌：在我国，行程问题的算术解法是一个有争论的问题。过去把行程问题分成很多类型，弄得很烦琐，现在精简了很多。

张奠宙：俄罗斯教材把行程问题作为正比例函数的数学模型，认为它具有数学建模的典型性和重要性，因此这套教材对行程问题的各种情形做了详细的研究。包括相向而行、反向而行、追及问题、落后问题，都有明确的界定。请看课本里的这一页，内容是：两个目标物体同时运动的各种形式（图 1-21）。

唐彩斌：这也有点出乎意料。

图 1-21

　　张奠宙：我觉得俄罗斯教材对行程问题的立意要高得多。一是数学建模，二是引出正比例函数，直至在坐标轴上画出运动的图形，并做出解释(图 1-22)。

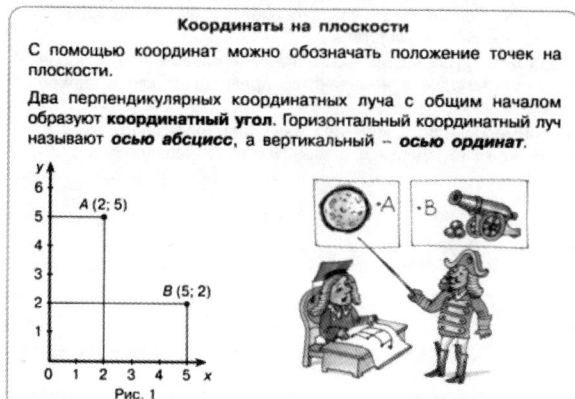

图 1-22

　　唐彩斌：方程和函数，这两个最重要的数学概念，在俄罗斯一些四年级的数学优秀生的班级里，已经得到了一定的体现。相比之下，应当知道我们努力的方向了。

　　张奠宙：第二个值得关注的是四年级的另一个重要部分"分数"学习。

　　分数的情境创设，不是平均分蛋糕，而是为了描述在两个正整数之间的量，如图 1-23，一块区域的面积在 4 与 5 之间，三只小鸟吃 5 颗樱桃，每只平均吃一颗多一点。最后教材指出："在许多类似的情境里，正整数仅仅给出了某些量的近似值。为了寻求更加精确的数值，要求研究用比单位 1 还小的数来进行计算和测量(如樱桃数、线段数、面积数，等等)。这样的数，叫作分数(图 1-23)。"

图 1-23

因此，"分数是这样的数，在计算和测量中用于表示比单位 1 还要小的部分"。为什么要学习分数？我们的教科书里往往语焉不详。我们是否也可以改变一下呢？

唐彩斌：看了俄罗斯的教材，的确我们改革的步子还可以迈得大一点。

张奠宙：最后，我们给出两个细节。

一是关于找规律。我们总是让学生在重复中归纳地给规律。例如，数列 1，1，2；1，1，2；__，__，__。要求必填 1，1，2，否则为错。这种违背科学性的内容，居然长期存在于教科书里，令人遗憾。俄罗斯教材里的找规律，如图 1-24，是否值得我们借鉴呢？

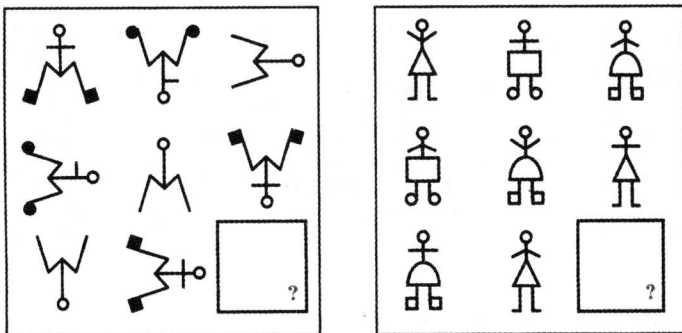

图 1-24

　　二是算法逻辑框图的大量采用。例如，根据下表中 a 的值，按照算法计算 x 的值，填入表中(图 1-25)。

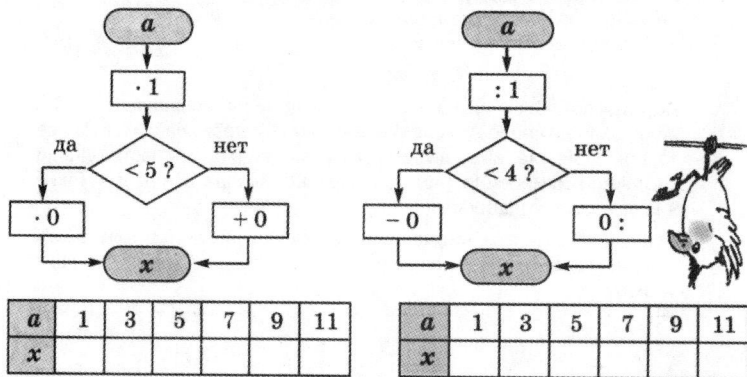

图 1-25

　　以上是这套俄罗斯教材的一个不完整的介绍。许多部分，如几何图形、多位数的加减乘除、问题解决，等等，都有许多创新。我们未必要急着照搬，却必须加紧研究，拓宽视野，大胆创新，走出自己的路来。

※对话启示

1. 不要总是简单地说别人简单

　　可能是受国内奥数过热的影响，导致公众对数学的一个基本认识就是"太难"。受一些教育者国外观察的感受的影响，总觉得国外的孩子学数学都比较简单。这一次，俄罗斯教材让我们震惊了，不是说我们的教材要像他们一样难。我们国家的数学有自身的特点，值得我们在全世界总结经验，受语言和文化的影响，我们有把数学学好和学更好的数学的基础，我们理应理性客观地分析小学数学教材的难度问题。在世界数学教育的行进队伍中，我们不应比别人走得慢，也更需要加快自己的步伐，何况别人一直在赶超。

2. 不能只是停留在理念口号上

　　人人学习良好的数学，不同的人在数学上有不同的发展。理念已经宣传了，口

号也喊了很多年了，关键是"行胜于言"，需要行动。像俄罗斯这样的教材，在我们国家几乎没有。我们应该为那些勇于创新的教材建设者创造更好的环境，鼓励他们创新编写方法，改造数学内容。我们国家人口众多，地区差异显著，应该允许有各种不同难度、不同特色的教材，把选择权交给学校和教师，为孩子们选择适合的教材，促进他们更好地成长。

3. 不能远离数学谈数学教学改革

现在我们身边有很多的教育教学改革，而数学的教学改革，很多也只是围绕教学形式、教学手段或者组织方式展开，真正围绕数学内容开展的改革比较少见。像俄罗斯这套教材，的确在数学上花了工夫，如果使用这套教材的学生如期达到教材要求的话，我们不得不说俄罗斯的这三十多万学生的数学水平是一流的。从全球竞争力的角度来说，我们是不是也应该在数学水平上加点码呢。

能力为重的小学数学的
主张与理解

一、不同的人学习不同的数学的基本理念

(一)"不同的人学习不同的数学"的现实误区

1. 数学不可替代的作用,是发展学生思维和创新的作用,而不是选拔与甄别

《义务教育数学课程标准(2011 版)》明确指出:"数学素养是现代社会每一个公民应该具备的基本素养。作为促进学生全面发展教育的重要组成部分,数学教育既要使学生掌握现代生活和学习中所需要的数学知识与技能,更要发挥数学在培养人的思维能力和创新能力方面的不可替代的作用。"然而在实际的教学中,"不可替代的"被狭义地应用为数学学科的"选拔性",而并非培养公民素质的基础课程所需要具备的"基础性、普及性"。正因如此,数学也被赋予了更多更高的"利害",使得学生"爱恨分明"。数学是很重要,但"数学还是那个数学"。

未来的数学教育,随着我们国家人口、社会事业与高校规模的综合变化,大学的录取率将达到更高的比率,根据专家提供的数据预测,到 2018—2020 年,报名人数与录取人数将可能持平。这一趋势自然会影响小学数学的课程目标,也将进一步弱化入学的"选拔性",让数学重归原有的学科本性,基础的数学人人都会,能力发展各个不同,不同的人学习不同的数学,理应成为我们可以悦纳的现实。如果说我们国家的基础教育要实现从"有学上"到"上好学"的跨越,那么对于小学数学教育来说是要实现从"人人学数学"到"学不同的数学"的转变。

2. 减轻学生的课业负担,是科学设计课程难度,而不是一味地降低难度

数学课程的基本理念:"面向全体学生,适应学生个性发展的需要,使得:人人都能获得良好的数学教育,不同的人在数学上得到不同的发展。"相互对应的两句描述本没有任何异议,但在实际教学中总容易成为矛盾的对立面。一旦有学生不能获得良好发展的数学,就被视作这不是人人都要获得的数学。在《国家中长期教育改革和发展规划纲要(2010—2020 年)》中提到的"科学设计课程难度",也直接被"转译"为"降低学生的学习难度"。"减负"有时被简单地理解为"降低内容的难度",眼看"减负"将直接导致"减能","英才教育之忧"已受到越来越多的关注,让数学理性地回归到应有的地位，是人们共同的期盼。如同张景中院士和张天孝老师所说，面对数学的难题，不是"删难就简"，而应该通过大家的努力"化难为简"。减轻学生过重的课业负担不是终极目标，提高教育质量才是数学课程发展的不变目标。

3. 不同的数学，不仅表现在教材的不同版本上，还表现在内容的选择以及学习同样内容不同程度的要求上

不同的人学习不同的数学，先从选择适合的教材开始。新中国成立到改革开放以前，我国的中小学教材实行一纲一本。20 世纪 80 年代以来随着改革开放的不断深入，中小学教材开始实行一纲多本。1986 年规划了小学 9 套教材，初中 8 套教材，就是大家经常说的"八套半"。具体到小学数学，2001 年以后到现在，全国依然是 9 套教材。看似总数量没有改变，但实质在政策层面"有进有退"。根据教育部研究起草的《中小学教材选用管理办法（征求意见稿）》规定："中小学教材选用在省级教育行政部门组织指导下，一般以地（市）为单位进行。人口较少的省份，可以以省级为单位进行，并报国务院教育行政部门备案；为教学改革试验或者有其他特殊需求的县（区）和学校，经地（市）级教育行政部门报省级教育行政部门备案后，可以县（区）和学校为单位选用。"那么决定选用教材的最佳单位是谁，以"县（区）"和"校"为主选用教材是否会成为可能，值得期待。从教育规律分析，只有这个学校的教师才最了解这个学校，他们处在做出选择的最佳位置，把教材的选择权交给教师，是教材选用的国际发展趋势。

纵观教材的选择现状，褒义地讲是教师对教材的忠诚，换个角度讲是教师对教材的过分依赖。比起其他发达国家，中国的小学数学教师过度依赖教材，更多扮演的是课程的执行者，很少是课程的建设者，这不是能力问题，而是思维的习惯。教材是教材编委会对课程标准的解读，教学是教师根据学生情况结合教材对课程标准进行的再度解读。教材只是供教师选择的教学材料，"为我所用"即可。

未来的教师应该可以拥有多个版本的教材，根据学生制订合理的教学计划，有机组合、有效实施，逐渐形成富有学校特色的校本课程资源库。教师不仅可以选教材，还可以选内容，更重要的是会为不同的学生制订不同的学习计划，因材施教，如果这样的话，我们才能真正理解"一个教师就是一门课程"。

4. 不同的数学的内涵，从双基到四基，从三大能力到十大核心词，变化不是否定过去，是传承与扬弃

《义务教育数学课程标准（2011 年版）》提出总目标时，在"基础知识和基本技能"

的基础上，增加了"基本思想、基本活动经验"。同样，在我们数学教育中流传的三大能力"运算能力、空间想象能力和逻辑推理能力"，进而演化为课程的"十个核心词"（数感、符号意识、空间观念、几何直观、数据分析观念、运算能力、推理能力、模型思想、应用意识和创新意识）。"四基""十个核心词"的概念得到了广泛的传播，在未来数学教育发展过程中，将从"理念层面的概念重建"过渡到"实践层面的务实探索"，只有遵循"先丰富后严谨"的原则，建设与之相匹配的课程，才能使"四基"落实在千千万万的课堂里，才会反映在数以亿计的小学生身上。而不至于只停留在口号上，而是落实在行动中。

在与专家的访谈中，我们能够感受到"四基"相对于"双基"，"十个核心词"相对于"六大核心词"，都不是否定，是与时俱进的发展。在变化中，人们总是先关注"什么变了"，有时更要关心什么没有"变"，因为"变了"的也许还要再变，不变的也许不会再变。"四基"会不会升级，"十个核心词"会不会优选，需要时间和实践来回答。

（二）"不同的人学习不同的数学"的实践导向

1. 厘清必要的基础数学，确保人人都要掌握的数学，优化双基，落实四基

作为基础教育的数学课程，目的是为了"未来的生活、工作与后续学习"，未来的生活环境正在发生着翻天覆地的变化，新事物的发展自然也会引发基础教育课程内容的变化。"数学还是不是那个数学"，小学数学的课程内容将会带来怎样的改变？哪些是未来公民所必需的数学？

数学课程的内容将发生怎样的变化？"数与代数"中数的比例大大多于代数的内容，这与小学生的年龄特征有关。但从 20 世纪 50 年代，我国小学数学中引进代数，到如今，代数意识的培养成为大家关注的热点，这无疑是巨大的进步。这种进步是否将延续为"代数在小学数学中将以更丰富的形式存在并占有更多的比例"。"图形与几何"中，在原来一直关注的直观几何和度量几何的基础上，进一步增强了对演绎几何、运动几何、坐标几何的关注。从表面看，从过去的两块扩大到五块，更为深层次的变化也许不是体现在零星的知识点的涉及上，而是演绎几何带来的推理，运动几何带来的动态变化规律，以及坐标几何带来的数形结合思想，这才是更为重要的。"统计与概率"的内容"2001 年版尝试增加后，2011 年版又减少了"，现在剩下的材料都不够满足编写教材的"螺旋上升"原则，"内容太少螺旋不起来了"。未来社会是一个大数据的时代，数据分析观念对于每一个公民来说意义非凡，值得在基础教育课程中做更多的渗透，也许是我们一时没有找到适合学生学习的材料与方式。但是，遇到一时的困难就选择退缩，根本不是解决问题的方法。我们讨论这些可能变化的内容仍然按照"四个模块"来讨论，但"四个模块"的分法本身也还需要进一步的讨论与完善。

数学课程内容的变化，知识点有"增多"必有"减少"，同样的内容能力要求有"增强"必有"减弱"。与国外数学课程相比，"别总是简单地说别人的数学是简单的"，需要相互借鉴，彼此互补。从蔡金法和范良火等海外教授的访问中，可以觉察到：我们在数与计算方面关注得多一些，别人在"图形几何与统计观念"上比我们关注得多一些；我们在解决问题的能力上关注得多一些，别人在提出问题的能力上关注得好一些；我们在解题的速度方面关注得多一些，他们可能在解决问题的多种策略上关注得多一些；我们对解决的问题的结果关注得多一些，他们在数学交流表达方面做得规范有序一些；我们提供的素材"有意义"一些，他们提供的素材可能相对"有意思"一些，等等，在国际视野下，应正视彼此的差异，使原有的发展方向更多元一些。

"四基"的提出，转移了人们的视线，人们更多关注"新的两基"，事实上，离开了"双基"，后面的"两基"会失去发展的基石。只有把原来的双基教学体系进一步优化、精细化，教师才能从容地来落实四基的目标。再具体点说，只有把必要的数学教授得更有效，才有时间和空间丰富内容，让学生学习到不同的数学。

2. 应用大数据，建设数学能力标准，为每一个孩子科学设计适合的数学课程难度

对基础教育进行质量监测是国际教育发展的共同的趋势。考试是评价教师教学和学生学习的必要手段，是改进教学的重要依据，关键是考什么，怎么考，考好以后怎么办。通常，我们是怎样来评价一个教师的教学水平的呢？学生成绩。哪个学生成绩呢？某一次统一的考试。一次考试的一道题也许就决定着一个孩子的学业水平，这样的评价客观科学吗？我国已经修订并颁布了《义务教育数学课程标准（2011年版）》，建设学生学习数学的质量标准，迫在眉睫。

尽管教育部在《小学生减负十条规定》再次重申："实行'等级加评语'的评价方式，采取'优秀、良好、合格、待合格'等分级评价，多用鼓励性评语，激励学生成长。全面取消百分制，避免分分计较。"但在实际的操作中，还是把分数折合成等级，

而这个等级是相对的，不确定的，"三年级的优秀"与"四年级的良好"哪个好？这个人的优秀和那个人的优秀是否一样优秀？即使是分数，三年级的 95 分和四年级的 95 分又有什么区别？都不确定。都说评价是为了改进，但模糊的不确定的评价不利于改进。

我们国家的多家研究机构正在进行大规模的质量监测工作，等有了足够的数据，经过团队的研究，将研制出具有我国特色的"学生数学水平评价标准"，具体到某一个知识点或某一种技能学生是否达到了标准，在群体中处于一个怎样的相对水平，对于个体来说，到底哪些方面是优势，哪些方面是薄弱的，将会给予明确的说明。有了科学的质量监测，才能为学生设计相应的后续课程，匹配学生的认知负荷，切实减轻学生负担，提高教育的质量。

只有承认差异，才能面对差异，发展差异。以学生为本的教学，就是尊重学生个性的教学，就是要实现不同的人学习不同的数学。教育的公平不是让每一个人成为一样的，而是应该让每一个人变得不一样。

3. 借助新技术，促进信息技术与数学学科的深度融合，让不同的人学习不同的数学成为可能

信息技术与学科教学的深入融合，已成为教育发展不可阻挡的趋势。信息技术将改变数学教学的什么？绝不仅仅是手段，还将影响数学教学的方法、内容，甚至是目标。

信息技术与学科的整合，将为数学学习提供丰富的可选择的内容。从"整合"的角度来看，信息技术不仅要辅助教师的教，而且还要辅助学生的学。让计算机成为学生学习的工具。我们在张景中院士的带领下，基于具有国内自主知识产权的"超级画板"，既开发了可以供教师选择使用的积件，同时也研发了可供学生学习的主题资源。比如借助"超级画板"，应用圆的相关知识，来画"苹果"（图 2-1）。只有辅助"常态"了，整合也比较全面了，那么深度融合才能成为可能。

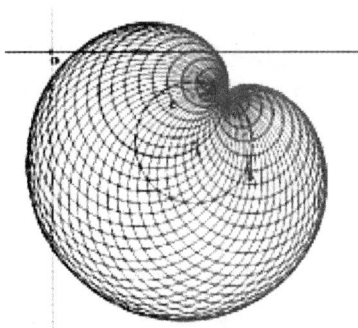

图 2-1

转眼间，云技术、大数据、MOOCS 等互联网技术正蓄势掀起又一次教育变革的浪潮。"翻转课堂"，不只是致力于教学效率的提高，而是在"翻转"课堂教学的方式，云技术将为学生的学习提供更为便捷的服务，学生的问题一拍照片，就可以转换到教师的终端进行诊断；即使回到家里，如果条件允许，学生有问题，通过发照片也可以进行咨询。大数据的时代已经到来，大量的教学信息都已经被数字化处理，借助大数据，我们能更为精准地了解和分析学生的学习状况，做出针对性的指导；借助大数据，我们能为学生的学习提供更为适合、匹配的学习材料；借助大数据，我们能为学生做更为精确的诊断和评估，客观分析学生的优势与不足。MOOCS 已经给高等教育带来了前所未有的冲击，"坐在一个大学里的学生上得却不是这个大学的课"，而对于小学数学学习来说，也会因为将来有大量的微课资源，"坐在你班里的学生却可以听别的学校的教师对某道题的辅导"。一个学生将有不同的教师，必将成为现实，选择已变成随时随地地存在，因为"课在云端"。

4. 倡导阅读，为不同的人学习不同的数学，丰富内容，提供更多增长的学习线索

阅读，是一个国家社会文化的底色。在学校里，指导学生阅读不是语文教师的事，而是每一个教师的应尽职责，数学教师也不例外。数学也不都是做的，还可以是读的。为学生推荐和创造一些适合阅读的数学书，是未来数学教师的工作之一。在我国，张景中、谈祥柏等教授，已带头为我国的少年儿童创作了不少经典数学读物，引领数学科普事业的发展。但普及程度还有待提升。

笔者在英国留学期间，发现学校的数学老师定期会向学生推荐一些数学读物，这已成为他们日常教学工作的一个组成部分。相对而言，我国的台湾地区，在数学阅读推广方面也要比大陆做得好一些。低年级以数学绘本为主、高年级以数学故事书为主，学生可选择的数学读物也相对丰富许多。

未来的数学学习，途径也不只是课堂，材料也不只是教材。为学生推荐适合学生阅读的数学读物，是学生学习数学的需要，也是数学教师应尽的教学职责。在推荐数学读物的同时，也会有越来越多的教师加入为学生创作适合他们阅读的作品中来，创作出贴近学生、贴近数学的更多阅读作品。也许"写小作品"会比"写论文"更受一线教师的欢迎，成为教师的一种新型成果分享方式。

5. 建设新班级，让不同的人学习不同的数学，让走班在义务教育阶段成为可能

《国家中长期教育改革和发展规划纲要（2010—2020 年）》明确指出："注重因材

施教。关注学生不同特点和个性差异，发展每一个学生的优势潜能。推进分层教学、走班制、学分制、导师制等教学管理制度改革。"从世界教育发展来看，"小班、包班、走班"已成为普遍现象。然而，当前我们国家各地区各学校条件差异悬殊，如果有条件的话，学习数学的班级将朝着哪个方向改变？"小班化走班制"可能是一个方向。

也许"分班"是可以实施起来的，但是差异教育的观念先要改变。家长是否能接受自己的孩子在 C 班学习数学，尽管我们可以隐去等级，但显然分班的依据就是学生的学业水平。我们可以以"教育公平"的名义随机分班，但显然丧失了因材施教的科学追求，忽视了学生差异的客观存在。我们不太容易接受差异外显为不同的班级这样的物理存在，却坦然接受了在一个班里差异内隐为学生不同学习效果的心理存在。通俗地说"面子上要一样，里子是否一样再说了"。对于学习的主体学生来说，能不能发现自己的长处，悦纳别人的长处，需要我们共同创造和建设这样的环境和认识。我们的现状一时不能实行全部的小班，那么能不能让"最需要帮助的人"先组成小班。

如果分了班，走班就将成为现实，如果要让学生走班，教师的教学课务将全部打乱，一个数学教师不会只教一个年级，甚至一个班的数学不一定是一个教师教。所有的这些习惯变得"不习惯"的时候，我们就需要进行一个价值取向的排序，是方便教师的工作，还是为了学生更好的学习。如果是后者，那么我们就不得不选择改变。在北京，有一所高中正在进行着走班的试验。小学的走班是否也有可能？所有组织形式的背后，就是教育内涵的追求，最终目标就是实现学生的因材施教。

二、核心素养视角下的小学数学课程改革

"核心素养"注定将是一个教育热词，作为小学数学教师，对热词更需冷思考，不应固守老经验排斥新概念，不该套用新词汇替代老做法，需要与时俱进不断学习，深入明晰"热词"背后的关键要义，才能找准深化数学课程改革路径，厘清核心素养与学科核心素养(也称学科关键能力)之间的关系，明确从课程整体规划到常态课堂

的具体实施，一步一个脚印，一点点地改变，只有这样，核心素养才会在学生身上生长。

（一）聚焦核心素养的意义与内涵

为什么要关注核心素养？从关注知识、能力到关注核心素养，是在国际视野下课程改革升级的走向。与一般的学术问题讨论有所不同，基于核心素养的课程建设也是国家对学校的要求。在《教育部关于全面深化课程改革落实立德树人根本任务的意见》明确提出，将核心素养体系置于我国深化课程改革、落实立德树人目标的基础地位，作为深化工作的"关键"因素；明确提出了核心素养体系，要求组织研究提出各学段学生发展核心素养体系，明确学生应具备的适应终身发展和社会发展需要的必备品格和关键能力。作为义务教育阶段的小学数学教育工作者，我们有责任做好基于核心素养深化课程改革的工作。

什么是核心素养？较早提出核心素养的是经合组织，后来联合国教科文组织、欧盟等国际组织、美国、芬兰等世界发达国家也纷纷提出核心素养，尽管提法不完全一致，但归结起来总是聚焦三大方面的素养，分别指向"人与自我""人与社会""人与工具"，形成的基本共识是：核心素养是指未来社会发展和个人终身发展所需要的关键能力与人格特征。核心素养包括知识、能力，也包括态度价值观，也包括认知素养和非认知素养。相关专家梳理了世界各国的核心素养，发现普遍受到关注的核心素养有 4 个方面：合作交往、公民素养、信息素养与批判性思维。

我国也高度重视核心素养的培养，2016 年 2 月，教育部委托中国教育学会也对外发布了《中国学生发展核心素养（征求意见稿）》，从 3 个维度来构架：自主发展、社会参与、文化修养。二级指标分为 9 个维度具体为社会责任、国家认同、国际理解；人文底蕴、科学精神、审美情趣；身心健康、学会学习、实践创新，进而又细化为 25 个小指标，分别为诚信友善，合作担当，法治信仰，生态意识，国家意识，政治认同，文化自信，全球视野，尊重差异，人文积淀，人文情怀，崇尚真知，理性思维，勇于探究，感悟鉴赏，创意表达，乐学善学，勤于反思，数字学习，珍爱生命，健全人格，适性发展，热爱劳动，批判质疑，问题解决。虽然没有最后定稿，但国家层面的核心素养框架已基本成型。

(二)核心素养与数学学科核心素养的双重关系

从学科的视角来分类，核心素养包括跨学科核心素养和学科核心素养。对于小学生来说，学科教学占据了最重要的时间和阵地，一个人的素质是经过一门一门学科的教学去培养的，离开了学科培养学生的核心素养，将会是无本之源。那么，什么是小学数学学科的核心素养呢？不同定义的方式，就对应着不同的内涵。

从种属关系来分析，在学生的核心素养中某一门学科能培养哪些核心素养中的素养？作为数学老师，在实施数学课程方案的时候，我们需要思考：数学学科在孩子身上能够产生哪些变化？对孩子的素养有哪些贡献？这一点上，我国台湾地区基于核心素养的课程规划值得借鉴，在制订好整体的核心素养体系后，就请各个学科组认领各自学科能胜任完成的核心素养任务。如果按照这样的逻辑关系分析，那么小学数学学科的核心素养，就是应该在学生的核心素养中选择出适合小学数学学科培养的素养。笔者曾经随机选取了浙江省各个地区各个学校的 200 位小学数学教师代表做尝试，请教师从国家发布的《中国学生发展核心素养(征求意见稿)》的 25 个 3 级指标中，选取出 5 项自己认为最符合小学数学学科来培养的核心素养，结果前五项为：勇于探究、理性思维、合作担当、批判质疑和问题解决。尽管，笔者也清楚，目前的样本数据还不够大，反映的结果还不够典型，但从种属关系来提炼学科核心素养的思路已不言而喻，至少能反映一个群体对小学数学学科最能培养学生什么核心素养形成的共识。答案通过两种方式可以得知，一种是自上而下公布通知，另一种是自下而上探索，以上的方式和路径应该属于后者。如果教师自己就是答案的发现者，可能会在落实的过程中更具主动性。

从类比关系来分析，数学学科核心素养所用的素养名词不一定是在学生的核心素养中，而是用同样的思想方法分析什么是最为核心的，只不过学生的核心素养是针对整个人的，而学科核心素养是针对学科教学过程中的对象的。从目前笔者所查阅的文献来看，更多的学科素养的提出，指的就是这种关系背景下的分析。2013 年徐斌艳教授曾做过关于数学学科核心能力研究的综述，指出最早提出学科核心能力的是美国数学教师协会 1989 年颁布的《中小学数学课程与评估标准》。同时，她基于国际视野，又结合中国国情，提出了义务教育阶段学生 6 个方面的数学核心能力：

从数学角度提出问题、数学表征与变换、数学推理与论证、数学建模、数学地解决问题、数学交流。2015 年，马云鹏教授指出，《义务教育数学课程标准(2011 年版)》提出的 10 个"核心词"即数感、符号意识、空间观念、几何直观、数据分析观念、运算能力、推理能力、模型思想、应用意识和创新意识，其实就是小学数学学科的核心素养。2016 年，数学课程标准修订组组长史宁中教授曾将数学学科的核心素养解读为三句话：用数学的眼光观察现实世界，用数学的思维分析现实世界，用数学的语言表达现实世界。更为重要的是，他沟通了这三个核心素养与《义务教育数学课程标准(2011 年版)》所提及的数学基本思想与核心词之间的关系，什么是数学的眼光，就是要数学抽象，而数学抽象的具体表现就是符号意识、数感、几何直观、空间想象；什么是数学的思维，就是要强调逻辑推理，而逻辑推理具体表现为推理能力、运算能力；什么是数学的语言，就是要强调数学模型，数学模型具体表现在模型思想、数据分析观念。这样，就构架起了数学学科的核心素养体系。

(三)核心素养下深化数学课程改革的 4 个意识

1. 育人目标的整体意识：学科教学中也要关注跨学科素养

平时，学科教师常常习惯"学科"思维，作为研究，是应该深入学科，但作为培养人，不应该受学科所限。每一个教育者都肩负着"立德树人"的根本任务，致力于学生核心素养的培养。学科教学时，自然会关注到学科的核心素养，但与此同时也要关注跨学科的素养。关注认知性素养的同时，关注非认知素养的培养。

数学教学过程中也要关注"诚信友善"，同桌之间对答案，对就是对，错就坦然承认错，"不会悄悄改一改，把错假装对"，不懂能坦然地提出来，不会不懂装懂，这就是"诚信"；同桌之间，有竞争，但也要友善，同桌有好的表现，想出了不一样的方法，要替对方感到高兴。数学教学过程中也要关注"合作担当"，当面对一个有挑战的任务时，要学会独立思考，也要学会合作分工；在分工的过程中也要学会担当，在一定规则下轮到发言就要大方表达。数学教学过程中也要关注"人文情怀"，虽然大而言之，数学属于理科，但绝不能因此而缺少人文，不仅数学的学习素材可以融入人文，学习数学的过程本身也可以充满人文，就像有人用"永远的永远"来描述圆周率，用郑板桥的竹来描述抽象，用唐诗宋词来练习乘法口诀。数学教学过程中也要关注"创意表达"，不仅要求学生会做，而且要求学生会说，不仅会解题，而

且还要学会表达"为什么"，面对同一个问题，倡导学生有不同的理解与表达，即使面对同一个分数二分之一，学生能用不同的图示来表征，面对同一个数学关系，学生也能用不同的图示来表示，这些都是数学教学中应该关注的"创意表达"。数学教学过程中也要关注"感悟鉴赏"，感悟老师或同伴精妙的解法，感悟数学分析的独特，欣赏同伴与众不同的思考，欣赏数学中的奇妙，感受数学文化的润泽，感受数学思想的精妙。数学可以很丰富，数学的视野可以很开阔。

　　素养是具有综合性的，某一种素养难以与一门课或者某一个具体的教学环节直接对应起来，但是，如果仅仅停留在这样的认识上，每一个学科教师都不去关注在学科的教学中哪些素养得到了更多的培养，那么核心素养的培养将只是空谈。素养本位下的数学课堂，不仅要关注那些我们已经熟悉的学科素养，而且还要多关注一些跨学科的素养，我们可以不断地催促自己：基于素养本位的课堂，我们可以做哪些改变，我们的哪些教学行为的改变，是为了培养学生的哪些方面的素养？尽管素养不是灌输和强加的，但至少反思和意识会让素养培养的过程更有意义和更有效。如果每一个普通的数学课堂，我们都一点一滴地开始关注，核心素养才会转变为学生的素质。

2. 学习内容的核心意识：聚焦核心，改造内容，减负增质

　　我们常说"方向比速度更重要"，确定了核心素养就是确定了课程实施的方向。个人朴素地认为：核心，就是要告诉我们教育者什么是最重要的。我们在教育教学的时候要把什么作为最高优先级。另外聚焦"核心"，便于我们对照核心素养优化原有的数学教学内容，通常有三种方式：增、删、改。如果有哪些核心素养，之前教学中关注得不够，那就需要增加；如果原来教学的内容都指向于同一种核心素养，那就需要删减；如果原来的有些教学内容，不足以充分地关注到某种核心素养，那就需要调整。对于具体的小学数学教学内容来说，如果说"人文积淀"和"阅读理解"不够，可以加强数学阅读，数学阅读是对原有数学学习体系的丰富与补充，拓宽数学学习的线索，能提升学生阅读理解、创意表达等各方面的能力。如果有一些通过不断机械重复训练而成的"算"的技能，已经出现学力过剩的迹象，那就需要适可而止，不要再在"速度"上"秒秒计较"，比如 20 以内进位加法，据调查发现，接近 80％的学生在学习之前就已经掌握了 36 式中的 30 式以上，如果在课堂上和课外还要不断地用口算卡片练习，从核心素养的角度来分析，没有任何太大的价值。以前在数学教学中，"做题"是常用的形式，很多学生会"做"但不会"说"，以前我们也不太重视，基于素养的课堂就提醒我们需要强化学生用"数学的语言来表达现实世界"的意识，就需要在课堂有意识地培养学生的表达能力，甚至需要帮助学生学会"怎么说"，具体到是否能用"如果……那就……"来表达一个数学结论。

"核心素养"的观念至于知识、技能和态度价值观之上，更能统领教学的走向。核心素养的提出，不应该简单地理解为在原有教育目标上所做的"加法"，而是目标更为精准的"简"法，基于核心素养的精简整合，更能把握学生成长的关键。把握核心，不拘泥于技术的细节，学生的数学素养能得到更宽阔的发展。

3. 教学方式的未来意识：发展个别化、信息化、全球化的学习方式

核心素养的提出是面向"未来"的。随着信息技术的飞速发展和全球化进程的迅猛推进，作为形成核心素养的过程，教学方式也理所当然具有"未来"特征。

"班不一定是原来的班"，未来的班级将打破同一个教室同一群人一起学习的界限，走班制已经从国外走进国内，已经从高中走向义务教育阶段，走班的实质是为每一个不同的学生提供可以选择的班级，因材施教，最大限度地实现学习的个别化。每一个学生都有专属于自己的课表，可以有不同的学习进度。倘若，在小学阶段全面实施走班有困难，增强数学课程的丰富性，也可以让学生在学习小学数学时开始选择，不一定是不同学习内容的选择，可以是学习同一内容获得不同程度目标的选择。

"课已经不再是原来的课"，在信息化的未来，纸质课本不是学生学习数学的唯一材料，本班的老师也不是指导学生的唯一帮手，学习数学时，会有专门的电子书包，专门的学习资源包，会有专用的数学学科教学软件、专用学习记录平台，未来的课堂学生可以自带移动设备，就像带上"铅笔盒"一样。微课会逐渐丰富，并会通过大数据沉淀后形成精品微课群，老师和学生都是微课的建设者，在未来的数学学习中，当学生遇到困难时，也许只要"微"一下就可以解决。如今，"数字学习"已被列为学生的核心素养，借助信息化的手段来实现学习已是终身学习的一种基本技能。

"学校已经不再是原来的学校"，在全球化的今天，世界是平的，学校已经没有了"围墙"。国际化不应简单地理解为"学外语""游学"。在学习数学的过程中，我们

可以选用具有国际元素的素材，用埃及的金字塔来讲黄金比，用意大利的国旗来讲三分之一，用法国的卢浮宫讲三角形，在介绍小数的时候讲讲德国人的发明。也可以引进国外的数学名题、趣题，浏览国外数学家的人物传记，把国外数学的优质课程整合到我们已有的数学课程体系中来。与此同时，"数学"教育也是我国教育的强势学科，我们也应该有民族自信，通过各种渠道、各种方式向世界输出小学数学的"中国经验"。

4. 学习评价的全面意识：多样式多维度地评价学习过程和结果

基于核心素养的学习，是在育人，不是在育分。如果还是用原来的一个分数或者一个等级来描述学生的获得，显然是不能客观全面地刻画出学生全面素养的。评价应该发生改变，不能依靠原来传统的方式和单一的角度来评价全面的素养。

纸笔很难测试出在素养本位课程实施过程中的所有获得，我们需要创设新的评价方法和手段，倡导档案袋评价，应用现代化便捷的手段加以跟踪记录，更为全面地描述学生素养的形成过程。可以是学生在课堂上从数学角度提出的一个富有挑战性的问题，可以是对一个习题已知条件的不同表征，可以是对一个问题独特的理解，也可以是一个与众不同的解法，甚至可以是一个订正了几次还没有对的错误，也可以是对学习某一个数学新知的"惊叹"感想……形式可以是一张图片，可以是一段文字，也可以是一段视频，应用多样有序的档案来记录学生丰富多彩的数学学习生活，而不只是那一个个干巴巴的分数。

如果说仅凭一堆丰富的档案材料来判断学生的数学学业会显得主观，一定要客观地分出高下来的话，那也应该力求更加全面、科学、客观。在日常的教学生活中，我们常常对自己的教学不满意，只是因为隔壁班比自己班的平均分高一点；对学生的成绩很遗憾，只是因为分数只有 89 分，离优秀 90 分还差一分。我们常常借助一个不具典型性的小样本来得出一个一般性的评价结论，不科学也不客观。我们需要共同建设基于大数据的数学学习质量监测平台，能对一个班级、一个学生个体做出相对评价，描述出在群体中相对的水平位置，同时借助大数据揭示学生个体在不同数学能力维度的相对优势和不足，以便有针对性地进行弥补与改进。与此同时，我们要丰富评价学生数学学业成就的维度，从基本知识、基本技能、学习态度情感、创造性思维、实践应用能力等更多维度来进行等级评价，构成评价学生数学学习的雷达图，不断完善评价维度和指标，形成基于数学学科素养的评价体系。芬兰的一位数学教师曾经这样说：一个分数不应该成为学生学习数学的全部，让每一个学生能够感受到积极健康的成长是最为重要的。学习数学的意义是在学习数学的过程中根据自己的表现为自己设定一个合适的学习目标，将来走上社会，能根据自身的表现设定一个合适的人生目标。也许，只有这样的心态与胸怀，我们才会从更广阔的维度为学生创建更全面的评价体系。

三、小学数学能力研究综述

(一)小学生数学能力的研究意义

数学是一门思维的科学，对数学思维能力的研究是数学教育研究，尤其是数学教育心理学研究的重要课题，也是现代小学数学教育研究的重要项目。随着数学学科自身的发展，数学本身已逐渐成为一种普适性的技术，数学能力的意义和结构等问题研究的影响已渗透到多个领域，不仅是当今国内外教育界非常重视的问题，也是科学界重视的问题。研究小学数学能力的结构及其构成因素，更是能力心理学的一项重要任务，能力结构的研究从理论上可以进一步揭示能力的概念，深入认识能力的本质。

当前，《国家中长期教育改革和发展规划纲要(2010—2020 年)》强调四个坚持：坚持以人为本、坚持德育为先、坚持能力为重、坚持全面发展。特别指出，提高质量是教育发展与改革的最核心的目标，进一步完善以能力为核心的命题改革是未来的改革方向。如何在全面普及九年义务教育和实现高等教育大众化背景下进一步改革和发展已成为最为关键的问题。然而，作为基础教育的基础学科小学数学，该如何提升质量，除了重视基础，发展学生思维能力理当成为小学数学教学改革的重要目标。

能力结构的研究对教育实践具有指导意义，只有明确了小学生数学思维能力结构，在教学实践中，教师才能准确把握学生数学能力发展的水平，才能更好地对自己的教学进行反思和监控，才能切实有效地提高数学教育质量。

（二）相关概念界定与综述

1. 概念界定

什么是能力？

能力是一种心理特征，指能够顺利完成某些活动所必须具备的个性心理特征，即能力可以直接影响活动效率，确保活动的顺利进行。[①]

什么是数学能力？关于数学能力的定义，古今中外，众说纷纭。布莱克韦尔认为数学能力是："在定量关系（定量思维）范围内选择性思维和演绎推理的能力。"瑞典心理学家魏德林在《数学能力》一书中指出："数学能力是理解数学的问题、符号、方法和证明本质的能力；是学会它们并在记忆中保持和再现它们的能力；是把它们同其他问题、符号、方法和证明结合起来的能力；也是在解数学课题时运用它们的能力。"他认为数学能力包括记忆、联想、推理、概括、迁移以及解决数学问题等成分，核心是逻辑思维能力。

21世纪前，我国数学教学大纲将数学能力界定为计算能力、空间想象能力和逻辑思维能力这三大传统能力，以及运用数学知识分析和解决实际问题的能力。实施新课程之后，关于数学能力的各种说法就多了起来：如《义务教育数学课程标准（2011年版）》提出了"四基"和"四能"；《普通高中数学课程标准（实验）》中涉及的能力包括"空间想象、直觉猜想、归纳抽象、符号表示、运算求解、演绎证明、体系构建"等诸多方面；美国数学课程标准（2000）提出了五项数学素养；TIMSS、PISA等也都给出了数学能力和素养的界定。数学能力是在数学学习活动中，直接影响活动效率，使活动得以顺利完成的个体稳定的心理特征。它的形成和发展贯穿整个活动，并且个体的表现也是比较稳定的。我国自20世纪80年代开始关注数学能力的研究并逐步深入，近几十年有研究从更精细的分支进行，如将数学能力分为数学元认知能力和数学认知能力等。

什么又是数学思维能力？

心理学认为：思维是人脑对客观事物的本质属性和规律的一种概括的、间接的

[①]　参见黄希庭：《心理学导论》，20页，北京，人民教育出版社，2001。

反映过程。间接性、概括性正是思维过程的重要特点。思维品质包括：深刻性、敏捷性、灵活性、独创性、批判性。能力是直接影响活动效率，使活动得以顺利完成的个性特征。而透过通识的解释，能力在心理学和教育学上的解释各国专家却各执己见，尚未有定论，一般认为能力有一般性和特殊性。

数学思维能力，从属于思维与能力的一般范畴，但有具有一些数学学科的特殊性。从数学学科的学习中，结合学生学习数学所需要的条件，在一定的思维品质上形成的能力，就是数学思维能力。

2. 研究综述

对于小学数学思维能力的研究，世界各国的教育心理学家与数学专家都有着深入和卓有成效的研究。具有代表性的观点与研究有以下几种。

(1)20 世纪末对数学能力的认识

20 世纪末，数学的发展从"严密的公理化"向"纯粹数学与应用数学的新交融"转化，解决现实问题再次受到重视。在此背景下，对数学思维能力有以苏联学派为代表的几种提法。

苏联心理学家克鲁捷茨基对中小学数学能力进行了长达 12 年之久的研究，提出数学能力由九种成分：①使数学材料形式化的能力；②概括数学材料的能力；③运用数学和其他符号进行运算的能力；④连续而有节奏的逻辑推理能力；⑤简化推理过程的能力；⑥逆转心理过程的能力；⑦思维的灵活性——从一种心理运算转向另一种心理运算的能力；⑧数学记忆能力，主要指对概括内容、形式化结构和逻辑模式的记忆力；⑨形成空间概念的能力。他认为，学生解答数学题时的心理活动包括以下三个阶段：①收集解题所需的信息；②对信息进行加工，获得一个答案；③把有关这个答案的信息保持下来。与此相适应，数学能力也包括三个组成部分：①对数学材料的形式化感知；②概括数学材料的能力；③对数学材料的记忆力。

美国心理学家卡洛尔采用探索性因素分析和验证性因素分析以及项目反应理论对数学能力进行了研究，得出了认知能力的三层理论：一般智力为第三层；第二层包括流体智力、晶体智力、一般记忆和学习、视觉、听觉、恢复能力、认知速度、加工速度；第一层包含了 100 多种能力，即每一个第二层能力下面都有几种到二十多种子能力。卡洛尔还研究了各种能力与数学思维的关系以及能力与现实世界中的

实际表现之间的关系，等等。

中央教科所赵裕春教授与张天孝老师等人在 20 世纪 80 年代对小学生的数学能力的结构进行了长期的研究，认为小学生的数学能力主要是对数学材料的概括能力及其与概括能力紧密联系的可逆思考能力和函数思考能力，出版了《小学生数学能力的测查与评价》等著作。赵裕春教授带领协作组采用的方法主要是经典测验的方法，通过编制测验量表，在全国 9 个地区进行了测试，并对测试结果进行了分析。赵先生有一句通俗而经典的话：能力就是学过的知识没有做过的题。

1991 年，高等教育出版社出版的《数学教育概论》提出了六种数学能力，包括：①感知数学材料形式化；②对数学对象、空间关系的抽象概括能力；③运用数学符号进行推理的能力；④运用数学符号进行数学运算的能力；⑤思维转换的能力；⑥记忆特定的数学符号、原理方法、抽象结构的能力。当时我国数学教育的观念，受苏联学派的影响颇深，这六种能力的认识本质上基于苏联心理学家克鲁捷茨基的九种能力成分的认识。

1996 年颁布的《九年义务教育全日制小学数学教学大纲》，将"逻辑思维能力"改为"思维能力"，此时已认识到数学思维能力不仅仅是逻辑思维能力。另外，在三大能力之外，还提出了"逐步培养分析和解决实际问题的能力"，进一步注意到了解决实际问题的能力。

(2)21 世纪对数学能力的研究

进入 21 世纪后，随着时代的前进与社会经济、科学的发展，国内外学者从各个角度对小学生数学能力进行了深入的研究，赋予时代要求，对小学数学思维能力有了新的理解，关于数学能力的提法也有了一些新的变化。

2000 年，美国发布的数学课程标准中提到了六项能力，分别是：数的运算能力；问题解决能力；逻辑推理能力；数学联结能力；数学交流能力；数学表示能力。美国提出的数学联结能力、数学交流能力与数学表示能力我国很少提及，值得我们借鉴与思考。

北京师范大学林崇德教授从心理学的角度对中小学生数学能力结构进行了深入的研究。他认为：第一，数学能力结构应当包括传统的三种基本能力(运算能力、空间想象能力、逻辑思维能力)以及五种思维品质(思维的深刻性、敏捷性、灵活性、独创性、批判性)；第二，关于思维能力的其他一些提法与五种思维品质的提法，意思是接近的，可以纳入思维品质去考虑；第三，三种基本能力与五种思维品质（包括与思维品质相应的一些思维能力）的关系不是并列的关系，而是交叉的关系。林崇德还对三种基本能力与五种思维品质的 15 个交叉结点进行了列举和剖析，每个交叉结点上又有数种具体的能力特点。

浙江大学王权教授对小学生数学能力结构进行了研究，该研究设置了 11 个分测验，包括口算、数概念、笔算、简捷算法、基本应用题、发展应用题、几何概念、几何应用题、代数概念、代数应用题、计量知识，通过探索性因素分析法得出了小学生数学能力结构的四个因素：基本演绎推理能力、识别数量关系的能力、空间想象能力、速度能力。该研究还探讨了因素分析的其他相关问题，如怎样抽取公共因素、怎样命名、采用什么旋转方法等。

华东师范大学张奠宙教授曾对传统意义上理解的数学能力做了以下几方面的补充和说明，他指出：对于三大基本能力，运算能力、空间想象能力、逻辑思维能力来说，前两条是算术和代数能力，以及几何能力，属学科范围。只有逻辑思维能力，属于思维品质层面。但是数学思维品质不止逻辑思维一方面。因此提出数学能力除了上述三条外，还可对数学能力做以下五方面的扩展：①问题解决能力。②数学交流能力，即能对数学问题进行口头和书面的表达，善于把自己的数学理解，用语言、符号、图表和别人进行交流。③数学联结能力，解数学题，光靠逻辑思维是不成的，必须随时把问题的各种要素和其他知识连接起来，如数形结合，使用数学方法，寻找解题策略，就是数学联结能力的要求。④数学推理能力，包括逻辑思维能力，实验、猜想、验证等合情推理能力及直觉想象能力。⑤数学表示能力，张教授认为我们的学生强于推理论证，却不善于表示，特别是将实际问题、其他科学问题，甚至数学问题，用比较合理的、有效的方法加以表示，我们的数学教师在教学上都很少注意。学生害怕做"应用题"，往往是过不了"表示"关。数学建模能力，其实就是一种数学表示能力。

中央教科所华国栋教授等人基于前人的研究做了系统的梳理，并结合新一轮义务教育数学课程改革的新理念，2008 年 3 月在《教育学报》发表了文章提出数学能力的新的分析框架，他认为数学能力分为两个层次，第一层次是运算能力、空间想象能力、信息处理能力；第二个层次是逻辑思维能力和问题解决能力。在这两个层次之间起非常重要的桥梁作用的是模式能力。这一种关于小学数学能力的划分，与当

前小学数学的几个领域的划分是相互匹配的，便于教师在日常教学中把握落实。

华东师范大学鲍建生教授从学习理论的角度解读，认为数学是一种以形式符号为主要载体的思维活动，数学思维则是在从事数学活动的过程中体现出来的。他认为数学能力本质上是一种以抽象符号为载体的高层次的思维能力，可以通过构建高层次数学思维能力的评价框架和指标体系，开发高层次的数学思维任务以及通过五项思维品质（深刻性、敏捷性、灵活性、创造性、批判性）来构建高层次数学思维能力的评价框架，来培养数学高层次思维能力。

3. 对能力为重的小学数学的个人理解

人们常说："把所学的东西都忘了，剩下的就是教育。"类比到数学教育中，如果学生把所学的数学知识都忘了，剩下的又是什么呢？是思维能力的发展。没有人否认"能力"为重，就像我们平时朴素地说"让孩子聪明起来"，但是怎么才能培养学生的能力呢？需要落实在每一个普通的课堂上，落实在每一个学生的身上。

理想的数学教学坚持"能力为本"，《国家中长期教育改革和发展规划纲要（2010－2020年）》提出了四个坚持，其中一个就是"坚持能力为重"，这是国家教育改革的方向，也是数学教学与研究的重点。

如今，"能力"随着教学的改革，内涵也在发生着变化。我们数学教育传统的三大能力"运算能力，空间想象能力和逻辑思维能力"，进而演化为课程的"十个核心词"（数感、符号意识、空间观念、几何直观、数据分析观念、运算能力、推理能力、模型思想、应用意识和创新意识）。站在国际视野下，PISA又为我们提供了数学素养的多种成分与水平。然而，无论如何，每一种核心素养都需要深入细化，进行务实可操作的实践与研究。能力的培养不能停留在观念上，而是需要落实在具体的内容上。记得20世纪80年代，新思维小学数学教材主编张天孝与中央教科所赵裕春教授合作的针对我国小学生的数学能力测查研究，提出了培养学生空间观念的四个基本内容，图形的认识、图形的测量、图形的运动变换和图形的方位，以及十个专项训练维度，图形的转换、图形的分解、图形的组合、图形的辨认、图形的概括、图形的推理、图形计数、多连块拼图、找隐蔽图形、图形的展开和折叠。而每一个方面又都表现在具体的一个个小问题上。落实在日常的课堂教学中，依托在具体的内容中，学生发展空间观念才能成为可能。其他能力亦是如此。

近年来，随着数学课程改革的深入，我们所熟悉的能力也在内涵和外延上发生着变化，"运算能力"在《义务教育数学课程标准（2011 年版）》中淡出了我们的视线，是为了规避那些繁难偏旧的复杂的计算，如今，作为核心的素养"重提"了，但是"重提"绝不是"回到从前"，新时期，在现代信息技术飞跃发展的背景下，运算能力需要用发展的眼光来定义，"珠算"被列为人类非物质文化遗产了，是否该重回课堂，千万不要带着"申遗的喜悦"给孩子增加新的学业，申遗与教育没有直接的因果关系，教育的发展还是按照教育的规律来。与此相关的还有"应用问题"，当年"把应用题改成解决问题"时，笔者撰文呼吁"把应用题改为解决问题，解决问题了吗"；如今"把解决问题又改成问题解决"，我们是否依然需要呼吁"把解决问题改成问题解决，问题解决了吗"，名称改变了教学就改变了吗？我们需要理性地思考"从应用题到问题解决的变与不变"，揭示变化中扬弃、传承与创新的分别是什么。传统不意味着落后，新颖也不一定预示成功。

都说教育改革已经进入"深水区"，也许数学教育教学改革也是如此，广大的教师已经不会再满足于"个别概念的重建"或者"某种新理念的引进"，而是在关注实践层面的行动，"能力为重"应该成为我们数学教学努力的方向。

"坚持能力为重"，对于数学教育来说还意味着什么？一边是要提高教育质量，一边是要降低学生的课业负担，两者是否真的矛盾？国际公认的 PISA，上海的学生代表中国去参加了，这是第一次去却一不小心拿了全球第一，可人家还不好向我们学习，为什么？说我们花的时间太多。看来怎样在课堂内让每一个孩子学习不同的数学，得到适合的发展实现因材施教，是我们必须面对的话题。不要把"减轻负担"解释为"减轻课内的负担"，现实中课内负担看似轻了，课外的负担更重了；不要把"兴趣"理解为"好看好笑好热闹"，兴趣是遇到了困难与挑战还选择坚持；不要把"科学设计课程难度"简单地理解为"降低课程难度"，一味地降低不是科学的表现，有的学者认为，"为班级学习共同体提供有一定难度的问题"是集体学习材料理想的标准；不要把"大众教育"形式化理解为"低水平的教育"，差异是必然的，标准不能总是往下拉，否则创新型人才的培养将是一种空想，数学在这方面有不可替代的作用，作为教师就有不可推卸的责任。不为"精英"，却人人成为"精英"，是芬兰成为全球教育第一的秘密，也是值得我们努力的方向。

那么我们现实又是怎样的呢？2010 年，笔者对某区 2300 多名三年级学生进行

了一次计算能力调查，在解决 188×6、$824 \div 4$ 等一位数乘除三位数的测试中，通过率高达 98.21%，而在解决形如 $75 + 125 \times 3 \times 4$ 这样的混合运算时，通过率却只有 54.29%。张天孝老师领衔的一项跨越 15 年大规模调查研究表明，一年级学生在学习 20 以内进位加法之前，解决 36 道算式全对的占 38.99%，做对 $30 \sim 35$ 道的占 40.10%；而当面对"从 $1 \sim 9$ 中选数填空，使 $\square + \square + \square = \square + \square$。（每个 $\square$ 只能填入一个数字）"时，面对这一个有 8 种不同方法的开放题，一种方法也做不出的学生占 15.1%，只有 1 种方法的占 20.5%，2 种方法以内的占 50%。

……

数据告诉我们：对于学生来说，那些基本的、机械的、按照程序进行的"低层次的技能"已经达到了比较高的水平，而对于"合理灵活计算、多种方法解题"等"高层次的能力"还处于比较低的水平。然而，反观我们的教学，还是习惯性地在"低水平的技能上进行高频训练"，在"高水平的能力上却是低频发展"。呈现这些数据，无意表达"低层次的技能"是不重要的，"高层次的能力"才重要，只是想提醒一下"如果低水平太高频，就降低一点；如果高水平太低频，就提高一点"。我们很多时候都用"努力"来描述自己的工作状态，如果有人流露出"有时努力并没有价值"，我们一定会为之气愤。然而，心平气和地想想，只有找对了使劲的方向，努力才会变成促进孩子向上生长向好发展的力量。无论是国家文件《国家中长期教育改革和发展规划纲要（2010－2020 年）》，还是国际视野下 PISA 的启示，都在传递一种思想——"坚持能力为重"是未来教学的走向。

我们可以坦率承认"再高层次水平的数学学习"都离不开做题，关键是做怎样的题。在信息时代的今天，决定着学生数学素养的，不再是题的数量，而是质量，衡量一个学生的获得也不再是题目的多少而是思维能力的发展。有的人做的很多但都徘徊在低层次的水平上，有的人做的题不多却活跃在高层次的水平上。有的题做了，即使再多，增加的也只是技能的短时熟练，有的题做了，尽管不多，增长的却是思维的长时发展。做得多不意味着收获多，做得少并不意味着收获少。相反，有时多却是少，少却是多。

万变不离其宗，"宗"便是学科的核心素养。《义务教育数学课程标准（2011 年版）》提出了数学的十个核心素养，为我们的教学指明了方向，不管我们教什么，布置学生做什么，都应该有整体的对应，我们在发展学生什么素养？顾泠沅教授结合数十年的实践研究对布鲁姆的教学目标分类进行了批判性建设，把认知目标及其对应能力表现水平描述为操作、了解、领会、探究四类目标，还给出了亚类的具体描述，对我们的教学有直接的指导价值。

各个版本的教材里都设计了富有层次的数学问题，可以为教学提供直接的参照，作为一线教师首先要用好、用足教材上的资源。其次我们还要彼此分享，把散落在各自文件夹里的宝贝题都贡献出来，按照一定的顺序和体例存储，形成共建共享的课程资源库。另外，我们还要在理论的指引下学会原创，基于学生的学情编出发展学生高层次数学能力的好题来。对于高层次水平的问题，难免有点难度，不可避免有学生做不对，但绝不能因为可能"做不对"而"不做"，做题的价值不一定在于完好的结果上，也在不完美的过程中。如果您真的承认不同的人在数学上可以有不同的发展，那么就请悦纳有的人有的题是可以不对的。

只有把远大的理想落实在一个个微小的课堂，才能切实提高学生的素养，培养创新人才才有希望。都说方向对了，就不怕路远，让我们一起坚定"能力为重"的数学教学方向。

结合新思维小学数学的长期实践与研究，张天孝老师认为小学生数学思维能力包含两个层面，知识掌握水平和智慧发展水平，其中知识掌握水平主要包括数概念的理解能力、算术与代数的运算能力、空间想象能力、统计与数据处理能力、解决应用问题的能力；而智慧发展水平主要包括逻辑推理能力、抽象概括能力。在教学中，为了便于学生掌握以及循序渐进地教学，每一种能力又分为基本能力与综合能力两个层级。

结合上述专家学者对数学能力的理解与分析，抽象、推理、建模是数学的学科核心素养。结合具体的小学数学教学实际，本人觉得对于小学数学，从教学内容角度来说，最为重要的还是三大能力：运算能力、空间观念、解决问题能力。从数学学习的内容上来说，这三大能力篇幅最多；统计观念虽然重要，但篇幅相对较少。从数学的构成来说，数与形两大部分，对应着运算能力和空间观念，综合的能力就是现实生活对应着的解决问题能力。并不是说其他的能力不重要，确定不同的标准，能力的描述也各有不同，但就小学数学的内容来说，还是三大能力最为重要。本书主要针对这三大能力展开。

(三)典型案例的解析

1. 运算能力

(1)概念界定

运算能力主要表现为使用数字和符号进行运算，对形式化结构进行变换的能力，选择适当运算方法的能力，对运算结果进行合理估计的能力等。

(2)案例解析

• 常规计算能力

尽管我们并不推崇计算的速度经过严格的训练要达到"惊人"的地步，也不希望培养一些在计算方面有敏捷速度的计算家，但是美国数学教育的启示"成功需要基础"还是应当引起我们的警觉：不要让自己的优良传统在无意识中淡化甚至流失。"速度"是我国数学教育的特色印记。一定的运算速度除了需要一定量的积累，更需要对于训练内容"质"的有序设计。

关于口算。张天孝老师认为：口算训练的材料，要从错误率及后继学习的作用两方面来考虑。例如，100 以内两位数加一位数进位加法共 369 题，对进位加法本身来说，这些题的口算训练价值是等同的。但对后继学习(多位数乘法计算)的作用来说，口算训练价值就不一样。在多位数乘法计算中，涉及两位数加一位数进位加法的题共 60 题，约占总题量的 16.3%。如 748×7，要用到 $28+5$，$49+3$ 两道口算题，对这 60 道题的训练就应增加题量。

训练的时间：口算训练的老传统是贵在坚持。新思维小学数学教材顾问顾汝佐老师提起这些传统就曾经痛心地说过："搞改革千万不能背山起楼，焚琴煮鹤，糟蹋原来美好的东西，更不能把许多好的民族传统的内容弄得支离破碎。"对于口算，我们不仅不应放弃，而且还要继续发扬。"学用结合"把口算的本领真正用起来，让孩子的头脑里有更多的"块"。例如，将 $125 \times 8 = 1000$，作为基本的模块，根据乘法的运算定律，教材安排了如下的训练：$128 \times 8 = (125+3) \times 8 = 1000+24 = 1024$。

$25 \times 16 = 100 \times 4 = 400$；

$32 \times 45 = 80 \times 18 = 1440$；

$45 \times 12 = 450+90 = 540$；

$76 \times 12 = (74+2) \times 12 = 888+24 = 912$。

例如，将 $37 \times 3 = 111$，作为基本的模块，根据乘法的运算定律，教材安排了如下的训练：

$137 \times 3 = (\square + \square) \times 3$ $74 \times 6 = 37 \times 3 \times \square$

$\quad\quad\quad = \square + \square$ $\quad\quad\quad = 111 \times \square$

$\quad\quad\quad = \square$ $\quad\quad\quad = \square$

由此可见：数感的好坏，体现在运算规律的运用和数的灵活分拆上。

•开放题中的发散思维

开放题源自日本，却在中国得到了繁荣发展。浙江教育学院戴再平教授便是开放题的引领者。在运算能力方面，可以引进很多的开放题，帮助学生拓展思维。但是对于教师来说，不是放任自流，严谨的教学更需要教师能够"穷尽所有解答，方能心中有数"。

例：8 个 8 得到结果是 1000，有哪些方法？

8 8 8 8 8 8 8 8 = 1000   此题共有（   ）解。

例：数列的规律：2，3，5，8，（ ），（ ），（ ），（ ）。

早在 20 世纪 60 年代，克鲁捷茨基就提出，从严格的数学观点看，类似这样的问题的解法是多样的，哪怕是一种周期性重复的规律(2，3，5，8，2，3，5，8)也是允许的。经验表明，即使是五六年级最有能力的学生，也没有表现出觉察到根据有限的已知数列可以推导出不同的下一项。作为老师，应该估计到各种可能。从某种角度说，学生填任意的数，根据通项公式自然就有一种规律存在其中，只是他能不能表达出来。因此，在教学中，不仅要关注结果是多少，关键还要看规律是什么。小学里一般的规律是：周期性规律，递增，递减，几倍多几，前两数之和等于第三数。

例：方格连数。

连接下面方格里的数，使它们的和都是 30。请找出其中的 6 组，把相应的数写在下面的横线上。（方格与方格之间有一条边相连。）

1	2	3	4	5	6
7	8	9	10	11	12
13	14	15	16	17	18

例：数字迷。

两位数加一位数，每一个文字分别代表哪一个数？（图 2-2）

```
    重                曲                丁                高
+   重叠          +   曲环          +   丁东          +   高下
—————          —————          —————          —————
    叠山              环路              东泉              下树
```

图 2-2

• 计算器探索规律

计算器进入小学数学的课堂，可以进行繁难的计算，还有就是探索规律。

$9 \times 9 = 81$，

$99 \times 99 = 9801$，

$999 \times 999 = 998001$，

$9999 \times 9999 = 99980001$，

$99999 \times 99999 = 9999800001$，

$999999 \times 999999 = 999998000001$。

• 代数意识和符号感

数学小魔术：

请你想好一个数记在心里，现在将它加 5，然后乘 2，再减 4，再除以 2，再减去你想的数，结果得到的数是什么？$[(n+5) \times 2 - 4] \div 2 - n = 3$。

2. 空间观念能力

（1）概念界定

空间观念能力包括采用适当方式描述物体间的位置关系的能力，采用适当方法确定物体位置的能力，利用直观形象描述和分析问题的能力；图形变换能力；在二维和三维图形和它们的表征之间进行转换的能力；采用适当的方法进行空间测量的能力；对空间形式及其符号进行想象、形成空间概念及空间关系的能力等。"图形与几何"领域——空间观念训练的 10 大系列有：形感——图形之间的转换；图形的分解和组合；找隐蔽图形；数立方体个数（如四连方的系列课）；图形概括；图形推理；图形的组合判断；图形的展开和折叠；图形的辨认——三角形旋转、正方形旋转；比较面积和距离。

（2）案例解析

例：图形的分解和组合。

等分图形：有一块长 4 米，宽 3 米的园地，现要在园地上辟出一个花圃，使花圃的面积是原园地面积的一半，问如何设计？（日本开放题，图 2-3）

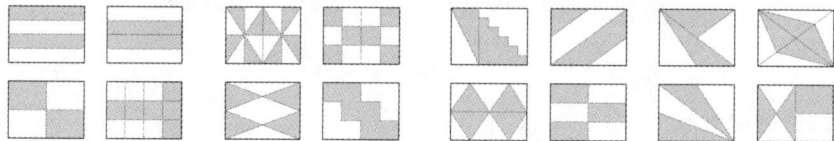

图 2-3

有趣的七巧板：

七巧板能拼多少个不同的正方形？（图 2-4）

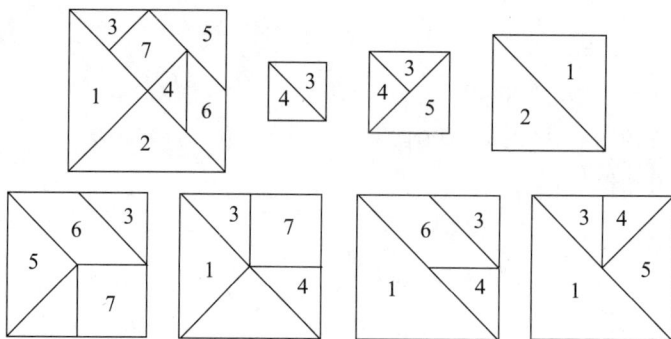

图 2-4

3. 解决问题能力

（1）概念界定

解决问题能力包括从数学的角度提出问题，分析问题，并综合运用所学的数学知识和方法解决问题的能力；能够根据问题情境灵活选择适当的问题解决策略的能力；对问题解决的过程进行反思和监控的能力等。

（2）案例解析

• 提问能力的培养

根据我们新思维小学数学的实践启示，要培养学生的提问能力，首先要明确培养的方向和目标，通俗地说就是首先要知道怎样的提问是好的。提出问题的数量多

少并不能代表提问能力的好坏。

对于提问能力的评价，依据巴克的研究，从"流畅性""灵活性"和"独创性"三个方面对问题进行分析。"流畅性"指提出的问题或产生的疑问的数量；"灵活性"指问题或疑问的种类；"独创性"指问题的新颖性。

冈沙雷斯对问题的评价立足于学生对"问题"信息的处理方式。对"问题"信息的处理方式进行分类，即直接使用、改进、拓展、补充以及其他与已有情境无关的信息处理方式。相应地把产生或提出的"问题"信息来源分为以下五种。已知的信息：来自已有情境的数学信息。改进的信息：提问者基于已有情境进行修改和改进的问题信息。拓展的信息：仅仅增加了原有情境的信息量的问题信息。附加的信息：提问者自己提供的信息。不清楚的信息：这是一类在信息来源上具有开放性的问题信息。由这些信息构成的大多是一些没有意义的和不能解决的数学问题。

在实验的过程中，我们设置了实验班和对照班，对学生提出的问题就从这几个维度去分析，结果如下（表 2-1）。

表 2-1　各个维度测试的数据

	总个数	问题种类（种）	新颖性（个）	已知的信息（个）	改进的信息（个）	拓展的信息（个）	附加的信息（个）	不清楚的信息（个）
实验班	838	330	35	707	157	41	10	13
对照班	654	261	19	546	37	29	2	52

具体分析如下（表 2-2—2-4）。

表 2-2　提问"流畅性"比较分析

	人数	平均分（分）	标准差	
实验班	30	27.93	8.67	$Z=3.14$
对照班	30	21.8	6.27	$P<0.01$

从表 2-2 可以发现：实验班提问的"流畅性"相对于对照班，差异非常显著。

表 2-3　提问"灵活性"比较分析

	人数	平均分（分）	标准差	
实验班	30	11	4.39	$Z=2.18$
对照班	30	8.7	3.5	$P<0.05$

从表 2-3 可以发现，实验班的提问的"灵活性"相对于对照班，差异显著。

表 2-4　学生提出问题处理信息的比较分析

	人数	已有信息	改造信息
实验班	30	75.18%	24.82%
对照班	30	89.60%	10.40%

从表 2-4 可以发现，实验班的学生更善于改变信息提出问题。这样的问题所占的比例更高。

对于提问能力的培养，也是一个序列的探索。从具体的图到抽象的图，从生活的情境到数学的元素，即便是两个数，也能培养学生提问的能力（图 2-5）。例如，观察 350 和 600，你能提出哪些问题？在教学中，学生的想象能力和提问能力都得到了充分的展示。

· 建模能力的培养

在解决问题能力的培养方面，值得探讨的是数量关系讲不讲？应用问题还要不要分类？如果要做一个简单而表面的回答似乎也简单：数量关系讲不讲，讲；分类分不分，分。值得探讨的是，哪些是基本的数量关系？按照怎样的维度来分？我们也反对那些过多过细的以"文字特征"为准的分类方式，分类但不要类型化，分类的标准应该关注数学问题本身的模型。

不应该说我们过去的应用题的教学从没有进行数学建模，但可能有时我们并不是有意让学生体验到建模活动。学生在不自觉的状态下经历着的就是建模的过程，需要关注的是让无意的过程变得有意，提升它的教学价值。

追及问题非追及：

上海世博会纪念品绒毛海宝在某商场促销，蓝色海宝每个 20 元，红色动感海宝每个 25 元，单卖蓝色海宝 6 个后，又卖了组合装若干套，结果蓝色和红色海宝当天销售额正好一样，蓝色、红色海宝各卖出多少个？（图 2-6）

图 2-5

图 2-6

鸡兔问题非鸡兔：

12 张乒乓球台上同时有 34 人正进行乒乓球比赛，正在进行单打和双打比赛的球台各有几张？民谣：一队猎人一队狗，两队并成一队走。数头一共是十二，数脚一共四十二，等等。

那么到底哪些是小学基本的数量关系和基本结构呢？近期，关于应用题新思维小学数学编委会开展了一个大型的实验：第一步主要是解决四个基本数量关系，相并、份总、差比和倍比；第二步主要是复合分为五个主要的阶段；第三步运算图形等式推算，通过图形等式推算，构建 7 种典型代数模式，并用以分析数量关系，提高解决应用问题的能力。

• 解题策略的培养

有一桶油，第一次取出这桶油的 20％，第二次取出 12 千克，两次共取出这桶油的 1/2，这桶油共多少千克？可能的困难：不会转化百分数与分数，不会计算，不会列方程，不会分析数量关系，还是就是不会做。

从不会做到会做，需要什么？需要策略。

反观我们的教学，在传统的教学与教材中，没有进行有关策略的培养，只是更多的隐形存在，没有把它显性化地用合适的方式系列化地呈现出来。另一方面，策略本身也是多样的，到底哪些是小学数学教学适合培养的基本策略，现在看来没有定论。结合小学数学的学习内容和学习目标看来，我们觉得以下 10 项策略更为常用：尝试猜想；画图制表；实际操作；应用规律；等量替换；从简入手；整理数据；可逆思考；用方程解；逻辑推理。

关于策略的培养有一个度的问题，有人认为：策略的培养是蕴含在解决的问题的过程中的，不能借助某一个具体的问题来培养某一种策略，但也正是这样，策略的培养得不到落实；而另一种倾向，是主张明确在学习某一个内容的时候或者解决某一个问题的时候针对某一种策略而进行，这样有时又难免固化思维，不利于学生思维发展。这些方面的问题有待进一步的实证研究。

就拿数学名题"鸡兔同笼"来说吧。鸡兔共 8 只，有 22 只脚，鸡兔各有多少只？

此问题解决的策略比较多样。

策略 1：尝试与猜想。1 只鸡，7 只兔，腿的总条数是 30，腿多了，减少兔子的数量，再尝试。

策略 2：列表尝试。鸡兔各 4 只，那么腿 24 条，腿少了，增加鸡的数量，再尝试。

策略 3：用画图的方法。先按照都是鸡画好，再在此基础上添上腿，添上 2 条腿就表明多了 1 只兔(图 2-7)。

策略 4：假设全是鸡，也可以假设全是兔，也可以假设一半是鸡一半是兔。

策略 5：方程思路。用□表示鸡的只数，用○表示兔的只数，根据已知条件可以发现□＋○＝8，2□＋4○＝22；由此可以得到 2(□＋○)＋2○＝22，2○＝22－

用画图的方法解答：

假如都是鸡，只有16条腿。

再添6条腿，有兔3只、鸡5只。

图 2-7

16，○＝3。

策略 6：面积图。利用长方形面积公式来计算组合图形的面积(图 2-8)。

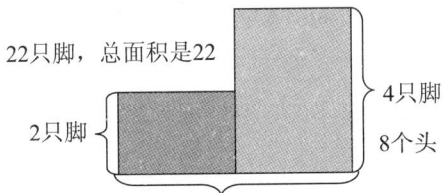

22只脚，总面积是22

2只脚

4只脚

8个头

图 2-8

从这个例子中，我们也可以发现，同一问题，有不同的解题策略，要针对这一内容预设怎样的教学目标，也不是既定不变的，可以由执教者根据教学需要来设计。

发展数学能力的教学策略

一、如何发展学生运算能力

（一）法理并重

运算能力在《义务教育数学课程标准（2011 年版）》中被作为核心素养再次提出，再次受到了大家的广泛关注。当然重提不意味回到从前，不应该被解读为"重新恢复那些复杂烦琐的计算，追求高速度高效率的计算"。《义务教育数学课程标准（2011 年版）》指出，培养学生的运算能力不仅指学生能够根据法则和运算律正确地进行运算的能力，而且还提到学生"能够理解运算的算理，寻求合理简洁的运算途径解决问题"方面的能力。诚然，会算法、懂算理，是运算能力的两个重要组成部分。算理是计算的道理，是探索和解释算法的依据，是客观存在的规律；而算法是计算的方法，是进行计算的操作程序，是人为约定的规程；算理是算法的理论依据，算法是算理的提炼和概括，它们是相辅相成的。当前培养学生的运算能力当"法理并重"。

笔者 2014 年从四年级的 2500 多名学生中随机选取 300 名学生，做"除数是两位数的除法"计算能力的测查。A 卷的内容主要考查学生对计算方法的掌握，题如 $92÷30$、$196÷39$、$288÷32$、$134÷26$、$945÷45$ 等，共有 14 式不同类型的除数是两位数的除法；B 卷的内容则主要考查学生对算理的理解，题如怎么计算 $945÷32$，写下你的解释过程。测试结果，A 卷的正确率高达 99%，而 B 卷的得分率只占 20%。"会算法不会说或者说不好算理"的现象比比皆是。归因来看，首先这两种能力本身不在同一思维水平上，因此学生掌握情况有差异。同时也反映出，我们平时的计算教学的确"重算法轻算理"。下文笔者将通过罗列不同数域中的一些典型的算理来强调，在小学数学教学中，要会"算术"更要会讲"算理"，通过"讲理"进一步提升学生的运算能力。

1. 不同数域运算能力中需要说明的若干"算理"

（1）整数四则运算顺序，为什么有时从低位算起，有时从高位算起？

从数学史中可以发现，在笔算形成的初期，加减乘除都是从高位算起的，只是笔算的加减计算和乘法计算遇到进位时，需要改写前面的数字，才逐步改为低位算起。12 世纪印度沙盘上的数学就是如此。因此在课堂教学中，学生顺延着从高到低的计算顺序是完全可以理解的，只有让学生经历从高位算起，感受因低位的进位要调整高位的数而带来的麻烦，才会得到从高位算起的深切体验，而不需要强制加以"规定"，这样的法才是"理"之下学生愿意接受的"法"。（当然，如果学生能够把高位的计算结果，暂时记在脑子里，然后根据低位的计算结果来确定，那么从高位算起也是可以的。就像在口算中所倡导的都是高位算起。）

整数的加、减、乘三种运算在列竖式计算时，一般都是从低位算起，偏偏除法又变得特殊了，除法竖式的格式本身也和其他三种运算不太一致，这些外形的不同都源自除法本身的意义和竖式的要求。如果我们把乘法定义为连加，那么除法就是连减了。竖式计算的实质，是将当前对于两个数的计算归结为它们各个数位上数的计算，以求出得数的各个数位上的数。要把计算的中间过程与最后的结果都记录下来，除法的竖式发展到今天就是从高位算起了，如果从低位除起，那么高位除后余下的数退到低位继续除，就影响原来低位上的商，自然增加了高位有余退位后再除的麻烦。所以除法竖式求商一般从高位算起，从高位到低位，依次求出商的每一位上的数，这样既简洁又方便。

（2）小数四则运算中，数位为什么有时要对齐，有时不要对齐？

小数的出现，是基于十进制表示数量的需要，它的计数原则与整数的计数原则相同，所以小数四则运算很大程度上仿照整数四则运算进行。就像整数的四则运算强调数位对齐，小数加减法也一样，需要把数位对齐，显著的标志是小数点对齐。但这个看上去顺理成章的潜规则，在小数乘法里就遭遇了"负迁移"。为什么小数乘法不要数位对齐，只要把末尾对齐就可以了？下面的两个学生错例就是其中的典型（图 3-1）。

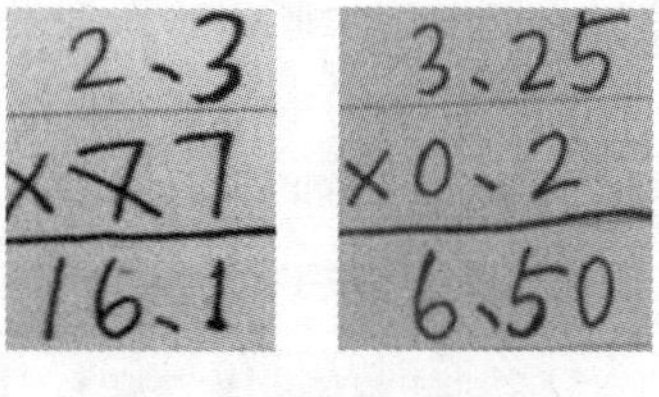

图 3-1

2.3×7 中的 7 为什么要和 3 对齐？应用积的变化规律，如果先把 2.3 看成 23，那么学生就能理解 7 是要和 3 对齐的了，只不过算出的结果是 161 个 0.1。

小数乘小数也一样，3.25 乘 0.2，就是先把它看成 325 乘 2，所以竖式中只要末尾对齐，其实也就是整数计算中的数位对齐，得出结果 650，但这是 650 个 0.001，所以正确结果是 0.65。在教学中，也可以借助横式来沟通竖式的算理。可以先让学生充分理解 0.1×0.1＝0.01 的意义，进而理解 0.3×0.2＝2×3×0.1×0.1＝0.06 的意义，再讨论 3.25×0.2＝325×2×0.01×0.1，大部分学生应该能够逐步理解。

(3)分数四则运算中，为什么有的要通分，有的却不要？

在分数的四则运算中，两个分数相加减，先把计数单位化为相同的，计算时先通分，这样分母不变，分子相加减即可。而表面上看来，对于分数的乘除法来说，却不要"通分"。两个分数相乘，分子相乘作分子，分母相乘作分母；两个分数相除，一个分数乘另一个分数的倒数。其实，在不同的算法表征的背后，也有着相同的"算理"。所有分数的四则运算都可以看成是分数单位化相同以后整数的运算。

比如分数乘法：$\frac{2}{3}\times\frac{4}{5}$。通过直观图示(图 3-2)，首先应该让学生理解 $\frac{1}{3}\times\frac{1}{5}$，让学生体会"两个分数单位相乘"实质上就是在统一分数单位。在统一分数单位后，那就只要两个分子相乘就可以了。这个过程也可以引导学生用算式的形式表达出来 $\frac{2}{3}\times\frac{4}{5}=\left(\frac{1}{3}\times\frac{1}{5}\right)\times(2\times4)=\frac{8}{15}$。在整个分数乘法的教学中，都是统一分数单位后分子的整数运算，基本算理都是一致的，与小数乘法的算理理解也是殊途同归的。

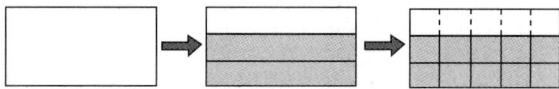

可以写成：$\frac{2}{3}\times\frac{4}{5}=\frac{1}{15}\times2\times4=\frac{8}{15}$

图 3-2

分数除法的算理，可以理解的途径还是比较多的，大致的方法有以下四种(如下)。第一种把有关分数的运算转化为整数的运算，来解释计算程序的合理性。第二种的依据是商不变规律，把除数部分转化为 1。第三种的依据是分式基本性质。基于算理的一致性，本文特别推荐的第四种，是把分数单位化相同，分母相同，就是分子相除，又被转化成为分子的运算了，与前面的方法一脉相承。把所有的分数的运算都用一个基本的算理沟通起来，便于学生在较低的认识负荷下深入理解。

$(1)\dfrac{a}{b}\div\dfrac{m}{n}$

$=(a\div b)\div(m\div n)$

$=(a\div b)\div m\times n$

$=(a\div b)\times(n\div m)$

$=\dfrac{a}{b}\times\dfrac{n}{m}$

$(2)\dfrac{a}{b}\div\dfrac{m}{n}$

$=\left(\dfrac{a}{b}\times\dfrac{n}{m}\right)\div\left(\dfrac{m}{n}\times\dfrac{n}{m}\right)$

$=\left(\dfrac{a}{b}\times\dfrac{n}{m}\right)\times 1$

$=\dfrac{a}{b}\times\dfrac{n}{m}$

$(3)\dfrac{a}{b}\div\dfrac{m}{n}$

$=\dfrac{\dfrac{a}{b}\times b\times n}{\dfrac{m}{n}\times b\times n}$

$=\dfrac{a\times n}{b\times m}$

$(4)\dfrac{a}{b}\div\dfrac{m}{n}$

$=\dfrac{a\times n}{b\times n}\div\dfrac{b\times m}{b\times n}$

$=\dfrac{a\times n}{b\times m}$

2. 运算能力培养中"算理"的教学建议

（1）创设一个安全的环境让学生自由表达

语言是思维的外衣，在课堂上，不但要让学生明算理，而且更要重视学生说算理。说算理是数学理解和语言表达的综合体现，加强算理的表达也是在培养学生缜密的思维。在日常的教学中，我们要着力营造氛围让学生有想说的意愿，有敢说的勇气，还要有会说的能力。培养学生的表达能力，离不开一个安全的环境。起初，学生的表达总是断断续续的，词不达意，甚至语无伦次，但这都是真实的开始。好多时候，学生会算，心理也知晓，但就是说不出来，千万不要在一个学生说不清楚的时候，就把他"按"下去，请能说清楚的人来说，在集体交流的过程中，我们就是要慢慢地矫正每一个表达有困难的学生，当众矫正一个人，其实受益一批人。教学中，还要创造更多的锻炼机会，使得在小组内有更多表达的机会，让每一个人都有表达的经历。有必要的时候，甚至要提供表达的框架，哪怕是一些关键的字词或短语，"先……再……最后……"都能为学生表述算理建立起连接。语言让每一个学生变得不同，而在一个安全的环境下学生才会有更为活跃地心理活动。

（2）发生错误时恰是驱动学生说理的最好时机

正确的解答，有时候可能只是模仿，而错误的解答，却可能是创新。错误是最宝贵的学习资源，心理学家盖耶指出：不抓住学生的错误，那将错过最有成效的学习时刻。当学生出现错误时，不应急于告诉学生怎么算，矫正比告诉更有意义。抓准学生犯错的时机，及时让学生去辨析，去说理，充分暴露学生的思维，从学生的思维现状出发，帮助学生疏通，形成正确的算理。比如在两位数乘两位数的竖式计算中，右边的情况是学生出现的典型错误，学生不明白为什么第 2 个"36"要移位，

如果简单告诉学生 36 应该写在哪里，那么学生也只是模仿重复，机械计算。但要帮助学生理解这个算理，要从"位值"的角度去引导。在教学中要让学生理解，个位的 2 表示 2 个一，个位上的 2 乘 18，得到的是 36 个一，是 36；十位的 2 表示 2 个十，十位上的 2 乘 18，就是 36 个十，表示 360。

$$\begin{array}{r} 18 \\ \times 22 \\ \hline 36 \\ 36 \\ \hline 72 \end{array}$$

教学时，学生也有把 0 写上的，既然用十位上的数去乘结果一定是几个十，个位一定是 0，为了竖式的简洁可以省略不写。在同一个竖式中，两次 2×18，因为 2 所在的数位不同，乘得的结果也是不同的。为了加以区别，也可以用学过的乘法分配律去解释，$18 \times 22 = 18 \times (20+2) = 18 \times 20 + 18 \times 2 = 396$。教师要沟通横式的每一步与竖式之间的联系，让学生多角度地理解计算的算理。

（3）改变评价，增加权重考核学生理解算理的情况

评价是导向，总有老师认为"算理有什么好说的，还不如多做两道题"，现在的评价改革已悄然转向，命题不仅关注计算技能，而且还关注算理理解了。朱乐平老师在"三位数乘两位数"的教学中就设计了一系列指向说理的练习题，对说理题的设计做了示范。例如：根据左边的乘法算式，可以直接解决下面的问题吗？$836 \times 7 = ($　　$)$；$50160 \div 60 = ($　　$)$；$836 \times 7 + 836 \times$（　　）=（　　）。还能知道哪些结果？

$$\begin{array}{r} 836 \\ \times \quad 67 \\ \hline 5852 \\ 5016 \\ \hline 56012 \end{array}$$

总而言之，理想的数学课堂不仅要让学生"知其然"还要让学生"知其所以然"。不仅会算，而且还知道为什么这样算，"懂法讲理"，是学生运算能力的两个不可或缺的方面。当学生对计算法则掌握得比较熟练，面对具体的算式，学生就能直接进行计算，整个计算过程完全变成了一种自动化的运算过程时，我们不应该满足于此，从全面培养学生运算能力的更高要求看来，我们还应该创设机会引发学生对"怎么算？""为什么这样算？""怎样算最好"等一系列问题进行思考，更应该提供多种形式让学生学会分析，多设计一些指向说理的习题，让学生把对法则的演练转变成对算理的思考，把运算从操作层面转向思维层面，从而真正发展学生的运算能力。

（本文合作作者金华市金师附小荣光国际学校　潘可可）

（二）寓理于算

数学家张景中院士曾经指出，小学数学看上去主要学计算，不讲推理。但是，计算和推理实质上是相通的。中国古代数学主要是找寻解决各类问题的计算方法，不像

古希腊讲究推理论证。但是，计算要有方法，方法里就自然体现了推理，即"寓理于算"。因此，今天我们再来讨论"运算能力"的形成，它的意义不仅仅在于让学生会进行运算，而是在于在形成运算能力的过程中对学生思维发展的促进。运算能力并非单一的、孤立的数学能力，而是将运算技能与推理等思维能力的发展有机地整合在一起。

1. 在发展学生运算能力过程中不同的推理形态

（1）概括算法和发现运算律重在归纳

归纳推理是以个别的知识为前提，推出一般性知识为结论的推理。它的思维进程是从特殊到一般。按照它考虑的对象是否完全又分为完全归纳和不完全归纳。在小学数学中，更多的是不完全归纳过程。在提炼算法形成法则的过程中常常应用归纳。

尽管"20 以内进位加法"到后来，学生基本上能脱口而出，但在起初学习的阶段，也需要经历提炼概括算法的过程。如果就某一个题说算法，有"就题论题"之嫌，只有呈现了多个算式，才便于概括，如 7＋6，8＋7，9＋5 等，基于多个算式，才便于学生概括：看大数，拆小数，用凑十法来求得数。

同样，在学习除数是两位数的除法时，通常也要呈现多种不同类型的除法算式，如 945÷45，228÷32，320÷38 等，从而概括出一般的算法：从被除数的最高位除起，先看被除数的前两位，如果前两位不够除，就看被除数的前三位；除到哪一位就把商写在哪一位上；每次除后余下的数都要比除数小。

运算律的发现与概括，也需要经历不完全归纳的过程。例如，教授"加法交换律"时，我们通常是先让学生计算一组算式：7＋3＝10，3＋7＝10；25＋75＝100，75＋25＝100；237＋362＝599，362＋237＝599。观察算式发现：交换两个加数的位置，和不变。继而让学生列出更多符合条件的算式加以验证，在列举过程中没有发现反例，最后再归纳出加法交换律：两个数相加，交换加数的位置，它们的和不变。在数学中，任何一个运算律的形成，往往都要经历一个猜想和论证的过程，通过尽可能完全的归纳来得出规律。

不完全归纳推理因为列举的情况不完全，最后"验证发现猜想是错误的"这样的经验也是不可或缺的。华应龙老师曾设计了这样的教学，先让学生通过运算下面的算式发现规律：12×63＝756，21×36＝756；23×64＝1472，32×46＝1472。学生猜想：两位数乘两位数，分别调换两个乘数十位和个位的数，结果不变。通过运算，学生马上能用反例证明这个猜想是不正确的。继续引导学生猜想：在什么条件下，结果不变？通过代数式的运算，可以帮助学生推演出正确的结论。$\overline{ab}\times\overline{cd}=ac\times100+ad\times10+bc\times10+bd$；$\overline{ba}\times\overline{dc}=bd\times100+ad\times10+bc\times10+ac$；所以 $ac=bd$。通过推理得出结论，只有 $ac=bd$ 的时候，调换十位和个位的数，结果才不变。在这个过程中，自然从合情推理过渡到了演绎推理。

（2）基于算理的推导多用演绎

演绎推理是从已有的事实确定的规则出发，得到某个具体结论的推理，它的思维进程是从一般到特殊。在运算的过程中，基于确定无误的算理进行演算，或证明某些结论的对错，都属于演绎这一必然性推理。

比如学习了 100 以内的进位加法，尝试解决如下的数字迷(图3-3)。学生理解了基本的算理后，就能从数字迷面的信息中，分辨出最高位的变化就是源自"满十进一"，从而可以判断是个位上进位的加法算式，最高位上的数相差1。

$$
\begin{array}{r}
重 \\
+\ 重\ 叠 \\
\hline
叠\ 山
\end{array}
\qquad
\begin{array}{r}
曲 \\
+\ 曲\ 环 \\
\hline
环\ 路
\end{array}
\qquad
\begin{array}{r}
丁 \\
+\ 丁\ 东 \\
\hline
东\ 泉
\end{array}
\qquad
\begin{array}{r}
高 \\
+\ 高\ 下 \\
\hline
下\ 树
\end{array}
$$

图 3-3

再如，当学生理解了"两位数乘两位数"的算理，掌握了计算法则，我们就可以设计一些开放练习，试图引导学生基于已经确定的计算规则来推导出新的结论或对相应的结果做出判断。比如 68×99 和 69×98，要比较出它们的大小，除了用一般的竖式计算以外，学生还能基于算理演绎出不同的方法。$68\times99=68\times(98+1)=68\times98+68$；$69\times98=(68+1)\times98=68\times98+98$；第二个算式结果比较大。也可以呈现一些残缺的算式，如下(图3-4)：

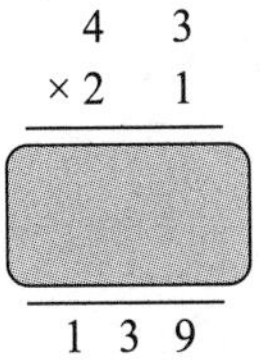

$$
\begin{array}{r}
4\quad 3 \\
\times\ 2\quad 1 \\
\hline
\boxed{} \\
\hline
1\ 3\ 9
\end{array}
$$

图 3-4

上面的算式对吗？学生可能会基于对已有算理的理解做出这样的判断：方法1，因为个位上是 $1\times3=3$，所以积的各位上不可能是9，这个竖式是错误的；方法2，

21＞20，43＞40，所以 21×43 的积一定大于 20×40，但是 139 小于 800，所以这个竖式是错误的。然后请学生猜想错误的原因，引导学生注意计算中易错点：十位上的 2×43，要注意对齐数位，要考虑清楚是否进位。

如果学生理解了两位数乘两位数的基本算理，就是乘数每一个数位上的数与另一个乘数每一个数位上的数相乘，再把它们的积相加。那么，下面的乘法竖式就都不难理解了。从某种程度上，我们都可以把这些区别于一般竖式的方法看作基于算理理解的创新演绎。

竖式1：
```
    28
  × 15
  ————
   240
    18
  ————
   420
```

竖式2：
```
    28
  × 15
  ————
   300
   120
  ————
   420
```

竖式3：
```
    28
  × 15
  ————
   120
    30
  ————
   420
```

竖式 1：240 是 20 乘 10 与 8 乘 5 的和；

　　　　18 写在十位上是 20 乘 5 与 10 乘 8 的和。

竖式 2：300 是 20 乘 15 的积；120 是 8 乘 15 的积。

（3）数字扩大和数域扩张推导运算规律贵在类比

类比推理是由两个或两类思考对象在某些属性上的相同或相似，推出它们的另一属性也相同或相似的一种推理，它是从特殊到特殊的推理。类比推理和不完全归纳推理一样，也是一种或然性推理。在小学数学运算能力形成的过程中，当数字扩大时，从一位数到多位数；当数域扩张时，从整数到小数、分数时，常常应用类比。

小学里的多位数乘法一般教学到三位数乘两位数就结束了，没有更多位数的乘法计算教学，并不是说生活中就不存在更多位数的乘法计算，而是我们可以三位数乘两位数的运算法则为基础，通过类比推理帮助学生掌握多位数乘法的计算方法。两位数乘一位数乘法：$23×7＝20×7＋3×7$。两位数乘三位数乘法：$235×78＝200×8＋30×8＋5×8＋200×70＋30×70＋5×70$。依此类推，不管数位如何增加，方法是一样的：$\overrightarrow{abcde}×\overrightarrow{fgh}＝10000a×h＋1000b×h＋100c×h＋10d×h＋e×h＋10000a×10g＋1000b×10g＋100c×10g＋10d×10g＋e×10g＋10000a×100f＋1000b×100f＋100c×100f＋10d×100f＋e×100f$。通过这样的比较联系，学生会发现多位数乘法的运算方法都是从两位数乘一位数类推的，从而可以在具体的运算中做到举一反三。

　　小学数学中运算规律的拓展也是通过类比推理进行的。整数的运算法则、运算顺序和运算规律都适用于小数，我们不需要在小数范围内重新证明，因为整数和小数具有的相同属性和一样的计数原则，可以类比得出结果，由此可以将我们的运算推广到小数范围。例如，除数是小数的除法，我们就是类比应用了商不变的性质，从而将小数除法转化成整数除法。同样，整数领域探索得到的加法交换律、结合律以及乘法分配律等都可由整数数域类比到分数中。

2. 发展学生运算能力、关注推理的教学建议

　　(1)推理不仅要使运算增强挑战性，也要增强趣味性

　　如果只是按部就班的机械地按照程序计算，学生对运算就会失去持续的兴趣，若有富有挑战的推理活动伴随着运算，就能激发起学生更多的学习动力。如果把挑战简单地理解为增加难度，也许会被解读为运算的繁难，富有挑战的推理，还充满着趣味。

　　比如在学习了多位数的加法后，可以组织探索"奇妙的回文数"的规律。第一步，写一个自然数，如367；第二步，加上这个数的翻转数，如763；第三步，再加上和的翻转数，如1130＋0311；第四步，算出结果是多少？1441。依此类推。学生会通过运算、观察、比较，形成猜想：是不是所有的数经过若干次这样的运算，结果都是回文数？为了验证这个猜想，就需要重复更多次的运算，在巩固运算技能的同时，也培养了学生的推理能力。当然，这里需要说明并不是任意一个自然数经过这样的运算都可以得到回文数，比如说196这个数，按照上述变换规则重复了数十万次，仍未得到回文数。但是人们既不能肯定运算下去永远得不到回文数，也不知道需要再运算多少步才能最终得到回文数。这样通过运算，形成猜想，用不完全归纳来验证的活动，不仅发展了学生的运算能力，还赋予了运算新的价值，使学生感受到了数学的奇妙。

　　(2)多种推理相辅相成有机组合，需灵活运用

　　在日常运算教学中，各种类型的推理活动不一定是独立存在的，有时一个解决问题的活动中就包含着归纳、演绎等不同的推理成分。比如在9的乘法口诀教学中，$1×9＝9$，$2×9＝18$，$3×9＝27$，$4×9＝36$，$5×9＝45$，$6×9＝54$，$7×9＝63$，$8×9＝72$，$9×9＝81$。罗列每一个乘法算式，可以引导学生归纳出口诀的规律：每一个乘积各个数位上的数字之和都是9，几与9相乘，乘积十位上的数就比几少1。如果忘记了$8×9$的结果，也能基于对口诀形成的既定规则，演绎推导出来$7×9＋9＝72$。看上去数学的知识和技能很简单，但却蕴含着丰富的推理形态。在解决一些综

合性的运算问题时更是如此。戴再平教授推荐的数学经典开放题：钟面上有 12 个数，请在某些数的前面添上加号或减号，使钟面上所有数之和等于零。有的学生看到这个问题就能先化繁为简，先从 1～6 六个数组算式开始思考，再把思考的方法类比到 12 个数的算式中。这样思考问题的方法在较为复杂的计算问题中，常被应用。

数学活动中的计算和推理本身也密不可分。如张景中院士所说："推理是抽象的计算，计算是具体的推理。"这样说来，寓理于算，再恰当不过了。

（本文合作作者金华师范学校附属小学　王瑾）

（三）数形结合

数学家华罗庚曾有一首脍炙人口的数形结合诗："数形本是相依偎，焉能纷作两边飞，数缺形时少直观，形少数时难入微。"如果能够在数学教学中恰当地渗入数形结合的思想，不仅能丰富学习的过程，让学生感受到数学内部之间的巧妙联系，也能促进学习更有效地发生。对于运算能力的培养也是如此。说起运算，我们总是容易与干巴巴的数字和枯燥的算式、竖式、递等式联系在一起。如何在运算能力的培养中也渗入数形结合的思想，用直观的图形来帮助学生认识数概念、理解算理、体会不同的算法以及探索运算规律，让学生养成数学思考的习惯，学会以形释数、见数思形，做到心中有数，数形兼备，这是值得我们思考的。

1. 数形结合在培养学生运算能力中的典型应用

（1）数形结合，把抽象的数概念直观化

对于儿童来说，与具体的实物相比，数概念要抽象许多，这当中包含着一个符号化的过程。如果在数概念的形成过程中，有直观或者半抽象的图示或物件来支撑，就能在学生学习数概念需要帮助的时候找到助力点。

比如"5 以内数的认识"。在教学时，一般先出示实物，让学生数一数。为了建立起实物和数"5"之间的对应关系，通常我们会出示计数器，让学生在计数器上拨一拨，用一个珠子表示一个实物，学生边拨珠边数数，在脑子里形成直观图的表象。逐步建立一个实物、一个珠子、数字 1 之间的对应，逐个过渡到四个实物、四个珠子、数字 4 相对应。

心理学研究表明，5 以下实物的数目容易分辨，当物体的数量多于 5 之后，就超过了人目测数群的能力。因此，对于小学生来说认识"5～10"是数认识的一

次飞跃。一堆石子是 8 个还是 9 个，往往一眼看不清。在教学中，除了使用小棒、计数器、手指等实物直观支撑，我们还应该倡导用具有中国特色的计数器算盘来认识数，一颗下珠代表 1，一颗上珠代表 5，5 和 1 是 6，5 和 4 是 9，有了上珠 5，就更容易直接分辨了。算盘的引进，既帮助学生认识了单个数，还渗透了数的组成；不仅强调了 1 对 1（1 个珠子代表 1 个数），而且还过渡到了 1 对 5（即"一对多"）的对应关系，当数域扩展到两位数时，还自然形成了"1 对十"，这为学生理解数位、位值等数概念的核心要素直接积累了重要的活动经验。

　　数概念的建立关键除了数字和数位，还有进率。在小学阶段，我们主要学习的是十进制计数法。为了让学生更为直观地体会到"满十进一"，也可以通过"点线面体"的直观图示来表示。如图 3-5 所示，如果把整个立方体看作"1"，把它平均分成 10 份，每份就是一个面，这一个面就是 0.1。再把一个面继续平均分成 10 份，每一份就是一条线，这一条线就是 0.01，以此类推，一个点就是 0.001。经过这样的演示，学生对"十进制"的理解印象一定会更深刻。

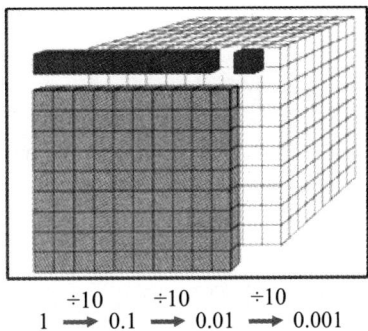

$$1 \xrightarrow{\div 10} 0.1 \xrightarrow{\div 10} 0.01 \xrightarrow{\div 10} 0.001$$

图 3-5

　　（2）数形结合，使运算意义和算理形象化

　　小学阶段学习的四则运算，在学习的初期，也可以通过直观的图示来帮助学生理解运算的意义。比如认识加法，就可以借助直观的小方块的拼组，4 个小方块和 3 个小方块拼在一起，就和 7 个小方块一样多了，所以 $3+4=7$（图 3-6）。也可以借助直观的数轴，加法就是向右继续数，减法就是向左数。这些操作性的描述，在某种程度上都能促进学生对运算本身的理解。

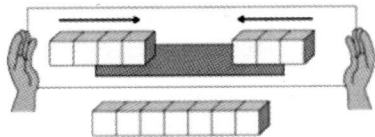

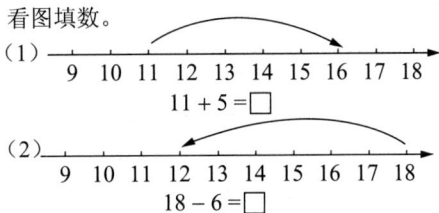

看图填数。

（1）

9　10　11　12　13　14　15　16　17　18

$11+5=\square$

（2）

9　10　11　12　13　14　15　16　17　18

$18-6=\square$

图 3-6

运算过程需要算法和算理的支撑。算法是让学生知道怎么算，算理是让学生知道为什么这样算，正所谓"知其然，知其所以然"。在实际教学中，学生通过模仿性的操练记住了算法，却忘记了算理。通常我们以为理解算理是为了掌握，从培养学生运算能力的角度来说，理解算理本身也是运算能力独立且重要的组成部分。为了帮助学生更好地理解算理，有时需要借助直观图形，用形说理。

直观检验：16×14=224

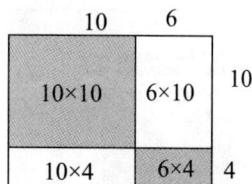

图 3-7

比如两位数乘两位数竖式计算，教学时可将两位数乘两位数与长方形面积相结合。帮助学生理解为什么两位数乘两位数，要个位乘个位，个位乘十位，十位乘个位，十位乘十位，然后相加。长方形四部分的面积直观解释了两位数乘两位数的乘积的组成部分。如果学生得出的结果是 124，那么，借助图示可以指出，缺少乘积的部分是 $10×4+10×6$（图 3-7）。借助直观形象的图示，变抽象为直观，让学生的思维有所依托，这样会更加便于学生领会算理的要义。

（3）数形结合，将精练的运算律变得可视化

"运算律"是"运算能力"中的一个重要内容。如果在学习的过程中，能给运算律找一个几何模型，引导学生借助图形来解释运算律，会让经过抽象提炼的运算律变得可视化。

比如乘法分配律。长方形的面积就是一个能很好解析乘法分配律的学习材料。要求出长方形的面积，可以先分别求出两个小长方形的面积 $3×7$ 和 $3×2$，然后相加：$3×7+3×2$；也可以先求出这个大长方形的长 $7+2$，再求长方形的面积 $3×(7+2)$。同一个长方形的面积不变，因此两个算式的结果相等。即 $3×7+3×2=3×(7+2)$（图 3-8）。

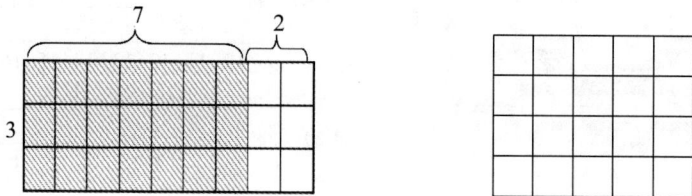

图 3-8

对于除法中的规律也是如此。$140÷4÷5＝140÷(4×5)$。如图 3-8 右图所示，一种是先把长方形平均分成 4 份，再把分得的每一份继续平均分成 5 份；另一种方法是先确定要把长方形分成的份数是 $4×5＝20$ 份，再求每一份是多少。结合图示，显而易见，每一份的大小不变。

(4)数形结合，让运算中的数学思想更深刻

在"四基"教学目标的影响下，在培养学生运算能力的过程中，教师除了要关注基础知识、基本技能的形成，也要关注基本活动经验的积累和基本思想的渗透。

比如在 20 以内进位加法的练习中，将 20 以内进位加法与方格图中线段长度和相结合，$9＋4＝13$，就是线段的长度：9 格加 4 格等于 13 格。同样：$6＋7＝13$，$5＋8＝13$。教学时，可以让学生边计算边画线段，通过观察比较还能发现加数、和之间的关系；发现其中的函数关系(图 3-9)，一个加数变大，另一个加数变小，和不变。让学生惊叹的是把这些线段的交点连起来就在同一条直线上，并且这条线段再延长，与横轴和纵轴相交的点所对应的数便是这个不变的和 13。算式与图形相结合，激发学生的学习兴趣，渗透坐标思想和函数思想，直观的"一条直线"刻画了"和不变"的规律，让蕴含着的数学思想变得深刻，在孩子的思维活动中留下印记。

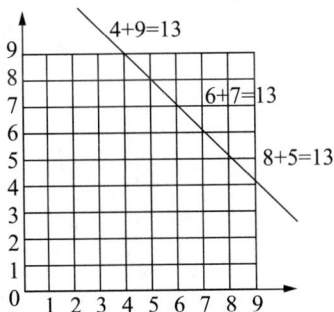

图 3-9

2. 数形结合发展学生运算能力的教学建议

(1)用"形"释"数"，"形"不是手段，有时也是目标

笔者以为就数形结合来说，应该包括两个方面，包括"用形释数"，也包括"用数解形"。只是本文的主题是培养运算能力，因此偏向"用形释数"。但是即便是这样，

"形"也不应该只是作为手段，用形来帮助解决运算的问题本身就是一种重要的能力。比如要比较 67×98，66×99，哪个乘积大？有的同学用计算出这两个数的乘积的方法来比较，而有的同学则能用一个形象的图来说明它们的大小关系（图 3-10）。用图形思考的这种方法"想起来复杂，比起来简单"。而第一种方法，"想起来简单，算起来复杂"。能用形来解释两个数的乘积的大小关系，不仅需要把两个数的乘积利用长方形的面积进行语言的转译，而且还需要借助图形得出结论，综合了多种数学素养，更能促进学生高层次思维能力的发展。

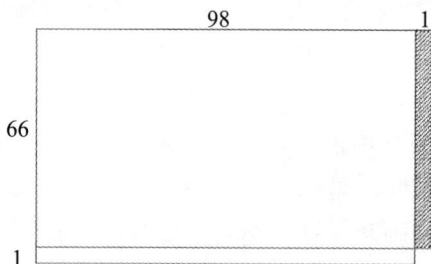

图 3-10

（2）数形结合，不能依赖形，去图形化正是数学化

数学是抽象的，数形结合是为了直观。但是，从培养学生的角度来说，作为教学的过程，"数"与"形"的先后顺序不是一成不变的，教师应该根据具体问题确定两者间的关系。简单的题目先"数"后"形"，繁难的题目先"形"后"数"（当然也可以让学生直面挑战）。低年级学生以形象思维为主，教学时先"形"后"数"；随着年级递增，学生从形象思维逐步过渡到抽象思维，教学逐步过渡到先"数"后"形"，发展学生的抽象思维能力。数学运算中包含的数、算式、算法、运算律等都是抽象的、无形的。数形结合发展运算能力，是将抽象的数学问题形象化、具体化、直观化。在学习之初，结合直观图形，有助于学生理解和掌握运算技能。如前文列举的"长方形""方格图"等都是学习新知的有力手段。但是，学生不能一直依赖直观图形，应该引导学生适时地摆脱对直观图形的依赖，从"有形"到"无形"，从具体到抽象，"去图形"的过程恰是"数学化"的过程。

例如，能被 3 整除的数的特征。在学习之初，我们可以为学生寻找理解规律的直观模型（图 3-11），便于学生发现并理解能被 3 整除的数的规律。但是一旦领会了规律，在判断的时候，就没有必要每次都画出图来思考了。"形"是思考的拐杖，需要用时再用；不是必备的棍棒，不用也背着就是负担了。在"无形"中进行运算，走进抽象的数学世界，也正是数学学习的更高追求。

图 3-11

（本文合作作者金华市婺城小学　蒋丽娜）

二、如何发展学生空间观念

（一）策略之一

无论是在我国数学教育的传统三大能力中，还是在《义务教育数学课程标准（2011 年版）》的十个核心词中，都有指向空间方面的能力指标。只不过以前通常称为"空间想象能力"现在叫"空间观念"。关于两者之间的关系，曹才翰先生认为：空间想象能力是对几何表象加工改造，创造新的形象。对学生来说，这种要求太高了，所以义务教育阶段只提培养学生的空间观念。概念的微调是对内涵的不断深化，但对于学生来说空间能力的重要性不言而喻。

那么到底什么是空间观念呢？《义务教育数学课程标准(2011年版)》指出，空间观念主要指：根据物体特征抽象出几何图形，根据几何图形想象出所描述的实际物体；想象物体的方位和相互之间的位置关系；描述图形的运动和变化；依据语言的描述画出图形等。与《义务教育数学课程标准(实验稿)》相比，"能运用图形形象地描述问题，利用直观来进行思考"单列为另一个核心素养"几何直观"，其他的表述大意相同。作为一线的教学实践者，除了关注概念本身，通常更关注"依托什么具体内容，怎样来培养学生的空间观念"。新思维小学数学教材主编张天孝基于数十年的课程建设和教学实验经验，提出培养学生空间观念的四个基本内容：图形的认识、图形的测量、图形的运动变换和图形的方位。以及十个专项训练维度：图形的转换、图形的分解、图形的组合、图形的辨认、图形的概括、图形的推理、图形计数、多连块拼图、找隐蔽图形、图形的展开和折叠。观念不能停留在"观念层面"，观念的培养只有依靠具体的内容和载体，落实在日常的课堂教学中，学生发展空间观念才能成为可能。

处在信息时代的今天，获得海量的题库已变得轻而易举，信息不等于知识，只有加工过的信息才有可能成为有用的知识。作为课程的内容不是简单的堆砌，也不是零散的"拼盘"，而是需要有序地构建，使之有机地成为整体的"金字塔"。题目的多与少不意味着学生收获的多与少，多不意味着好，重要的是基于学生的学情、教师对知识的理解，为学生构建知识学习的理想序列。面对同样的内容，不同的学生，不同的教学，将会有不同的教学效果。那么，在培养学生的空间观念的实际教学中，有没有一些共性的具有普适性的教学策略能够指导教学呢？笔者将就此问题，结合课堂教学的观察与实践展开分析与讨论。下文的讨论点是"重视不同的转换"。在教学实践中，笔者发现大量的培养学生空间的活动都可以概括为：转换。转换大致有两种不同的类型，一种是不同平面图形之间的转换，另一种是不同维度之间的转换。

1. 不同图形之间的转换

学生学习开始的地方不一定是课堂，学生在现实生活中是有这方面的活动经验的。就像常见的一张被折成三角形状的餐巾纸，打开一次就成为正方形，再打开就成了长方形，再打开就变成了正方形，图形之间的变化自然就展开了。低年级的教师，在教学某一个图形的时候，除了认识这个图形，还总是在沟通图形与图形之间

的联系，比如"用一张长方形的纸折出一个正方形""用正方形的纸折出两个三角形""在某一个图形中，添上一条线使它变成另外两个图形"，等等。这些教学都是有益于增长学生图形之间转换经验的。生活中的活动经验和低年级积累的学习经验，到了中高年级，就成为进一步认识、刻画与度量图形的基础。

　　为了沟通不同图形之间的关系，每认识一种图形，可以尝试创设相互转换的问题情境。比如认识了长方形、正方形、平行四边形、梯形等平面图形后，可以请学生添上一条线，使它变成别的图形，展开"怎样添直线，分别变成了什么图形"的学习交流。（图 3-12）

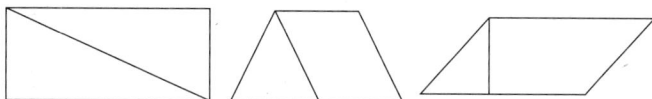

图 3-12

　　即使都是四边形，它们之间也应多转换。如图 3-13 是一个一般四边形，移动其中的 D 点，怎样使它成为梯形？当 AB 与 CD 平行，但是 AC 与 BD 不平行时就成了梯形了。怎样又使梯形变成平行四边形？平行四边形又怎样变成梯形？梯形又怎样变成三角形？平行四边形怎样变成长方形？长方形怎样变成正方形？……不是为了变而变，在变化的过程中，不断在巩固图形的特征，沟通图形之间彼此的联系与区别，在转换的过程中，学生更能理解"梯形的另一组不平行的对边平行了就成为平行四边形了，梯形的上底为 0 了，就成了三角形了，平行四边形的高成为长方形的宽，平行四边形就成了长方形了，长方形的长与宽相等了，就成了正方形"，等等。

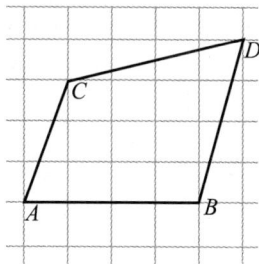

图 3-13

　　如果积累了这样的图形之间相互转换的活动经验，那么会利于后续学习的顺利达成。在学习了平面图形面积公式后，学生就更能理解不同图形公式之间的联系，已知梯形的面积公式 $S=(a+b)h÷2$，结合之前梯形和三角形的转换经验，当梯形的一条底为 0 时就是三角形，可以推导出三角形的面积公式 $S=ah÷2$；同理，结合梯形和平行四边形之间的转换经验，当梯形的上下底相等时就是平行四边形，就可以推导出平行四边形的面积公式 $S=(a+a)h÷2=ah$。之前孕伏的经验，一旦被激活，就成了学习的助力剂了。

2. 不同维度之间的转换

在现实生活和学习数学的过程中，不同维度之间的转换无意或者有意地都不断地在进行着。现实世界是三维的，一变成照片就变成了二维的了，人们看到图片的时候却能想到三维的存在，而在这个过程中，也正发展着学生的空间观念，因为"从实物到图形是抽象，从图形到实物要想象"。那么，在数学的教学中如何有意识地培养学生这种跨越维度的空间观念呢，就需要不断地沟通点线面体之间的关系，不断地实现一维、二维和三维之间的互通。

点与线。笔者曾经设计过这样的教学设计：请学生画出到直线 AB 距离等于 2 厘米的点，规定 30 秒时间，比谁画的点子多？要求画的是点，学生通常开始先用直尺一个点一个点地找，后来发现原来就是一条线，是直线 AB 的平行线。再如：请画出到点 O 距离等于 2 厘米的点，要求画的是点，学生开始先从文具盒中拿出直尺，一个点一个点地找，后来把尺子放回，拿出了圆规，原来这是一条曲线，就是半径为 2 厘米的圆。这样的教学设计，是要求学生自觉地转换点和线之间的关系，也不仅仅是为了沟通点和线的关系，更为重要的是揭示了平行线和圆的数学本质。

线和面。一条线段长 5 厘米，以每秒 10 厘米的速度向右平移，3 秒钟后，线段扫过的部分的面积是多少？描述的是线，求的是长方形的面积。同样，如果一条线段长 5 厘米，围绕一个端点，旋转 360 度，线段扫过部分的面积是多少？求的就是圆的面积了。教学平面图形的认识时，不要给学生完整的图，而是给学生组成图形的线，让学生自主想象出图形来，这也是发展学生空间观念的常见策略。比如认识三角形时，可以尝试创设这样的问题情境。根据插在长方形袋子里的三根小棒，猜围成的三角形。

分别"露"出 3 条、2 条、1 条线段，让学生想象这是一个怎样的三角形，其中第 2 个图的三个小棒不能围成三角形，因为无论如何，两条不大于 8 的线段的和不大于另一条边 16（图 3-14）。看到线，想到面，这种教学策略也同样适用于长方形。已知长方形的 4 条边，长方形就确定了，给定长方形的 3 条边，长方形也确定了，给

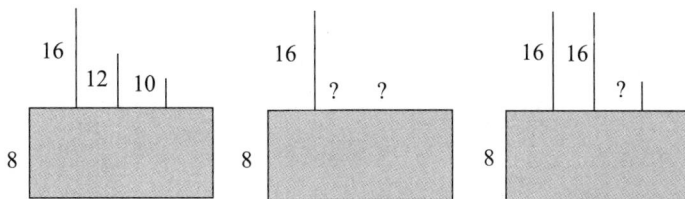

图 3-14

定长方形的两条邻边，长方形也确定了，只要确定长和宽，长方形就确定了。这些教学活动，看似没有重要的概念，但却是一种重要的经验，当认识图形的时候，积累这些确定图形要素的经验，以后学习图形的周长和面积时，就不难理解"图形的周长和面积与什么有关，是怎样的关系了"。

面和体。在复习长方体表面积和体积的教学中，笔者做了尝试，呈现四个不同长方体礼盒不同侧面的信息，请学生根据现有的信息来判断礼盒的大小？（图略）第一幅图：出示 6 个面：$10×8$，$10×8$，$10×6$，$10×6$，$8×6$，$8×6$。第二幅图出示 4 个面：$20×10$，$20×10$，$10×5$，$10×5$。第三幅图出示 2 个面：$15×8$，$15×5$。第四幅图也是 2 个面：$15×8$，$15×8$。教学中鼓励学生根据长方体中的若干面来想象"是怎样的长方体"？分辨出长方体的长、宽、高分别是多少？在所教学的近 300 多名学生中，95% 左右的学生都能很快从前 3 幅图的信息中，辨析出相应的长、宽、高，从而求出长方体的体积，第四幅图，约有 50% 的学生能想出其中的一种情况，但经过小组讨论和班级交流，大部分学生都能理解几种不同的情况：$15×8×8$；$15×8×15$，$15×8×h$（h 不确定）。一个不确定长、宽、高的长方体却更好地促成了学生更为"火热"的思考。明明是复习长方体，但是教学时呈现的全是长方形，就是用材料驱动学生自主地实现面和体之间的转换。

以上所列举的案例，似乎都是用低维度的图形来描述高维度的图形，其实，在教学中并不是这样单向的，转换的双向。出现的是"线"讲的是"点"，比如线段中不同两点之间的距离；出现的是"面"讲的是"线"，比如在四边形中让学生来辨别对边是否平行？出现的是"体"讲的是"面"，比如碾路机的轮子是圆柱体但碾路的是它的侧面；甚至是跨越维度的，比如在长方体中来判断不同的棱是否平行？就是在沟通线和体之间的关系。

总之，在教学图形与几何的过程中，沟通不同维度之间的关系，可以作为一种常见的教学策略，因地制宜，因课而异，选择合适的素材和方法，从而培养学生的空间观念。

(二)策略之二

心理学的研究结论告诉我们多感官地参与学习利于知识的获得。学习时若动手操作，再经由脑部活动，可保留学习获得知识的 70%～90%；若靠口语经由脑部活动，将可保留 50%～70%；如果视觉和听觉并用，透过脑部活动，可保留 30%～50%；只靠视觉和脑部活动，只能保留 20%～30%；单靠听觉学习和脑部活动，只能保留 10%～20%。在发展学生的空间观念方面，亦是如此。

在实际教学中，很多时候我们都知道"怎样做好"，可却"很少做到"，理念已很先进，实践却很落后。在发展学生空间观念的教学中也是一样，我们明知教学中理应让学生多动手操作，多动脑思考。但就目前观察到的大量的课堂(包括笔者自己的课堂)来说，学生动手"做题"的时间多，动手"做数学"的时间少。操作依然缺位。在这一点上我们应该向国外的课堂学习。从笔者观察到的国外数学课堂来看，发现原来可以"动手做"的数学内容还真不少，比如低年级的学生用六边形拼成一条蜈蚣、用一张彩色的纸来折出一朵花，甚至在解方程的时候，也把方程的每个步骤变成一张张的小纸条，解方程俨然成了"拼纸条"。看来，在操作方面，不是没有合适的内容，而是缺乏相应的意识和设计活动的能力，当然，行为和意识的背后是不同的价值取向，有时为了我们需要达成的"更为重要的目标"就舍不得在操作上花费太多的时间。

如今，从"双基"走向"四基"，数学教学的目标不仅仅是为了基础知识、基本技能的达成，也应该是为了积累基本活动经验和渗透基本数学思想。对于发展学生空间观念的教学来说，操作便有了新的内涵与意义。

1. 操作的不同类型

(1)类型一：漫无目的地自由操作

这种操作是学生以自由的姿态进行学习，有利于积累丰富的基本活动经验。

田尼氏倡导游戏学习，把它分为六阶段：自由玩耍—有规律游戏—找寻共同结构—描述或图示—符号化—形式化。同样，对于操作来说也一样，最初级的操作便是漫无目的的自由操作。数学老师常常"理性"地认为：不管是动手，还是动口，关键是动脑。有时教学中我们过于强调动脑，追求抽象，反而会忽略儿童作为学习主体所需要的最为基础的学习方式。让学生多动手做数学，也是对当前"听讲练"为主的数学课堂的一种"矫正"，也是对当前"改变学生的学习方式"的广义理解。一些看

似漫无目的地操作与有目的地操作同样具有促进学习的意义。

　　新思维小学数学在这方面做了有益的探索。在低年级的时候就从学生喜欢的"玩积木"开始，培养学生的各种意识。在玩积木的过程中，学生能用两个同样的长方体堆出不同的大长方体；在滚圆柱体的时候，学生能体验滚出来的是什么；在玩印章的时候，学生能感知一个立方体印出来的是一个什么面；知道用一张长方形的纸能折出哪些不同的图形，等等。此外，教材还特别引进了富有中国特色的"七巧板"，这是数学学习中不可多得的益智学具。学生在漫无目的拼成小狗小猫的同时，也可能会积累一些对后续学习有益的经验：用两块同样的三角形板能拼成一个大三角形，也能拼成一个正方形。这些活动经验，在短时间内看，没有相应的教学效益，但从长远来看，激活这些经验，无疑有利于后续的学习，能为学生空间观念做基础性的积淀。

　　拉弗德认为：思维不是某些仅仅发生在大脑中的东西。思维可以看作由物质和想象的成分构成的。我们常常苦恼：学生是不是在想？学生是怎么想的？有时我们只能通过显性的"做"来体现学生隐形的"想"。从这个角度来说，即使漫无目的的操作，也是学生正在"摸索""试探"的过程，就是"思维物质的成分"。教学应该为这样的活动提供更多的"时空"，悦纳它的存在，"让学生慢慢做"成为数学教学的一种状态。

　　(2)类型二：带着任务有目的地动手操作

　　这种操作可以突破学习的重难点，加深学生对数学基础知识的理解。

　　如果说上述第一种操作是比较自由的操作，主要是产生在"经验发生处"，那么，在课堂上，还有大量的操作是带着具体的任务的。有的操作是在"知识增长点"上进行的。比如给三根不同长度的小棒，组织学生拼成三角形，无论怎么拼，三角形的外形都没有改变，让学生体会到三角形三条边确定了，这个三角形就确定了大小，感受三角形的稳定性；在探究三角形的内角和时，让学生把三个角撕下来拼在一条直线上，发现三角形的内角和是180°。有的操作是在"技能巩固"时进行的。比如用一张长方形的纸折出直角来；要在一张长方形纸上剪出一个最大的圆，就需要学生明晰最大圆的直径是长方形的宽，为了方便剪下这个圆，可以根据圆的对称性对折若干次后再剪，就会方便一些。有的操作则是在"思想渗透点"上进行的。在平面图形公式推导的过程中，把平行四边形剪拼成长方形，用两个完全一样的三角形拼出平行四边形来推导三角形的面积公式，或者把一般的三角形转化成直角三角形来推导三角形的面积公式；把梯形分成两个三角形来推导梯形的面积公式，等等，在操作活动中，一次次强化把未知面积公式的图形转化成已知公式的图形来推导。

　　同样再以"七巧板"为例。类型二的操作就带有任务了，要用七巧板来拼指定的图形：正方形。除了用 7 块板拼成一个正方形，还可以选择其中的若干块拼成正方形（图 3-15）。

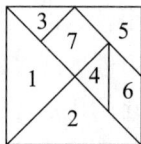

图 3-15

　　操作不一定是获得知识和技能的过程行为，也可以是掌握了知识和技能后的应用活动。比如认识了长方体之后，请学生从若干根小棒中选取出部分小棒拼成长方体，考察的就是学生是否认识了长方体棱的特点，如果是请学生从若干个长方形中选取出部分长方形来围成长方体，那么考察的就是学生是否对长方体的各个面的特点已经理解。

　　（3）类型三：多感官协同操作

　　这种操作可以调动多种感官参与，动手、动口、动脑相结合，提升学生的综合素养。

　　如同武术中的一种境界，"意念之战"，数学学习中的操作有时也一样，操作不一定是用手的。尤其是对于高年级的学生来说，操作不能总是"动手"，而是要把动手操作与言语表达、表象形成紧密相连，将直观的现实操作转化为抽象的数学语言和简缩精练的思维活动。

　　如果还是以"七巧板拼正方形为例"，那拼图就不一定要用手了。如图 3-16，在动手做的基础上，还能用数学语言进一步揭示图示的共同规律，进行符号化地思考，都是用到了 4 个不同的图形拼成正方形，都用到了 1、3、4 号图形，也可以推理出 5、6、7 号图形面积相同。在拼图的过程中，需要学生在头脑中不断地旋转、翻转或拼接，形成表象，并且对完成的图形需要进行比较和鉴别。这些操作都在头脑中简缩地完成了。

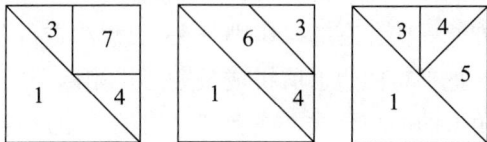

图 3-16

再如：学习了对称图形之后，组织学生判断、匹配对折前后的图形(图 3-17)。

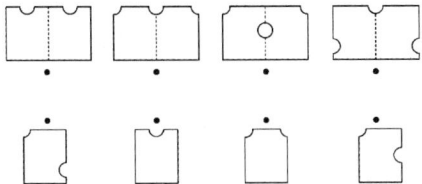

图 3-17

学生在解决上述问题的过程中，不再是拿出相应的图形来对折，进而比较，然后进行匹配。而是把相应的图形在头脑中自觉地展开或对折，进而与现实的图形做比较，从而得出结论。"先让学生想一想，想得对不对，操作来验证"是比较理想的教学，如果急于动手操作，反而失去了锻炼学生在头脑中进行表象的操作的机会，而这种抽象的操作对发展学生的空间观念有着重要的作用。这也是中高年级教学中值得倡导的学习方式。

在国外的课堂上，有这样一种数学游戏：比"默契"。同桌两人各发一张同样大小的长方形白纸，两人背靠背而坐，先请一位同学在这张纸上画下一个几何图形，也可以是组合图形，当然也可以是现实图画；然后用语言告诉同桌，他画了什么，是怎么画的。同桌凭着听到的语言，根据自己的理解画下来，然后把两张画放在一起比一比，看相像程度有多高。这种动手做的活动，既考量学生的数学表达能力，也关乎学生的动手操作能力和空间观念的思维能力。

2. 操作的教学建议

(1)不同类型的操作有不同作用，不能厚此薄彼

在日常的教学研讨中，在口头讨论哪种操作更具有思维价值的时候，绝大多数教师都会果断地选择第三种类型看上去比较高级的操作，然而，在实际操作层面，有时我们连第一种类型初级水平的操作都没有落实，"算了不做了，稍微讲一下，赶紧做题吧"是大家的常见想法。上文中探讨不同类型的操作，是为了表明不同情况下的操作有不同的价值，不是一个优劣的排序，类型三的操作与类型一的操作，它们的关系就像是生活中的"第三个饼"与"第一个饼"的关系一样，相互补充，互为一体。任何一种有极端倾向的偏颇都不利于学生发展空间观念。

(2)操作的主体是学生，不能常是老师做给学生看

在讲圆的面积时，如果只是教师用一个圆片平均分成 16 份，然后展开，拼成一

个近似的平行四边形，然后"苦口婆心"地启发，得出圆面积的公式。这样的教学过程：基本上是学生看得多，真正做得少；即使用上了精致的课件，学生也只是"看客"，难怪有人总结很多数学课"教师做累了，学生看傻了"。看得印象再深刻，不如自己做一做。一个真正以学生为本的数学课堂，就应该把操作的主体换为学生，"为什么圆锥的体积会是等底等高圆柱体积的 1/3""为什么三角形的面积是底乘高还要除以 2""为什么平行四边形的面积不是底边乘邻边"，等等，这些如果是学生自己通过亲身亲历、亲手操作获得的知识或技能，那么理解自然会深刻许多。如果是一个重视结果也重视过程的教学，那么就应该放手让学生有足够的时间和空间来亲历操作。只有经历，才有体验，有了亲身体验，认识才可能深刻。

（3）不同环境的操作，新技术创造新形态

之前我们讨论的动手做，其实都是在传统教学环境下展开的。随着信息技术的发展，借助技术来开展"动手做"的数学学习活动，可以拓宽数学学习视野，为我们打开一个崭新的学习时空。近年来，笔者尝试让学生借助超级画板来"动手做"，制作出了很多美丽的数学图案。比如在学习了图形的旋转以后，可以组织学生在画板上来做旋转图形，下图都是由基本的图形旋转而成的。有的图形是三角形和正方形围绕图形外的一点旋转而成的；有的图是三角形和正方形围绕中心点旋转而成的（图 3-18）。

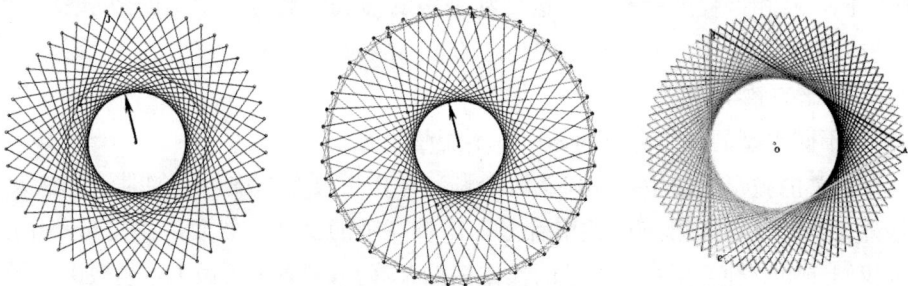

图 3-18

同样是学习了旋转之后，还可以组织学生来"画苹果"。在超级画板上，先画一个圆，圆心为 A，再以圆上的一点 C 为圆心再画一个圆，两圆相交，其中一点为 D。D 点不动，C 点沿着圆周运动，跟踪 C 点运动的动画轨迹，就是下面的这个"苹果"了（图 3-19）。

同样，还可以组织学生应用超级画板来画"莲花"，画"小鸡"（图 3-20）。这些活

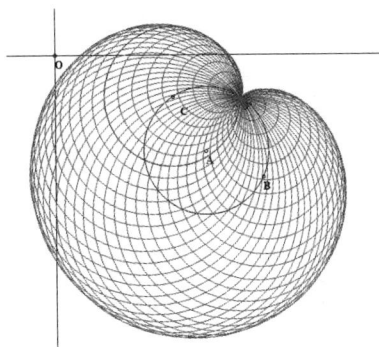

图 3-19

动都是基于计算机才能开展的数学操作活动，富有新意，值得实践。

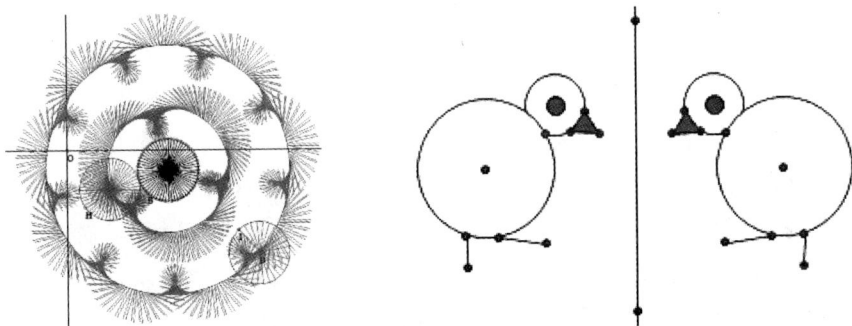

图 3-20

理想的学生学习数学的过程，一方面需要学生拥有足够丰富的活动操作的体验，另一方面也需要有抽象的过程和思考。为了学生空间观念的发展，需要"多操作"和"多样的操作"。

(三)策略之三

在发展学生空间观念时，如果要培养学生"描述图形的运动和变化"的能力，那就不得不提一项与信息技术相关的策略：动态几何。通常认为在计算机屏幕上做出的几何图形，如果在变化和运动中能保持其几何关系不变，就叫作动态几何图形。动态几何软件有几十款，其中可能大家比较熟悉的是美国的"几何画板"，因最早引入我国，因此在中学数学教学中有较大的影响。另外有一款由中国科学院院士张景中领衔自主研发的"Z+Z智能教育平台——超级画板"，因更容易学习和使用，更全面地满足了数学教学和学习的需求，也受到了我国广大中小学数学教师的欢迎。

在坚持能力为重的教育大背景下，在信息技术日新月异的当下，综合当前的小学数学实际情况，倡导动态几何的教学，既是发展学生空间观念的需要，也是提升小学数学教师信息技术能力的需要。《中国教育信息化发展报告(2013)》曾指出，我国信息技术教学应用水平总体上不高，教师最常使用的教学工具是PPT，以信息技术为支撑的专用学科教学工具等使用率还不高。而作为小学数学学科来说，专用学科教学工具首推的就是动态几何软件了，鉴于笔者的经验，下文着重描述"超级画板"在发展学生空间观念上的应用与案例。

1. 动态几何便于跟踪运动变化痕迹，揭示图形的形成过程

当遇到学习上的困难时，作为教师总会说：你再想一想？可是，总有很多时候学生就是想不出来？因为学生不知道："想"是怎么一步一步"想"出来的？在传统的教学环境下，思考的痕迹难以被记录，学生难以循着隐形的轨迹思考，把隐形的、简缩的思维过程展现出来，就是学生思维发展最好的脚手架。动态几何的"跟踪"功能恰好能把变化的痕迹也直观地呈现出来，利于学生空间观念的发展。

比如"点动成线"，点是怎么动成线的呢？如果只看到"点""线"，而没有展现它们之间的变化过程，有的学生就不好理解了。基于超级画板的演示，学生就能观察到运动变化的整个过程，感受到点和线之间的关系。如图3-21：有一个点沿着某一条直线运动，那么它就能形成直线。如果是随意运动，就形成了一条曲线。

图 3-21

再如圆的认识。小学生学习圆的时候，是用描述画圆的过程来引出圆的概念的。要让学生体悟到圆的严格定义"圆是到定点等于定长的点的集合"，教学上的困难的确存在，一般要等到中学再学。但有了动态几何的引入，感悟严格的定义就有了可能。教学时，可先在"超级画板"上先确定一个点，从这个定点引出一条线段，线段的一个端点固定，另一个端点可旋转，在旋转的过程中，如果线段的长度是不固定

的，可长可短，那么旋转一圈就会形成一个不规则的图形（图 3-22 左图）。如果线段的长度固定不变，跟踪线段的旋转，就会形成一个圆（图 3-22 中图），而这个演示的过程就直观地表达了"到定点等于定长的点的集合"这一圆的实质。在这样的动态几何教学中，学生更能体会到圆是由点运动变化而成的曲线围成的图形。

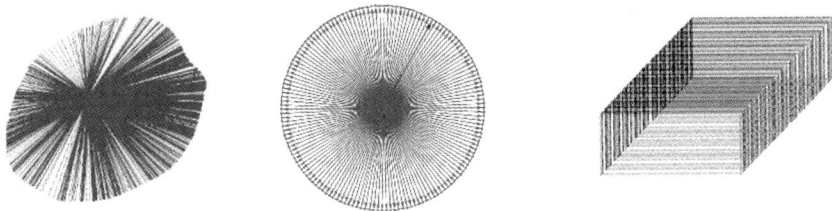

图 3-22

同理，在认识长方体的过程中，也可以引进动态几何，通过长方形异面垂直平移，并将平移轨迹保留，形成长方体（图 3-22 右图），可以直观地沟通长方形与长方体之间的关系。这种动态的教学，还有助于学生为后续学习长方体体积公式，以及理解柱体体积是底面积与高的乘积，积累有益的经验。

2. 动态几何利于呈现图形的变与不变，沟通图形之间的联系

认识图形的教育价值，不仅仅是认识了某些图形，更重要的是学会分类。引进动态几何，分类也不仅仅是在图形之间加以区别，还在于呈现图形属性的变与不变，沟通它们之间的联系。

比如角的认识。在超级画板中，随意拉动角两条边的长度，角的度数始终不变，让学生从数据的大小中真切感受到角的大小与边的长短无关（图 3-23）。只有两条边之间的岔口发生变化了，角的大小才发生变化，测量后立即显示出数据。刚开始屏幕上显示的是锐角，随着角的一条边的旋转，逐渐变成直角，进而变成钝角。在变化的过程中，不变的是一个点引出两条射线，也可以说不变的是一条射线绕着端点在旋转。在变化的过程中，学生还能感受到锐角变成直角、直角变成钝角的临界，直观了解它们之间的区别和联系。

在欧几里得几何空间中，两点间的距离是本质的，线段长度、平面面积、立体体积，这些度量的基础都是两点之间的距离。这些如何在"角的大小"中统一起来呢？通过动态几何的直观演示，让学生感受到在角的大小的变化过程中，这个角所对应

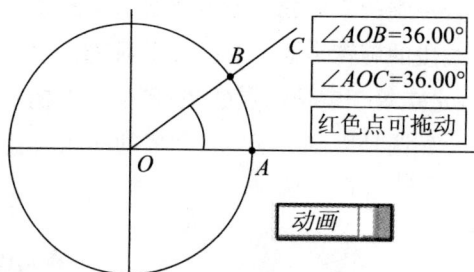

∠AOB=36.00°

∠AOC=36.00°

红色点可拖动

动画

图 3-23

的单位圆的弦长（如线段 AB）也在变化。那么，在变化的过程中，又将几何空间的属性统一为不变的规律了。

在新修订的人教版小学数学教材六年级上册中，介绍了"五角星中的黄金比"。有了动态几何，五角星能呈现更多的知识。图 3-24 是一个标准的五角星，超级画板能随即测量出相应线段的长度，并计算出相应线段的比值，拖动五角星任意的顶点，五角星的大小随即发生变化，在动态变化的过程中，线段的长度发生着变化，但对应线段的比不变，都接近一个不变的数 0.618。奇妙的是，在五角星中凡是相邻的线段，它们的比都近似于黄金比。也正因如此，五角星中的五个三角形也成了黄金三角形。动态几何的呈现，能够让学生在轻松的拖动中，感触到无限的变化，感受到美妙，而作为教学来说，更重要的价值还在这些变幻莫测的"变化"中，可以启发学生发现内在不变的规律。

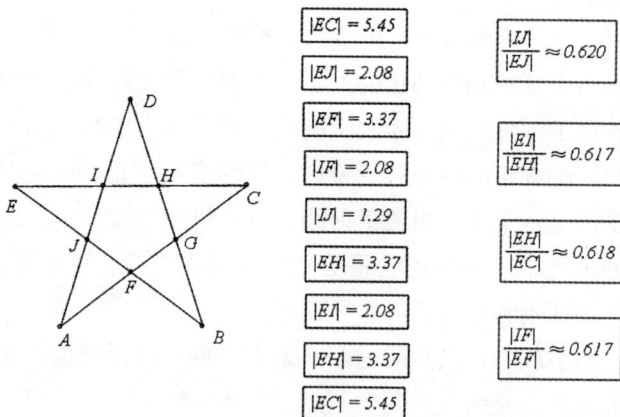

	EC	= 5.45
	EJ	= 2.08
	EF	= 3.37
	IF	= 2.08
	IJ	= 1.29
	EH	= 3.37
	EJ	= 2.08
	EH	= 3.37
	EC	= 5.45

$$\frac{|IJ|}{|EJ|} \approx 0.620$$

$$\frac{|EJ|}{|EH|} \approx 0.617$$

$$\frac{|EH|}{|EC|} \approx 0.618$$

$$\frac{|IF|}{|EF|} \approx 0.617$$

图 3-24

3. 动态几何能让"任意"变得更任意，使归纳推理更严谨

数学是严谨的。但是在小学数学学习的过程中，基于学生的认知特点和学习要求，严谨又是相对的。在小学数学图形与几何的教学中，如果借助动态几何软件进行教学，那么在数学推理的过程中，严谨程度就可以得到一定程度的提升。

比如三角形内角和。我们暂且不讨论在小学用哪种方法来推导三角形的内角和比较好。就以用直接测量出每个角的度数相加为例来说明超级画板的测量功能。在传统的教学环境下，只能画完一个量一个，画出几个算几个。在超级画板中"任意"真的可以很任意了。教学时，只要先画出一个三角形，随意拖动某一个端点，三角形就开始变化了。超级画板在动态的变化过程中，能测量出三个角的度数，并立即计算出三个角的和(图3-25)。随着点的运动变化，三角形的形状大小随即变化，三个角的大小也瞬间发生了变化，即便是机器的测量结果也会有误差，但在大量的随机的变化基础上，学生能在变化中发现不变的规律：发现三角形的内角和都接近一个常数180°。因为"任意"真的很任意，学生会更坚定自己的发现与判断。在展示的过程中，数和形的相互呼应变化，也印证了数学家华罗庚的名言："数学缺形时少直观，形少数时难入微，数形结合百般好，隔裂分家万事休。"

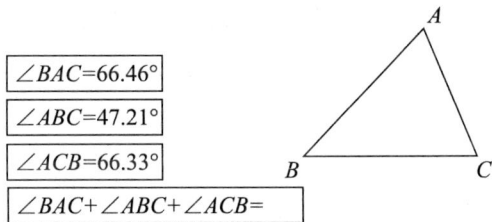

图 3-25

4. 动态几何能直观展示多种方法，促进方法更智能

在发展学生空间观念的过程中，比较有效的办法是以问题驱动，而在解决问题的过程中，常常因思考角度的不同，而出现方法的多样性。有了动态几何的介入，有时更能充分地体现在解决问题过程中方法的优化过程，更能淋漓尽致地体现要渗透的基本思想。

比如化繁为简探索完全图。一个正多边形，连接所有的对角线所组成的图形叫作完全图，对于完全图中有多少条线段？（只包括多边形的边和对角线，不包括对角线相交后产生的新的线段。）当学生面对一个正27边形的完全图时，顿时会束手无策，通过引导，可以启发学生把边数减少，在超级画板上，不改变图形的几何属性，把多边形的边数减少，是一件简单容易的事情，但这在一般的教学展示软件上，是一项很难完成的任务。根据不同学生提出的需求，可以通过设定多边形的边数瞬间显示指定的图形。呈现多个简单的完全图，引发学生发现完全图线段数的一般规律：正多边形的边数为 n，完全图的线段数就是 $n×(n-1)÷2$。有了动态几何的引进，学生可以将从简单图形上发现的规律应用到复杂的图形中，充分体现了"化繁为简""从简入手"的数学基本思想(图 3-26)。

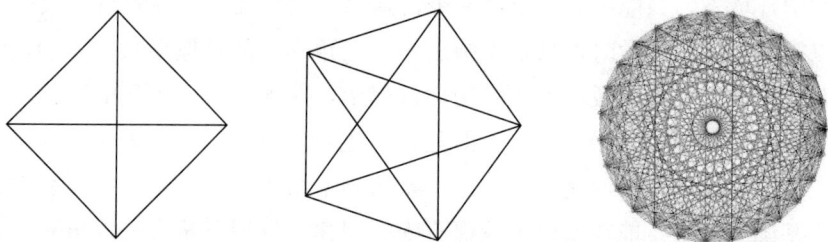

图 3-26

再如等积变换求阴影。这是一个小学数学的经典题，求组合图形中阴影部分的面积。如图 3-27，已知大正方形边长和小正方形边长，求阴影部分面积。在日常教学中，课堂上呈现的方法也比较多样，但引进动态几何后，将有新奥妙。

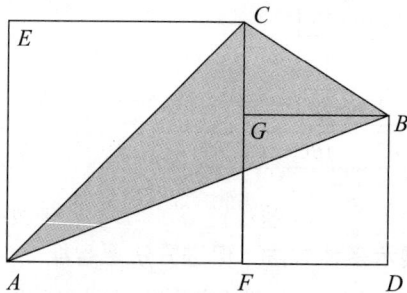

图 3-27

教学时，在超级画板中，拖动小正方形的顶点 B，让小正方形变大或变小，引导学生观察，在小正方形变化的情况下，阴影部分怎么改变？启发、引导学生观察得出，对于阴影部分的面积(三角形的面积)来说，不变的是底边 AC，虽然 B 点在运动，但因为 AC 与 BF 是相互平行的线段，它们之间的距离，也就是线段 AC 上高的长度不会发生变化，所以阴影的面积不会变。既然不变，那么通过几种极端现象

就可以把这个问题简单化了。例如，当 B 点运动到与 F 点重合时，不变的阴影部分就变成了大正方形 $AFCE$ 的一半。或当小正方形变得和大正方形一样大，也很容易看出，阴影部分的面积就是大正方形 $AFCE$ 的一半了(图 3-27)。

有了动态几何的直观演示，学生通过点的运动变化，发现了小正方形的变化，但是重要的是在运动变化中发现了图形的面积不变。这些运动变化就是为了帮助学生找到或理解最优化的解决问题的方法，从而让学生感受到数学方法的独到与绝妙。

三、如何提高小学生解决问题的能力

——对话华东师范大学教授张奠宙

张奠宙：今天我们来谈小学数学应用题的教学。你多年从事这方面的研究能说一下你的感受吗？

唐彩斌：还是从您引进的一道特殊的应用题说起。题目是"在一条船上，有 75 头牛，32 只羊，请问船长几岁？"人们习惯称它为"船长的年龄问题"。20 年前，法国数学教育家用此题测试，为许多孩子得到"结果"而深思。我国的测试数据表明"用两个数直接加减得出结果"的高达 90%，如今，20 年过去了，如果再次测试，结果又会怎样呢？近期，我们在对不同地区的 922 名学生进行测试的时候，产生了一个让我们震惊的数据：62%。您可能会怀疑测试过程中，是否有教师暗示？没有，测试在无声中进行；测试是否集中在一个薄弱学校的一个低年级？不，我们的测试数据来自不同的学校，更有不同的年级，并且客观地说高年级学生所占的并不少……

张奠宙：这本来是没有答案的题目，可是学生竟然做出来了。仔细一想，这怪不得学生。可以猜想，每个学生在回答时一定犹豫过，这题好像不能做啊？可是一想学校里的题目都是有答案的。老师布置的作业也是有答案的。不给答案肯定没有分，乱写一个答案也许有分。就是这些"潜规则"，使得学校把学生越教越笨。所以学校要让学生独立思考，要自信。不能坚持真理，对自己的正确想法不能坚持，可是人生的大问题。进行数学学科德育，这是一个好的切入点。

唐彩斌：应用题教学的成效如何？最近我们对浙江课标教材实验区的 3 个地区 300 名五年级的学生进行了常规的应用题的检测，结果如下(表 3-1)：

表 3-1

	问题	通过率
1	水果店运来苹果和梨共 650 千克，苹果 10 箱，每箱 20 千克，梨 15 箱，梨每箱多少千克？	94％
2	一张凳子售价 25 元，桌子的售价比一条凳子售价的 4 倍少 1 元，一张桌子售价多少元？	94％
3	一个工程队用同样的速度修两条水泥路，第一条长 256 米，第二条长 448 米，修完第一条路用了 4 天。照这样的速度，修第二条路用的时间比修第一条路用的时间多多少天？	81％
4	有一个煤矿，原来计划上半年产 660 万吨，实际每个月比计划多产 22 万吨，实际多少个月完成？	67％
5	工厂食堂有 4 吨大米，7 天用了 1120 千克，照这样计算，这些大米还可以用多少天？	66％
6	电视机厂原计划 20 天生产一批电视机，实际每天生产 25 台，提前 4 天完成了任务。原计划平均每天生产多少台？	66％
7	600 元钱去买玩具，买了 24 个玩具后还剩 120 元，照这样计算，一共可以买多少个玩具？	65％
8	某煤厂原计划每天运煤 498 吨，15 天可运完。实际运了 18 天才运完，求每天比原计划少运多少吨煤？	58％
9	甲乙两人同时从相距 168 千米的公路两端相向而行，甲骑车每小时行 20 千米，乙行 4 小时后两人相遇，求乙每小时比甲多行多少千米？	50％
10	一条公路长 2400 米，AB 两支施工队同时从公路的两端往中间铺柏油路，A 队的施工速度是 B 队的 2 倍，4 天后这条公路全部铺完。A，B 两队每天铺路多少米？	41％

没有找到若干年前同样试题的测试结果，自然没有充足的证据来描述当前学生解决应用题的现状。蔡金法教授最近在文章中引用了一个调查结论，我国新课程改革以来，学生在解决复杂问题上显著优于传统课程的学生，但是在计算和解决简单问题上反而不如以前。您怎么看这样的调查结果？

张奠宙：谢谢你提供了许多珍贵的第一手资料。五年级学生能够有这样的"通过率"，我觉得不能说"差"。10 个题目 7 个的通过率在 65％以上，相当不容易了。要知道，同龄人中数学天赋不同，聪明孩子可以讨厌数学，语文差的学生看不懂题目，煤矿、水泥路、电视机厂，学生都是没有见过的，并非日常生活实际。所以，以上数据说明大多数中国小学生会解常规的数学应用题，是一个不错的成绩。记得数学

大家陈省身说："中国数学教育在实践上肯定比美国好。"大致是不错的。

中国经济起飞，有赖于劳动力的质高与价廉。农民工有这样的应用题思考能力，是小学数学老师对国家的重大贡献。当然，肯定成绩，不是盲目自满，而要继续改革，不断前进。

例如，第 10 题是得分率低于 50％的唯一的一个。我们成年人一看，这个题目很好算。A 队与 B 队的比例是 2∶1，那么 2400 米，分三段，每段 800 米。A 队 1600 米，每天 400 米，B 队共 800 米，每天 200 米。这是"比例"的思想，五年级学生可能没有学过？我们可以研究一下，逐步改进。

唐彩斌：张老师把今天谈话的题目取名为"数学应用题的本质是数学建模"，是给我们一线教师"打气"的，现在，我们在教学时都不太有勇气说应用题，生怕自己太"落后"，也不太有底气说数学建模，总觉得还没有那"功底"，今天张老师为大家说出来，有一种释怀的感觉。不过在日常小学数学教学中，很多名词盘绕其中，错综繁杂，让老师们很是烦恼。"问题""习题""文字题""应用题""问题解决""解决问题""综合应用""实践活动"它们之间到底是一种怎样的关系？当面对课标教材把"应用题"改为"解决问题"，常常有人反问：把名字改为"解决问题"就解决问题了吗？张老师，您从历史的角度给我们做点解析吧。

张奠宙：应用题的出现源远流长。古埃及的纸草书、中国的《算数书》等古代数学典籍，都是应用题的汇编。

数学的发展有两个原动力，一是要解决大自然和社会现实提出的数学问题，二是要解决数学内部生成的数学问题。前者的研究成果是应用数学，后者的研究成果成为纯粹数学。这二者相辅相成，相互渗透，共同发展。不过，归根结底，社会生产力和文化发展的现实需要是数学成长的本源。

小学数学中，数的扩展以及相应的运算规则，属于纯粹数学范围，将这些规则和现实相联系，并应用于现实，则是小学应用数学的范围。数学是由问题驱动的。小学数学应用题教学，要体现小学数学的应用，培养学生与此相关的数学思维模式。

如果说，应用数学是永存的，那么数学应用题教学也是永存的。只不过要"与时俱进"，不断改革而已。

20 世纪下半叶以来，数学最大的进步是应用，"谁用得好，谁就赢了"（姜伯驹语）。计算机技术出现之后，应用数学的一个进展，是对一个个的具体问题建立一个个的数学模型。因此，用建立数学模型的观点加以诠释，是改革小学应用题教学的参照基点。

唐彩斌：看来，算术应用题的教学本身有其价值存在，关键是用怎样的高观点来统领它。为了方便我们后续的研讨，我们需要从数学的角度对"小学数学应用题"做概念的界定？张老师您怎么来界定？

张奠宙：小学数学"算术应用题"，可以理解为：用算术方法求解的、用自然语言表达的复杂情境问题。这里有三个要素：

①算术方法求解（包括一些简易代数的思考）；数学应用是一个很大的学术领域。这里只研究用小学数学方法可以求解的数学问题。解小学数学应用题主要是用算术方法，目前也使用一些简易的代数思想。

②用自然语言表达，即用文字叙述的问题。这是小学数学应用题的主要特点。西方有时把小学应用题称作"文字题（word problem）"，即用自然语言表达的数学问题。文字题需要将自然语言文字翻译为"数学符号构成的算式"，然后再用数学方法求解。

③具有复杂的情境。应用题必须表达一种具体"情境"，无论是体现生活实际的，或者合理地虚拟编制的，都必须反映一种生动的具体情境，不能是纯粹的数学问题。情境往往有一些特定的常识性规律，在解题时需要加以剖析和运用。作为一种具有较高思维价值的问题，"应用题"所呈现的情境，应当具有挑战性，不同于课本引进新内容时所呈现的简单情境。例如，5 个学生每人有 3 本书，一共有几本书？答案只要写出 $5 \times 3 = 15$。这也是应用性问题，却不是我们要研究的数学应用题。

唐彩斌：刚才，您特别强调"用建立数学模型的观点加以诠释，是改革小学应用题教学的参照基点"。什么是数学模型的观点？数学建模与解答应用题是一种怎样的关系？

张奠宙：数学建模是 20 世纪下半叶，随着计算机技术的发展而形成的数学思想方法。目前已经成为数学应用的基本模式。数学模型，一般地说，是针对或参照某种事物系统的特征或数量相依关系，采用形式化的数学符号和语言，概括地或近似地表述出来的一种数学结构。就许多小学数学内容来说，本身就是一种数学模型：自然数是表述有限集合"数数"过程的数学模型；分数是平均分派物品的数学模型；

元角分的计算模型是小数的运算；500 人的学校里一定有两个人一起过生日，其数学模型叫作抽屉原理；鸡兔同笼问题的数学模型是二元一次整数方程……在这个意义上，我们每堂数学课都在建立数学模型。

不过，应用数学中的数学建模，是在狭义的意义下进行的。也就是说，数学建模，专指对一个个比较复杂的具体情境，建立一个特定的专用数学模型，并用模型来解决非常具体的问题。比如中国人口增加模型、甲型流感传染模型、太湖水质模型，等等，非常具体、专门。

这样一来，小学数学应用题就和数学建模很相似了。二者都是对一个个具体情境给出数学描述，并解决这个特定的问题。也就是说，数学应用题教学，则是对一种比较复杂的特定情境给出一个具体的模型。例如，鸡兔同笼是一个特定的问题，我们可以给出一种解法，它的代数模型是二元一次联立方程。

唐彩斌：您说"数学应用题教学的本质是数学建模"，我觉得非常重要。以下是我的理解，您看对不对？

有专家画了"数学建模的工作流程图"，好像和应用题求解的过程类似。我国小学数学中解应用题，一般分为以下四步：理解题意；做解题计划；按计划解答；回答和检验(图 3-28)。

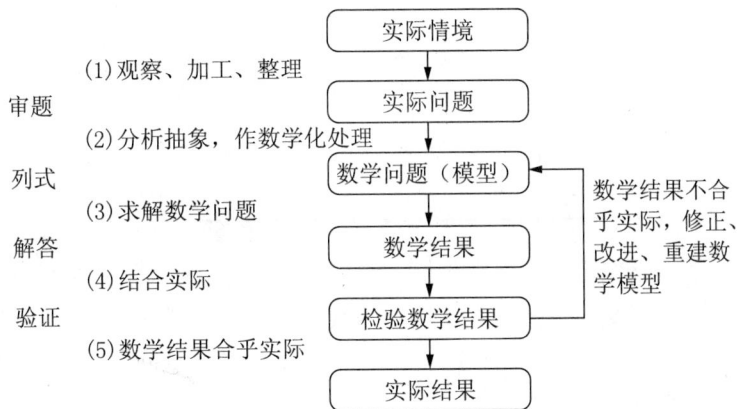

图 3-28

张奠宙：对啊！两者在基本步骤上大体相同，只不过小学应用题内容比较简单而已。我做的一张表格，也是描述了二者之间的相似性(表 3-2)。

表 3-2

数学建模步骤	解应用题步骤	以行程问题为例
背景考察： 收集必需的各种信息，尽量弄清对象的特征	审题： 对问题设置的情境仔细揣摩体察	弄清问题的目标。知道速度、位移、时间的关系，适度简化，如假定为匀速行驶在直线型的道路上等
构造模型： 根据所做的假设分析对象的因果关系，利用对象的内在规律和适当的数学工具，构造各个量间的等式关系或其他数学结构	列式： 将问题中用自然语言表述的情境，翻译成数学语言，借助数学符号、图像、逻辑等手段，构成可以反映问题本质的算式。根据情境，寻找数量规律。例如，找出一些不变量，借以构成数学等式	根据问题内容，如相向而行、相对而行之类的概念，列出等式：$ax+bc=d$。例如，同时启动相对而行时，二者相遇时所用的时间相同等
模型求解： 采用各种数学方法，求得满足模型的解答	求解： 对算式进行变换和计算，求得结果	用算术方法或者代数方法，进行变换，依照计算程序获得结果，求得解答，如 $X=(d-bc)/a$
答案分析： 检验模型是否正确，解答是否符合实际	验证： 验证解答是否正确，能否符合题意	将 x 代入原式进行验算
模型改进： 对模型解答进行数学上的分析	反思： 考察解题过程中使用的数学思想方法	总结本题的思考方法，对行程问题的关节点进行反思，尤其是弄清在行驶变化过程中，哪些是变化的，哪些是不变的

　　每一道小学数学应用题的教育价值，在于能将情境"数学化"；即将文字的表述，转换为数学符号或图像；将蕴藏在情境内的数量关系列为算式；用数学演算求得算式的答案，最终通过检验肯定"解答"的适切性。这些数学活动，可以为日后学习更复杂的"数学建模"，做好必要的准备。

　　因此，可以说，小学数学应用题教学，是将来学习"数学建模"的基础。

　　唐彩斌：刚才张老师帮助我们沟通了"数学建模"与"数学应用题"之间的关系，盘旋在我们脑子里的类似的关系一定还不少？比如"问题解决"与"应用题"。大家都

知道"问题解决"的提出源自美国，从国际数学教育比较的角度，怎么理解"问题解决"？

张奠宙：20 世纪 60 年代的美国新数学运动，到 20 世纪 70 年代归于失败。当时提出的口号叫作"回到基础"。又过了 10 年，美国数学教育界觉得仅仅强调"打基础"是不够的，因而在 1980 年提出了"问题解决"的口号，意在提倡"探究"性的思考，发展学生数学思考的能力。2008 年，美国总统授命组成的"数学咨询委员会"，又提出"成功需要基础"（Foundations for Success）的口号。这是美国式的"折腾"。因此，"问题解决"，是一个时期数学教育的导向性口号，并非针对应用题改革而提出。

说起来很简单，所谓"问题解决"，专指解决"非常规问题"。目的是为了培养学生的探究意识和创新精神。在学生的认知水平上，要解决非常规问题，没有现成数学问题求解模式可以模仿，需要独立思考，通过自己的探索获得解决问题的途径。这是具有一定创新意义的数学思维过程。

唐彩斌：国外的"问题解决的观念"对我国的应用题教学有什么借鉴与启示呢？

张奠宙：我国在常规应用题的教学上，成绩很好。例如，用分数求解一些现实生活中"平均分配物品"的问题，加减乘除四则运算的一步或两步应用题，掌握得也很不错。但是，在提出问题，发展问题，灵活地处理应用性问题上面，比起欧美诸国的教学，有一些弱点。

在非常规的应用问题教学上，我国积累了一些按照问题情境分类的教学经验。例如，行程问题、工程问题，等等，有专门的训练，基本面也是好的。但是，总体上较窄、较难、较偏。

总之，"问题解决"作为一种数学教育的全局性理念，有助于作为问题一部分的应用题教学的改革。

唐彩斌：现在，有一种观点用"问题解决"代替"数学应用题"教学，是否合适呢？

张奠宙：我认为不够妥当。理由有二。

第一，问题解决和数学应用题教学是从属关系。应用题只是问题的一部分，问题解决是解应用题的上位概念。因此，"用问题"的共性，取代了"应用题"的特性，混淆了二者间的逻辑关系。例如，我们本来是研究"男生问题"，结果却用了"研究学生"的标题。"大帽子"把小问题的特性掩盖了。

第二，问题解决是针对"回到基础"提出来的口号。意思是强调"探究""发现""创新"。可是实行了多年之后，美国又提出"成功需要基础"，又强调其基础来。所以，应用题教学，不能只强调"自主创新"，还要注意"打好基础"。没有基础怎么创新？

唐彩斌：倡导问题解决仍然需要扎实的基础，要解决非常规的问题仍然需要常规问题解决的基础。虽然问题解决来自国外，其实道理是相通的。好比中华武术"无招胜有招"，但是要达到"无招"还是要从"基本招数"开始。如果没有基本的招数，结果不是无招，而是没招。

下面，我们讨论一个大家关心的问题：应用题的分类。按理来说，分类是认识事物的第一步，也是一种一般方法，分类是很自然的事。但近来一说起应用题的分类总有提倡机械记忆、套用公式之嫌？应用题到底要不要分类？该怎么分类？请谈谈看法。

张奠宙：我想应用题要分类，要有类型，问题是不要"类型化"的。

小学数学应用题可以有三种分类。

①按数学模型分类。比如四则运算的算术模型、统计模型、随机模型、一元一次方程的代数模型，等等。

②按情境熟悉程度分类。比如日常生活情境模型、模拟现实情境模型、科学技术模型，等等。

③按特定情境的数量关系分类。比如行程问题、工程问题、流水问题、折扣问题，等等。

唐彩斌：按数学模型来分，从小学数学的几个领域来看，似乎还少了图形与几何方面的应用题？

张奠宙：小学数学的内容比较简单，方程、函数、曲线、都无法触及，更不谈微积分。所以根据小学数应用题涉及的数学知识，大多都归结为"四则运算"模型。小学里图形与几何方面的问题主要是求周长、面积和体积，其实质还是四则运算模型。

唐彩斌：第二种分类维度是从问题情境的熟悉程度以及问题的来源来分的。应用题需要应用，当然必须与现实生活紧密相连。但过分拘泥于生活原型，难免出现牵强附会的案例。应用题与生活情境到底是一种怎样的关系呢？

张奠宙：顾名思义，数学应用题要有用，自然要联系实际情境。能把学生自己的生活体验融进数学课堂，是大家的共同追求。问题在于，学生的生活情境毕

竟是有限的。应用题中能够直接和学生的生活相联系的只能是少数。应用题教学中，大量使用的是科学模型，如行程问题中速度、时间、路程之间的关系，是物体运动的物理模型。另一种是模拟现实模型，如鸡兔同笼问题，完全是一种假想的模拟情境。

儿童有丰富的想象力，模拟情境往往比真实情境更真切。一个不争的事实是，现在的孩子爱看动画片，那里出现的都是模拟的假想的情境。"孙悟空""大灰狼""圣诞老人""白雪公主"等都是虚拟的。数学应用题中，著名的鸡兔同笼问题就是虚拟情境，比有些矫揉造作的"现实情境"要高明得多。

记得 20 世纪 30 年代，任何小学数学教材里都有和尚馒头问题："一共有 100 个和尚和 100 个馒头。大和尚一人吃三个馒头，小和尚三个人吃一个馒头，问各有大小和尚几人。"这是很有童趣的问题，现在却不见了，很是遗憾。

唐彩斌：其实，有些数学名题，即使是现在也能激发孩子的学习兴趣。说起真实性，有一道题是最典型的，常常被文化名人所提及："记得曾有相声演员编了这样的段子：有一个水池，打开进水管注满水池要 3 小时，打开出水管放出整池水要 2 小时，现在同时打开进水管和出水管，要多少时间才能把一池水放完？日常生活中哪会同时打开出水管和进水管（除非忘记了），真是吃饱没事干。"张老师您怎么看待这样的讽刺？

张奠宙：这样的情境以前农田的灌溉中偶尔能碰到，也不是很典型的。实际上，作为一种数学模型，在现实生活中还是有的，如飞机的能源消耗与补充、排队进场与出场、草场里草的生长与割去、人体的新陈代谢、社会人口的增减、湖泊的污染与治理、家庭的收入与支出，等等，这些现象都是正、反两个方面同时进行着的，都类似于水池同时进水与出水的情境。这种数学模型反映了一种动态平衡的问题。

小学算术应用题，能够和学生生活情境相联系的多半涉及"买卖关系"。我们应该充分利用。但也不能"除了超市，就是商店"，还应努力开辟一些小学生喜闻乐见的现实情境，我们在后面部分会介绍国内外的一些优秀实例。

唐彩斌：生活情境是表面的，数学模型才是最为根本的。你说的第三种分类，即按情境内容分为"行程问题""工程问题"，等等，是否必要？如何对待呢？

张奠宙：将问题按照情境内容进行分类是正常现象。在微积分课程里要讨论瞬时速度问题、切线问题、曲边梯形问题；微分方程课程里有热传导方程、电磁波方程；中学数学也要研究抛物问题、单摆问题、等周问题、投影问题、掷骰子问题等。小学里常用的类型有：

行程问题　　　路程＝速度×时间

工程问题　　　工作量＝工作时间×工作效率

价格问题　　　总价格＝单价×数量

利息问题　　　利息＝本金×利率

利润问题　　　利润＝成本×利润率

折扣问题　　　全额＝价格×折扣率

百分数问题　　数量＝总量×百分比

其中涉及的利息、利润、速度、效率等概念，并非数学内容，而是属于经济学、物理学的问题。今天，国家实行社会主义市场经济模式，经济学的一些初级术语在日常生活中经常出现，语文课、社会课又不详细研究，责任就落在数学课身上。让学生了解这些规律，是小学数学课程的有机组成部分，责无旁贷。

实际上，应用题的分类不是我们要不要的问题，而是客观存在的现象。

我们可以将一类情境中发生的问题给以特殊的名称。说到底，不是我们数学教育工作者进行这样的分类，而是客观世界本来就有这样的不同的情境。

唐彩斌：对于这种分类，过去搞得过分，异化了。当学习完"梨树有20棵，苹果树比梨树多8棵，苹果树有多少棵？"，教师强调：看到"多"就想到"加"。于是，当学生看到"梨树有20棵，比苹果树多8棵，苹果树有多少棵？"学生总是先想到"加法"，结果错了。当学习完"科技书有20本，故事书比科技书的2倍还多2本，故事书有多少本"，老师强调：看到"倍"想到"乘"，看到"多"想到"加"。于是，当学生看到"科技书有20本，比故事书的2倍还多2本，故事书有多少本"时，学生总是先想到用"乘加"，结果又错了。

张奠宙：以上的异化现象，都来自固化数学的某种模型。讲死了，思维变得机械了。

实际上，一类问题，比如行程问题，都只是一个名词，便于称呼而已，并非一个数学领域。尽管题目花样翻新，也可以出得很难，但总不过是 $s = vt$ 这样的数量关系的各种不同的变式。宏观地看，没有单独设立一个数学课题的必要。

但是，也不能走向另一个极端：不讲类型。有的地方不准叫"应用题"，今天学

"铅笔有几支",明天学"燕子飞走了",不做一些基本的分类和概括,实际上是作茧自缚,矫枉过正的表现。

总之,要类型,但是不要"类型化"。这就是我们的结论。

唐彩斌:那么,你怎样看传统应用题的分类呢?过去的分类方法是:按步数分,一步、两步和多步应用题;按内容和难易来分,可分为一般应用题、复合应用题和典型应用题。典型应用题中就有和差问题、和倍、差倍问题;追及问题、盈亏问题、相遇问题,等等。这样分类合适吗?

张奠宙:这些分类,都是从教学需要出发的。由易到难,循序渐进,总要按部就班地排出一个次序来。因此是教学需要的,有必要的。不过,这种分类不涉及数学应用题的数学本质,学生并不需要知道。

至于和差、和倍、差倍这样的分类,我觉得可能太细了。临时作为一个名词叫叫,未尝不可。对于学习数学有困难的学生,为了辨别各种不同的算式,可能会起一定的作用。但是,它毕竟只起一个临时"标签"的作用,并不是非学不可的"知识内容"。

分类是人类认识事物的一般方法。分类可以越分越细,没完没了地分下去。但是,只有被广泛承认和使用的分类才有"知识性"价值。否则则只是在小范围内使用,是一种临时使用的"标签"而已,不需要长期记住。打个比方,作为地理学知识,中国,分为省(山东),省分为市(烟台),就到此为止了。至于烟台下面分为各个区,就不是大众需要的知识,是地方的标签,大众不需要长期记忆。

因此,我认为,和倍、差倍这样的分类,没有知识价值,不需要长期记忆。临时作为一个名字称呼一下,当个"标签",对于有些学生可能有些帮助,但是过后就忘了。

唐彩斌:从数学上看,有些分类具有较高的知识价值。比如算术模型和代数模型就需要加深理解,具有长远的记忆价值。我想,先要问"什么是算术,什么是代数?"

张奠宙:算术中的基本对象是数,包括数的表示、数的意义、数之间的关系、数的运算等。算术模型是一串"数字"的运算流程。代数中的基本对象除了数,还出现了更具广泛意义的基本对象:符号。代数模型是方程或函数,包含未知数符号的等式关系或其他结构。

什么是"代数"？代数建模的核心思想是"文字参与运算"。一个习惯的说法是："代数就是用文字代表数。"其实不妥。比如小学里讲自然数的交换律，就写了 $AB=BA$，这里，用 A，B 代表任意的自然数，可是和代数无关。代数的实质是用文字代表"未知数"，而且由文字代表的"未知数"和已知数可以进行运算，即进行"式"的运算。

从算术向代数过渡，是学生数学学习过程中极为重要的转变阶段。学生从"数的运算"过渡到"式的运算"，好像人发明了汽车那样，运行速度大幅提高。代数运算的通性通法，取得了极高的思维效率。但是，人不能每时每刻都在坐车，走路仍然是必须的、基本的。这就是说，算术方法依然有其重要的存在价值。

唐彩斌：算术方法与代数方法有怎样的区别？人教版教材上曾有一道题被广泛认为是教材上最难的应用题，"有一个煤矿，原来计划上半年产 660 万吨，实际每个月比计划多产 22 万吨，实际多少月完成？"能不能以此来说明？

张奠宙：在小学数学教学中，用列方程的方法解应用题和用算术方法解应用题，都以四则运算和常见的数量关系为基础，都需要分析题里的数量关系，根据四则运算的意义解答，这是它们的共同之处。但用代数的方法解决问题和用算术的方法解决问题是不同的建模过程。让我们看下面的例子：

【1】算术建模，是给出一种算法。（张天孝老师称之为"计算表征"）

实际每月完成数是 $(660÷6)+22$，于是有答案：

完成时间 $=660÷[(660÷6)+22]=5$

这是通过一串已知数字的运算组合，最后得到结果。

【2】代数建模，是给出一个算式。（张天孝老师称之为"数量关系表征"）

设实际完成月数是□，那么 $(660÷□)$ 是每月实际完成数。

$110=$ 每月计划完成数 $=(660÷□)-22$

于是得到有符号的算式——代数模型：

$(660÷□)-22=110$ 　　　　　　(1)

我们无法直接计算出□，但是可以进行"式"的运算：

$(660÷□)=110+22=132$ 　　　　(2)

$(660÷132)=□=5$ 　　　　　　(3)

这里，(1)(2)(3)中□的值是相同的。

【3】用符号的算术模型。我们还可以这样思考：

设实际完成月数是□，那么

□＝660÷（实际完成数）＝660÷（计划完成数＋22）＝660÷（110＋22）＝5

这里也有符号代表数，却完全是算术思维，与代数无关。

【4】用代数方法启发算术思维。

由（3）式知

□＝（660÷实际每月完成数）＝660÷[（660÷6）＋22]＝5

最后二者是统一的。

算术思维和代数思维思考的方向不一样。打个比方，如果未知数在对岸，那么算术方法好像摸着石头过河找到未知数，代数方法好像用绳索将对岸的未知数捆好拉过河来，二者的思考方向刚好相反。但是从上面的分析来看，代数的表征和算术的表征是可以相互沟通的。至于完整的"式"的运算，是学习负数以后的事情，要到初中才能够完成。但是在小学里有所渗透，使得算术和代数的思维逐步融合起来，这是未来努力的方向。

唐彩斌：如果学会了代数方法，是不是算术的方法就没有价值了。曾听说一位数学家在回忆自己成长历程的时候，特别提道：他在读小学的时候，老师就是要他们做一些"以后用代数方法很简单但是用算术方法不那么简单"的题，对他学习数学很有帮助。算术方法是有其独特的作用吗？

张奠宙：在面对现实问题时，我们首先使用算术方法思维。简单的问题用算术模型就解决了。例如，我们到商场购物，自然用算术方法计算付款找零。这是一切数学问题求解的基础。对于比较复杂的应用性问题，代数方法开始显示优势，但是算术方法在训练学生独特思维，承担分析数量关系的基础方法上，其作用仍然不可替代。以大家熟悉的我国古代数学名题"鸡兔同笼"为例来说明。

"今有鸡兔同笼，上有35头，下有94脚，问鸡兔各几何？"

这一问题的代数模型是解二元一次联立方程。小学生不可能用这样高年级才能掌握的数学知识来解题。即使成人已经掌握了求解联立方程的知识和技能，也喜欢用算术模型来求解。

唐彩斌：是的。国内外许多数学家与数学教育家对中国的古算题"鸡兔同笼"问题情有独钟。波利亚列举了鸡兔同笼问题的四种解法，并特别欣赏"金鸡独立"这一解法。"金鸡独立"解法的思路是，如果笼中的鸡全部独立单脚着地，做"金鸡独立"状，而这时笼中所有兔也学鸡立起前两只脚而只有后两只脚着地，那么这时，地上的脚比原先少了一半，只有47只，35个头。为什么有47只脚在地上呢？一只鸡对着一只脚着地，而这时一只兔却对着两只脚着地。每多一只脚，说明就有一只兔。原来有(47－35＝)12只兔，鸡就有(35－12＝)23只了。

张景中院士对于"鸡兔同笼"问题的解法也很巧妙。他假设鸡的两只翅膀也变成了两只"脚"，这样的话，35只头就一共有(4×35＝)140只"脚"，可实际上只有94只脚，这说明140只"脚"中，除了真正的94只脚外，其余的(140－94＝)46只是假脚，即实际上笼中共有鸡(46÷2＝)23只，有兔(35－23＝)12只。

算术方法也有其教学价值的，曾经有人设想，完全抛弃算术方法解应用题，一开始就向小学生介绍方程解法。这种设想看来也是有失偏颇的。

张奠宙：是的，这样学习代数，代数将成无源之水！正如双脚走路是基础，驾驶汽车不能取代走路。你总不能把车停在床边。你总要走到车库里去嘛！实际上，列方程时的数学思维，主要还得用算术方法过度。没有算术的第一步，就难有代数的第二步。如果使得算术与代数完全脱离，使得学生没有对比，看不出算术的缺点和代数的优点，体会不到代数方法的优越性，那么代数也是很难学好的。

唐彩斌：那么，从代数的角度来看，小学数学应用题有哪几种常见的代数模型？

张奠宙：小学里的数学知识有限，没有乘方、开方、指数、对数、三角比等概念。因此，从代数和函数的观点来看，所涉及的数学模型都是"线性关系"和"反比关系"。即问题中的未知量或者自变量 x 都是一次的，或者是线性的正比例关系，或者是变量 x 出现在分母上，呈现反比例关系。

归纳起来，小学应用题的代数型的数学模型，都是线性组合式。即形如 $ab+cd=f$ 的式子，其中有 5 个不同的量。又可以分为三种情况：

①方程观点。5 个量中只有一个是未知的，因而可以通过四则运算由已知数求出未知数。这是绝大多数。

②比例观点。因为线性关系，也是比例关系。这时 5 个量中如果有两个未知量，而且它们成比例关系，那么可以借此求得问题的解。

比如开头的 10 个题目中的第 10 题：

一条公路长 2400 米，A，B 两支施工队同时从公路的两端往中间铺柏油路，A 队

的施工速度是 B 队的 2 倍, 4 天后这条公路全部铺完。A, B 两队每天铺路多少米?

此题中 A, B 两队的速度都是未知的, 只知道彼此间的比值。

③函数观点。因为线性关系中, 如果两个量呈现"依赖关系", 就表示二者间存在"一次函数"的关系。

实际上, 线性组合关系如果有两个未知量, 本质上彼此间或者是正例关系, 或者是反比例关系。比如行程问题中往往出现 $s = vt + b$ 的数量关系就是这样。

例: A, B 相距 500 千米。一辆摩托车, 在离 A 点 100 千米处, 以每小时 50 千米的速度前进。到达 AB 中点后, 休息 30 分钟后继续前进。试问, 一小时后, 摩托车距离 B 点多少千米? 何时摩托车抵达终点 B? (表 3-3)

表 3-3

时间(小时)	0	3	3.5	4.5	4.5+4=8.5
与 A 点距离(千米)	100	250	250	300	500

这样列表考察, 已经有一次函数的意味了。

唐彩斌: 学生在解答应用题的过程中需要策略, 小学常见的策略有哪些呢, 最为熟悉的可能就是"线段图", 一碰到问题就说能不能画画线段图, 这似乎成了解决应用题的"万能策略"。

张奠宙: 用线段图表示数量关系是一种有效的教学方法。不过线段图不是目的, 只是手段。上海顾汝佐老师曾经形象地描述过线段图是拐杖, 不是棍棒。人们认识一种数量关系, 要经过具象—表象—抽象的过程。先是把线段图画在纸上, 可以看, 有具体形象。然后是在脑子里画图, 形成表象。最后, 直接面对数量关系, 完全抽象地进行思考。比如通过一些关键字词(对应关系、文字说明等), 也可以帮助学生理解题意, 构成概念图式, 图式也有多种不同的形式。

唐彩斌: 在课标教材的编写中, 出现了一类以前教材中没有的单独成课的内容"教学策略的课", 您觉得这样的课有怎样的教学价值? 比如专门上一节课"转化的策略""列举的方法", 等等。

张奠宙: 如果上面这样的题组设计的课是常规课, 那么这样的策略课就是非常规课, 是便于学生探究、反思、活动的课。常规的是基础, 非常规的是有益的补充,丰富学习活动。

唐彩斌：从解决问题的步骤来说，最后一步是回答与检验。有人认为是形式的完整，并不重要。因此在教学中常常有教师说"由于时间的关系，今天的应用题就不要答了"。也有人认为这是重要的一步，是学生反思自己解答过程，检验结果是否正确的步骤，更是实现元认知发展的重要环节。张老师您怎么看？

张奠宙：建立模型的核心是弄清数量关系，并加以表示。真正解决问题必然会检验。教学是模拟过程，可以把重点放在构造模型上，但是不能忽视模型的检验。最好能够给学生一些问题单帮助他们反思检验：得到的结果是否符合实际情况？计算的过程是否合理？除了这种方法是否还有更好的方法？这一类问题具有怎样的特点？

四、如何提高学生综合与实践能力

《义务教育数学课程标准（2011年版）》把小学数学分为数与代数、图形与几何，统计与概率，综合与实践四大领域。与其他几个领域的内容和要求相比，综合与实践领域的内容、要求显得尚不明确，只有相应的框架性目标与个别活动案例，从现实教学状况来看，仅仅有理念层面的引导难以转化为教学行为，到底什么是小学数学的综合与实践活动？综合与实践活动有哪些基本的类型？怎样组织综合与实践活动的开展？下面就基于此而展开讨论，并提供了22个典型的案例，帮助教师拓宽视野，开展合适的教学活动。

（一）数学综合与实践活动的内涵

《义务教育数学课程标准（2011年版）》指出，"综合与实践"是一类以问题为载体、以学生自主参与为主的学习活动。针对问题情境，学生综合所学的知识和生活经验，独立思考或与他人合作，经历发现和提出问题、分析和解决问题的全过程，感悟数学各部分内容之间、数学与生活实际之间、数学与其他学科之间的联系，加深对所学数学内容的理解。我们认为，小学数学综合与实践活动的内容要符合以下的要求：

①问题情境的综合性、趣味性和挑战性。综合与实践活动不能是其他学习领域

的简单重复，问题情境必须较为开阔，能够为所有学生理解，又生动有趣，可以调动学生学习数学的积极性。

综合与实践活动不是难题，而是人人都能参与，起点低，开放度大的问题，目前技能难度系数高的问题比较多，体验性与欣赏性的比较少。

比如 555555555□999999999，□中填什么数能被 7 整除，类似这样的问题就显得难了。

常见的去居民区调查等，并非小学生适合体验的实践活动。比如调查小区内每户人家的用水量，难免给居民带来一定的不便，而调查所得数据背后的社会问题，也并非一个小学生所能理解的。

②问题解决过程中的活动性和操作性。既然是实践活动，并非只是做一道习题或考题那样的单纯。在综合与实践活动中，学生要"动"起来。不只动脑，还要动手，包括其他的活动。教师要综合考量参与活动的学生的心理特征、智力特征以及身体活动、环境因素等多个方面。

③数学活动应当体现数学本质，有助于提高学生的数学素养。数学的综合与实践活动不是泛化的综合型活动，即便是数学与其他学科的内容相联系，也要突出数学学科的特点，即便是数学与现实生活相联系，也必须呈现数学的本质。比如 1000000 颗黄豆有多重？事实上，百万颗黄豆的质量并不重要，重要的是百万这个数的构造。具体的实物"一百万有多少"这是人的生活体验，不是数学的本质。类似于"每个居民向灾区捐款 500 元，多少居民能捐够一百万元？""13 亿人中有多少个一百万？"这些素材不仅有现实背景，而且还有数学意义。

(二)综合与实践活动的类型与案例

小学数学的综合与实践活动应该是丰富多彩的。我们尝试把综合与实践活动的内容分为以下 5 个主要类型：综合应用型、操作活动型、数学欣赏型、数学文化型、数学素养型。并分别用案例加以说明。

1. 综合应用型

这是指在实践活动中，需要把数学不同领域的知识和技能综合起来，灵活应用解决问题。可能是代数与几何的结合，可能是统计与排列组合的结合，也可能是同一领域不同知识和技能的结合。

[案例1]班级旅游计划。这是目前大量被采用的实际应用课题。活动需要根据班级的实际情况，综合考虑交通、食品饮料、门票等开支，以及班级人数、交款数额、学校补助、折扣计算等许多数据。高年级复杂些，低年级简单些，根据具体情形设置。

[案例2]储蓄利率计算。学习百分比以后，根据现行利率，计算不同存期（整存整取，6个月或12个月存期）的本利和，根据利率的一些即时调整信息，计算转存的适合程度。既是数学素养的提升，也是生活中理财能力的培养。

社会主义市场经济是我国的经济体制。数学课程责无旁贷地应当成为经济学的某些计算工具。

[案例3]身份证号码的第18位检验码。身份证第18位是检验码，这是数码信息时代的特色之一。根据网上公布的17个"权"，以及前17位身份证号码，加权作和，然后除以11，所得余数可以相应地得到第18位号码。

此问题可以扩充到书号、商品条形码等问题中，虽然只用到加减乘除，却充满了时代气息。

[案例4]做"纸奖杯"。本案例可以用彩色纸（或者废报纸）做一个奖杯，部件分别是长方体、锥体、圆柱体等立体图形。主要帮助学生了解这些"可展为平面"的立体图形的构造。这里特别指出，球面不是可展面，不能用纸做出来。

[案例5]在方格纸上架设坐标系标记教室。坐标确定位置，关键是原点选取和坐标轴架设，不同架设得到不同的标记。每个学生对应一对自然数坐标之后，我们可以问"两个坐标都相同"的点是什么图形？第一个坐标是0的同学构成什么图形。坐标的作用不仅仅是确定位置，关键是表示集合图像。

2. 操作活动型

这是指学生需要借助肢体的操作活动来完成的实践活动，比较直观，要把显性动作与隐性的数学思考相结合来完成。

[案例6]巨人的手。荷兰数学家弗赖登塔尔有一个经典的例子：昨晚外星人访问我校，留下一个巨大的手印在黑板上。据说，这位外星人和地球人的外形十分相似。今晚他还要来，请问要给他做桌子的话桌子要做多高？书应该做多大？铅笔应该做多长？他们用的硬币面积有多大。

学习"比例"内容以后可以进行这一综合实践活动。这一活动将比例、几何图形、数字计算综合起来，适合小学生的趣味需要和数学水平。测量，是基本数学活动，

但要密切联系数学本质。本题的价值在于：将测量的手段服务于"相似形"的对应边成比例。

[案例 7]认识算盘。珠算是我国的非物质文化遗产，也是世界的非物质文化遗产。仅就"德育"层面分析，珠算就是学生必须要认识的。

珠算是半抽象的计算模型。它的位置记数方法清晰，加减过程透明，易于理解。尤其因为珠算是一种学具，甚至是一种玩具。学生动手拨弄算珠，是难得的动手计算的数学活动，至于为什么中国的算盘上面有两颗珠？它的数学意义是什么？加减统一的思维方法，更是值得学生探讨学习的。此外，对于智力落后的儿童来说，珠算是学习数字计算的必用工具。

[案例 8]：自制飞机飞多远？用一张 A4 纸折飞机，能够飞多远呢？为了反应飞机飞的距离需要收集相应的数据，几次比较合适？加上别针会是怎样的结果？

这是一个收集数据进行探究实验的实践活动。可按以下步骤操作：①用一张 A4 纸折飞机，能够飞多远呢？②要比飞的距离？飞几次比较合适？③用哪个数代表飞行距离？④在机头上加上一个别针，再次测量飞行距离；看看结果会是怎样？⑤加两个别针再做试验；⑥分析数据，推断是不是别针加得越多飞得越远？⑦加 3 个别针验证；⑧归纳影响飞机飞行距离的因素，会发现其实不是想象的那样，太重了反而飞不远了。

[案例 9]三角与折扣。把正方形压扁成菱形，菱形的面积与压扁的角度有关；把压扁后菱形的面积所打的折扣叫作正弦。如果边长是 1 有一个角为 A 的菱形的面积叫作角 A 的正弦，那么平行四边形的面积＝$\sin A \times a \times b$。可以引导学生推导出三角形等其他平面图形的面积。

这个案例源自张景中院士的"三角下放"的设想。在学习平行四边形的面积的时候，几乎所有学生开始的直觉都是相邻两边的乘积就是平行四边形的面积。这样的想法具有一定的合理性成分，问题是要打一个折扣：$\sin A$。对任意△ABC，它的面积就 $\frac{1}{2}bc\sin A = \frac{1}{2}ac\sin B = \frac{1}{2}ab\sin C$。

[案例 10]两颗骰子数值之差的统计。掷两颗骰子得到两个数，注意大数减小数后的差数。是否有一个差数比其他差数更可能出现？（图 3-29）

掷这两颗骰子 20 次，看看结果如何？

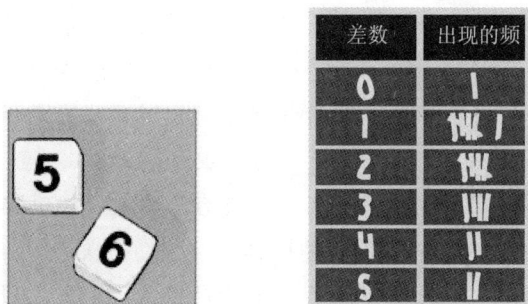

差数	出现的频
0	l
1	州 l
2	州 l
3	Ⅲ
4	Ⅱ
5	Ⅱ

图 3-29

3. 数学欣赏型

数学与语文的学习有很多不同。学习唐诗，会欣赏不会做；但是数学刚好相反，数学会做却往往不会欣赏。我们应该让学生在会做数学的同时也能够学会欣赏某些数学。欣赏的不应只是直观的形象美，领域也不应局限在几何领域，还应包括代数领域的和谐美、应用美、规律美等。

[案例11]收集各种几何图案。欣赏的图案包括常见图案、交通标志、商标、建筑外形等。这是直观的观察活动，着重于外观之美。结合图案的来源说明其意义，增加几何图形美观的人文价值。例如，奥运五环旗帜与五大洲、五种肤色等。

[案例12]圆规画米老鼠。规定只能用圆规在坐标方格纸上画出米老鼠的形象，而且要指出各段圆弧的圆心坐标和半径长度。

这个活动涉及数学欣赏，但它不仅仅是客观地欣赏数学美，而要主观地创造美丽的图案。具体的操作办法是根据米老鼠的形象用圆规画出相应的圆或圆弧，要求学生熟练使用圆规，熟练操作技能。同时要求学生能够准确描述每一个组成部分的画法，圆心位置，半径大小，借助坐标及方格准确刻画。

[案例13]数与式的和谐美。数学美不仅在图形和几何领域，也蕴含在数与代数

$1×1=1$

$11×11=121$

$111×111=12321$

$1111×1111=1234321$

的领域。比如交换律 $a+b=b+a$；$a×b=b×a$；看起来很和谐；乘法算式 $\frac{1}{2}×\frac{1}{3}=\frac{1}{6}$，分子分母分别相乘，也是和谐的；但分数的加法算式，许多同学写出 $\frac{1}{2}+\frac{1}{3}=\frac{2}{5}$，把分子分母分别相加，表面和谐却是错误的，虽然是根据"和谐"的愿望来做的，可惜是错的；

还有式的规律美，如左式。

还有数学中一些美妙的结果，如任何三角形内角和都是 180 度；三角形三条高交于一点，三条中线交于一点，三条角平分线交于一点。美妙之极，惊叹自然规律之深刻。

[案例 14] 设计花圃。在一块矩形场地中要设置一些花圃，使得花圃的面积恰好为场地的一半，花圃的形状要尽量美观。

这是一道开放题，可以有无数种设计。问题要求学生把数学和美术结合起来，用丰富的想象力和严谨的数学计算，获得满意的结果。评价时可以要求至少给出 5 种不同的设计。

4. 数学文化型

数学是一种文化。数学所承载的人文精神是我们需要学习的重要内容。学数学文化最容易联系的是有关数学史的内容。

[案例 15] 圆周率的演变。中国古代一直是取"周三径一"的数值来进行有关圆的计算的。东汉的张衡不满足于这个结果，他从研究圆与它的外切正方形的关系着手得到了圆周率。魏晋时期，刘徽提出用"割圆术"来求圆周率，把圆内接正多边形的面积一直算到了正 3072 边形，并由此而求得了圆周率为 3.14 和 3.1416 这两个近似数值。这个结果是当时世界上圆周率计算最精确的数据。以后到了南北朝时期，祖冲之在刘徽的这一基础上继续努力，终于使圆周率精确到了小数点以后的第七位。比西方国家早一千一百多年。这些内容可以使学生感受数学精确的演变过程。

[案例 16] 华罗庚和陈景润、哥德巴赫猜想。华罗庚的传奇人生是大家熟悉的。在学习奇、偶数的时候，可以举行这样的活动，让大家收集资料，写一篇数学作文。

陈景润与哥德巴赫猜想：1742 年，哥德巴赫写信给著名数学家欧拉，信中提出如下问题：每一个偶数 $n \geqslant 6$，都可以写成两个奇质数 p_1，p_2 之和，即 $n = p_1 + p_2$。这就是至今仍未能完全解决的世界著名难题，哥德巴赫猜想。我国数学家陈景润证明了"1＋2"成立，即一个充分大的偶数可以表示为一个素数与一个不超过 2 个素数的乘积之和。大家可以试试。

[案例 17] 对称和对联。引导学生发现图、形、文之间有什么共同点？变化中又有怎样不变的性质。（图 3-30）

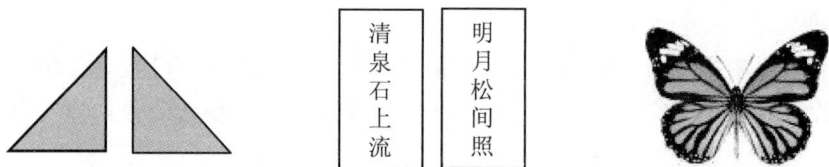

图 3-30

[案例 18]无限的想象。小学数学有许多无限，自然数全体就是无限的。例如，分数后有无限循环小数，几何里有无限延长不相交的平行线。

联想杜甫的诗："无边落木萧萧下，不尽长江滚滚来。"让大家谈谈我们头脑中的无限。无限的宇宙，无限的思念……

5. 数学素养型

[案例 19]九宫格里的四方连。如图 3-31 在九宫格中找出四方连图形，并用 4 个数算出 24。

1	2	3
4	5	6
7	8	9

图 3-31

这是一个数与形结合的综合实践活动，一方面学生需要知道四方连的几种不同形式，同时要平移四方连，感知每一个四连方在九宫格的不同位置；另一方面，根据四方连出现的不同位置，对对应的 4 个数进行计算，求得结果 24。

本图可勾画出 36 个四方连图，这些图中的数均能通过计算算出得数 24。在这个过程中，让学生体会到数学知识之间的变化关系，从特殊到一般，从不可检测到可以检验，从描述走向证明。

[案例 20]图形分类。如图 3-32 所示，桌上散落着一些扣子，请同学们想一想可以把这些扣子分成几类？分类的标准是什么？然后，数一数每一类各有多少颗扣子，并用文字、图画或表格等方式把结果记录下来。

这个案例源自课程标准，是一个比较好的数学素养型综合实践活动，上通数学，下达课堂。本活动的目的是希望学生能够清楚，分类是要依赖分类标准的，比如扣

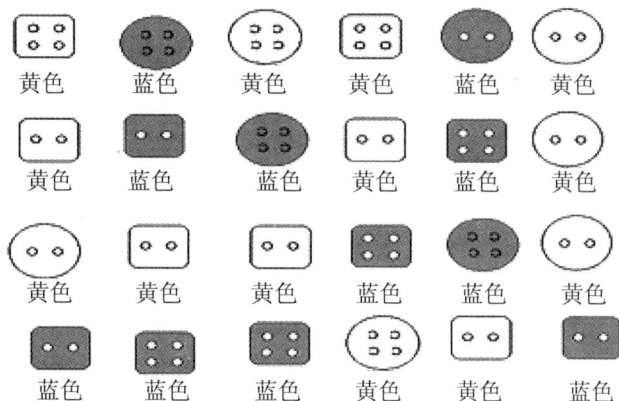

图 3-32

子的形状、扣子的颜色或者扣眼的数量，这些都可以作为分类的标准，而在不同的分类标准下分类的结果可能是不同的。

　　[案例 21]钟面问题。将钟面上 12 个数字，分别添上加号或减号，使它们的和为零。这是一道经典的开放题。答案有 124 个，这对训练数字加法，寻求规律的探索方面有积极意义。

　　[案例 22]平移、旋转和对称。一点到另一点的运动，用平移就能实现了；如果是两根一样长的有方向的线段，需要平移和旋转才能重合（图 3-33 左图）；如果是两个一模一样的三角形 ABC 和 A'B'C'，首先，平移运动使得 A 和 A' 重合，然后转动，使得 AB 和 A'B' 重合，这时可能三角形已经重合了，也可能不重合，还需要反射运动才重合（图 3-33 中、右图）。因此，我们在平面上做运动，需要平移、旋转、轴对称三种不同的变换。

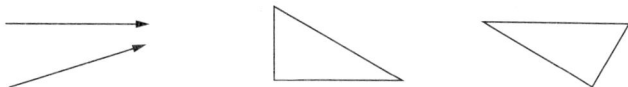

图 3-33

　　此活动旨在训练学生的几何思维，系统梳理了几种不同的几何变换，从数学内部驱动学生学习不同的几何变换。

能力为重的数学课堂的
教学实施

一、致力于运算能力培养的教学案例

（一）认识几分之一：什么是初步

"分数的认识和运算"是小学数学重要的传统内容，新思维小学数学在编排体系上进行了新的探索。教材注重将分数意义的理解与分数运算相结合，强调分数运算与整数运算之间的联系，大致分三段编排。第一段安排在三年级下册，从几分之一到几分之几，把几分之一的认识单独设一节课，直观地比较分数单位，直观地认识 $\frac{1}{2}$ 与 $\frac{1}{4}$ 的关系，并进行直观地运算。再从单个"1"的均分，到整体"1"的均分，并引入用"归一"思维解决分数应用问题。第二段安排在四年级下册，从单个物体的均分过渡到多个物体的均分，引出分数与乘法的关系，认识真分数和假分数。第三段安排在五年级下册，教材编写时突出了两点：一是把"1"和"多"统一在单位"1"之中，丰富对单位"1"的认识，基于分数的意义理解来求单位"1"的几分之几，进而引出分数乘分数，解决"求一个数的几分之一是多少"的应用问题；二是通过直观演示和实际操作，让学生理解分数运算的本质，即在统一分数单位的条件下对分子的整数运算。

从知识链的角度来看知识点，"认识几分之一"单独为一课，并作为分数学习的"开篇之作"意义特别。认识几分之一就是认识分数单位，而分数是分数单位的累加，显然分数单位是分数的最为核心的概念，认识几分之一自然是学习分数的重要基础。在别的不同版本的教材上，大都称为"分数的初步认识"。然而"初步"到底到什么程度？"认识"仅仅是认识吗？这些问题一直"边界模糊"，新思维小学数学在分数的"开篇之课"上做了新的尝试与探索。

笔者在实际教学中，结合知识的系统编排以及学生的学情分析，设定的教学目标是：经历分数产生的过程，了解分数是一个新的数，在原有基础上，丰富数的认识；通过动手做、动口说等多种方式，加深对几分之一的理解，借助直观图示，感受分数之间的联系，感知初步的运算；经历丰富有趣的问题情境，感受分数的大小，体会到分数的美妙，增强学习新数的兴趣。

1. 源自数学内部，创设学习新数的情境

引导学生认识分数的情境很多，大多数的教师都会创设"分"的情境来引进"数"。比如 4 个苹果平均分给 2 个人，每人得几个？ 2 个苹果平均分给 2 个人，每人得几个？进而，引发冲突：1 个苹果平均分给 2 个人，每人得几个？引出 $\frac{1}{2}$。在原有的认知路径中，引发新的认知冲突，从而引出新的知识，这也是一种教学设计的路径。笔者在教学时，做了一次新的尝试，从数学内部创设学习新知的情境。组织学生"用 1，2，＋，－，×，÷组算式，并算出结果"，学生列出了算式"2＋1，1＋2，2－1，1－2，1×2，2×1，2÷1，1÷2"，并且都分别得出了结果。其中 1÷2，1－2，很多学生得不出结果，不能再用原来的数来表示出结果，从而产生要学新的数的意愿。在运算的过程中，为了满足运算的封闭性而引发数域的扩张，这一教学路径更符合"数学"的生长方向。

一种是"生活化"的情境，另一种是"数学化"的情境，不同尝试不同价值，从大量的课例来看，我们更习惯于先"生活化"再"数学化"，在本节课的教学中，笔者尝试了"情境本身增强数学化"，也不失为一种选择。

不过这两种不同路径的设计，在实际操作中，都遇到了同样的问题，就是会有学生先不说 $\frac{1}{2}$，而是先说出"0.5"，用一个新的数"小数"来表示结果，但是这节课要学的是分数。教学时，也无须刻意回避这样的"节外生枝"，不如顺其自然，发挥教师的"主导"作用，自然推介新的数"分数"。不必追求看上去"一帆风顺"的教学，有点"涟漪"或"风波"更能体现学习的生机。

2. 从"一半"到 $\frac{1}{2}$，从生活数学过渡到学校数学

无论是上述的哪一种导入学习的路径，学生都会经历一个从"生活语言"到"数学语言"的过渡环节，把一个苹果平均分给 2 个人，每人得多少个？"一半"这是学生最容易想到的答案了。那么，到底什么是"一半"呢？教学时，请学生根据自己的理解，用一个"图"来表示"一半"。

尽管学生画的图不尽相同，不是很规范（图 4-1），但所表达的要义已在其中，基于学生的"个性"图示，概括出"一半"的共性特征：把一个图形分成大小相同的 2 部分，也就是平均分成 2 份，表示其中的一份。（其中，最后一个图的分法本身就很有创意和思考力。）教师的引导则在于，在学生对意义充分感知的基础上，顺势引出

图 4-1

"这样的结果也可以用一个新的数来表示"，为了强化对分数意义的进一步了解，结合分数的读写，再一次强化意义，"—"表示平均分，"2"表示平均分成的份数，"1"表示其中的 1 份。在后续学习中，这"1 份"不一定在其中，只要"这样的 1 份"就行，对于小学生来说，在概念形成的过程中可以"混而不错"。重要的是从生活的语言"一半"，通过半具象的"图示"表达了理解，进而用抽象的"数"来表示。

3. 创造机会让学生动脑想、动手做、动口说，充分感知分数

认识，不是简单的辨认，如果仅仅停留在"长得这样的就叫分数"，认识是肤浅的；认识，也不只是能读能写分数。认识，在于对分数意义逐渐深入的理解。要理解，就需要多感官参与、多形式活动，丰富经验，增强体验。在教学的过程中，笔者组织了以下学习任务。①动手做：同桌分工，用不同的纸片折出二分之一。②动口说：相互说一说"哪一部分是整个图形的二分之一"。③动脑想：都是二分之一，大小一样吗？提供的纸片：一张是 10 cm×10 cm 的正方形，一张是半径是 10 cm 的圆，大小差异大。这样便于学生操作后的反馈与交流，同样是二分之一，因为纸片的大小不同而不同。同时，进一步结合主题图(图 4-2)，讨论苹果、橘子和梨，都用"一块地的一半来种"，它们的大小一样吗？学生在讨论中感悟，因为一块地的大小不同，这里的"$\frac{1}{2}$"也不同，在这个问题情境中，$\frac{1}{2}$ 是"不同的量"，而非不同的"数"，舍去其中的不同，感受其相同，$\frac{1}{2}$ 作为一个数是等价的，都是指"一块地的一半"，具体代表的大小不同，是因为均分的整体不同，这也是在分数认识的初期渗透的分数的属性：无量刚性。

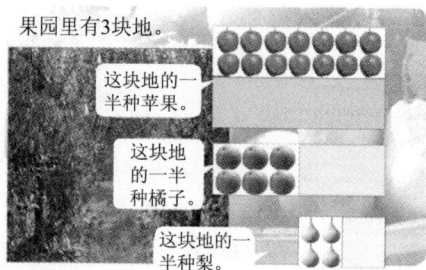

图 4-2

如果说上述操作的任务基于纸片，限于教材，那么，下面紧接着的教学任务就相对开放发散。教学时组织学生说说"生活中的分数"：①小组分工合作，每人选取一样物品，说一说生活中的二分之一。②为什么不同的东西都能用二分之一表示？这样的教学设计，看上去有些重复，都是围绕一个二分之一，进行"操作、表述"，但对于学生学习来说，是必要的。学生从能辨认"是不是分数"，到能"说出怎样的情况下是什么分数"，是一个不小的挑战。教学时可以应用搭建脚手架式的补全策略，给学生一个框架，把（　　）平均分成（　　）份，表示这样的（　　）份，就是（　　）分之（　　），使学生能够掌握规范表达的句式。虽然不断变化的情境，只是从纸片到生活，看上去变式度很低，但对于学生的表达来说已经足够形成挑战了，对分数意义的理解，也已有坡度地蕴含于其中。现阶段，就需要积累这些对分数最初的丰富的经验。

4. 辨别与判断，巩固对分数的初步认识

在上述的学习活动中，尽管形式发生了很多的变化，但都是围绕二分之一展开的。为了让学生的认识不限于此，在巩固对二分之一认识的基础上，拓展到别的几分之一的分数。下面的教学安排了两个任务。

任务一：辨一辨，说一说，涂色部分是整个图形的几分之一？（图 4-3）

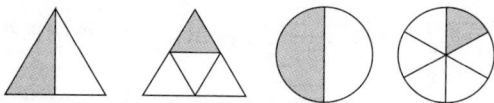

图 4-3

在说完每一个图形的涂色部分后，引导学生比较，有什么相同点和不同点。概括出：都是几分之一，分子都是 1，因为涂色部分都是 1 份；但分的份数不同，分母不同，分母就是平均分成的总份数。

任务二：下面的阴影部分是整个图形的三分之一吗？（图 4-4）

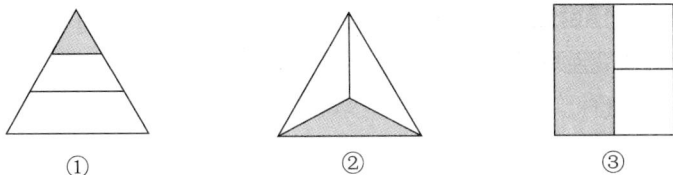

图 4-4

判断题，从结果来说，即使猜测，对错也各半，所以常有人认为这不是练习的好方式。但是，如果用好了，用充分了，对于概念习得有"事半功倍"的效果。从课堂现场学生的参与来看，学生很有兴趣参加这样的学习活动。对于①③号图形来说，阴影部分不是整个图形的三分之一。教学不能停留于此，而是需要充分挖掘习题的潜能，可以反问：①号图形中，阴影部分是整个图形的几分之一呢？可以组织学生先估一估，再均分图形验证一下，发现正确的答案是九分之一（图 4-5）。

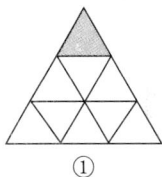

图 4-5

5. 认识与运算相结合，借助直观初步感知分数的运算

上题中③号图形的判断，对于学生来说，很容易判断出阴影部分不是整个图形的三分之一，然而，这个图示所蕴含的价值却远远不止如此。学生可以从这个图示中，发现二分之一和四分之一，进而组织学生根据图示说说 $\frac{1}{2}$ 和 $\frac{1}{4}$ 之间的关系（图 4-6）。学生的潜力和创造力真的无限的，课堂上学生借助图示，写出了很多表示这两个分数之间关系的算式。

$$\frac{1}{2}=\frac{1}{4}+\frac{1}{4}, \ \frac{1}{4}\times 2=\frac{1}{2}, \ \frac{1}{2}-\frac{1}{4}=\frac{1}{4},$$

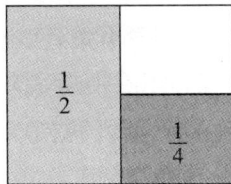

$$\frac{1}{2}\div 2=\frac{1}{4}, \ \frac{1}{2}+\frac{1}{4}+\frac{1}{4}=1$$

图 4-6

而这些分数的运算结果不是"算"出来的，而是基于分数的认识结合直观图示"看"出来的。在原有的认知中，只有认识了分数才能学习分数的运算，而在认识分数第一课，学生就能列出那么多关于分数四则运算的算式，大大丰富了"分数初步认识"的内涵，不仅初步认识了分数，而且还初步接触了分数的运算。

6. 趣味练习，借助数轴初步感知分数的大小

张奠宙先生多次强调，在分数的学习中，有时我们过于强调"分"，而对分数是个"数"却强调得不够。为此，笔者在练习的环节中，特别设置了一个在数轴上找分数位置的问题情境，为了适合学生学习，创设了一个"赛马"的情境。小灰马跑了全程的二分之一，小白马跑了全程的四分之一，小斑马跑了全程的三分之一，小斑马比谁快比谁慢，它的位置应该在哪里呢？通过生活的语言，来感知三分之一比二分之一小，比四分之一大的大小关系，经过讨论，最后把三个分数，连同起点 0、终点 1 一起列在数轴上，直观感知分数之间的大小关系，同时强化分数和 0、1 这些整数一样都是数家族的成员，强调分数是一个新的数（图 4-7）。

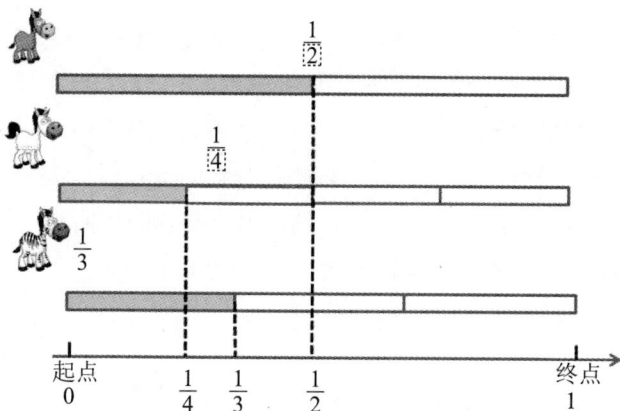

图 4-7

7. 推介趣味数学小知识和游戏，感知分数的文化

课的结尾，可组织推介一些适合学生了解的与本课相关的数学史料或数学小知识。比如有关单位分数的数学史料：古埃及同中国一样，也是世界上著名的文明古国。古埃及人约于公元前 17 世纪就已使用分数，他们处理分数与众不同，在进行分数运算时，只使用分子是 1 的分数，因此这种"几分之一"的分数也叫作埃及分数。

也可以尝试用今天的分数来评价当堂学生的学习状况。组织学生根据评语"对号入座"：全班表现都不错，二分之一的同学既认真听讲，还积极举手发言；三分之一的同学还提出过与别的同学不同的意见；四分之一的同学当着全班同学清楚地表达

了问题。既是对课堂学习的评价，也是一次简单的分数应用。

当然，还可以有更为刺激的数学游戏。规则如下：老师给每一位同学准备了一份小点心，一共有 36 块饼干，现在要派代表按照要求来取，如果有人取错，点心将全部归还哦。要求如下：先取走全部饼干的 $\frac{1}{2}$；再取走剩下饼干的 $\frac{1}{2}$；再取走剩下饼干的 $\frac{1}{3}$；再取走剩下饼干的 $\frac{1}{2}$；再取走剩下饼干的 $\frac{1}{3}$；再取走剩下饼干的 $\frac{1}{2}$；还有吗？虽然取点心的是一位同学代表，但思考的是每一位同学。在取点心的活动中，主要是激发学生根据具体的总数来感知二分之一和三分之一的实际大小，为后续学习积累经验，同时为后续学习更多分数的知识做导引。

（本文指导作者：新思维小学教学教材主编　张天孝）

（二）分数乘除法：简单计算蕴含推理

1. 问题提出

在小学里，对于四则运算来说，分数的乘除法是安排在最后学习的内容。然而，在调查中笔者发现，并没有因为之前已经学过整数和小数的四则运算，而使得分数的乘除法变得简单起来。笔者在上课的班级进行现场调查时提问"对于整数、小数和分数的四则运算来说，你们最擅长哪一种"，几乎全部的学生都选择整数。这就促使我们需要反思教学：分数乘除法到底与整数的乘除法之间有哪些内在的联系没有彼此联通，而使得分数的乘除法变得孤立而艰难？这也是本课例实践的初衷。

教学经验告诉我们，如果要让学生记住计算的法则，只要多背几遍，大部分学生应该没有问题；如果要让学生提高计算的技能，只要多练几题，大部分学生也都会算对。作为公开课的教学，我们可以尝试变换一些形式，更新一些题型，学习过程"活跃点气氛，多点趣味"，学习结果"背得出法则，算得出答案"，但仅仅这些还是不够的，从能力发展的维度理性地分析一下，发现学生的能力发展总是在低等级水平上徘徊，未见有效地提高？在一次对某区 3000 多名六年级学生的测查中，有这样一道题：下面四个算式，计算结果最大的算式是（　　）。A. $\frac{17}{23} \times 1$；B. $\frac{17}{23} \times \frac{1}{2}$；C. $\frac{17}{23} \div 1$；D. $\frac{17}{23} \div \frac{1}{2}$. 错误率高达 10.9%。这就是其中一个例证。

从技能到能力，从单一的训练到全面发展，一节练习课可以有多大的探索可能，笔者以"能力为重"为主题，对分数乘除法的练习教学做了一点点尝试与探索。

2. 教学目标的预设

①经历不同情境的练习，进一步巩固分数乘除法的计算技能，进一步理解分数乘除法的算理，提高运算和表达能力；

②通过比大小的方式，探索分数乘除法中的运算规律，提高对分数运算结果的估计能力，增强数感；

③在有挑战的开放问题情境中，增强应用意识和解决问题的能力，提高学习的兴趣。

预设意图：不仅提到了"会算"的基本技能，还特别强调"会说"，不仅关注算"术"，还要关注算"理"。作为数学核心素养的"数感"不只在认数的时候要关注，在计算教学中也同样重要。本节课创设了一个载体，就是"比大小"。越是有挑战的内容对学生的学习收获可能更大。有挑战，反而可能增强学生计算的兴趣，更能通过数学内部思维的魅力吸引学生，掌握了计算的技能，关键还要看应用，在解决问题的过程中，才能体现学生运算从合理到灵活的提升。

3. 教学的主要过程

(1)整体回顾，整数、小数、分数的四则运算

师：同学们，不知不觉我们学会了整数、小数、分数的四则运算。回过头想一想，各种四则运算我们学得怎么样？这三种不同数的运算，你最擅长的是哪一种？请举手选择(表4-1)。

表 4-1

	加	减	乘	除
整数	√	√	√	√
小数	√	√	√	√
分数	√	√		

学生分别举手。结果显示：都最擅长计算整数，少部分也有擅长小数的，就是没有擅长分数的。

师：分数怎么就这么不受欢迎呢，今天我们倒是要迎难而上，再来练习一下分数的运算。

设计意图：让学生对所学的知识和技能有一个整体的观念，无论是在开始接触新概念时，还是在掌握了基本技能后，都值得强调。有时一个简单的梳理的过程，就是帮助学生形成整体意识的过程。见过树木，更要见森林。见过森林，树木自然更清楚。有时，数学课堂上提出的问题，也可以是一些比较"柔性"的问题。不要总是非此即彼、非错即对的问题。关注到学生体会的提问、"没有对错"的提问，可以为学生创设一个安全自由的环境，心里感到安全放松，思维才能更敏捷。

（2）聚焦分数运算，重点回顾分数乘除法的算理

先估一估，猜一猜，再算一算。

师：下面将出现两个分数，要分别进行加、减、乘、除四则运算，你觉得哪种运算的结果最大？

学生猜测，分别举手表示：加、减、乘、除。课堂上，也有学生不举手。

师追问：你为什么不举手呢？

生：因为还不知道是两个怎样的分数呢。

顺着学生的思路，教师先后呈现不同的分数。主要材料如下：

第一组：$\dfrac{1}{2}$ 和 $\dfrac{1}{3}$。

教学时，还是可以让学生再猜，猜得对不对，自己算一算。

$\dfrac{1}{2}+\dfrac{1}{3}=\dfrac{5}{6}$，$\dfrac{1}{2}-\dfrac{1}{3}=\dfrac{1}{6}$，$\dfrac{1}{2}\times\dfrac{1}{3}=\dfrac{1}{6}$，$\dfrac{1}{2}\div\dfrac{1}{3}=\dfrac{3}{2}$。

结果发现：这两个分数除法运算的结果最大。

设计意图：为什么要让学生猜了再猜？一方面是培养学生的直觉思维，增强估计的数感；另一方面，从心理的角度来说，一旦学生做出猜测，就更会保持有意注意关注猜测的结果，这更能驱动学生进行精确的计算。自然地从估算过渡到精算了。

第二组：$\dfrac{2}{3}$ 和 $\dfrac{4}{5}$。

如果说第一组的两个分数，都是单位分数，不是太典型，那么上面的这两个分数就比较能够代表一般的情况，希望基于此来解决一般的算理问题。

教学时，还是可以先让学生猜猜哪个结果大，再算一算。

$\dfrac{2}{3}+\dfrac{4}{5}=\dfrac{22}{15}$；$\dfrac{2}{3}-\dfrac{4}{5}=?$　$\dfrac{2}{3}\times\dfrac{4}{5}=\dfrac{8}{15}$；$\dfrac{2}{3}\div\dfrac{4}{5}=\dfrac{5}{6}$。

通过计算，得出最后比较的结果。这一组分数加法的结果最大。但借助这两个分数的运算，不仅是为了得出结果，更重要的是要回顾算理。

（课堂花絮：师：算对的同学请举手。学生大部分都举手了。师：谁来说说为什么这样算？学生大部分把手放下了。）这样的现象有一定的普遍性，也是算理教学的现状所在。回顾算理的教学，大致分以下几步：

第一步，先罗列已经学过的分数四则运算规则。

➤加：两个分数相加，先通分，分母不变，分子相加。

➤减：两个分数相减，先通分，分母不变，分子相减。

➤乘：两个分数相乘，分子相乘作分子，分母相乘作分母。

➤除：两个分数相除，一个分数乘以分数的倒数。

引发思考：为什么分数的加减要先通分，而分数的乘除法则不用通分？为什么分数乘法时，分母乘分母、分子乘分子，可是除法却不是这样的？

第二步，想方设法，表达算理。有的用语言，有的用图示（图4-8）。

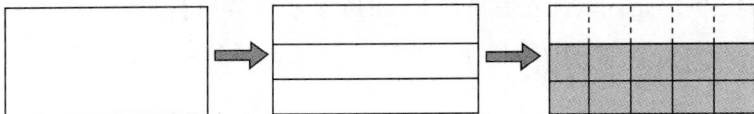

可以写成：$\dfrac{2}{3} \times \dfrac{4}{5} = \dfrac{1}{15} \times 2 \times 4 = \dfrac{8}{15}$。

图 4-8

结合图示分析，对于单位"1"来说，先平均分成3份，再平均分成5份，相当于平均分成3×5份，要表示的是2×4份。从分数单位统一的角度来说，对于分数的乘法，也可以看成是分数单位统一后，分子的乘法。

对于分数除法来说，尽管常见的办法是，利用商不变的性质，被除数和除数同时乘除数的倒数，这样除数的部分就变成了1，结果就是被除数乘除数的倒数了。但如果还是从分数单位统一的角度来说，也是可以的，先通分，再用分子除以分子，也可以推导出分数除法的运算法则：两个分数相除，就是一个分数乘另一个分数的倒数。

$$\dfrac{2}{3} \div \dfrac{4}{5} = \left(\dfrac{2}{3} \times \dfrac{5}{4} \right) \div \left(\dfrac{4}{5} \times \dfrac{5}{4} \right) = \dfrac{10}{12}。$$

$$\dfrac{2}{3} \div \dfrac{4}{5} = \dfrac{10}{15} \div \dfrac{12}{15} = \dfrac{10}{12} \cdots\cdots \dfrac{2 \times 5}{3 \times 4} = \dfrac{2}{3} \times \dfrac{5}{4}。$$

设计意图：进行分数四则计算的整体教学时，要努力从看似变化中找出不变来；分数的运算实质上是分数单位统一后的分子的运算，这样自然地将分数的运算法则统一到整数的运算中。

即使这样学生有时理解起来有点磕磕绊绊，但学习过程中积累下的是宝贵的经验和内在的思想。总之，教学的目的是鼓励学生把不同的算法背后的原因说清楚，对算理的进一步理解能促进算术技能的熟练。让学生知其然还要知其所以然，不仅学会算，而且知道为什么要这样算。

第三组：$\dfrac{13}{4}$ 和 $\dfrac{3}{2}$。

师：分数乘除法，有时除法的结果大，有时加法的结果大，还会有其他可能吗？会不会是乘法的最大？简单举例，如下。

$$\frac{13}{4}+\frac{3}{2}=\frac{19}{4};\ \frac{13}{4}-\frac{3}{2}=\frac{7}{4};\ \frac{13}{4}\times\frac{3}{2}=\frac{39}{8};\ \frac{13}{4}\div\frac{3}{2}=\frac{13}{6}。$$

设计意图：主要是让学生在算的过程中，感知分数四则运算结果的规律，不像整数运算的规律，时而加起来的结果大，时而乘起来的结果大，时而除起来的结果大。(减起来的结果在小学常见的数域范围不会出现，谈论为什么对于学生来说有些挑战，不作为本节课要求来探讨。)要感知到，对于分数的四则运算的结果，不能确定哪一种运算结果最大，要看具体的数来决定。

(3)设计不同水平层次的习题，促进学生的不同发展

①探索分数乘除法的规律，比大小。

题1　$\dfrac{2}{3}\times\dfrac{b}{a}\bigcirc\dfrac{2}{3}\div\dfrac{b}{a}$，在〇填 >、< 或 =，请说明理由。

设计意图：开放题的策略是一个问题存在多种解。一个好的问题是能包容不同水平学生不同的思考方法。有的学生只能考虑到一种情况，有的学生是用举例子的办法，有的学生则是应用规律，能分门别类地有序思考。一个开放性的问题，就是能为不同学生的发展留有不同发展的空间。

正确的答案是：

当 $a=b$ 时，$\dfrac{2}{3}\times\dfrac{b}{a}=\dfrac{2}{3}\div\dfrac{b}{a}$；

当 $a>b$ 时，$\dfrac{2}{3}\times\dfrac{b}{a}<\dfrac{2}{3}\div\dfrac{b}{a}$；

当 $a<b$ 时，$\frac{2}{3}\times\frac{b}{a}>\frac{2}{3}\div\frac{b}{a}$；

题2 $\frac{2}{3}\times a=b\div\frac{2}{3}$；$a\bigcirc b$。

设计意图：开放题的设计策略之一是正向变逆向，不是算出来比结果，而是已知结果相等，要比其中的数，需逆向思考。学生可能的思路是：用具体的数代入计算比较。有的学生可能用数量关系推导。

方法1：假设结果是1：$a\times\frac{2}{3}=b\div\frac{2}{3}=1$，$a=\frac{3}{2}$，$b=\frac{2}{3}$。

方法2：用字母推演 $a=b\div\frac{2}{3}\div\frac{2}{3}=b\times\frac{6}{4}$；或 $b=a\times\frac{2}{3}\times\frac{2}{3}=a\times\frac{4}{6}$。

结论：$a>b$。

②结合实际应用，开放式地进行拓展练习。

问题情境：有一个国王珍藏着一盒名贵的珍珠，想奖赏给一位有功的大臣，国王没有直接给大臣，而是让大臣自己做出选择。A. 要这盒珍珠的 $\frac{1}{2}$；B. 要 $\frac{1}{4}$ 千克珍珠。如果由你选择，选择哪一种，为什么？

设计意图：这是一个开放的问题，但是问题的实质是分数的乘除法的应用，其问题模型是 $\square\times\frac{1}{2}=\frac{1}{4}$，当 $\square=\frac{1}{2}$ 时，两种选择一样多，当 $\square>\frac{1}{2}$ 时，A 种选择的多；当 $\frac{1}{4}>\square>\frac{1}{2}$ 时，B 种选择的多。教学时可组织学生猜测，因题中思维含量大，教师要紧扣本节课的学习主题，同时还要包容学生的社会性心理，让学科德育自然渗透其中。

③趣味游戏挑战。

游戏："史上最长的算式"，结果会是几？准备2分钟，老师告诉第1个数，看谁先得到正确的结果？

$$\frac{\square}{\square}\xrightarrow{\times\frac{3}{7}}(\quad)\xrightarrow{\div\frac{1}{3}}(\quad)\xrightarrow{\times\frac{4}{9}}(\quad)\xrightarrow{\div\frac{4}{11}}(\quad)\xrightarrow{\times\frac{7}{11}}(\quad)$$

设计意图：有的学生遇到计算的问题，就是"按程序"算，忘了应用其中的规律，本题是希望学生在游戏的过程中，发现计算背后的规律。有的学生看没有第一个数，就等着第一个数告诉了再算；有的学生则灵活应用计算规律，已经先把后面的数的

运算结果算出来了，这样教师告诉第一个数，学生就知道结果了。比的不是"机械算"，而是机智。不是速度，是智慧。

(4)课后延伸，拓展数学阅读新方式

课后的练习也不一定是计算的练习，也可以是数学小科普。课后教师可以推荐分数四则运算的阅读篇目，或者请学生围绕分数的乘除法尝试写写感想，比如没大没小的分数运算。笔者曾根据上面"国王的礼物"编写了一个故事，供学生课后阅读。

选择国王奖赏的珍珠

有一个国王珍藏着一盒名贵的珍珠，在一次重要的战役中，一位大臣立了大功。国王就想奖赏这位有功的大臣。可是国王并没有直接给大臣，而是让大臣自己做出选择。

奖赏的那天，国王面前放着一个金光闪亮的珠宝盒，大臣走到跟前领赏。国王就对大臣说："本大王这里有盒珍珠，不能全部奖赏于你。但你可以做出选择。第一种，要这盒珍珠的 $\frac{1}{2}$；第二种，要 $\frac{1}{4}$ 千克珍珠。"

这位大臣受宠若惊，不敢选择："大王，这是大王珍藏多年的珍珠，在下不敢领赏。"国王哈哈大笑，满怀慈爱地对大臣说："选吧选吧。"大臣看国王的确是诚意奖赏，就说："那为臣只好恭敬不如从命了。"

到底该怎么选呢？

围观的其他将领也在帮着猜测。

其中一位小将，看到这么名贵的珍珠，在一旁比领赏的大臣还兴奋，在旁鼓动："选第一种吧，有一半珍珠可以拿啊。"

一位老将，心平气和地说："就 $\frac{1}{4}$ 千克，也很不错啊。"

大堂上下，热闹非凡，大家七嘴八舌议论纷纷，领赏的大臣也在沉思。

国王看到大家议论不止，就给了时间的限制，请大臣在 10 秒内做出决定，否则珍珠就收回了。

10，9，8，7。

"选第一种吧，第一种多。"人群中传来了一个人的喊声。

"选第二种吧，第二种多。"

6，5，4。

3，2。

"快选，快选。"

领赏大臣上前一步："我选第二种吧。"

大堂上下一片寂静。

国王手扶珍珠盒，问大臣："你为何选第二种。"

大臣回答："大王给出的两个条件，微臣并不能直接比出大小，因为这盒珍珠到底是多重不得而知。但是，根据已有条件微臣可以做出如下判断。

"如果盒子里的珍珠是 $\frac{1}{2}$ 千克的时候，那么第一种和第二种方法选择的都是一样多的。

"如果盒子里的珍珠比 $\frac{1}{2}$ 千克重，那么应该是第一种选择多；这样珍珠一半的重量就比 $\frac{1}{4}$ 千克多了。

"如果盒子里的珍珠比 $\frac{1}{2}$ 千克轻，那么应该是第二种选择多；当然最轻也不会轻于 $\frac{1}{4}$ 千克。

"因此，就国王给出的条件，微臣实在是难以确定哪种方法选择的多。"

国王问道："那你为何选择第二种呢？"

大臣如实回答："微臣以为，尽管情形复杂难以确定，但这毕竟是国王的心意微臣还是要在规定时间内做出选择的。微臣跟随大王多年，已是人生有幸，荣华富贵乃身外之物，微臣不曾妄想。如此名贵的珍珠， $\frac{1}{4}$ 千克对于在下来说已经足矣。微臣无须与大王平分珍珠，去占有 $\frac{1}{2}$。不管多少， $\frac{1}{4}$ 千克足矣。"

国王听了以后，满是欢欣。"既然你选择了第二种方法，那就不要后悔当初的选择。"一旁的大臣们听了领赏大臣的选择，还在记挂到底盒子里原来有多少珍珠？

这时国王示意身边的侍卫打开珍珠宝盒，放在称上，显示分量，不偏不倚，刚好1斤（ $\frac{1}{2}$ 千克）。也就是说不管选哪种，其实都是一样多的。但是国王也在领赏的

过程中再次考量了大臣的智慧。一旁的大臣们这时才恍然大悟。

领赏的大臣在这次领赏的过程中，不仅领得了珍珠，还用他的智慧和胸怀，赢得了更多的信任，表示了更多的忠诚。

附：在内联中感悟本质，在探索中发现规律

——唐彩斌老师"分数乘除法练习"一课赏析

数学的练习课是使学生掌握系统的数学基础知识，训练技能技巧的主要途径之一，也是提升学生能力与素养的重要载体。唐彩斌老师上的"分数乘除法练习"一课充分体现了这一特点，在这节课上唐老师将分数乘除法的算理和算法的回顾巧妙地结合到题组训练中，并抓住分数运算的本质进行了沟通，体现了数学学习的重要特点——联。在整个题组训练中，对分数乘除法进行了对比，从中发现规律，并将规律应用到新的情境中去。在题目的设计上，由基础到挑战，由封闭到开放，逐层推进，既训练基础知识和技能，更着眼于探索能力和数感的培养。在教学的实施上，注重学生思考方法的训练，关注学生的实际起点，充分利用学生即时生成的材料作为后续教学的内容，体现了"学本"课堂以"学"为本的特点。下面我们来欣赏几个精彩的片段。

1. 内联沟通：感悟分数运算的实质

在回顾了分数四则运算的基本法则后，唐老师引领学生聚焦在分数乘除法的算理上，提出：分数乘法为什么要分子相乘、分母相乘呢？学生在新授课中经历过算理的探索过程，唐老师利用图形让学生先回顾原来的学习过程，然后在此基础上进行深化，引领学生得出：$\frac{2}{3} \times \frac{4}{5} = \left(2 \times \frac{1}{3}\right) \times \left(4 \times \frac{1}{5}\right) = (2 \times 4) \times \frac{1}{15}$，也就是求 8 个 $\frac{1}{15}$ 是多少。同样道理，$\frac{2}{3} \div \frac{4}{5} = \frac{10}{15} \div \frac{12}{15} = 10 \div 12$，即"10 个 $\frac{1}{15}$"除以"12 个 $\frac{1}{15}$"只要算"$10 \div 12$"就行了。这样就将分数运算与整数运算进行了沟通，使教学上升到了探索运算本质的高度：整数计算的本质是"相同计数单位个数"的计算（减法是加法的逆运算，乘法是加法的简便运算，除法是乘法的逆运算），小数计算的本质是"相同小数单位个数"的计算，分数计算的本质是"相同分数单位个数"的计算（分数乘法就是每个分数的分数单位相乘统一后，分数单位的个数再相乘；

分数除法就是分数单位化相同后，分数单位的个数再相除）。这也许就是练习课中的题目与新授课中的巩固性题目的区别，练习课中的题目除了巩固新知外，还应有"串联"和"升华"的功能。

2. 探索发现：分数乘除法中的大小规律

本节练习课的第二大板块就是对分数乘除法大小规律的巩固与深化。唐老师原先的设计是让学生通过题组练习巩固以下内容：①分数乘法中的大小规律；②分数除法中的大小规律；③分数乘法和除法的大小比较；④将规律推广到一般情境中。在实际教学中，唐老师根据学生的实际起点，进行了临时处理，直接让学生比较大小：$\frac{2}{3} \times \frac{b}{a} \bigcirc \frac{2}{3} \div \frac{b}{a}$。这样的处理，充分体现了"以学为本"的思想。在这一背景下，学生探索的空间更大了，也更富有挑战性。在学生经过自主探索后，唐老师收集学生的作业纸进行点拨引领，这种将学生动态生成的素材作为后续推进教学的内容，充分展现了唐老师"顺水推舟"的课堂驾驭艺术。在学生发现了三种可能性后，唐老师又布置了更富有挑战性的内容让学生继续探索分数乘除法中的大小规律，在多种练习中深化了对该知识的认识。

3. 猜想验证：在开放练习中发展数感

本节课还有一个亮点就是练习题具有一定的开放性。开放性练习是指教师为学生提供的数学问题不存在单一、固定的答案。其已知和结论都具有较大的开放性，需要学生在解题时做更多的独立思考与探索，对结论做出大胆的合理猜想。这种练习使学生有充分的自我支配机会，通过多种答案的探索或提出有别于他人的解法而获得成功的体验，从而使学生的数感和创造性思维品质得到发展。例如，在练习分数四则运算时，让学生猜一猜"分数加、减、乘、除"中哪一种的运算结果最大？然后让学生去举例验证，这种题目的已知和结论都具有较大的开放性。又如，在做"$\frac{2}{3} \times a = b \div \frac{2}{3}(a、b \neq 0)$，$a \bigcirc b$"时，学生想出了多种方法，这种题目体现了解决策略的开放性。再如，"国王赏珍珠的题目"，具有结论的开放性。总之，在形式多样的开放性练习中，学生不仅巩固了知识技能，而且提升了数学素养，这也是"学本课堂"追求的目标之一。

（浙江金华武义县教研室教研员　陈力）

二、致力于空间观念培养的教学案例

（一）认识菱形：遗忘的四边形

1. 课前思考：为什么要学习菱形？

2011年上半年笔者去了英国留学半年，在英国的中小学听了很多的数学课，在听的过程中发现英国的教学内容和我们的不太一样。我们不能因为在算术方面学得比别人快，就因此简单地就说别人简单。事实上，有的方面我们比别人快一些、多一些，也就说明有时我们在有些方面比别人慢一些、少一些。细细分析，有的内容是英国的学生要学但我们的学生却没有学的内容，"菱形"就是其中之一。听课之余，笔者也常常习惯性地假想，在中国的数学教学体系中，我们又该怎样引导学生开展菱形的学习呢？所以笔者就打算尝试尝试。

在进行教学设计之前，笔者不断反问"为什么小学生要学习菱形，可以怎么学菱形"？于是开始了国际视野范围内的搜索，纵观世界各国的小学数学学习内容，发现美国、英国、日本、新加坡、韩国等教材中都有关于菱形的简单教学，在我国的小学数学学习中却一般不涉及菱形，偶有教材会做一点"点缀式"的简介。虽然"人有我无"，但也不能因此成为"小学生学习菱形"的理由，关键在于学习菱形有什么价值？小学生是否适合学习菱形，能不能开展有效的教学达到预设的目标，基于此开始了笔者对于菱形的思考与尝试。

从学生的生活经验来看，菱形虽然没有长方形那么普及，但在生活中也算比较常见。没有经过学校的正式学习，在调查中却发现很多学生也对菱形有所知晓，当然也有不少存有错误，比如"菱形就是把正方形斜起来"。从学生的学习经验来看，在学习四边形的整个过程中，在学完平行四边形后，进而学习4个角都是直角的长方形，对于4条边都相等的菱形却一般不学，也就是说特殊性的考察角度主要集中在4个角都相等的情况上，而不考虑4条边都相等。而在之前学习三角形的时候，一般情况也是从边和角两个维度去考虑。从这个角度来看，如果能够从边的特殊性入手进一步学习平行四边形，则是一种顺其自然的流程，也更加符合数学教学的一般逻辑。

在小学学菱形，会不会是中学内容的下放，导致重复。这个问题类同于初中教学矩形，小学学习长方形，看上去一样，实际上教学目标并不相同。笔者查阅了国内初中数学教材，以浙教版中学数学为例，一般安排在 8 年级教学，基于平行四边形的认识，指出菱形是特殊的平行四边形，它除了具有一般平行四边形的性质外，还具有一些特殊的性质。定理 1：菱形的四条边相等。定理 2：菱形的对角线相互垂直，并且每条对角线平分一组对角。小学生学习菱形应该为后续这样的学习积累活动经验，奠定基础。

另外更为重要的是，菱形有很多美妙的应用，在学习的过程中，学菱形，不应只局限在菱形上，而应通过菱形这个载体发展学生的空间观念，让学生动口辨析、动手操作、动脑思考，提升学生的空间想象能力。

2. 课堂实践：怎样教学菱形？

结合已有的图形与几何领域的内容，以及学生的年龄心理特征，为"菱形"制定了以下教学目标：

①结合学生熟悉的现实情境，在认识其他四边形的基础上认识菱形，从边、角、对称性等维度了解菱形的基本特点；

②经历辨析各四边形之间的关系的过程，增强四边形认识的系统性，提高学生逻辑思维能力和推理能力；

③经历观察与制作菱形的过程，提高动手操作能力；在图形的观察与分析中，增强对四边形的认识，为学习其他平面图形积累活动经验，发展学生的空间观念；

④欣赏生活中菱形的应用，感受数学中菱形的美妙，激发学生学习数学的兴趣。

教学过程：

(1)置身于四边形的大背景下，结合现实引出菱形

师：同学们已经学过了哪些四边形？它们之间有什么关系？能不能用图来表示？

生(回忆)：长方形、正方形、平行四边形、梯形。

师：能用直观的图来表示四边形的大家庭吗？（图 4-9）

在展示图的同时，着重强调不同的四边形特殊在哪里？比如对于四边形来说，梯形特殊在只有一组对边平行；平行四边形特殊在两组对边平行；对于平行四边形来说长方形特殊在四个角都是直角，对于长方形来说，正方形特殊在四条边都相等。

师：不同的四边形之间有区别，也有联系，我们一起在超级画板的平台上看看

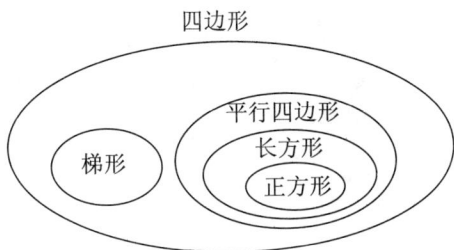

四边形
平行四边形
长方形
正方形
梯形

图 4-9

四边形相互的变化。

变化的过程，实际上是图形的特征不断强化的过程，比如要把梯形变成平行四边形，实际上就是要在已有一组对边平行的基础上，让另一组对边也平行(图 4-10)。

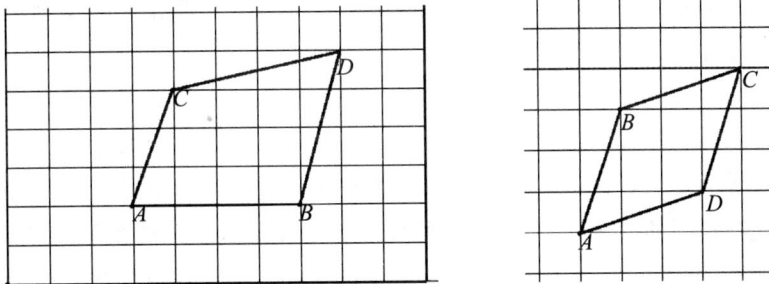

图 4-10

最后转变成菱形。对于四边形来说，有什么特殊之处？对于平行四边形来说，有什么特殊之处？为后续引导学生概括四条边都相等的四边形，或者相邻两条边相等的平行四边形是菱形做铺垫。

师：观察"菱形"，想一想现实生活中在哪些地方看到过这样的图形？

教学时，先让学生说说想到的菱形实物，再组织学生一起来看一看已经准备好的一些素材。图片的选择具有广泛性和代表性，主要想表明"古今中外，衣食住行"中都有菱形，菱形很常见(图 4-11)。古代钱币有菱形的，拉门、衣帽架有菱形的，吃的菜有切成菱形的。有菱形的糕点，有的衣服上有菱形图案，还有菱形的地砖；北京奥运开幕式上有菱形方阵，法国巴黎的卢浮宫由 600 个菱形围成，德国安联球场由 2874 个菱形围成。美国的跳伞队空中可以跳出菱形方阵，法国的飞行队也可以在空中飞出菱形方阵。

图 4-11

在屏幕上展现若干实物，最后隐去实物，剩下轮廓，观察这些菱形（提供的菱形有尽可能多的变式），概括共同的特点。说说怎样的图形是菱形。

引导学生概括：4 条边都相等的四边形是菱形；相邻 2 条边相等的平行四边形是菱形。教学时，可引发学生讨论：为什么平行四边形只要相邻的 2 条边相等就是菱形？引导学生根据平行四边形对边相等来做推理。

反思解析：置身于四边形的大背景下，是为了让学生认识新图形能有整体和系统的思维方式，复习已学图形之间的关系，不仅只是回顾各个图形的名称，关键是回顾学习图形的方法，关注彼此之间的联系与区别，激活原有学习图形的经验，比如一般都是从图形的角和边来考察图形的特点。之所以要引进生活中丰富的图形，也不只是为了"看起来好看"，而是因为概括需要建立在丰富的素材基础上，只有材料足够丰富，才能概括出普适的规律。

(2)动手操作、动口表达、动脑辨析：菱形与其他四边形之间的关系

判断下面的图形是否是菱形？（图 4-12）

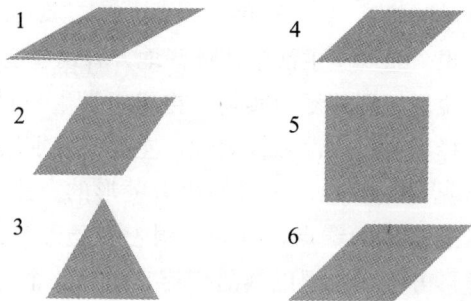

图 4-12

教学时，先让学生用肉眼判断，再通过操作印证。分析学生判断的方法，引导学生用对折的方法来验证菱形的边是否都相等。在操作的过程中，进而引导学生发现，菱形的对角线是菱形的对称轴，可以把菱形分成4个一模一样的直角三角形。

（课堂花絮：学生一眼就把三角形剔除了，但有心的学生却发现两个等边三角形拼在一起却是一个菱形。）

基于对菱形特点的基本认识，引导学生辨析四边形之间的关系。教学时先让学生独立思考，然后集体讨论交流，既要说出是对是错，还要说为什么？

判断对错。

◇　所有的平行四边形都是菱形。　　　（　　　）

◇　所有的菱形都是平行四边形。　　　（　　　）

◇　所有的长方形都是平行四边形。　　（　　　）

◇　所有的长方形都是菱形。　　　　　（　　　）

◇　所有的菱形都是长方形。　　　　　（　　　）

◇　所有的菱形都是正方形。　　　　　（　　　）

◇　所有的正方形都是菱形。　　　　　（　　　）

◇　正方形既是长方形也是菱形。　　　（　　　）

根据以上对四边形之间的关系的辨析，引导学生在原来的四边形关系图中，加入"菱形"（图4-13）。

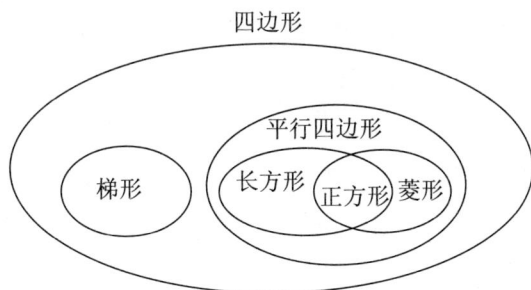

图 4-13

反思解析：在辨析菱形与其他四边形之间的关系时，注重动手动脑相结合，强调动口表达。很多时候，学生想明白了也不一定能表达，一线经验告诉我们学生"说着说着才会说了""不说不说就都说不出了"。因此在日常教学中，应当多创造机会让学生应用准确的数学语言进行表达，也许开始不那么连贯、不那么精准，甚至有些"笨拙"，但也应当鼓励，这也是教学目标重要的组成部分。引导学生在原有图示中加入"菱形"，这既是对课前关系图的回应，也是学生基于对四边形新的认识后自主建构的直观图示。

（3）不同方式做菱形，巩固特征认识，发展空间观念

• 用小棒拼菱形

师： 同样的三根小棒，能拼出不同的三角形吗？同样的 4 根小棒能拼出不同的菱形吗？三角形有稳定性，菱形具有不稳定性，但是不稳定也有不稳定的好处，很多卷拉门上就应用了菱形的不稳定性。

同样的 4 根小棒能拼出不同的菱形，在变化的过程中，进一步讨论：什么变了？什么没有变？（图 4-14）

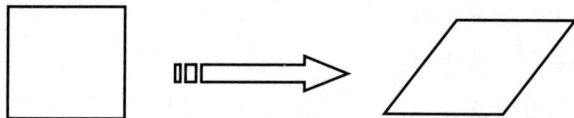

图 4-14

引导学生分析：在变化过程中，菱形的周长没有变，都是边长×4，面积变了，从正方形到菱形，随着四边形的底角的变化而变化，底角角度变小了，菱形的面积也变小了。

（课堂花絮：给学生一个小的尝试与挑战，引发猜测怎样的菱形的面积正好是对应的正方形的一半？引导学生用直觉判断。）（超级画板演示）

• 找菱形（两个层次，供学生选择）

题 1 遮住图形的一部分，找菱形（图 4-15）。

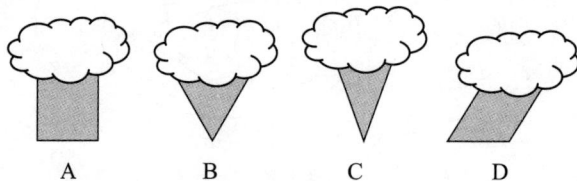

图 4-15

找菱形的过程，实际上就是对菱形特点的再应用。

题 2　在"菱形"中找菱形(图 4-16)。

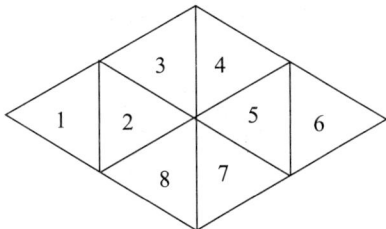

图 4-16

图中一个大菱形中还有小菱形，一共有多少个菱形？（共 9 个）

基于刚才数菱形的方法，进一步可以呼应前面的实物观察，如果这样数菱形的话，法国巴黎的卢浮宫外表就不止 600 个菱形了，德国安联球场表面也不止 2874 个菱形了。这对之前素材的判断的"否定"，是对菱形特点的进一步"肯定"。

反思解析：在"做菱形""找菱形"的不同方式背后有不同的价值取向，用小棒拼，一方面揭示菱形的基本特点，同时还在渗透菱形的周长和面积之间的变化关系；通过观察图形来"找"菱形，一方面是依靠肉眼的观察，另一方面更重要的是对菱形特点的辨析，通过部分来推断整体图形的特点。

能够在复杂的图形中找出隐蔽的图形，是发展学生空间观念的一种常见形式。这一个经典问题是 20 世纪 80 年代张德琇老师提出的，原题是"图中有多少种不同的图形，各有多少个？"可以想见，这个"简结构大容量"的问题不只在这节课上可以用，在这一类课上也都适用。

(4)欣赏数学中的美妙菱形，引导学生回顾小结。

欣赏数学中美妙的菱形(图 4-17)。发现了什么奥妙？

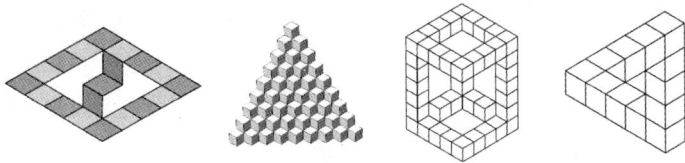

图 4-17

课堂总结：对于四边形有哪些新的认识，认识了菱形的什么特点？我们是怎样认识菱形的？带着问题，引导学生自我反思、回顾与总结。

（课堂花絮：在课堂总结评价时，还可以创造条件奖赏学生"吃"菱形（图 4-18）。用充满童趣的活动，让学生真切体会到菱形在现实生活中是普遍存在的。）

图 4-18

课后作业综合实践活动：用 3 天的时间想想怎样用一张长方形折出菱形。

可能的方法：学生容易先折出一个特殊的菱形——正方形，视学生情况引导他们先把长方形对折再对折，这时将一个直角（包含原长方形中心的那个角）剪下，就得到了一个菱形。

反思解析：如果说课前是欣赏生活中的菱形，那么现在欣赏的是数学中的菱形。最后吸引学生应该依靠数学内部的美妙，因此，我们需要不断培养学生欣赏数学内部知识美的意识和能力。

课堂总结时，我们除了问"这节课学了什么？有什么收获"以外，我们是否可以准备一个问题单引发学生自主地思考，哪怕给点时间让他们静静回忆。学了什么，是怎么学习的？还有什么新的问题？

除了布置常规作业，有时是否可以布置一点"长作业"，可以让学生在比较长的时间内充足的尝试与思考，思维的自主与自由有时要从时间的安排上开始，只有有宽松的氛围、自主的时间，学生的创新思维才可能萌发。

3. 课后思考：如何进一步探究菱形的教学价值？

中国科学院院士张景中一直倡导"教育数学"，简单说就是改造数学使之更适合于教学和学习。他曾经呼吁"下放三角全局皆活"，矩形用单位正方形去度量，结果得出长乘宽的面积公式。那么平行四边形的面积怎么求？自然是用单位菱形，同样可以得出平行四边形的面积是"两边长的乘积，再乘上单位菱形面积的因子"，原理完全相同，从而可以在学习相似三角形之前就引出三角函数。张奠宙先生认为，按张院士的这种思路，三角里的正弦函数，甚至可以在小学里引进，并给出了一个比喻：打折扣。单位正方形压扁了，成为单位菱形，两者的区别在于角 A。角 A 是直

角，面积为 1，角 A 不是直角，面积就要打折扣。这个折扣是一个小数，和角 A 有关，记作 sin A。"如果能从小学就学 sin A，当然是一次解放。"这个 sin A 到底代表着多少？可以在计算器或计算机上查出对应的精确数值，这就引进了正弦函数。知道了正弦函数，就能解决许多实际的几何问题，从而为小学数学的教学拓开一片崭新的天地。这也有待我们进一步的实践。

4. 课外之音：怎样对待教学内容的创新？

数学教学是科学，也是艺术，在现实教学中常被混淆，对科学的内容做艺术的处理，失去了科学性；用科学的方式探讨艺术的部分，遏制了创造性。在教学改革中，一方面我们要关注教学方式的改变与革新，同时，也需要与时俱进地关注学习内容的创新。不能把教材上有没有，视作可不可以教学的标准。实践是检验真理的唯一标准，衡量教学内容是否适合的关键是实践，标准的主体应该是学生，是活生生的不断发生着变化的学生。从世界发达国家的数学教育改革经验来看，处在判断对本班学生来说"教什么和怎么教"的最佳位置的人应该是教师，用教材教而不是教"教材"应成为一种工作的常态，只有这样，教师才会由教材的执行者，转变为课程内容的建设者与研究者。不断寻找适合当今儿童学习的数学内容，用多元的价值观悦纳小学数学内容的创新，勇敢地尝试与探索，是我们应该有的胸怀与理想。

（二）好玩的圆周长

教学内容：浙教版《新思维小学数学六年级上册》，学习圆周长之后的练习。

教学目标：

①在不同情境下计算圆周长，巩固计算圆周长的基本技能；

②在解决圆周长问题的过程中，发现并探索规律，发展空间观念与推理能力，培养数学语言的表达能力；

③经历富有趣味和挑战性的学习活动，激发学习兴趣，增强数学应用意识，积累有益的活动经验。

教学过程：

1. 基本练习，巩固圆周长计算技能

①从单个的圆周长到圆的组合图形。

师：同学们，你们已经学习了圆周长，会算圆周长吗？

先出示两个圆（没有出示直径和半径）（图 4-19）。生异口同声：会。（备注：学生听到教师问"会不会"，已经习惯于说"会"。）

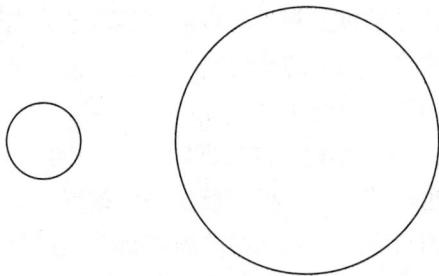

图 4-19

②稍做观察，才发现原来是缺少条件的。引发学生思考，要求圆的周长，一般需要知道圆的半径或者直径。

③出示一个圆的直径是 1 cm，一个圆的半径是 2 cm。

生：独立解答。分别求出两个圆的周长。

红色的圆周长：$C=\pi d$，$3.14×1=3.14$ cm。

蓝色的圆周长：$C=2\pi r$，$3.14×2×2=12.56$ cm。

④出示第三个圆，先请学生想象第 3 个圆，它把前面 2 个圆紧紧包围在一起，是一个怎样的圆？再直观出示，组织学生自主解答：求第 3 个圆的周长（图 4-20）。

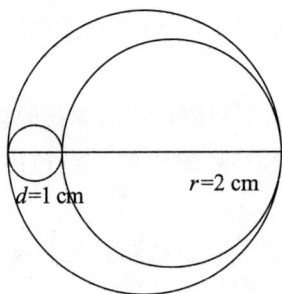

图 4-20

圆周长：$3.14×(1+2×2)=15.7$ cm。

同时，也有学生直接列式：$3.14+12.56=15.7$ cm。

这时教师需要追问：为什么可以用两个圆的周长相加？

⑤引导学生分析规律的原理，多问"为什么"。

生 1：因为我们知道圆的周长和直径有关，几个小圆的直径相加等于大圆的直径，所以它们的周长也是相同的。

生 2：我用了一个公式来表达。

$\pi a + \pi b = \pi(a + b)$，它们可以用乘法分配律来表示。

师：$a + b$，表示什么？

生 2：其实就相当于大圆的直径 d，直径相等，所以周长相等。

不同学生的表征，能够从不同的角度阐述规律背后的原理，帮助更多学生理解。这样的经验积累，为后续的学习奠定了基础。

2. 从单个圆周长到半圆的周长

①先计算 $d = 10$ cm 的圆周长（图 4-21）。学生一般都会很快口答：31.4 cm。

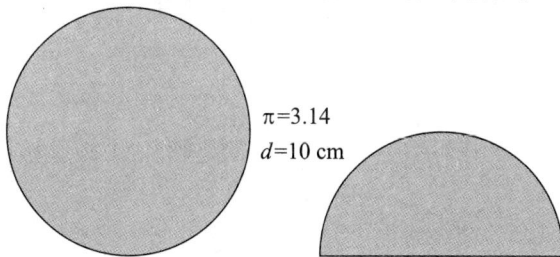

$\pi = 3.14$
$d = 10$ cm

图 4-21

②再计算半圆的周长，教师一说"一半"，学生总是很容易想到用原来的周长除以 2，（生齐答：15.7。然后马上改口：25.7。）

③稍做思考，很多学生都马上明白半圆的周长，还包括直径。半圆的周长和圆周长的一半容易混淆。一方面是巩固基本的计算圆周长的技能，另一方面也在不断刺激学生解决问题时需要灵活的思维。

（说明：半圆的周长的计算即是圆周长的变式，同时又为下面探索规律做了衔接。）

3. 比较长短，探索圆周长一半的规律

①哪一条路比较长？（图 4-22）

为了增强童趣，创设一个蚂蚁选路的情境，蚂蚁站在路口，一条是蓝线（圆周长的一半），一条是黑线（圆直径），哪条路比较长？

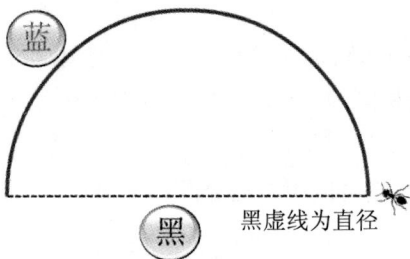

图 4-22

生齐答：蓝线。

师：为什么？

生 1：看出来的。（有的学生是凭直觉判断的。）

生 2：两点之间线段最短。（有的学生能表达道理。）

师回应：这样的问题其实蚂蚁也是清楚的。（学生开心地笑。）

②下面的问题蚂蚁就糊涂了：有一条红线，就是由很多个很小的半圆连接而成，有 100 个呢，这时，是蓝线长还是红线长？（图 4-23）

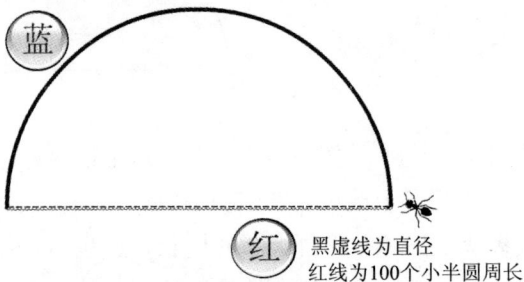

图 4-23

受曲线和直径长度关系的视觉影响，学生可能会判断蓝色的长一些。也有的学生很理性：它们是一样长的。教学时，关键不是说结果，而是要阐述为什么？怎么来证明自己认为的结论是正确的，强调推理。

在教学组织时，要创设给每一个学生自主表达自己意见的机会，可以让学生举手表决，认为蓝线长、红线长、蓝线和红线一样长的分别举手示意，鼓励每一位同学勇敢地表达自己的直觉结论。但是无论什么结果，都需要完整的推理和充足的

理由。

③学习要求。

第一步：独立思考。你是怎样思考这个问题的？请把想法写下来。（写的不只是结果，而是思考的过程。）

第二步：组内讨论。按顺序交流自己的方法，认真倾听别人不同的想法和对自己想法的补充或意见。（以免没有人说，或者只有爱说的同学说。）

第三步：推选发言。最好是你的想法教给别人来说，你说别人的方法。（从学习金字塔理论看来，两周后的平均学习保持率，只是听讲的有 5%，小组讨论的有 50%，教会别人怎么说或者马上应用的高达 90%，因此在组织学生活动时，我们要倡导学生去教会别人。）

④展示讨论学生的不同的方法。

方法一：假设大圆直径为 100，那么小圆直径就是 1。

蓝色：$100\pi \div 2 = 50\pi$。

红色：$1\pi \div 2 \times 100 = 50\pi$。

结论：蓝色和红色的一样长。

（说明：有的学生会为没有给出相应的条件而苦恼，而用这种方法的学生，他们自己去设定相应的条件，并且考虑到计算的方便，把大圆的直径设定为 100。从特殊入手，解决一般的问题，从简单入手，解决复杂的问题。这也是数学思想方法的渗透。同类的做法还有设小圆直径为 1，或者大圆直径为 10，也都是出于同样的思考。）

方法二：从简单的情况开始展开研究。从三等分的情况入手(图 4-24)。

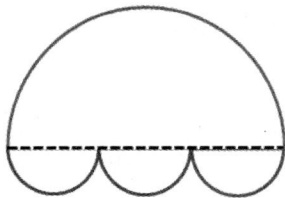

图 4-24

蓝色：$\pi d \div 2$。

红色：$\pi \times \dfrac{d}{3} \div 2 \times 3 = \pi d \div 2$。

结论：蓝色和红色的一样长。

同样 100 等分的情况：

蓝色：$\pi \times d \div 2 = \frac{1}{2}\pi d$。

红色：$\pi \times \dfrac{d}{100} \div 2 \times 100 = 1/2\pi d$。

结论：蓝色和红色的一样长。

（说明：这也可以看作是"化繁为简"的另一种思考路径，他们把份数从 100"简化"到了 3 开始想。并且保留 $\pi \times d$，借用代数的方法来思考一般的规律。）

方法三：如果再各自补上圆周长的另一半，其实与前面发现的规律是一样的（图 4-25）。

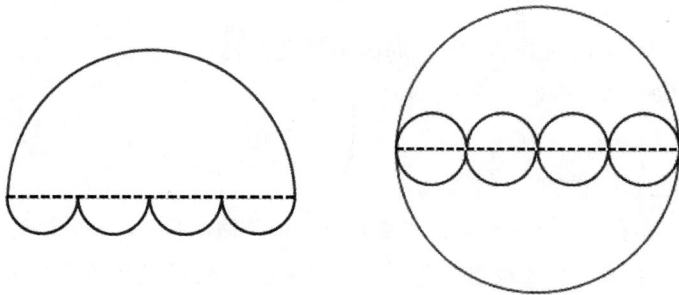

图 4-25

（说明：也许是课前教学的经验影响，有学生就想到都是圆周长的一半，考虑起来挺麻烦的，何不添上一半，不就成了一个圆了吗，而所有小圆的直径和就等于大圆的直径，它们的周长相等，各取一半当然也相等。）

方法四：文字表述。

生 1：因为小圆的直径的和等于大圆的直径，所以周长一样。

生 2：蓝线是一个圆周长的一半，它的周长是（红线上所有圆直径和）×π÷2，如果用乘法分配律，则成了红线上每个小圆的周长的一半的和，那也就成了红线的长度计算方法，所以一样长；

（说明：学生写下的文字各不相同，但大意基本相同。用自己的话写下来的道理往往是自己已经充分理解了的。）

⑤基于学生展示不同的思考方法，相互理解。师小结：看来通过不同的方法，我们都得到了同样的结果：蓝线和红线一样长。

⑥师追问：如果再分下去呢？等分到由 200 个小圆组成呢？

生 1：那应该还是一样长的吧。

师：我们一起再来看一看。直观演示，拉动滑动轴，从 2 份到 200 份，观察变化过程，还一样长吗？（图 4-26）

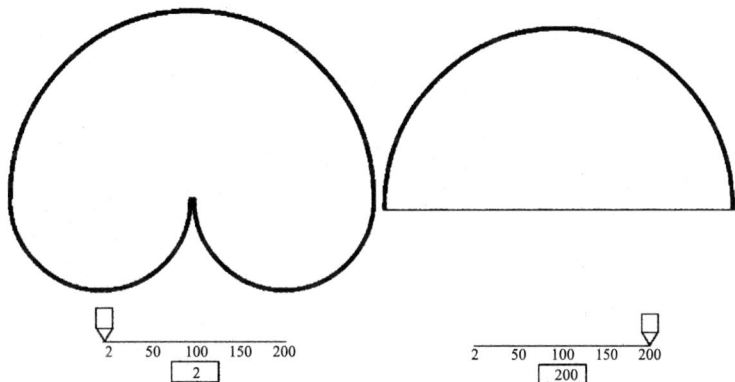

图 4-26

教学时，请学生先闭眼，再睁眼，看看屏幕上的蓝线和红线是否一样长？如果没有刚才的推导，你认为是蓝线长还是红线长？（生 1：仅凭肉眼当然是蓝线长。）但是有了刚才的推导，我们心里清楚了，哪条线长。（生 2：一样长。）教师逗学生："眼睛看到的是正确的吗？"（生 1：不对的。）教师："你相信眼睛看到的还是相信心里想到的？"（生 2：心里想到的。）教师："你们还相信自己的眼睛吗？"（生 1：不相信了。满堂大笑。）

这样追问的目的是希望学生有一种学习的体验：眼睛可能误导，推理更加重要。当然，作为小学数学学习的内容，我们也无法再深究"极限"的问题，"常数数列的极限还是常数"这样的道理也只能留到后面学习。这种活动经验的积累是重要的。

3. 对比练习，重在推理

题 1　比较 $\frac{1}{4}$ 圆的面积和周长（图 4-27）。

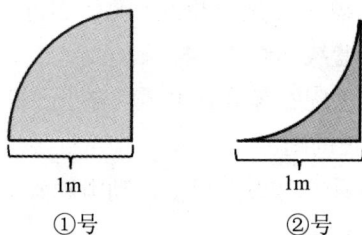

①号　　②号

图 4-27

先比较两个图形的面积，再比较两个图形的周长，可能学生会受到面积的影响，认为周长也是 1 号图形的大？结果发现：面积不同，周长相同。

在解决问题的过程中，比较难以确切判断的是弧线的长度。教学时，可把 1 号图形和 2 号图形重叠在一起做比较。教学这组比较性的练习时，先让学生凭借自己的直觉来判断，有时直觉与现实结果的冲突，更能激发学生探索其中的奥妙。而在说理的过程中，要注重培养学生数学语言的表达能力以及严谨的推理能力。

题 2　比较不规则图形的周长哪个长（图 4-28）。

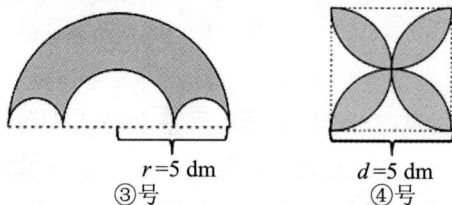

$r=5$ dm　　$d=5$ dm
③号　　④号

图 4-28

教学时，同时给出问题的情境，引导学生自主思考解答后，同桌分工合作，一人算一个，再集体讨论。

学生展示自己的思考过程：

生 1：③号图形。（尽管算得比较复杂，但每一步也是有理有据。展示这样的方法，一方面也要肯定其正确性，同时引导学生提出不同的意见，是否能"更简洁、更优化"，不是"为不同而不同"。如图 4-29。）

生 2：③号图形。（这位同学算的是③号图形，"涂改"展示了他思考的"顿悟"过程。做着做着发现有的过程是多余的，"自省"的反思能力得到了很好的锻炼。这种在自我监控学习的过程中做出的改进，是课堂最美的瞬间。如图 4-30。）

图 4-29

图 4-30

生3：④号图形。（这是学生在想④号图形的过程。直观地展示了他的思考，多元智能理论给我们的教学启示是：不同的人会有不同思考问题的方式，不同的图示会给人以不同的帮助，我们要肯定这些富有个性的图示方法。如图 4-31。）

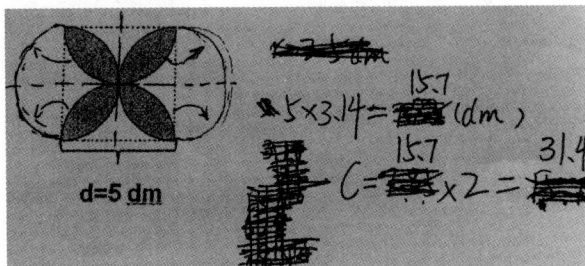

图 4-31

生4：一样大。（也有的同学，想得清清楚楚，③号、④号图形列出了同样的2个算式。在这些同学眼里，这个图形都被看成同一个圆，就是直径为 10 dm 的圆。对于③号图形来说，大圆周长的一半与 3 个圆周长的一半的和是一样的，这两部分合起来就是一个大圆的周长。对于④号图形来说，转化为 2 个直径为 5 dm 的圆后，还可以继续转化，2 个直径为 5 dm 的圆还可以看作一个直径为 10 dm 的圆。如图4-32。）

图 4-32

（说明：对于学生个体来说，这个练习的过程就是再一次应用圆周长的公式来计算的过程，是保底的要求。但就是在这样的同一个问题中，可以包容不同水平学生的思考，可以用不同的方法来解决这个问题。一个问题可以让不同的学生得到不同的发展。）

4. 实际应用，拓展维度，发散思维

增加的周长哪个长？

①在操场上，用一个长 1 m 的小棒为半径画圆，如果把半径再增加 1 m，它的周长增加了多少？

图 4-33

②在太空中，以 6400 km 为半径画了一个圆，如果半径也再增加 1 m，那么它的周长增加多少？

在强烈的对比下，学生可能会被原来的半径长短所影响。通过分析，其实增加的圆周长，就是增加了两个直径是 1 m 的圆的周长。也可以通过计算公式来分析：$C=2\pi r=2\pi(r_1+r_2)$，周长增加的部分就是 $2\pi r_2$，与 r_1 无关（图 4-33）。

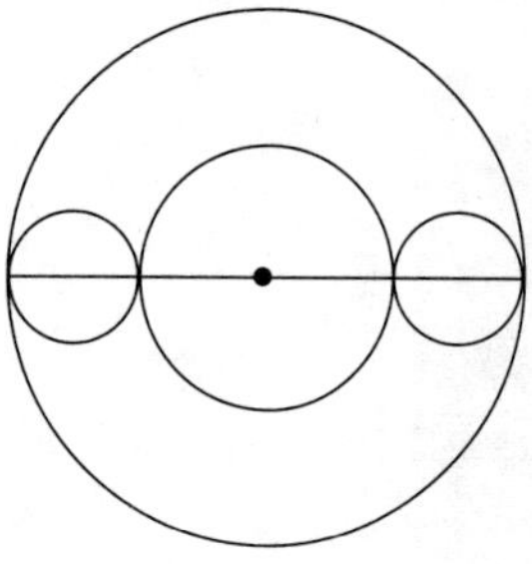

5. 课堂小结，交流体会，提炼经验

①再说"半个圆"的周长。

课前已讨论：半个圆的周长是圆周长的一半吗？生：不是。出示图 4-34 左图。

追问：半个圆的周长是圆周长的一半加直径吗？生：是的。出示图 4-34 右图。

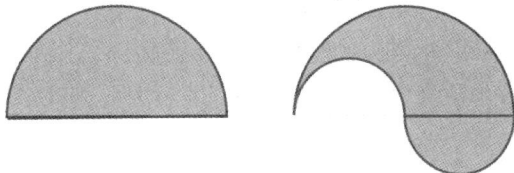

图 4-34

生活中的"太极图"，面积是圆的一半，周长却等于整个圆的周长。

（说明：欧几里得《几何原本》所定义的"半圆"，就是直径和由它截得的圆周所围成的图形，而且半圆的心与圆心相同。所以，这里特意加上一个"个"字，以表明"面积是圆的一半"的图形，以免混淆。）

②两个大小相同的硬币，周长是相等的。一个硬币 A 绕着另一个硬币 B 旋转一圈，硬币 A 转了几圈？（图 4-35）

图 4-35

因为周长相同，总会认为是 1 圈，借助超级画板，直观展示：结果是 2 圈。为什么呢？再次引发学生思考，让学生感觉到关于圆周长的有趣的、好玩的数学问题还有很多。（课后再去发现探究其中的规律：实际上硬币 A 在旋转的过程中是以硬币半径的 2 倍为半径在画圆，它的周长就是一个硬币周长的 2 倍。）

作为长作业布置给学生，也可以作为数学的综合实践活动。

③结束语：今天我们学习的一部分内容，是日本小学生六年级学习的内容，是英国学生八年级学习的内容，是美国高考的内容。当然，我们不能仅仅因为这

个内容，而简单地说别人简单。还有更多的好玩的数学等待你们去发现其中的奥妙。

（感谢南开大学顾沛教授、美国特拉华大学蔡金法教授等
给予的指导与帮助）

教学反思：

关于练习课的教学目标。作为练习课来说，在从双基到四基的目标转变下，我们是否应该从"基本活动经验""基本数学思想"等角度去设计。对于这一节练习课来说，可能基本的技能的操练显得少了一些，但是注重推理的数学表达能力多了起来；可能训练的题量看上去也少了一些，但是一个问题中的多种方法展示得充分了起来。也许我们无法对一节练习课赋予过多过全的目标，如果学生能在掌握基础知识和基本技能的基础上，积累了一些基本活动经验或者渗透了一些基本数学思想，也理当成为一节练习课的核心目标。

关于练习课的教学内容。"教什么"与"怎么教"同样重要，有时我们过多地考虑"怎么教"，而忽略了"教什么"。都说兴趣是最好的老师，只有"好学"才可能"学好"，怎么让学生对数学练习感兴趣呢？需要好玩的材料。好玩的数学的素材是很多的，需要我们按照"小学生学数学"的要求去发现。这一节练习的素材源自第11届国际数学教育会议，同时相关内容也出现在了笔者在2011年留学英国时听到的英国初中教师执教的一节课上，试想，这样一个有趣的内容作为中国小学的数学练习课又该怎么设计呢，于是，笔者做了一次尝试。

关于练习课的教学形式。大家都认同"自主合作探究"的学习方式，但是也许平日里绝大多数的课堂还是以"讲授"为主。并不是说要用"自主合作探究"的方式来替代，为了发展学生的各方面的能力，不能总是用一种单一的教学方式。那么怎样才能开展自主合作探究的学习方式呢？不是看上去挺热闹的外在形式，而是需要合适的内容来驱动。笔者结合近期的实践认为需要符合以下标准：从过程看，问题可能存在多种方法；从结果看，问题有多种不同答案；从任务的复杂性来看，一个人可能来不及解答，关注合作；有些问题会解答，但不一定方便表达，需要增强表达能力的培养；有多项同类任务，单个看都不难，但需要更多机会引导学生参与。课堂上提供了合适的内容，还需要给学生充分的时间，引导学生自主思考，偶尔也让学生把思考的过程写下来，不要只写结果；

组织小组讨论，需要制定规则，不能把"好表现"的人就当作"表现好"的人，按照指定顺序，机会均等；汇报交流时，多鼓励"先说别人的方法，自己的方法教会别人来说"，这是一种分享与认同，更能促进彼此的理解。把时间留足给学生，学生总能创造精彩。

（三）长方形周长和面积练习：在辨析中变得深刻

教学内容：学过"长方形周长和面积"之后的练习课。

学情分析：据调查，学生在学习过长方形的周长和面积之后，根据长方形周长和面积的公式来进行计算求解，正确率能达到95％以上。如果练习课，还是已知长方形的长和宽来求其周长和面积，即使练习得再熟练，学生的数学水平还是不断徘徊在低等级层次，甚至可能会有"熟能生厌"的可能。因此，练习的设计方向应该从低等级思维水平逐渐过渡到高等级思维水平，根据顾泠沅教授的数学水平分层研究成果来看，练习的设计应该从操作、了解过渡到领会、探究，不能停留在模仿性的基本练习上，而是要让学生经历练习的变式，结合现实生活解决实际问题，甚至解决那些非常规的挑战性的问题。

教学目标：

①经历含有数学问题的现实问题的解决过程，巩固长方形周长和面积的计算能力，进一步了解长方形周长和面积的区别与联系；

②经历高等级思维水平问题的解决过程，在变式的练习中，提高灵活解决问题的能力，提升空间观念和思维水平；

③经历富有挑战性和富有童趣的问题解决过程，培养合作意识，提升数学交流和表达能力，激发积极挑战的兴趣。

点评：

周长与面积属于"度量"的问题。在绝大多数国家的数学课程中，"度量"是独立的一条主线，其基本思想包括：

①许多物体（如铅笔的长度）或情境（如雾霾指数）都具有可度量的属性，并且可以用一个带单位的数值来表示；

②度量需要确定标准单位，不同情境需要不同的单位，同一个系统中的不同单位可以换算；除了基本单位（如米、秒）外，还有复合单位（如米/秒）；

③长度是最基本的度量单位，也是更抽象的各种度量概念（距离、测度）的基本模型，长度概念可以反映距离概念的一些本质属性（如距离公理、可加性、刚体运动不变性）；

④由于实际的度量都是近似值，所以度量工具、度量方法、公式的选择及使用至关重要（快、准、省）；

⑤估计是度量活动中的一个基本技能，好的估计可以综合不同的数学思想（如对称性、多除少补、逼近等）及工具（如参照物、模型），还可以培养学生的几何直观；

⑥比例推理是度量活动的认知基础与数学能力；

⑦度量活动一般经历实物操作、表象操作与符号操作的过程；

⑧度量与其他数学概念有广泛的联系，如数的运算、几何形状、函数关系、统计量等，度量在生活中有广泛的应用。

因此，虽然我国的数学课程把"度量"的相关教学内容融合在其他主线中，但教师在设置相关内容的教学目标时，还是应该照顾到度量的特点和教育价值。

教学过程：

1. 基于低起点的问题情境，回顾长方形的周长和面积计算方法

（1）依靠肉眼，直觉判断，比较两个长方形的周长和面积

师：同学们都学习过长方形的周长和面积了，看看大家的直觉怎么样？能不能一眼就看出哪一个长方形的周长长，哪一个长方形的面积大？（图 4-36）

图 4-36

师：哪个长方形周长比较长？

生齐答：A。

师：哪个长方形面积比较大？

生齐答：A。

（说明：也有极少数学生会认为是 B，请学生说明理由。学生解释：因为长方形 B 的长和宽比较接近。看来，有时学生对有些结论印象深刻，却忘了得出结论的前

提了。周长一定的前提下，长和宽越接近，面积越大。)

(2)提高难度，依靠肉眼难以判断，引发学生通过计算来比较

师：再来一组试试看(图 4-37)。

图 4-37

师：哪个长方形周长比较长？(有的回答 A，有的回答 B。)

师：哪个长方形面积比较大？(有的回答 A，有的回答 B。)

师：到底哪个长方形周长长，面积大呢，赶紧精确地算一算吧。

教师出示长方形的长和宽，长方形 A(长 10，宽 4)，长方形 B(长 7，宽 6)引导学生计算。

长方形 A 周长：$(10+4)\times2=28$ cm。长方形 B 周长：$(7+6)\times2=26$ cm。

长方形 A 面积：$10\times4=40$ cm^2。长方形 B 面积：$7\times6=42$ cm^2。

基于计算得出结论：长方形 A 周长长，长方形 B 面积大。

师提炼：看来，一个长方形的周长长，面积不一定就比较大。

设计说明：在一个班集体里教学所用的数学学习材料，应该是起点低的，尤其是在上课的起始阶段，要让更多的学生感受到"可参与"，人人都能参与。同时具有开放度，在同一个问题情境中，包容不同水平的学生有不同的获得，逐渐引导学生的思维向高等级层次发展。

点评：

度量活动是培养学生"估计"与"几何直观"的重要途径。其中，"估计"的策略包括"挖补原理"(如把相同的部分忽略不计)、"降维"(如把面积问题转化为长度问题)、"标准化"(如都用单位方格表示)、运用近似公式等。在"估计"之前，还应该让学生尝试去"看出"结果，然后再检验和解释自己的"看"法。这有助于培养学生的几何直观和直觉。

2. 基于实际问题解决，提升学生解决问题的灵活性

生活问题： 用一条长 24 m 的篱笆，围出一个长方形的花园（图 4-38）。

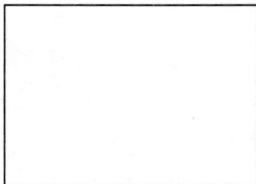

图 4-38

要围出尽可能大的花园，长和宽分别可能是多少？面积是多少？

任务布置：

➤独立思考：想一想，你觉得长和宽分别可能是多少，最大的面积是多少？

➤小组交流：小组内有几种不同的想法，听听不同方法的理由。

➤推荐发言：请代表发言。

教学交流：

在集体交流时，先把学生出现的典型错误呈现出来讨论，再请正确的同学来分析。

生 1： $24 \div 2 = 12$ m，$12 \times 12 = 144$ m^2。（错误分析：把周长分成两部分，而不是 4 条边。）

生 2： $24 \div 4 = 6$ m，$5 \times 7 = 35$ m^2。

生 3： $24 \div 4 = 6$ m，$6 \times 6 = 36$ m^2。

教学时，对于 6×6 的特殊情况有争论，分成两派，一派是不同意，认为题目中说要围成长方形的花园，6×6 是正方形了，所以不符合条件；另一派是同意，6×6 是正方形，但也是特殊的长方形，所以它就是最大的那个长方形。

设计说明：在争论中，虽然学生能认识到正方形是特殊的长方形，但是在解决这样的实际问题时，又自觉或不自觉地把正方形排除在外了，对这种包含的关系，学生在实际问题中还是暴露出了理解的偏差。

延伸讨论：

符合要求周长是 24 m 的长方形还有哪些？罗列在表格里（表 4-2）。

表 4-2

长	6	7	8	9	10	11				
宽	6	5	4	3	2	1				
面积	36	35	32	27	20	11				

动态演示：在超级画板的平台上，动态展示变化过程，直观感受到周长 24 不变，长和宽在变化的过程中，当长和宽相等的时候，面积最大(图 4-39)。

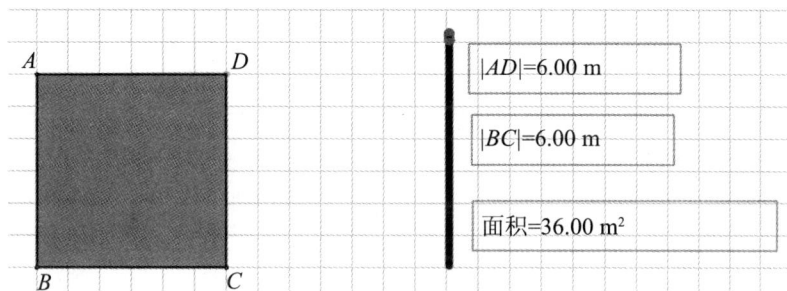

$|AD|=6.00$ m

$|BC|=6.00$ m

面积=36.00 m²

图 4-39

板书：(长＋宽)×2＝24 m，面积最大：6×6＝36 m²。

2. 变式：用一条长 24 m 的篱笆，围出一个长方形的花园(图 4-40)。

如果一边可以靠墙，要围出尽可能大的花园，长和宽分别可能是多少？面积是多少？

图 4-40

任务布置：

➤独立思考：想一想，你觉得长和宽分别可能是多少，最大的面积是多少？

➤小组交流：小组内有几种不同的想法，听听不同方法的理由。

➤推荐发言：请代表发言。

教学交流：

在集体交流时，同样先把学生出现的典型错误呈现出来讨论。

生 1：24÷2＝12 m，12×12＝144 m²。(延续上题的错误，学生还是习惯把周长分成两部分，一部分是长，另一部分是宽，其实是有 2 条宽，学生容易错判。)

生 2：$24÷3＝8$ m，$8×8＝64$ m²。（学生在前面一个问题时积累了一定的经验，周长一定时，长和宽越接近，面积越大。现在 3 条边，那么每条边都是 8 的时候，面积最大）

列表分析：

师：到底哪个是最大的长方形呢？我们还是有序地把所有符合条件的长方形都找出来看看，为了方便讨论，我们把两条对边叫作宽，把剩下的一条叫作长。

板书：长＋宽×2＝24 m。

符合要求的长方形还有哪些？罗列在表格里（表 4-3）。

表 4-3

长	22	20	18	16	14	12	10	8	6	4	2
宽	1	2	3	4	5	6	7	8	9	10	11
面积	22	40	54	64	70	72	70	64	54	40	22

引导学生在比较中发现，最大的长方形是：$12×6＝72$ m²。

动态演示：在超级画板的平台上，动态展示变化过程，直观感受到一边靠墙的长方形，长度 24 不变，长和宽在变化的过程中，当长是宽的 2 倍时，面积最大（图 4-41）。

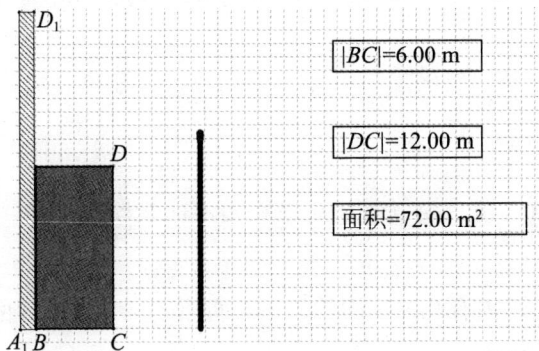

图 4-41

板书：长＋宽×2＝24 m。面积最大：$12×6＝72$ m²。

沟通与联系：上下两个问题比较，为什么不总是长和宽最接近时面积最大？

引导学生辨析：第一种情况是，长与宽的和一定，长和宽最接近时面积最大；

第二种情况是，长与宽的 2 倍的和一定，所以是长和宽的 2 倍最接近时面积最大（图 4-42）。

教学时，为了沟通两者之间的关系，除了区别不同，还可以再揭示内在的相同。

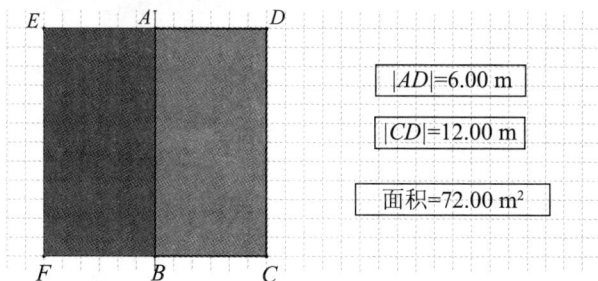

图 4-42

结合超级画板直观展示，补上一个同样的长方形，就便于学生发现：当长与宽的 2 倍的和一定时，长与宽的 2 倍最接近时面积最大，与前面长和宽的和一定时，长和宽最接近时面积最大，同理。

设计说明：从不靠墙，到一面靠墙，让学生经历在不同问题情境下灵活地解决问题的过程，不拘于定势解决问题的方法和结论。尤其是当一面靠墙的时候，学生会迁移不靠墙的经验，觉得长和宽最接近的时候面积最大，但事实并非如此。一个高等级思维水平的数学问题就是不能让学生产生思维定式，学会灵活应对。

点评：

"篱笆"问题是一个非常好的数学问题。其好处包括如下三点。①涉及多种不同水平的解法，如小学阶段可以转化为"算法"问题，转化为"周长一定的矩形中以正方形的面积最大"；初中阶段可以转化为"二次函数的极值"问题；到了高中阶段可以转化为"极值定理"和导数的运用。②有多种变式，如墙长有无限制，中间有无隔断，要求篱笆边长是整数，篱笆形状发生变化（围成三角形、梯形），篱笆经过特殊点，墙的形状发生变化，没有墙面，等等。③具有多方面的实际应用。

3. 基于现实趣味对话，提高对长方形周长和面积的综合应用能力

综合问题情境：在一个小区里，有几位老人有健身的好习惯，每天晚饭后都会在小区里散步，这一天他们各自散完步，就在微信群里聊开了。图 4-43 为公园示意图。（每一个小长方形花园的长为 10，宽为 5。）

老张的路线：A→B→C→D→A。老王的路线：A→E→O→N→C→D→A。

老唐的路线：A→B→N→Q→A。老杨的路线：E→B→N→O→E。

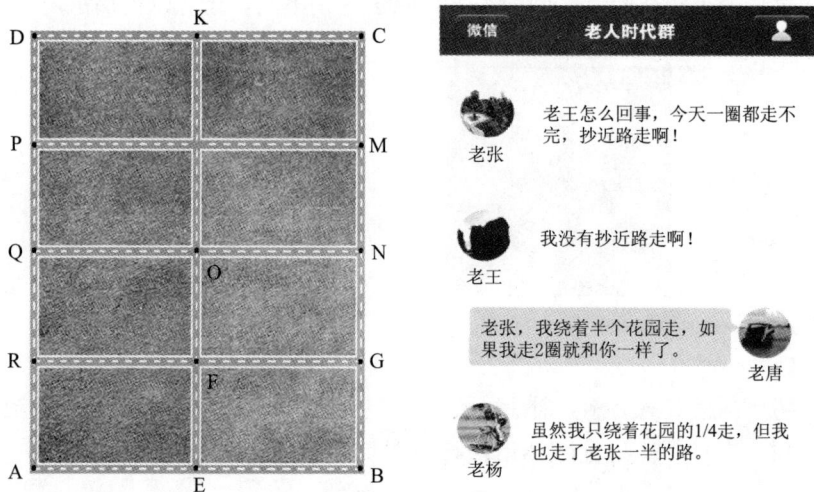

图 4-43

走完路，老人们就在群里聊开了。（聊天记录内容见微信群。）

组织学生讨论：谁说得对，谁说得不对，请说明理由。

生1：老张说得不对，老王走的路虽然拐了弯，面积是没有整个花园那么大，但是走的路还是和老张一样长。老王说的是对的，他没有抄近路。

生2：老唐说得不对，他走2圈，比老张要多走一条路，NQ这条路多走了一次，所以他走的路比老张长。

生3：老杨说得也是对的。虽然面积是整个花园的$\frac{1}{4}$，但是如果把OE这一条路平移到NB，把OQ这一条路平移到EB。就可以明显看出，老杨走的是老张的一半。

设计说明：在综合问题情境中，需要学生辨析周长和面积的关系，面积是原来的一半，周长不一定是原来的一半；面积减少了，周长却没有变；面积是原来的$\frac{1}{4}$，周长却是原来的$\frac{1}{2}$。在周长和面积的复合情境中，引导学生思辨分析。

挑战性练习。问题情境：有一个长方形，长是 10，宽是 6，周长是多少？面积是多少？

①如果长加 1，周长怎么变？

②如果宽加 1，周长怎么变？它们变的一样吗？

③如果长加 1，面积怎么变？

④如果宽加 1，面积怎么变？它们变的一样吗？

设计说明：引导学生在变化规律中发现不变的规律，同时在变化规律中，比较规律之间的不同。周长中存在的变化规律，对于面积来说就开始发生变化了。

点评：

本问题的设计是让学生理解变化过程中的不变性和规律性，这可以说是数学的本源性问题。其中涉及的变化是很多的，包括周长不变时，面积是如何变化的，什么时候变大，什么时候变小，什么时候最大或最小？当长方形的周长"成倍"（相似形）增加时，面积是如何变化的（倍数的平方）等。可以通过这种探究性的活动，让学生自己"发现"许多有意思的数学结论，这种"再发现"的乐趣是激发学生数学学习的内驱力。

教学反思：

本节练习课的设计主旨是从低等级思维水平跨越到高等级思维水平，可以从教学过程中概括出一般的策略。

①当数学联系生活时，思考就变得多样了。

如果仅仅是已知长和宽，求长方形的周长和面积。再怎么变，也就那几种情况。但是只要数学一联系生活，思考就变得丰富多彩了。在篱笆围地的实际问题中，没有直接告诉长和宽，而是要让学生自己去分析出实际问题中的长和宽分别是多少？不仅要把绳子分成若干部分，而且还要思考，到底怎么分是最大的？这样的问题，既具有现实意义，同时又具有浓浓的数学味。在课堂上可以感受得到，当数学联系生活时，数学就变得更有意思更有意义了。与此同时，生活中的一些实际情况，也再一次要求数学的精准匹配。就像靠墙的篱笆，符合要求的可以很多，但最大的却只是其中的一个，学生需要分类考虑，更需要优化选择。

②当单一变为综合时，思维就变得复杂了。

如果用一节课只练习长方形周长，也许可以练得更熟练；再用一节课练习长方形面积，同样也可以更熟练。但只要把周长和面积综合起来，学生就遇到麻烦了。

我们所处的现实世界，从来都不是把长方形的周长和面积割裂开来的，一出现长方形，周长和面积便自在其中。要让学生真正学会解决问题，就需要将长方形的周长和面积整体呈现出来，直面混淆着面积和周长的现实情境，引导学生在综合性的问题中辨析、比较、区别、沟通、联系，并揭示暗藏在其中的规律。当几个单一的问题整合在一起，简单的问题就变得不简单了，越是综合的问题越是能激发学生的挑战，越是能激活学生高等级的思维。

点评：

我曾经听过唐彩斌老师的多堂数学活动课。唐老师的课给我的感觉是"探究味道十足"。虽然他每次提供的问题对小学生来说都不容易，但学生的每次表现都超出了我的预期。这除了唐老师的循循善诱外，也让我们看到了小学生的"潜力"。我们经常说，"不要低估你的学生"，但每每又总是想包办到位。顾泠沅老师主持的上海青浦实验中有一条重要的经验，那就是：要相信学生都是聪明的，老师想不到的，学生也许能想到，关键是老师要给学生机会。而当老师给学生机会时，学生一定会给老师带来惊喜。

作为一种数学活动课，我觉得应该允许学生有一定的差异性。就像"爬梯子"一样，对多数同学来说，只需要爬一、二级梯子就行了，而对于哪些资优生来说，应该允许他们想爬多高就多高。"齐步走"的做法，看起来公平，实际上是限制了学生个性的发展。

三、致力于解决问题能力培养的教学案例

(一)归一问题：数形结合解决问题

不同历史时期的教学大纲都对应用题有着相应的要求，都提出要"能够探索和解决简单的实际问题"，而且均在"教学中应注意的几个问题"及"各年级的教学内容和教学要求"中给出了明确的说明和指导。随着教学改革的一步步落实，一些新名词相继与应用题交替出现，甚至更为频繁，"问题解决""解决问题""数学问题""数学建模"等，教学交流中，为了与传统划清界限，甚至都不愿再提"应用题"。

然而，笔者以为，名称的更替并不是问题的实质，只有把应用题的教学与数学

建模建立起联系，才是抓住数学教学本质的核心追求。当然，在教学过程中，倡导题材的生活化、呈现方式的多样化等也是对传统应用题教学体系的优化。

下面就以"归一问题"的教学来探讨应用题教学改革的变化路径，以此来引发更为深入具体的讨论。归一问题，是小学数学教学中的典型应用题，一般安排在三年级，是在学生学习完加减混合的两步应用题的基础上要学习的一种常见的应用题，更为重要的是在学习归一问题之前，学生通常也正好刚刚开始接触小学数学的基本数量关系"单价、数量和总价""速度、时间和路程""工作效率、工作时间和工作总量"等，因此，可以说归一问题的解决是小学数学应用题教学的重要开端，因为开始涉及基本数量关系式的分析，同时开始有了结构的辨析。因此，该问题在小学数学教学中有着重要的地位。

第一次教学

教学目标：

①经历从现实生活抽象出数量关系的过程，理解单价、数量和总价之间的基本数量关系；

②能从多个现实情境中，归纳出归一问题的基本结构与解决方法，提高分析与解决问题的能力；

③组织富有现实性的数学活动，提高学生参与学习的积极性，借助归一的实际应用，内化归一思想，提高学生的综合素养。

课堂实录：

1. 实践导入，激发兴趣

师：同学们，在我们每一个人心目中都有自己最喜欢的物品。昨天，我已经布置大家去调查了有关情况。现在我们就一起来看看"你最喜欢的物品调查表"。

把学生的调查情况用表格展示出来（表4-4）。（现场输入）

表 4-4

最喜欢的物品	一件物品的价钱	想买多少件	一共需要多少钱

【评析：从小调查开始，轻松的切入学习主题，同时为认识数量关系做了铺垫。】

师：像一支钢笔15元，一辆滑板车120元，等等，（学生中的例子）用来表示一件物品的价钱，我们把它叫作单价，表示有几件物品，我们把它叫作数量，一共需要多少钱，我们把它叫作总价。

讨论数量关系：

师：观察调查表，你发现已知单价、数量，怎样求总价呢？（单价×数量＝总价）

师：如果已知总价和单价，怎样求数量？（总价÷单价＝数量）

如果已知总价和数量，怎样计算单价？（总价÷数量＝单价）

实际应用：

师：这些数量关系式在生活中有着怎样的应用呢？让我们一起到超市去逛一逛（影像文件）；暂停影像中的镜头，指出2元表示什么？（单价）顾客手中的1瓶罐头，这个"1"表示什么？（数量）在收银台计算的是什么？（总价）

用一用，说一说：

师：由此看来，在超市中，单价、数量、总价得到了广泛的应用。如果你去超市购物，你会应用吗？同桌之间说一说，你是怎么做的？根据什么数量关系式？

算一算下面各题：

①每本数学课外书5元钱，3本数学课外书多少钱？

②8个玩具120元，每个玩具多少钱？

③5瓶牛奶要多少钱？（为例题教学做准备）

【评析：采用视频文件，能让学生置身于生活情境中学习数学。把常见的数量关系与现实生活中的具体实物场景联系起来。】

2. 引导深究，自主学习

从准备练习中的最后一题引入，并进行电脑演示。

师：要求5瓶牛奶的价钱，还必须知道什么呢？（1瓶牛奶的价钱）

师：知道这样1瓶牛奶的价钱（与5瓶牛奶不同），能求5瓶牛奶的价钱吗？（不能）为什么？（因为牛奶不一样）

师（出示牛奶实物）：品牌不同、大小不同、价格也不同。【注：学生顿悟，微笑会意。】

师：如果告诉这1瓶牛奶的单价呢？（能）为什么？（因为牛奶相同）

【注：电脑形象演示：把两瓶相同的牛奶变成文字"同样的"。】

师：如果不告诉你单价，而是告诉你3瓶牛奶的价钱是12元呢，你会算吗？

【注：强调："同样的牛奶""照这样计算"的意思是什么？（单价不变）】

【评析：从每瓶不同到相同，强调了单价不变，电脑演示从实物图（奶瓶）到文字"照这样计算"等，力求过渡自然。】

学生尝试解答，小组讨论。

①12÷3＝4(元)表示什么？（牛奶的单价）根据什么关系式？（总价÷数量＝单价）

②4×5＝20(元)表示什么？（牛奶的总价）根据什么关系式？（单价×数量＝总价）

列综合算式：

师：先算的表示什么？（单价）再算的表示什么？（总价）

师：以后在解应用题的时候，可以分步计算，也可以列综合算式计算。

练习，学生尝试做：

①2盒饼干60元，买同样的7盒饼干要多少元？

②TCL2103型彩电3台要3600元，5台这样的彩电要多少钱？

③2包上好佳4元钱，3包上好佳多少钱？（6元钱，4÷2×3）

师：你们愿意花6元钱买3包上好佳吗？（愿意）

师：拿出3包很小的上好佳，你们愿意吗？（笑答：不愿意）

师：怎么又不愿意了呢？（大小不同了，单价变了）

【注：用实物讲解。】

【评析：再次强调如果标准不同就不能用归一的方法简单计算。】

小结：

师：对今天所学的应用题，你能总结出哪几条要点？（先求出单价，再求总价）

引导学生发现：在题意叙述中，要用"同样的""这样的"等表示单价一定的词语。

【评析：学生通过课外实际调查，课内电脑演示，进入了探究归一应用题解题方法的理想情境，学生在老师的引导和参与下，自己尝试总结自己的研究发现。】

3. 多样练习，巩固知识

(1)数学魔术：变变变

出示题目：买6袋巧克力付款30元，买7袋这样的巧克力要付多少元？

要求学生先列综合算式，然后观察屏幕中的变化，马上列出新题目的综合算式，不计算。

师：从变化中发现不变的是什么？

点击，7变成10，算式是：$30÷6×10$。

点击，10变成11，算式是：$30÷6×11$。

点击，11变成1，算式是：$30÷6×1$。

师：能不能更简单？（$30÷6$，学生恍然大悟。）

点击，1变成12，算式：$30÷6×12$。【注：引出倍比法解题思路，用实物演示。】

$30×(12÷6)$，12盒里面有2个6盒，就是有2个30元。

点击，三个数字6、30、12没变，题意变了，6只猫一天捉30只老鼠，12只这样的猫一天捉多少只老鼠？

【注：丰富归一应用题的内容，不局限于单价这个数量关系式中。】

(2)实际运用

师：刚才讲的方法，在生活实际中有着怎样的应用呢？我们再到超市逛一逛。

【注：把视频图像的内容转化成文字。】

师：中洋超市搞促销，3块纳爱斯香皂只卖8元，照这样计算，9块香皂要用多少元钱？

【评析：通过深化练习，引导学生用倍比的方法来解决问题，也就是把"3块"当作"一"个单位来考虑，对归一应用题进一步做了探索，促进知识内化和迁移。】

4. 回到实践，应用知识

(1)表格式：水彩笔的数量和总价对照表（选择自己喜欢的方法）（表4-5）

表4-5

数量	2	5	6	
总价	30			

【注：最后两栏，一般学生都先填数量再填总价，这时，老师可举例；如果先填总价，你们能求数量吗？实际上这是反归一的题型，可丰富应用题的呈现形式，使归一应用题的归一特征更加明显。】

【评析：由正归一题型的练习和探究，实现解法向反归一题型迁移，培养创新

意识。】

(2)生活情境形式：听录音和对话

主题：今天我当家。

地点：月亮湾小区。

小刚：阿姨，您好！你买了什么啊？

张阿姨：饺子。

小刚：买了多少？

张阿姨：今天我们家我和王叔叔两个人，所以我买了 2 袋(每袋 10 个)。

小刚：花了多少钱？

张阿姨：6 元钱。

小刚：我也正准备去买饺子呢？阿姨再见！

张阿姨：小刚，再见。

按照小刚和张阿姨的对话，今天你当家，请你想一想，根据你家的实际情况，你准备买几袋饺子？花多少钱？并说一说理由。

【评析：通过两种题型的研究学习，让学生联系生活运用数学方法分析和解决问题，为实践应用做铺垫。】

5. 课堂总结，课外升华

师总结：今天我们结合生活实际，学会了解答新的应用题，希望同学们能够把它应用到生活中去。

教学反思：

纵观此课堂教学，与现在的教学改革背景是有关的，现在倡导计算机辅助教学、倡导应用题素材生活化、呈现方式多样化，应该说这节课的教学设计，在这些方面煞费苦心。

在教学单价、数量和总价的数量关系式时，去超市录了一段影像，让学生在课堂上跟着摄像机的镜头"逛超市"，在超市中认识单价、数量、总价。把抽象的数量关系与生活实际联系起来。从课堂上学生的表现来看，兴趣还是很高的，效果应该是好的。

在认识了单价、数量和总价等基本数量关系后，基于学生丰富的生活经验，学习归一问题还是水到渠成的，从掌握情况来看还是比较好的。学生通过学习都能比较熟练地解决与"单价、数量、总价"相关的归一问题。

教学设计符合学生认知特点。多次思维定式的冲突，都起到了正面的"强化"作用。在解决归一问题的时候，有一个基本的前提，那就是这个"一"是不变的，在本节课中主要指单价不变。另外一个思维定式的冲突则是在解决很多归一问题的背景下，求特殊的1份表示多少的时候，学生仍然是用两步来解决，教师强调了解决两步应用题时每一步所表示的意义。

主要问题：

①归一结构与数量关系认识之间的比重不均。本节课在学习归一之前，为了概括基本的数量关系名称所用的时间也不少，冲淡了归一结构的探索，因为只是局限在单价、数量和总价的数量关系中，并且也都是正向的归一问题。（先求单价，再根据数量，求总价。）

②归一的认识比较抠字眼，而没有趋向本质的探索。用"不同的牛奶"启发学生说出"同样的牛奶"，再从"同样的牛奶"启发出"照这样计算"。尽管比较直观形象，但教师的"导"的痕迹比较明显。

③认识的增量体现不足。没有进行相应的前测，但是从学生的学习状况来看，学生学习这部分内容比较简单，难有知识和技能的习得需要让他们接受挑战，怎样激发学生的探究欲望，赋予学习挑战的内涵，值得思考。

改进计划：

①着重解决归一问题，进行数形结合的尝试，开始先不讲什么数量关系，从直观的图形引入，重点在归一模型的概括上。

②教学内容不局限在"单价、数量、总价"的数量关系中，结合学生的生活经验，拓展归一的内容。

③学习的梯度力求多层次。归一的类型有正向的归一也有反向的归一；在同一节课中尝试进行反向题的挑战。

④引进有趣的儿歌，丰富学习内容，增强学习兴趣；创设富有挑战又有童趣的综合实践活动情境，引导学生学以致用。

第二次教学

教学目标：

①经历从直观图示中抽象出数量关系的过程，从不同情境中概括出共同的模型，初步感知归一问题的解决方法；

②沟通图形、表格及具体数量之间的联系，通过形数结合的训练，提高学生比较、分析和综合的能力；

③组织富有现实性的数学活动，提高学生参与学习的积极性，借助归一的实际应用，内化归一思想，提高学生的综合素养。

课堂实录：

1. 创设轻松的氛围，用动漫儿歌导入新课

师：在上课之前，我送给大家一首动漫儿歌。儿歌的名字叫《数青蛙》。你们会吗？下面就让我们一起跟着音乐念一念。（播放动漫儿歌，学生跟着节奏念。）

师：同学们念得真不错。因为数字比较简单的，又是按照一定的顺序从一开始的，所以刚才你们背得很熟练。现在加大点难度，不按顺序了，2只，5只，8只，12只，你们还能念吗？我们一起来试一试。

学生尝试念儿歌。（显然节奏变得慢了。）

师：怎么一下子就变得这么不整齐了，有时还故意把某个字念得特别长，这是为什么？（学生会意地笑：我们在算。）

师：是啊，今天我们就要来学习有关怎么算的问题。学了以后，我们不仅能背儿歌，而且还能编儿歌。

【评析：轻松的儿歌，动漫的形式，吸引了学生学习新知的兴趣。同时，也为学习归一打下了基础，便于学生在学习过程中迁移已有的经验。】

2. 借助直观图形，初步感知每份数、份数与总数之间的关系

师：今天的学习从一个简单的图形开始（图4-44）。有一个长方形，表示120。现在平均分成4份，1份涂上黄色，黄色部分表示多少？

生1：$120 \div 4 = 30$。

师：你是怎么想的？

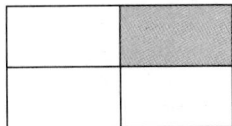

图4-44

生1：用总数除以份数，可以求出一份是多少。

呈现另一个图形（图4-45）：一个小的黄色三角形表示

90，黄色部分有6个三角形，黄色部分表示多少？

生2：$90 \times 6 = 540$。

师：你是怎么想的？

生：用每份数乘份数，可以求出总数。

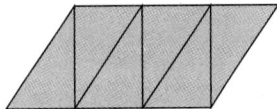

图4-45

【评析：在直观图示的导引下，巩固学生根据总数和份数求每份数，以及根据每份数和份数求总数的基本技能。两个不同的直观图示中，包含了解决归一问题的分解步骤，为学习归一做了必要的知识储备。】

3. 借助直观图形，初步感受归一的基本模式

师：下面这个图形的黄色部分表示多少？（图 4-46）

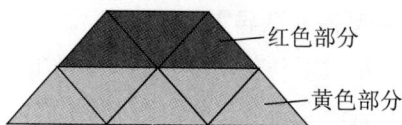

图 4-46

生 1：少条件的，应该告诉一份是多少？

师追问：非要告诉一份是多少吗？我们一起来看看到底告诉了什么已知条件？能不能求出黄色部分是多少？出示：红色部分表示 180。

学生独立思考，尝试解答。有的先分步：$180÷3＝60，60×5＝300$。教师引导用综合算式解答：$180÷3×5＝60×5＝300$。特别强调：先算哪步，表示什么？

师补充：如果已知的是整个图形表示 480 呢？

生列式计算：$480÷8×5＝60×5＝300$。

师引导学生反思：刚才是怎样求出黄色部分的，我们一起来回顾一下，为了比较的方便，可以用表格把相应的数据整理在一起（表 4-6）。

表 4-6

	红色	黄色	整个图
总数	180	300	480
份数	3	5	8

学生观察表格，以及相应的算式，教师引导学生发现解答这些问题有什么共同之处？

学生：都是先求出一个小三角形是多少。

【评析：在直观图示的导引下，学生形成了一定的认知冲突，要求黄色部分是多少，但又不知道一份是多少？引导学生根据已知的总数和份数求出每份数，再根据每份数和份数，求出相应的总数。虽然先后两次呈现条件，一次已知红色部分，一次已知整个图形，但每一次都是为了先求出每个三角形是多少，突出了归一的必要性和重要性。】

观察图表中的信息，提出问题，并解答（图 4-47）。

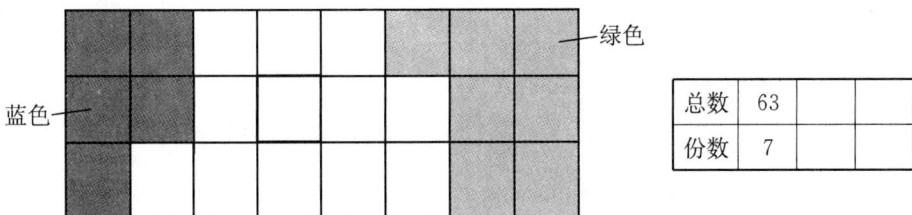

图 4-47

学习方法提示：①提问；②解答；③填表；④交流。

学生独立思考，静心思考，再交流。

问题：蓝色部分表示多少？解法：$63÷7×5$。

问题：空白部分表示多少？解法：$63÷7×12$。

问题：涂色部分表示多少？解法：$63÷7×12$。

问题：整个图形表示多少？解法：$63÷7×24$。

师引导学生发现共同规律：在解决这些问题中，你们发现了什么规律？

生：都是先求出一个小正方形表示多少。

教师也来提一个问题：表示 36 的图形可以怎样画？

学生解答，先求出有几格？$36÷(63÷7)＝36÷9＝4$。

（有 4 格组成，但图形的形状可以不同，有 5 种不同情况。）

师：你也能提出这样的问题吗？

生：表示 45 的图形怎么画？

解答：$45÷(63÷7)＝45÷9＝5$。应该画 5 格。

再比较：有没有共同之处？不同的是什么？

生交流：还是先求一个正方形是多少，只不过本来是根据数量求总数，而后者是根据总数求份数。

【评析：在学生初步建立正归一的直观模型基础上，通过根据图表中信息的提问，引导学生提出反归一的问题，在正反归一问题的比较中，进一步突出归一的基本特征。针对三年级学生的学习特征，学习时可结合学生的操作"画一画表示 36 的图"，这既是对归一问题解决方法的强化，同时也会加强学生的空间观念，提高数学综合素养。】

4. 通过实物图,感受归一思路的实际应用

师:现在我们一起到生活中看看,迎奥运,买福娃(图4-48)。

200元

?元

图 4-48

解答:200÷4×6=50×6=300(元)。

师:你是怎么想的?

生1:先求一个福娃。

现在题目要变一变,表格中依次出现数据,要求学生马上算出相应的数,看谁的反应快?(表4-7)

表 4-7

总数/元	200				100	
份数/个	4	6	10	80		

尤其是总数为100元的时候,学生容易产生思维定式,100×50=5000元。稍作思考,学生马上会改正。

师引导学生思考:如果最后的两个空格由你来填,你打算怎么填?为什么?

生1:先填下面,下面随便填一个,再用下面的数乘50就是上面的数了。

生2:上面的数虽然不能随便填,但只要是50的倍数就可以了,只要用上面的数除以50就是下面的数了。

教师引导强调:不管先填什么,都要先求出一个福娃多少元。

【评析:在直观图形的经验积累基础上,进一步用直观实物来呈现问题,为以后学习的文字问题做准备。学生理想的状态是在解决问题时能提取直观图示来帮助自己解决问题。同时这又是一个变式的对比练习,既可以强化同类型(正归一)问题的解决方法,又穿插了反归一的问题,可以提高学生思维的灵活性和敏捷性,因为学

生容易受到思维定式的影响，这样做可以增强练习的灵活性和趣味性。无论是正归一还是反归一最终是为了突出归一的本质特点。】

5. 借助综合性的实际问题，沟通各种归一思路之间的联系

师：刚才表格中对应的两个数量都不告诉，我们也知道怎么填了。但有时在生活中，对应的两个数量都告诉了，那又该怎么办呢？现在我们一起来解决一个实际问题：饮料一杯能装下吗？

呈现问题：小瓶饮料90克，倒进空瓶占3格。大瓶饮料300克，倒进空瓶（8格）装得下吗？（每一格质量相等）

学生思考后，解答：

生1：$90 \div 3 \times 8 = 240$（克），$240 < 300$；装不下。

生2：$300 \div (90 \div 3) = 10$（格），$10 > 8$；装不下。

生3：$300 \div 90 = 3$（倍）……30（克）；$3 \times 3 = 9$（格），$9 > 8$；装不下。

教师引导发现解决方法的共同点：通过不同的方法，得到了相同的结果，虽然方法不同，但都是先求出每格装多少？

教师引导学生理解：最后一种虽然没有求出一格是多少，但他把三格当作一份来思考了。

【评析：在解决问题时，学生首先把现实问题转化成数学问题，这也是要着力培养的一种能力。同时，还是蕴含着比较，解决同一问题不同的方法却有一个共同的本质特征，正反归一两种方法都可以解决问题。更可贵的是有学生能深化"一"的认识，不拘泥于一就是一格，这是对归一内涵的拓展，也是对归一问题的透彻地解析。】

6. 设计综合实践活动，应用归一思路解决实际问题

教师组织学生再编儿歌：我们一起来把不完整的儿歌编完整。

4只小动物4张嘴，8只眼睛32条腿；7只小动物7张嘴，（　　）只眼睛（　　）条腿；（　　）只小动物（　　）张嘴，24只眼睛96条腿……

先让学生填空，再引导学生猜测，这是什么小动物吗？【注：8只脚的。出示图：蜘蛛。】

教师鼓励：看来现在大家不只是会背儿歌，而且还会编儿歌了。

【评析：呼应课前念过的儿歌，同时解答的过程中也包含着归一问题的多种类型，并且在解决问题时需要学生选择相应的条件，也为学生用多种策略来解决问题

提供了空间。】

组织课外实践活动：怎样能知道打开一个水龙头 1 小时会流出多少水？

师：你们今天下午放学回家，千万不要一到家就打开水龙头 1 小时，再测量有多少水？（学生会意地大笑）要注意节约用水。

有学生迫不及待地说："开 1 秒钟就够了"。有的学生补充："那么快，来得及吗？"

师：看来大家都要先设计好可行的方案，再去实践。

师勉励：希望大家把今天所学的数学知识用起来，相信你的实验会成功的。

【评析：实践能力的培养，需要设计一个个切实可行的实践活动来付诸实施。只有这样才不会成为空谈。而像这样的实践活动，既是对本节课数学学习内容的针对性应用，同时又是一次可操作性很强的实践活动。既有新意，又很务实。】

教学反思：

①数形结合，突破难点。有了直观的图形做支撑，学生基于直观概括出抽象的归一结构已变得不再困难。同时，教学又不局限于直观，而是将直观的图形发散，与现实生活中的具体实物建立起联系，丰富了学生对归一的认识。

②注重建模，关注本质。无论是三角形图还是四边形图，都是表示单一量的图；无论是正向的，根据单价、数量求总价，还是反向的，根据单价、总价求数量；无论是直观的图，还是抽象的表格或者文字，都蕴含着一个不变的数学模型，那就是归一的模型。归一结构的一般性得到了体现，不再局限在单一的数量关系中。归一的思想开始升华，在"倒饮料"的问题中，"一"可以是一格，也可以是三格，逐渐提高抽象程度。课堂教学力图充分体现归一的数学本质。

③关注儿童，关注生活。因为是儿童学数学，因此还需要依照儿童的心理发展规律，在关注抽象数学本质的同时，关注呈现方式的形象化趣味性，激发学生学习的兴趣，因此在教学设计中引进了"儿歌""福娃"等一些有趣的学习素材。与此同时，还注重数学与现实生活之间的联系，把一些富有现实性的素材融入数学的学习中，使学生充分感受到了数学应用的普适性。

同伴专家评析：

数学是什么？数学是数和形及其演绎的科学。数形结合是数学的一种重要思想，数与代数、图形与几何是小学数学教育中两块重要的内容，到了后续学习中又会产生一门新的学科，那就是解析几何，解析几何就是用方程的思想去描述空间与图形。

也许，这是小学阶段重视数形结合思想渗透的重要原因吧。

看了这个课题，我们就会想这样一个问题，归一问题是解决问题中的一种典型的模型，这样一种模型如何和图形结合，是一种挑战。听了唐老师的课以后，让我们很好地领略了唐老师的智慧和风采，他很好地演绎了自己的课题，使我们与会者深受启发。

第一，智慧地建立了图形推算和归一问题的结构性联系。

唐老师找到了直观图形推算和归一问题的联系，通过解决图形中已知总数和对应份数，求几份对应的总数这样的问题，建立了正归一问题的直观模型。让学生感悟到在图形推算过程中要先求出单一量的中间问题。然后用具体的现实生活中的实物代替几何图形，推广到了归一问题，实现了图形模型和生活问题的联结，产生了类推，实现了数形结合。同时为学生表格的、文字的生活问题奠定了基础。这样我们也不难理解三年级的学生能够很好地掌握归一问题的原因了，这个原因就是结构化模型的转换。

第二，渐进地处理了解决问题的模型化和去模型化问题。

模型化有助于学生理解结构和掌握结构，唐老师上课的效果非常明显地证明了这一点。但唐老师在建立图形模型和实物模型的同时，又极力注意去模型化，让学生经历了图形、表格、生活问题，特别是生活中的综合实践问题，重视了对解决问题的策略研究，没有过分地去套用模型，这对学生的思维发展、解决问题能力的发展是很有益的。我想，唐老师也正是基于这样的思考，才实现了正归一、反归一、倍比法的综合，突破了学生思维的定势，增强了灵活性和趣味性，又深化了"一"的认识，不拘泥于"一"就是"一个"，对归一的内涵进行了拓展，透彻解析了归一。

感谢唐老师为我们提供"数形结合，在图形直观中理解数学结构，掌握数量关系"这样的思路来改进应用题教学的思路。这为我们广大数学教师呈现了一个新的视角，值得大家一起研究探索。

（评析专家：浙江省特级教师　汪培新）

（二）植树问题：植树问题不一定是植树

"植树问题"在传统小学数学教材中属于典型的应用题，2001年课程改革之后，在有的版本教材中，安排在了课后的特色栏目中，作为课堂教学的补充材料。2011年课程标准修订以后，"植树问题"又成为数学学习的主要内容，引发了广大教师的关注。"植树问题"在新的课程体系中将承载怎样的教学任务，可以设置怎样的教学目标，怎样设计课堂教学，预期达到怎样的教学效果，笔者对这些问题进行了教学实践与思考。

1. 教学目标从单一走向丰富，需要在多元中选择适切的目标

作为数学学习任务的"植树问题"，最为起码的目标应该是学生能学会解决"植树问题"常见的三种不同类型的问题。如数学家华罗庚所说"学数学不做题目，等于入宝山而空返"，如果学了"植树问题"，不会解决"植树问题"的常见问题，怎么"自圆其说"都是不应该的。因此，在知识技能的维度，应该明确目标为"经历解决问题的过程，学会解答常见的植树问题；提高解决实际问题的能力"。

如今，小学数学教学的目标从原来的"双基"丰富为"四基"，增加了基本活动经验和基本思想。对于"植树问题"来说，不能"新瓶装老酒"，至少该"老树长新芽"，在主干目标不变的前提下，丰富学习的内涵，基于"经历探索植树问题规律的过程"，渗透模型和对应等基本思想，积累"分门别类地分析问题、解决问题，发现不同问题背后相同的规律"等活动经验，在解决问题的过程中，渗透"化曲为直"等解决问题的策略。从情感态度价值观的维度来看，希望学生在富有现实趣味和挑战的情境中，培养应用数学的意识和学习数学的兴趣。

在"植树问题"中，很多教师还关注到一种"化繁为简"的解决问题的策略，在教学中，先出示一个数量比较大的"路长"，在解决问题的过程中引导学生先"变短"，渗透"化繁为简"。在笔者进行的多次教学实践中发现，这种简单的计算对于高年级的学生来说不足以驱动他们主动"化简"，略显牵强，所以在本课教学的目标定位上，就没有把它作为其中的目标之一。之所以需要这样的特殊说明，其实也是在讨论一个教学的"一般问题"，有时在讨论一节课的目标时，作为教师的我们常常自觉或不自觉地对一节课赋予过多的教学目标，"有的是积累隐性的经验，教学时就想硬生生地提升到显性的技能""有的思想是渗透了，但教学不仅要渗而且还要透"，笔者越来越强烈地认为：一个在课前不断在思考教学内容的人和一个到上课的时候才知道要上怎样内容的人，在很多的认知起点和走向上都是不同的，前者是教师，后者就是学生。"我的手很小，请不要往上面放太多的东西。"这是美国"儿童给大人的忠告"的第一句话，也是对我们数学教学目标设定的警示。有时多就是少，少却是多，教学目标从单一开始走向丰富，也要从多元的发散转变到适切的聚合上来。

2. 教学情境的创设从激发兴趣到激活经验，从近迁移到远迁移

课堂教学的时间每分每秒都很珍贵，有时在教学情境的创设上煞费工夫，到头来只是为了引发学生的最为表面的兴趣，事倍功半。"用最短的时间把孩子的注意力聚焦到要解决的重要问题上"是笔者在创设情境时的指导思想。因此，在本节课的教学中，笔者就开门见山，直接引导学生进入到"思辨"的状态。

师：同学们，今天我们要来学习植树问题，请问植树问题是不是植树的问题？请每一个孩子表达自己的意见，举手表决。认为植树问题就是植树的问题的请举手，认为植树问题不是植树的问题的请举手。老师发现有的同学两次都没有举手，请没有举手的同学举手。

教学的导入从这样低起点的"安全"的问题开始，就凭着学生的已有认知，让每一个人表达自己的意见。别看"没有举手的请举手"好像只是语言的幽默，实际上是在倡导一种"人人参与"的课堂要求，不管对错，都要积极表达自己的思考。这对营造一种安全、平等、自由、民主的课堂氛围有积极的作用。

植树问题到底是不是就是植树的问题，今天，我们从一组图片的思维热身开始。看图说一说，"几个钉子几幅画"。

第一组（图 4-49）：

图 4-49

如果按这样的规律排下去，5 个钉子几幅画？几个钉子 6 幅画？7 个钉子几幅画？教学时，学生个别轮流问答，笔者教学时会改变问题，问学生：你猜老师会怎么问你？学生总是问：8 个钉子几幅画？笔者回应：不是的。学生总会会心一笑继续猜测，直到老师问：钉子和画有什么关系？学生感悟：钉子和画的数量一样多。

第二组（图 4-50）：

如果按这样的规律排下去，5 个钉子几幅画？几个钉子 6 幅画？8 个钉子几幅

图 4-50

画？教学时，再次问学生：你猜老师会怎么问你？学生总是问：钉子和画什么关系？引导学生发现：钉子和画不一样多了，钉子的个数比画的张数多1。

设计这样的教学情境，一方面比较适合学生的认知起点，也能激发起学生的兴趣，但更为重要的是积累对本节课学习有用的经验，以至于在学习"植树问题"的时候能激活这些经验，有时钉子和画一一对应，有时钉子和画不一一对应，从数学的思想内核上，为学生的学习做准备。有时，我们把学生即将要学习的较为复杂的教学任务，在教学准备环节分解或者简化，努力促成学生在简单问题环节形成的经验迁移到后续要学习的内容上，这种迁移在很大程度上属于近迁移，考量学生数学能力强弱的关键的素养应该是远迁移，就是要看后续问题情境即使发生了改变，变得不相似了，学生是否依然能顺利应用经验加以解决。

3. 教学重点的突破是各个击破还是整体解决，是层层铺陈还是直面挑战

无论是教材的编排，还是教师教学的设计，都有一种常见的策略：就是把"植树问题"的三种类型各个击破，第一节课先讲"两头都种"的，在用第二节课来讲"只种一头"和"两头都不种"的，先学习部分，再形成整体。笔者以为，尽管这样处理，从知识和技能的掌握来说，应该会显得扎实有效。但从"过程与方法"的角度来看，错失了一次学生自主根据问题可能的类型分门别类地思考并解决的经历。教学时也可以直接"先整体，再部分"，借鉴芬兰的教学经验"先见森林，再见树木"。笔者在教学实践时，不再层层递进，而是让学生直面挑战。

有一个"长江"假日小队，他们准备利用假日去植树。任务单的信息是：在一条笔直的小路一边植树，全长 20 m，要求每隔 5 m 种一棵树。面对这份任务单，到底一共要准备多少棵树苗？直击植树现场发生的对话。

小明：我是代表长江队来领树苗的。

工作人员：你们组打算领几棵？

小明：刚才急匆匆地跑过来，倒还没讨论。我问问别的队吧。

小明：之江队，你们领几棵？

之江队：我们组领 5 棵。

小明正想去领，旁边婺江队的人得意地喊了一声：我们组就领 3 棵。

小明停住了脚步，疑惑了，怎么他们不一样的，再去问兰江队。

兰江队：我们组领 4 棵。

小明越问越糊涂了，自己静下来想了想。发现了一个重要的规律，做出了一个重要的决定。

小明：我们组领 6 棵。就要比他们多。

在教学中，结合鲜活富有童真的对话，引导学生思考"到底要多少棵？为什么会有那么多不同的答案？"先独立思考，自主探索，再小组分类讨论，进而整体解决。

两头都种：路长÷间隔＝段数，段数＋1＝棵数。

$20 \div 5 = 4$(段)，$4 + 1 = 5$(棵)(图 4-51)。

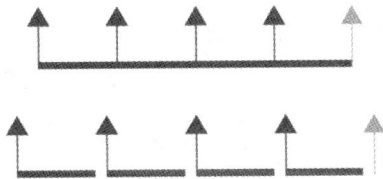

图 4-51

只种一头：路长÷间隔＝段数，段数＝棵数。

$20 \div 5 = 4$(段)，也就是 4(棵)(图 4-52)。

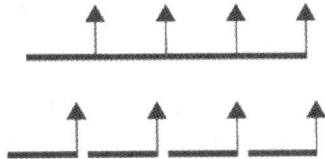

图 4-52

两头都不种：路长÷间隔＝段数，段数－1＝棵数。

$20÷5＝4$(段)，$4－1＝3$(棵)(图 4-53)。

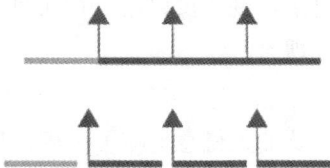

图 4-53

在实际的教学中，有的学生想到其中的一种方法，有的学生想到其中的两种方法，有的同学还误以为"两端都种"的情况应该是"4＋2"，因为"两端"，所以加 2。这些都可以在小组讨论和集体讲评中予以矫正。当讨论完这三种情况后，引导学生回顾小结。概括解决问题过程中的共同点和不同点。关键是要从数量关系上来提炼，不变的是"路长÷间隔＝段数"的数量关系，变化的是段数和棵数的对应关系。

4. 练习的设计从低等级变为高等级，从技能的熟练到能力的发展

考虑到学生面对一个复杂问题要从三种不同的情况去分析，存在一定的挑战，所以在练习的环节，还是安排了一个同类的问题，目的是让每一个学生都有亲历对三种不同问题进行思考的过程。"在全长 200 m 的小路一旁装灯，每隔 10 m 装一盏，一共要装多少盏？"这种问题的变式只是"情节性变换"，旨在增加学生解决问题的熟练度，对于之前只是在小组讨论或者集体讲评时才知道还有"只种一头"和"两头都不种"的同学来说，这样的过程显得必要。

紧接着出现的是一个题组，充满浓郁的生活气息，也很有童趣。①建德白沙大桥，全场约 390 m，在桥的两侧栏杆上每隔 3 m 就有一头石狮子，桥头桥尾呼应，形态各异。桥上一共有多少头石狮子？解答方法：$390÷3＝130$ 段，$130＋1＝131$ 头，$131×2＝262$ 头。本题的变式属于条件性扩展，桥的两侧要"×2"常常被学生疏忽。②有只袋鼠每跳一下距离约 10 m，一条小路上留下了它的 25 对脚印，这条小路长多少米？解答方法：$(25－1)×10＝240$ m，本题的变式属于可逆性变换，全长本来是条件，现在成了"问题"。③植树节上，20 个小组参加植树，每组分到 5 棵树苗，树苗共用了 1000 元，每棵树苗多少钱？解答方法：$1000÷20÷5＝10$ 元，此题是用来混淆"植树问题"的。有时我们在设计作业时，常用"AAAA"的方式来强化 A 的规律，有时用"AAAB"反而更能强化 A 的特性。

完成题组后，引导学生思考：今天学"植树问题"，做完前两题，你有什么发现？学生的感受是"植树问题不一定是植树的"。做完第 3 题，你又有什么发现？哪个最不像"植树问题"？为什么？学生的发现是"植树的问题不一定就是植树问题"。前面 2 个问题，没有讲"植树"，但与"植树"问题有着内在的联系，"狮子数相当于棵数""袋鼠的脚印相当于棵树"。第 3 题内容是"植树"的，但不属于植树问题。引导学生感悟判断问题的模型不是看内容情境，而是看本质的数量关系，启发学生抽象地提炼"植树问题"模型。

最后的挑战。教师引导：今天我们讨论"植树问题"有 3 种不同的情况，下面的问题是属于其中的哪一种呢？"在一个周长为 200 m 的圆形广场四周，每隔 20 m 种一棵香樟树（杭州市市树），一共要种多少棵？"先请学生直觉判断，再争辩。必要时，应用直观积件展示，化曲为直，相当于"只种一头"的情况。在教学时，也有学生提出如果从两棵树中间分开，化曲为直，那不是"两头都不种"吗，这里需要回到条件中来回应，因为要求每隔 20 m，看似两头不种，实际上都隔 10 m，还是属于"只种一头"的情况。不看现象，看本质，使问题的思辨再次升华（图 4-54）。

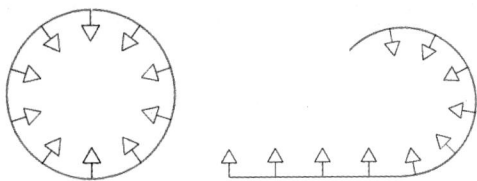

图 4-54

课尾：即时应用，感受数学就在身边。今天一节数学课 40 分钟，教师担心时间来不及，设置了一个手机提醒功能，上课铃声响后，每隔 5 分钟就振动一次，提醒教师要珍惜时间，一节课下来要提醒几次呢？这个根据作息时间原创的问题看上去是一次简单的应用，但对于教学来说就更能体现数学的奥妙，让学生感受到数学"好玩"。

这一系列练习的设计不是止步于同类"植树问题"的反复练习，为了看起来的熟练，而是通过不断的"变式"，不断激发学生的思考，根据纷繁多样的现实情况来解决问题，一个个问题背后都蕴含着一个又一个的挑战，激励着学生创造性地解决，让学生的思维得到一次次提升，决定课堂成效的不应只是技能的熟练度，而应是在解决问题中表现出的思维灵活度。

(三)长方体表面积、体积：多一处空白多一点想象

教学内容：小学数学五年级长方体表面积、体积后的复习

教学目标：

①经历解决实际问题的过程，巩固计算长方体表面积、体积的技能，增强应用意识；

②经历二维与三维之间的转换，进一步理解长方体的特点，发展空间观念；

③经历解决富有现实感的问题的过程，体验用数学解决问题的成功感，增强学习数学的兴趣。

教学过程：

1. 现实情境，问题驱动，应用长方体表面积计算方法

(1)单个长方体的表面积计算应用

师：老师想送给大家一个礼物，就在这个礼盒里了，礼盒简朴但不够精美，想做一个包装，于是就去选择包装纸。可是碰到问题了，要包装这个礼盒，至少需要多少包装纸，不知道买 1 张包装纸，够不够？

请同学们仔细观察，大胆地凭经验估计估计，你觉得够吗？学生举手表决估计的结果。有学生表示"不能确定"。

师追问：怎么才能确定呢？

生：需要一些数据。

师：需要哪些数据？

生：长方形的长和宽，长方体的长、宽、高。

根据需求，提供数据，计算分析(图 4-55)。

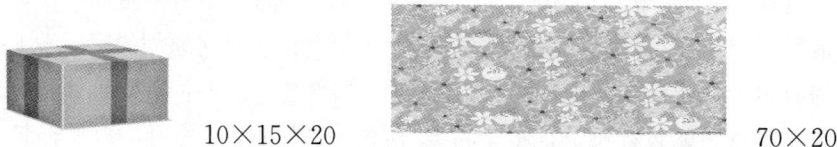

$10 \times 15 \times 20$　　　　　　　　　　　　　　　　70×20

图 4-55

(屏幕显示：不是实际的长度，按比例呈现。)

$70 \times 20 = 1400 \ cm^2$，

$(10 \times 15 + 10 \times 20 + 15 \times 20) \times 2 = 1300 \ cm^2$，

$1400 > 1300$。

够。

师：从计算结果来看是"够"了，但是在现实生活中，有时真正包装起来就不一定了，尤其是在要求包装纸是不经过剪拼的情况下。所以有同学就把包装纸剪成了若干块，剪裁出下面的 8 个长方形，其中用哪 6 个长方形，已经不知道了，你能不能帮助找一找对应的面分别是哪一个？（图 4-56）

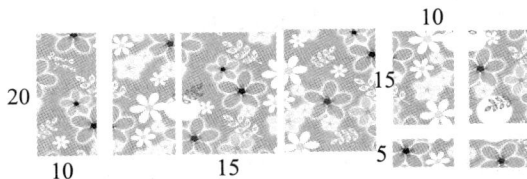

图 4-56

(2)从单个到多个，从长方体到正方体的变式

师：包装好了一个长方体礼盒，现在我们一起来包装两个礼盒，是怎样的礼盒？一起来看一看？（呈现独立的 2 个正方体礼盒，图 4-57）

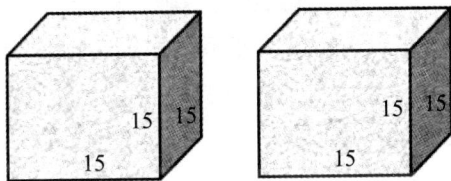

图 4-57

学生独立解决。

$15 \times 15 \times 6 = 225 \times 6 = 1350 \text{ cm}^2$，

$1350 \times 2 = 2700 \text{ cm}^2$。（教学时，有学生会忘记乘 2。）

改变情境，如果这两个正方体拼在一起，至少需要多少包装纸？

展示学生的多种方法：

方法 1：$30 \times 15 \times 4 + 15 \times 15 \times 2 = 2250 \text{ cm}^2$。

方法 2：$2700 - 15 \times 15 \times 2 = 2250 \text{ cm}^2$。

方法 3：$15 \times 15 \times 10 = 2250 \text{ cm}^2$。

方法 4：$(30 \times 15 + 30 \times 15 + 15 \times 15) \times 2 = 2250 \text{ cm}^2$。

（说明：学生的思维是开放的，条件一变，变出了那么多不同的方法，尤其值得表扬的是很多学生都不墨守成规，解决问题方法灵活，不拘一格，别具新意。）

（3）反思回顾提炼

围绕"刚才我们解决了什么问题？是怎么解决的？"回顾复习的内容，明确"求包装纸"的大小实质是在求"长方体的表面积"，要求长方体的表面积，需要知道长方体的长、宽、高。虽然公式只有一个，但在解决实际问题的过程中，方法可以多样。

在学习方式上也略做提点：先估，再算，最后再应用。

2. 计算长方体体积：从六个面到两个面

过渡指导语：刚才我们解决了包装盒的外表问题，这些盒子里到底能装多少东西才重要呢。下面将出现几个不同的礼盒，请你来看看哪个礼盒装得多？（图4-58）

（1）下列长方体礼盒，哪个礼盒装得多？

还是组织学生先估，只用肉眼观察比较，明确要求"哪个装得多"，是在求长方体体积。进一步感知要比较出盒子的体积，就需要知道长方体的长、宽、高来进行精确计算。

图4-58

下面将提供这些礼盒的一些信息，能不能根据信息，分辨出长方体礼盒的长、宽、高分别是多少？

（2）呈现四个不同礼盒的不同信息

请你根据现有的信息来判断礼盒的大小？

6个面：10×8，10×8，10×6，10×6，8×6，8×6。（图略）

4个面：20×10，20×10，10×5，10×5。

2个面：15×8，15×5。

2个面：15×8，15×8。

教学中强调：鼓励学生根据长方体中的若干面来想象，"是怎样的长方体"？长、宽、高分别是多少？

（3）学习要求

第一步：独立思考。根据信息，你想到的是怎样的长方体，体积是多少？第二步：组内讨论。按顺序交流自己的方法，可以画一画，更要说说为什么。第三步：集体交流。最好你的想法教会别人来说，你说别人的方法。

(4)集体讨论时，以表格呈现结果(表 4-8)

表 4-8

序号	1	2	3	4
长	10	20	15	15
宽	8	10	8	8
高	6	5	5	?
体积	480	1000	600	

难点在于第 4 个长方体，如果是邻面，可以确定。有两种不同的情况：15×15×8，15×8×8。如果这两个面是对面，第 3 条边就不能确定了。

(说明：教学时，准备不同规格的长方体纸片，等学生充分发挥空间想象后，必要时提供实物演示的帮助。因为有的学生仅凭语言可能不能判断到底是一个怎样的长方体，需要"眼见为实"，直观展示。)

引导学生发现：确定了两个相邻的面，才确定了长、宽、高，确定了长、宽、高，长方体就确定了(图 4-59)。

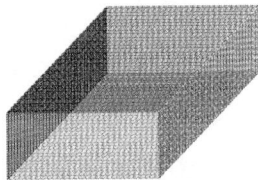

(超级画板支持)

图 4-59

(5)回顾反思提升

刚才我们从一个个的面上发现了长方体的"长、宽、高"，从而求出了长方体的体(容)积，再来判断哪个长方体装得多。

在学习方式上还是坚持：先估，再算，最后再应用。

3. 计算长方体表面积和体积：只看一个面

过渡指导语：刚才我们从观察长方体的 6 个面，减少到 4 个面，最后剩下两个面，我们依然能想象到那个长方体，下面，将只出现一个面了，你还能想到一个长方体吗？

问题情境：一张长是 20 cm，宽是 14 cm 的长方形纸，从四个角剪去一个同样的正方形，用剩下的纸折成一个小纸盒(图 4-60)。

①如果剪去的正方形边长依次是 1、2、3、4、5、6 cm，那么折成纸盒的表面积分别是多少？体积呢？

②剪去的越大，盒子表面积怎么变化？盒子的容积怎么变？(在不考虑厚度的情况下，容积就等于体积。)

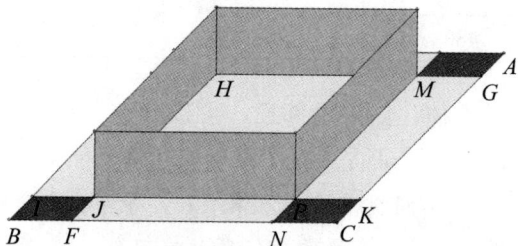

（超级画板支持）

图 4-60

教学时，小组分工合作。1 人算一种情况。

例如：剪去的正方形的边长是 1 厘米，最容易确定的高是 1 cm，长是 18 cm，宽是 12 cm。

求表面积：方法 1：$18 \times 12 + (18 \times 1 + 12 \times 1) \times 2 = 276$ cm^2。

方法 2：$280 - 1 \times 1 \times 4 = 276$ cm^2。(教学时，通常想到第一种方法的学生比较多，而很少有人想到第二种方法，二维和三维之间的转换可能在学生解决问题的过程中构成了挑战。)

容积：$18 \times 12 \times 1 = 216$ cm^3。

把各种情况的结果整理成表，引导学生发现内在的变化规律(表 4-9)。

表 4-9

剪去边长	长	宽	高	表面积	容积
	20	14	—	280	
1	18	12	1	276	216
2	16	10	2	264	320

续表

剪去边长	长	宽	高	表面积	容积
	20	14	—	280	
3	14	8	3	244	336
4	12	6	4	216	288
5	10	4	5	180	200
6	8	2	6	136	96

引导学生发现：随着剪去的正方形的边长逐渐增加，纸盒的表面积逐渐变小。而随着剪去的正方形的边长的增加体积开始逐渐增加，但是当剪去的正方形的边长超过3后，又开始变小了。

为了方便学生直观发现，教学时把表面积和体积用条形图展示，规律清晰可见。

（说明：在同一个问题中，有不同学生获得不同发展的空间，这是在班级授课制前提下实现差异教学的理想方式。在教学时，对于学生个体来说，只要根据具体的数据解决其中一个长方体的表面积、体积即可，有余力的，可以进一步探索，发现其中的变化规律。）

4. 综合应用长作业：用数学，做环保

结合长方体表面积和容积的复习，组织学生在现实生活中应用数学开展综合实践活动。

寻找身边的茶叶礼盒，先算出包装盒的表面积和容积，再算出两罐茶叶的体积和能包装两罐茶叶的最小表面积。你有什么发现？请你对这样的包装从数学和环保节能的角度提出意见，可以把建议书寄给环保部门。

如果你的意见没有得到别人的回复，可以在中秋节的时候，以月饼的包装盒为题材再试试。

学生结合经验发现：盒子总是比实物要大得多？

教师引导分析："人们这样做是为了什么"？学生："为了面子？"

教师追问："是不是盒子的面越大？人的面子就越大？我们人的面子是不是由盒子的面决定的？"引发反思。并鼓励学生："一个小小的想法只要坚持就可能成为现实。"鼓励他们作为社会小公民积极建言。

（说明：这不仅仅是一次简单的应用，而是学生作为未来公民所需要的一种素养，民主的意识，环保的习惯，这可能不是学科教学的重要的目标，但是从育人的角度来说，却显得更为重要。自然地融入数学学习中，帮助学生积累这些有益的经验，数学的内容就变得丰富了。）

教学思考：

关于复习课的教学目标。如果说以前复习课的定位是"查漏补缺"，那么现如今复习课还需要"温故知新"；如果说以前我们复习课的目标的关注点是"双基"：基础知识是否扎实，基本技能是否熟练，那么现在复习课的目标还多了"积累了哪些有益的经验""拓展了哪些能力，渗透了哪些基本思想"。在设计长方体表面积和体积的复习课之前，我们对 5 年级的 123 名学生做了前测，发现套用公式计算表面积和体积正确率已经超过 95%，即使有错误，也是属于计算的过失错误。教学中还有一个经验：直接告知长、宽、高求表面积、体积，与实际问题中要求学生自己辨析是求表面积和体积，通过率有比较大的差异，在这样的学情基础上，我们该给复习课做怎样的目标定位？将发展能力作为设计的核心，如何在复习长方体表面积和体积的过程中，沟通二维和三维之间的空间联系，应用所学的知识和技能灵活解决实际问题，进一步发展学生的空间观念，增强应用的意识和能力，是值得我们思考的。对于一节复习课来说，可能基本技能的操练显得少了一些，练习长方体表面积计算 6 次，体积计算 8 次，但是组织引导学生空间想象的机会多了起来，一次又一次在脑子里思考，看着平面想到立体的表象一次又一次地得到加强；可能从复习的环节来看复习的效率低了一些，总共也就 3 个问题，但是一个问题中的多种方法展示得充分了起来。也许我们无法对一节复习课赋予过多过全的目标，不同的目标不同的设计，面对不同的设计，我们也不需要用"非此即彼"的逻辑来选择，这个内容的复习可以这样，那个内容的复习可以那样。

关于复习课的教学形式，大家都认同"自主合作探究"的学习方式，但是也许平日里绝大多数的课堂还是以"讲授"为主（至少从笔者听到的家常课和自己的上的课来看是这样），尤其是到了复习阶段，也许更多的就是"做做试卷""讲讲错题"，如何提高复习的学习品质，值得我们思考。在这里再次倡导这种被贴上"新课程"的学习方式，并不是说要用"自主合作探究"的方式来替代所有的方式，而

是为了发展学生的各方面的能力，我们的确不能总是用一种单一的教学方式，因为"心理若疲劳，认知将得不到发展"。那么怎样才能开展自主合作探究的学习方式呢？不是看上去挺热闹的外在形式，而是需要合适的内容来驱动。在长方体表面积、体积的复习中，努力创设一些有一定挑战的需要合作的综合问题情境。笔者结合近期的实践认为符合以下标准之一的，就可以视作是可以开展合作探究的问题：从过程看，问题可能存在多种解法；从结果看，问题有多种不同答案；从任务的复杂性来看，一个人可能来不及解答，关注合作；有些问题会解答，但不一定方便表达，需要增强表达能力的培养；有多项同类任务，单个看都不难，但需要更多机会引导学生参与。课堂上提供了合适的内容，还需要给学生充分的时间，引导学生自主思考，偶尔也让学生把思考的过程写下来，不要只写结果；组织小组讨论，需要制定规则，不能把"好表现"的人就当作"表现好"的人，按照指定顺序，机会均等；汇报交流时，多鼓励"先说别人的方法，自己的方法教会别人来说"，这是一种分享与认同，更能促进彼此的理解。把时间留足给学生，学生总能创造精彩。

关于复习课的内容设计，从知识技能的角度来说，第一个环节复习长方体的表面积，再复习正方体的表面积，从一个立体图形到多个立体图形；第二个环节引导学生从长方体不同侧面中获取长、宽、高的信息，复习巩固长方体体积的计算方法；第三个环节，进行长方体表面积和体积的综合练习。另一条发展空间观念的线索也暗含其中，不断沟通立体图形与平面图形之间的联系，呈现平面的信息，从6个面的信息，到4个面、2个面的信息，最后到1个面。还有一个解决问题方法的线索，"先估，再算，最后再应用"。每一个环节的教学都与现实问题的解决密切联系，增强学生的应用意识和创新解决问题的能力。

（致谢：本节课在2013年浙江省教育厅教研室组织的研讨会上执教，感谢浙江省教研员斯苗儿老师、杭州市教研员平国强老师参与设计与指导）

附：多一处"空白"，多一份想象

——"长方形表面积和体积"复习课评析

复习课一般的任务有三，即查缺补漏、知识系统化、提高解决实际问题的能力。

本节复习课目标明确，针对性强。教师课前对五年级学生实际情况做了调查，套用公式计算长方体表面积和体积的正确率超过 95％，而在实际问题中自己判别求表面积和体积的通过率则差异较大，于是在确定该课教学目标时，既不面面俱到，更不再来一遍，而是"温故而知新"，有意识地把重点放在"培养学生解决实际问题能力"方面。接地气，针对性强，效果显著。

　　重视观察和想象，在三维与二维图形的相互转换中培养学生的空间观念。传统的小学几何是以"求积"为中心的，比较忽视初步空间观念的培养，近年课程改革以来，得到了重视与改进，但在实际教学中不少老师仍感到空间观念"摸不透，抓不着"。本节复习课中，教师多次创造机会，让学生从各种不同角度不同方面灵活地认识长方体的结构与其表面之间的相互对应关系（对号入座）。复习表面积时，从一个长方体到两个同样正方体的组合；复习体积时，呈现的信息由 6 个面到 4 个面，甚至减少到只有 2 个面，让学生分别想象出用这些有限的平面所构成的长方体的形状及其大小，再用学具拼搭出自己想象中的长方体模型；由易到难，体现了多一处"空白"，多一份想象，从而使全体学生进一步体会到：不论给出几个面，只要所提供的信息能确定长、宽、高，这个长方体的体积便能确定了。在解决这类具有挑战性的实际问题中，使学生既积累了空间观念，又加深了对长方体表面积和体积求法的理解，这是本节几何复习课的最大"亮点"。

　　"引""放"恰当，真是大气。整节课中，教师在关键处的适度引领与学生自由的独立思考、小组合作研讨配合默契，推动教学过程在动态平衡中不断向纵深发展。课上得很实在，学生的思维真实而灵动。教师的自信和大气，以及对课堂中不期而遇的生成资源的捕捉和"放大"，为整节课增添了不少精彩。

　　这是一节颇有特色和新意的复习课。如果要我提建议的话，有两条建议：①"用两个面（15×8，15×8）来测定长方体的体积"是本节的难点之一，在学生列出 15×8×8，15×15×8 两组算式后，若能进一步引导大家去想象并比较这两个长方体的形状有什么异同，则空间观念的培养更可落实到位。②如果时间紧张，学习任务重，建议将"用一张长方形纸剪拼成长方体纸盒"的内容适当简化。

（北京师范大学　周玉仁）

四、致力于综合实践能力培养的教学案例

(一)探索完全图：感受数学的美妙

教学内容：自编六年级综合实践活动"圆与正多边形"。

教学目标：

①在认识平面图形的基础上，进一步拓宽知识面，更深刻地认识圆与多边形之间的关系，为后续学习做更深铺垫；

②经历操作与猜测的过程，培养学生的空间观念和想象能力，经历探索规律的过程，渗透"化繁为简"的转化思想，在直与曲的变换中，渗透辩证的思想；

③通过借助超级画板的动画技术，感受到图形之间的变幻，感受并欣赏数学美，激发学习数学的兴趣。

教学过程：

1. 整理回顾，驱动研究

师：在我们学习的数学中，除了数，还有形。对于空间图形来说，包括点、线、面、体。它们之间有着怎样的联系呢？今天我们就借助软件"超级画板"来看一看：很多点连在一起就成了线，很多线连在一起就成了面，很多面连在一起就成了体。今天我们主要研究平面图形。（动态演示）

师：我们学过哪些平面图形呢？

生：三角形、长方形、正方形、平行四边形、梯形、五边形……圆形。

引导比较。

师：圆和这些图形有什么不同？

生：圆是由曲线围成的，其他图形是由线段围成的。

师：圆和其他的图形有着怎样的联系？今天我们将一起来研究。

2. 动态演示，探索规律

(1)认识圆内接正多边形

师：在圆周上找两个点，把圆周等分成 2 份，把这两个点连起来，是什么？

生：直径。

师：把圆周等分成 3 份，把点连接起来就成三角形；依次类推，等分成 4 份，得到正四边形；等分成 5 份，得到正五边形……

引导观察，交流发现。

师：圆内出现这些图形有什么相同的特点与不同？相同之处：每条边都相等，顶点在圆上，图形都在圆内，因此这些图形都叫作圆内接正多边形。不同之处：点数越多，边数越多，面积和周长越接近圆（图 4-61）。

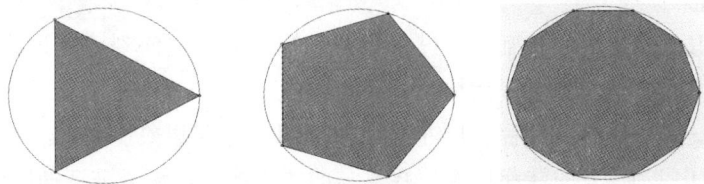

图 4-61

动画验证发现。

师：为了验证大家的发现，演示一个动画。（动态演示：多边形随着边数增加而增大）

数据验证发现。边演示动画，边出现数据，用数量精确刻画变化；当边数增多的时候，正多边形的面积和周长就接近圆了。当出现正 100 边形的时候，可以设问：看到的是正多边形，还是圆？肉眼看到的已经是一个圆了，实际上是一个正 100 边形。引导想象：如果是正 3072 边形呢？学生惊呼：几乎就是圆了。

数学史介绍。

师：这个道理，在古代推导圆周率的时候，就被发现了，这个伟大的数学家的名字叫刘徽。（注：学生总是异口同声地说"祖冲之"。）我们除了记住祖冲之还应该记住刘徽的"割圆术"："割之弥细，所失弥少，割之又割，以至于不可割，则与圆合体，而无所失矣。"学生根据理解加以解读。

史料：中国古代从先秦时期开始，一直是取"周三径一"的数值来进行有关圆的计算。东汉的张衡不满足于这个结果，他从研究圆与它的外切正方形的关系着手得到圆周率。魏晋时期，刘徽提出用"割圆术"来求圆周率，把圆内接正多边形的面积一直算到了正 3072 边形，并由此而求得了圆周率为 3.14 和 3.1416 这两个近似数

值。这个结果是当时世界上圆周率计算最精确的数据。到了南北朝时期，祖冲之在刘徽的这一基础上继续努力，终于使圆周率精确到了小数点以后的第七位。比西方国家早一千一百多年。刘徽所创立的"割圆术"方法对中国古代数学发展有重大贡献，历史是永远不会忘记的。

（2）认识完全图

师：刚才我们认识了圆内接正多边形，现在我们来看这一个图。（出示一个顶点数比较多的完全图，如图 4-26）

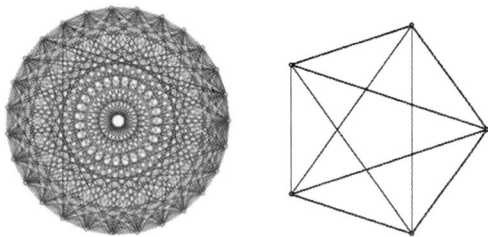

图 4-62

引导学生观察，提问：这个图是怎么画出来的？

学生猜测。逐渐减少顶点数，引导学生发现图的构成。

基于讨论得出：这个图是由正多边形和它所有的对角线构成的。教师指出像这样的图形叫作完全图。

回顾过程提升方法。师：刚才是怎样发现这个图的形成特点的。结合学生的回答概括：把繁化简，从简入手。（板书）

补充回应。师：刚才有同学猜测是用多边形旋转而成的，旋转画出的图是怎样的？我们来演示一下。（动态演示由正三边形、正四边形、正五边形、正六边形绕点旋转而成的图形，图 4-63）

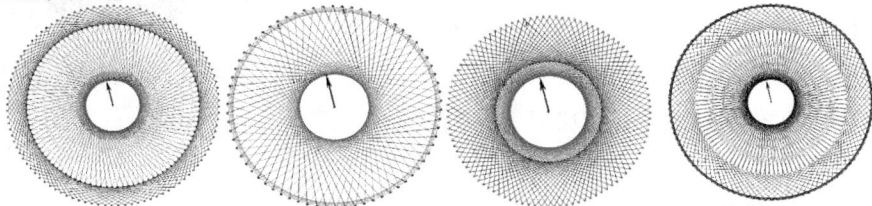

图 4-63

（3）探索完全图中的线段数量

师：刚才我们知道了完全图是由正多边形和它所有的对角线组成的。知道了这些，你们是否又有了新的问题？

引导学生提问：到底有多少条线段呢？（不包括线段与线段相交后形成的线段，只是包括对角线与多边形的边）并启示学生思考准备怎么研究。（试图迁移化繁为简的转化思想）

操作活动：给学生圆内接正多边形的空图，可供学生动手操作，尝试探索规律。

引导学生有序思考：从一个顶点出发可以画出多少条线段。

多边形的边数	线段条数
3	2＋1＋0
4	3＋2＋1＋0
5	4＋3＋2＋1＋0
……	……
28	27＋26＋…＋1＋0
n	$n-1+n-2+\cdots+1+0$

归纳规律：完全图中的线段条数与顶点的关系是 $n\times(n-1)\div2$，n 为多边形的边数，也是多边形的顶点数。

巩固试算。计算顶点数为 20 的图形中有多少条线段。

3. 动手操作，画直为曲

引导学生继续提问。

师：刚才我们化繁为简，一步一步认识了完全图，刚开始我们只知道它很漂亮，后来知道它是怎么形成的（通过顶点画出所有的对角线）。而且还知道它由多少条线段组成。看着这个图，你还能提出其他问题吗？（图4-64）

引导学生思考：画的是线段但怎么在图中却出现了曲线，出现圆呢？

组织学生操作。引导学生画一个简单的梯子滑倒图，感受画线段成曲线的过程。

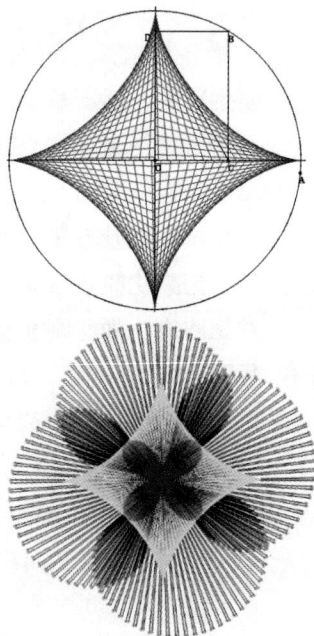

图 4-64

教师引导并做动态演示，感受画直为曲。（板书：画直为曲）

4. 动态演示，欣赏数学

师：在课的最后，我们再来欣赏一些与今天学习有关的美妙图案。

学生欣赏。把梯子模型图与圆绕着圆旋转的图案结合起来演示。最后组合演示出一朵美丽的花，形成一个美妙的图案。

（由衷感谢数学家、计算机科学家、"超级画板"创始人、中国科学院张景中院士给予的指导，感谢教育部华中师范大学教育信息技术工程研究中心彭翕成给予的技术支持）

附：品唐彩斌老师"超级画板，美妙图案"一课

我以为智慧的数学课堂应该是简简单单的。它是清白而不晦涩，简约而不繁杂的。课堂中的学生能明明白白、有条不紊地从一节课的学习中走出来，走向知识、认识和经验的更高一级台阶，即便面对的是错综复杂的问题，大家一样能理出知识的或方法的或策略的丝丝缕缕，能够在对问题及其规律的认识、分析中积累经验，解决问题。

智慧的数学课堂在清白简约的背后蕴含着深刻和厚度。它于朴素中绽放思想，在细微中展现机智，似不经意中折射出文化，它以方法、策略、理性的力量推动学生去思考、去发现、去探究、去享受……学生的发展是智慧教学追求的目标。

"超级画板，美妙图案"是一节关于图形与几何内容的课。新课程强调从多种角度来认识图形，认识空间。这是因为社会的发展使得人们越来越深刻地认识到空间与人类的生存和居住的紧密关系，帮助学生了解和把握空间，才能使学生更好地生存、活动和成长。而且空间观念是创新精神所需的基本要素，因为许许多多的发明创造都是以事物的形态呈现的，作为设计者要先从自己的想象出发画出设计图，然后根据设计图做出实物模型，再根据模型修改设计，直至最终完善成型。而小学生因为年龄小、生活经验有限等原因，在空间观念和想象能力的建立上一直存在较大困难。怎样能够比较好地到解决这二者之间的矛盾？唐老师自编的这节课就是在展示他对这个问题的思考和大胆实践。

因此，从唐老师这节课中我们读出了他的第一个智慧：他能正确找出小学生数学学习中困难、薄弱的方面，选择合适的素材进行研究，来帮助小学生全面提高数学学习能力，这让我们看到了一名智慧型教师的教学敏锐。

选择合适的材料和主题展开研究是我从唐老师课堂中读出的另一个智慧。唐老

师选择了超级画板使学生能依托直观培养空间观念和想象能力，并借此培养学生运用变化、联系的观点分析问题，培养了学生的空间观念和想象能力。

唐老师的课堂智慧不仅于此，如唐老师在学生认识了"圆"这个曲线图形之后，以"圆与正多边形之间的关系"为主题，带领学生领略认知、技能内容以外从直线图形到圆这个发展过程中一些思想方法上的变化。

并且，在唐老师"圆与正多边形之间的关系"的探索活动的背后，我们看到了这节课中闪现的一串"珍珠"，一串思想的珍珠：

①联系的思想。这里有关于点、线、面、体之间联系的直观揭示，有曲线图形"圆"与正多边形的关系的探讨。

②运动变换的思想。在变换中认识圆内接正多边形，在变化中发现圆内接正多边形的边长和面积与圆的关系。在运动变化中去观察认识图形及其特征、规律。

③极限的思想。逐步逼近的极限思想是研究圆这一曲线图形与正多边形的关系的重要指导思想，唐老师运用超级画板让学生形象地认识到了圆内接正多边形的面积随着边数的增加而增大……直观地理解了"割圆术"："割之弥细，所失弥少，割之又割，以至于不可割，则与圆合体，而无所失矣。"学生数形结合地理解了极限思想。

④化繁为简的转化思想。指导学生从复杂图形中辨别出基本图形，进而获得对"完全图"的认识；还有完全图中线段条数与顶点的关系的研究，也是从简单情况入手，借助推理，归纳总结出规律。

此外，唐老师用"画的是线段但怎么在图中却出现了曲线，出现了圆"等问题，引导学生在生活和学习中养成透过现象分析本质的习惯和探究意识（生活中的问题意识、数学眼光等），引导学生智慧地生活、快乐地探究。

有教育智慧的人，会把复杂的东西教得简单，会把简单的东西教得有厚度，会让人从一个概念、公式、算法中看到整个学科的魅力。当教师的心中有真正的数学，当课堂中有真正的儿童，数学教育就找到了那个撬动地球的支点！这样的数学课堂就是充满智慧的数学课堂！

（湖北省教育厅教研室小学数学教研员　刘莉）

（二）认识五角星：有趣又有数学味

作为浙教版《新思维小学数学六年级下册》的综合与实践内容，"五角星"走进了

数学课堂，根据学生对五角星的了解以及小学数学学习的相关目标，拟定的教学目标是：①通过观察五角星，提出相关的数学问题，并能利用已学的知识和技能解决问题，增强提问能力的培养；②经历观察、操作、推理的过程，了解五角星形、边、角、顶点的特点，并尝试应用已学知识求一个角的度数和五角星的面积和周长，增强应用数学的能力；③结合五角星的现实材料和数学作品，感受五角星的数学美，体悟五角星的文化价值。经过几次教学，感悟颇多，现将相关教学流程与教学反思陈述如下，与大家分享。

教学过程：

1. 引出五角星，提出数学问题

师：这是我们国家的国旗和国徽，在国旗和国徽上都有一个共同的图形，是什么图形？（图 4-65）

图 4-65

生：五角星。

师：今天我就要从数学的角度来研究五角星，我们先来做一个判断，下面哪个五角星不是标准的五角星？（图 4-66）

【注：3 号五角星在超级画板中是可以变化的，在变化的过程中让学生判断是否是标准的五角星。1 号五角星也不是五角星，课堂上往往有争论，而这种不确定的争论恰好是需要进一步认识五角星的内在驱动。】

师：那么标准的五角星到底有哪些特点呢？今天我们就一起来研究它。

师：请同学们观察标准的五角星，结合我们所学的知识和研究其他平面图形的方法，能不能提出一些数学问题？【注：强调标准是为了限定研究的范围。】

学生提出的问题有：五角星是不是对称图形？五角星的角是多少度？怎么计算

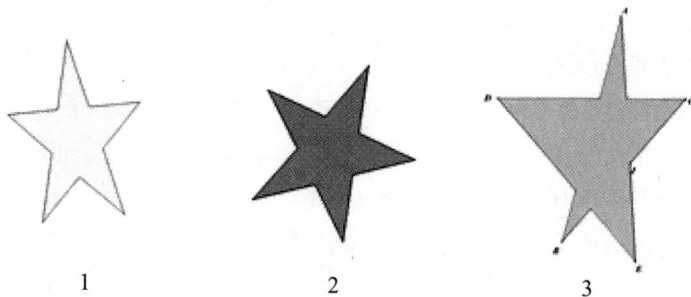

图 4-66

五角星的周长和面积？图中有多少个顶点和交点？中心点在哪里？五角星的五个点是不是在同一个圆上？如果把五个顶点连起来是一个什么图形？【注：这些问题不都是在一个班级的课堂上提出的，但大致集中在这些问题上。】

师：刚才大家提出了关于五角星的很多问题，我们选择其中的一些按照一定顺序来尝试解决。

2. 独立思考，合作解决

(1)研究五角星的"形"

师：五角星是不是对称图形？有几条对称轴（图4-67）？学生做出判断。

画出五角星的对称轴。（图4-67）（作业纸上有两个大小不同、角度不同的五角星，稍加变化。）

(2)研究五角星的"点"

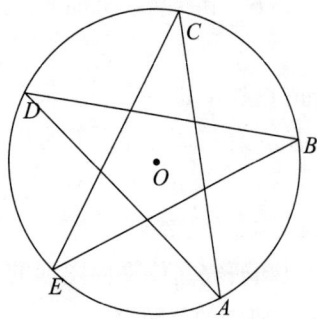

图 4-67

师：五角星的点有什么特点？

生1：对称轴的交点就是中心点。

生2：我刚才画了一个圆，发现五角星5个顶点都在一个圆上(图4-68)。

师追问：是不是所有的五角星都是这样的呢？

生1：应该是的。

【注：应用超级画板画，如图4-68，拖动其中一点，五角星任意变大变小，但是无论哪个五角星其中

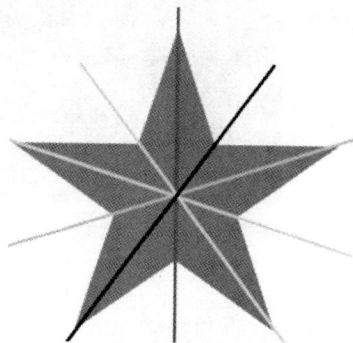

图 4-68

五个顶点都在一圆上，引导学生经历直观观察的过程，感受结论的正确性。由此还启发学生发现如果把 5 个顶点连起来就是一个正五边形，中间的五个点组成的也是一个正五边形，为后续的学习做准备。】

师启发：我想想大家把眼睛闭上来想一个点子图，这个点子图，每行 4 个点，一共有 5 行，它一共有多少个点？

生异口同声：20 个点。

师：现在，请大家看着五角星，我再问一遍：有个点子图，每行 4 个点，一共有 5 行，它一共有多少个点？

生 1：10 个点。

师：这是为什么？

生 2：有些点重复了。

师：这里面蕴藏着很多有趣的问题，如植树问题，10 棵树，每行栽 4 棵，最多可以栽几行？还有抬杠问题：十人抬五杠，每杠用四人，一人抬俩，如何抬？有兴趣的同学可以再去细细研究。

(3)研究五角星的"角"

师：我们再来研究五角星的角，五角星中的这些角分别是多少度呢？这些角之间有怎样的关系？

生 1：$\angle 1 + \angle 6 + \angle 7 = 180°$。

生 2：$\angle 6 = \angle 7$。

生 3：$\angle 6 + \angle 8 = 180$。

师：看来如果知道其中一个角，我们就能知道五角星中各个角的度数了。那么，你能最先知道哪个角呢？你有什么好的方法呢？

学生探究，小组合作商议，汇报交流。一般有以下几种方法。

方法 1：根据三角形内角和 180°，推算出正五边形的内角和是 540°，正五边形有五个内角所以一个内角 $\angle 8$ 是 108°。这样可以推算出 $\angle 6 = 72°$。那么 $\angle 7 = 72°$，$\angle 1 = 180° - 72° \times 2 = 36°$(图 4-69)。

方法 2：$\angle 2 + \angle 4 = \angle 7$，$\angle 3 + \angle 5 = \angle 6$，$\angle 1 + \angle 6 + \angle 7 = 180°$。

那么 $\angle 1 + \angle 2 + \angle 3 + \angle 4 + \angle 5 = 180°$。

所以五角星一个顶角的度数是 $180° \div 5 = 36°$，以此推理：$\angle 6 = \angle 7 = $

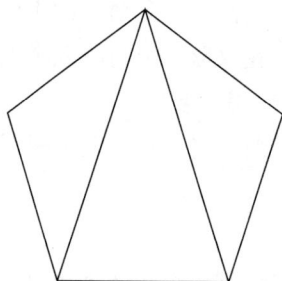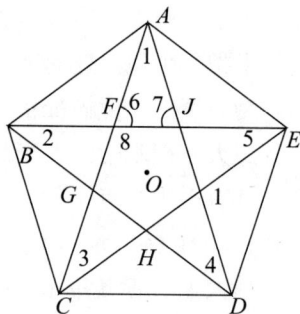

图 4-69

72°，∠8＝108°（图 4-70）。

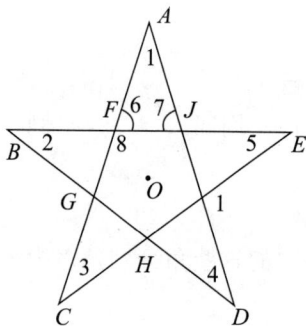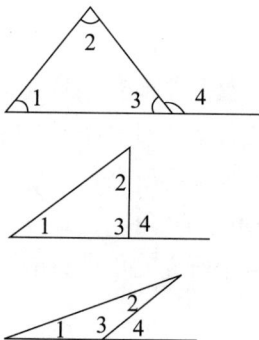

图 4-70

图 4-70 右图中这组图用来启发学生发现一个外角等于不相邻两内角和。学生所需要的推理基础是已学的内容，三角形的内角和是 180°，平角的度数是 180°。

（4）研究五角星的"周长和面积"

师：怎样计算五角星的周长和面积？要求周长只要量出哪一条线段就可以求得周长了？

生 1：只要量得一条边的长度，乘 10 便是五角星的周长。

师：计算面积最少需要度量哪几条线段？为什么？生尝试测量与计算。

教师组织学生同伴之间的交流，引导学生发现度量出 OA，以及 OA 边上的高，求得三角形 OAF 的面积，然后乘 10 就是五角星的面积（图 4-71）。

【注：随着学习的深入，在后续学习中，其实只要度量出所在圆的半径就能根据

圆和所在圆的五角星的比例求出其面积,因此,在本节课的教学中只要方法得当就行。保留个体解决此问题的方法。】

(5)研究五角星的"黄金比"

师：为什么五角星那么美呢,其实它深藏着一个奥秘。五角星中有很多的黄金比线段,你能不能在五角星中找出几组具有黄金比的线段。学生按照提示找出对应的线段：IH：(　　)＝EI：(　　)＝EH：(　　)≈0.618。

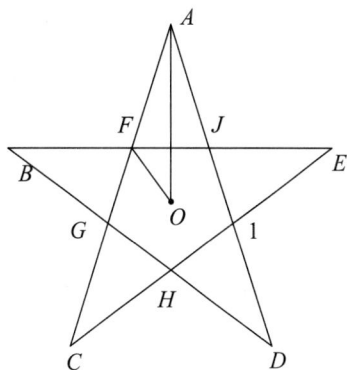

图 4-71

应用超级画板展示动态五角星,验证不同的五角星相应的线段都具有黄金比的性质。拖动五角星,相应线段的长度会变化,立即显示变化后的长度,但对应线段的比不变,都接近于 0.618(图 4-72)。

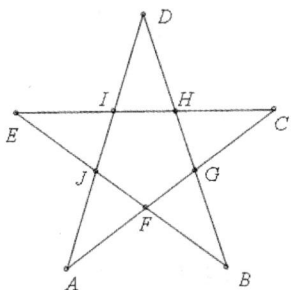

$|EC| = 5.45$

$|EJ| = 2.08$

$|EF| = 3.37$

$|IF| = 2.08$

$|IJ| = 1.29$

$|EH| = 3.37$

$|EJ| = 2.08$

$|EH| = 3.37$

$|EC| = 5.45$

$\dfrac{|IJ|}{|EJ|} \approx 0.620$

$\dfrac{|EJ|}{|EH|} \approx 0.617$

$\dfrac{|EH|}{|EC|} \approx 0.618$

$\dfrac{|IF|}{|EF|} \approx 0.617$

图 4-72

3. 回顾整理,操作应用

师：学了今天的知识,你对五角星有了哪些进一步的了解?

生 1：五角星有 5 条对称轴,一个角的度数是 36°。

生 2：还知道了只要测量其中一条线段就可以知道五角星周长,知道 2 条线段长度就可以计算出面积。

生3：五角星里有很多的黄金比。

生4：五角星的五个顶点在同一个圆上。

师：对于学习数学有哪些体会？你打算用几颗五角星来表示今天你学习五角星的表现？

【注：此五角星非彼五角星，但却在应用中融为一体。既说明五角星应用的广泛性，同时又加深了学生对五角星本身的认识。】

4. 数学欣赏，课外延伸

师：关于五角星的数学问题有很多，如著名的"奇妙的五点共圆"：给出一个五角星，每一个小三角形的外面都可以画一个圆，每相邻的两个圆交于两个点，其中之一是所得五边形的顶点，另五点在同一圆上。还有很多美妙多变的五角星：转动的五角星，奇妙的五角星风车，等等(图 4-73)。

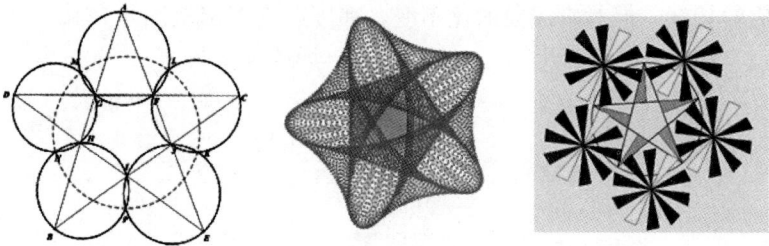

图 4-73

数学百花园：五角星如此奇妙，除了中国，世界上有 50 多个国家的国旗中都有五角星，如美国、澳大利亚、新加坡等。所以，可以说五角星是中国的，也是世界的，是数学的，也是生活的。更有趣的是，古希腊的毕达哥拉斯学派用五角星形作为他们的徽章或标志，称之为"健康"。还有更多关于五角星的美妙问题等待着我们去发现！

实践作业：课后请同学们根据所学的知识制作一个五角星，去发现更多五角星的奥秘。

【注：学生根据五角星不同的特点制作出标准的五角星。】

教学反思：

(1)有数学味的材料才可作为数学综合实践的内容

作为课程的"综合与实践活动"与数学学科中四大领域之一的"综合与实践活动"应该是有着不同的教学定位的，作为学科的"综合与实践活动"应该更关注数学的学科性。

目前笔者凭借已有的研究还无法说出数学学科综合与实践活动有哪几类，具体又有哪些内容可供不同年级的学生选用。但是已经渐渐明晰了方向，那就是借助一些现实生活中的事物针对数学内容开展实践活动，应该把数学知识和技能的应用、数学活动经验的积累以及数学思想的渗透作为活动本身是否有价值的标准。若综合实践活动仍然停留在浅浅综合泛泛实践上，或许只是形式而已，不是数学综合与实践课程的目标所在。

这节课具体说来，有以下几点值得关注。①关注学生提问能力和解决问题的策略。看着一幅简单的图从数学的角度提出问题，而这些问题恰恰是教学所预设要解决的问题，当面对纷繁的问题时，如何分门别类地解决，从整体到局部，从点，到线，到图形的周长和面积，在解决问题的过程中学会解决问题。②借助五角星巩固已有技能，拓展思维。判断是否是轴对称图形，怎样画圆、怎样应用已有知识——"三角形的内角和"，来推算五角星的一个角的度数，怎样计算五角星的周长和面积，怎样估计出哪些线段之间存在黄金比……这些问题的解决都是数学基本知识和基本技能的应用，但在这节课上，这些知识和技能已经不再是孤立的存在，而是贯穿在一起的。从另一个角度来说，这些技能也不是在原有水平上的重复，而是在综合应用中有了新的拓展，尤其是对五角星的一个顶角的度数的推导，教学中有"估"和"量"的基础，但严谨的推导是对学生缜密的逻辑思维能力的重要挑战。③数学欣赏与文化导引。对与五角星相关的图案的欣赏，可以增强学生欣赏数学美的素养，萌发学习数学的兴趣，更重要的是能够激发学生继续探索更多数学美妙的欲望。另外，相关的文化史料也是富有教育意义的，从中国国旗到世界各国的国旗，从古代的一块石板到毕达哥拉斯学派的标志，还有名字"健康"，都是充满着人文气息，我们应该承认这些也是数学，是"作为教育任务"必须学习的"数学"。

(2)有数学味的软件才能成为数学教学的独特手段

在 IT 界有句俗语：一个软件什么都能做，就说明它什么都做不精。数学软件也一样。而在这节课上，除了用常用的 PPT 做基本软件来辅助数学教学，还特别引用了超级画板，在判断是否是标准的五角星的过程中，可以任意调整五角星的每条边，在验证五角星的 5 个顶点是否一定共圆以及五角星中的线段是否存在黄金比等环节中，拖动五角星其中的一个点，都可以随意改变五角星的大小，在变化中更容易引导学生发现不变的特性。与日常教学相比，一点直接的感触是：超级画板能让"任意"变得更"任意"，让"不完全归纳"更完全，让数学变得更严谨。当然，在欣赏的环节中，所展示的用超级画板制作而成的"转动的五角星""五点共圆""五角星风车"更是奇妙无比，美轮美奂，是一般的教学软件所无法达成的。

（3）有数学味的眼光才是数学教学追求的本质目标

五角星，一个非常熟悉的图形，在现实生活中熟悉的有些普通。但当它出现在数学的课堂上时，就唤起了学生从数学的角度来看待它的要求，借助五角星，不断激活学生已有的数学经验，引导学生用数学的眼光来看待五角星。

然而，五角星是充满数学味的，值得挖掘的数学还有很多。实事求是地说开始笔者也是觉得五角星是个比较简单的图形，随便看看说说画画，可以组成一节课。后来在备课的过程中，不断找资料，就发现原来五角星奇妙无比，深不可测。王方汉先生把五角星写成了专著，已故数学家和数学教育家傅种孙的教育文选中有一篇名文《从五角星谈起》，从易到难，旁征博引，娓娓道来，却不知不觉地引向一般原理，深不可测……

五角星的点，除了含有植树的问题外还含有一个古题：十人抬五杠，每杠用四人，一人抬俩，如何抬？可以应用五角星点的排列原理，由此可以推广到：nc 人抬 n 杠，每杆用 $2c$ 人，一人抬俩，如何抬？从五角星，到六角星、七角星……居然都适用。五角星的角：五角星内一共有三类角，大小的比为 $1:2:3$，没想到这是可以引申的，七角星的角的比是 $1:2:3:4:5$，九角星的角的比是 $1:2:3:4:5:6:7$……五角星的黄金比：除了不同长度的线段成等比级数，其实五角星每一个角上的三角形底角都是 $72°$，顶角是 $36°$，这样的三角形是黄金三角形。五角星的面积：如果只量一条线段能不能测量五角星的面积，比如测量出半径能否求出所在圆内的五角星的面积？答案是肯定的。五角星的面积与所在圆的面积的比是确定的，那么这个比是多少呢？正五角星的轮廓线围成的区域面积约占其外接圆面积的 $1871/5236$。你可能觉得这个数据太大，如果用一个分母较小的分数来表示：正五角星的轮廓线围成的区域面积约占其外接圆面积的 $4/15$。至于原委，在此不赘述。

五角星，用日常的眼光看"简单得不能再简单了"，但是用数学的眼光看"美妙得太美妙了"。

（三）探索螺旋：原来数学那么美

教学缘起：

此内容源自 2011 年笔者在英国访学期间听到的一节数学欣赏课，一位小学教师给学生们介绍生活中各种各样的螺旋线。下面的图就来自他的课件。美轮美奂的图

片一直深深地印记在脑海里。最近笔者在组织编写适合学生的数学阅读材料的时候，再一次想起它。对照国内的小学数学教学中，通常有教师会介绍斐波那契数列，一般很少涉及螺旋线，但事实上，生活中存在更多的是螺旋线，综合考量，觉得这个内容贴近生活，贴近学生的认知基础，值得一试，于是开始设计一节可以欣赏的数学课，尝试把它推介给六年级的学生(图 4-74)。

图 4-74

教学目标：

①巩固学生对斐波那契数列的认识，能从数列的认识延伸到螺旋线的认识，增强数与形之间的联系；

②经历黄金螺旋线的画图过程，整合图形周长面积的计算，发展空间观念；

③感受数学在生活中的应用，感受数学的美，进一步培养学习数学的兴趣。

教学过程：

1. 引用电影片段，创设教学情境

师：有一部著名电影叫《达·芬奇密码》。讲的是发生在法国卢浮宫的故事，年迈的馆长被害了，人们在他的身旁发现了一些难以捉摸的密码。13-3-2-21-1-1-8-5，就是这串看似无序的数字，被聪明的主人公破译了。同学们，你们根据以前所学的知识，能看出这串密码的奥妙吗？

学生独立观察思考，尝试发现数列的规律。

如果有困难，可以请发现规律的同学，不要说出结果，给其他同学一点"提示"，比如把这些数按从小到大的顺序排起来看看是什么规律。

板书：1，1，2，3，5，8，13，21，…

学生发现规律：前面2个数的和等于第三个数。

教师组织，规范语言表达。1，1，2，3，5，8，13，21，…像这样的数列，从第3项开始，每一项都等于前两项之和，这是意大利数学家列昂纳多·斐波那契发明的，后来就以他的名字来命名，叫作斐波那契数列。

2. 从数到形，从斐波那契数列到螺旋线

就是这样一串奇妙的数列，在数学学习和现实生活中有着美妙的应用。那么到底会出现要什么地方呢？需要用数学的眼光来寻找。

(1)在数学内部

出示除法算式：1÷9999999999999999999999989999999999999999999999(48位数)得到的结果。引导学生观察，发现，在每一组(24个数字)中，末尾出现的数分别为0，1，1，2，3，5，8，13，…正好是斐波那契数列(图4-75)。

```
0.
0000000000000000000000000 0000000000000000000000001
0000000000000000000000001 0000000000000000000000002
0000000000000000000000003 0000000000000000000000005
0000000000000000000000008 0000000000000000000000013
0000000000000000000000021 0000000000000000000000034
0000000000000000000000055 0000000000000000000000089
0000000000000000000000144 0000000000000000000000233
0000000000000000000000377 0000000000000000000000610
0000000000000000000000987 0000000000000000000001597
0000000000000000000002584 0000000000000000000004181
0000000000000000000006765 0000000000000000000010946
0000000000000000000017711 0000000000000000000028657
0000000000000000000046368 0000000000000000000075025
0000000000000000000121393 0000000000000000000196418
0000000000000000000317811 0000000000000000000514229
0000000000000000000832040 0000000000000000001346269
0000000000000000002178309 0000000000000000003524578
0000000000000000005702887 0000000000000000009227465
0000000000000000014930352 0000000000000000024157817
0000000000000000039088169 0000000000000000063245986
0000000000000000102334155 0000000000000000165580141
0000000000000000267914296 0000000000000000433494437
0000000000000000701408733 0000000000000001134903170
0000000000000001836311903 0000000000000002971215073
0000000000000004807526976 0000000000000007778742049
```

图 4-75

（2）在现实生活中的斐波那契螺旋现象

先展示出一组图，让学生凭借直觉寻找哪里隐藏着斐波那契数列（图 4-76）。数列与这些美丽的图案有什么关系呢？

图 4-76

教学刚开始，学生不容易发现。插播一段视频，让学生感受到，斐波那契数列是怎样与这些美妙的实物联系起来的。

3. 学生动手画螺旋线

结合图示介绍：用以斐波那契数为边的正方形拼成长方形，然后在正方形里面画一个 90°的扇形，连起来的弧线就是斐波那契螺旋线（图 4-77）。

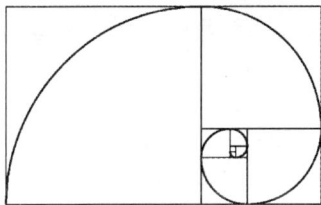

图 4-77

学生尝试在方格纸上依次画出相对应的弧线，连接起来。教学时，学生画完整有一定的困难。教师给予相应的帮助：先画好其中的 2 条，让学生接着画（图 4-78）。

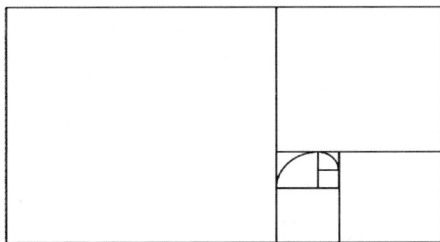

图 4-78

4. 再次欣赏，生活中的螺旋线

除了之前欣赏过的生活中的螺旋现象，再补充一些蕴含着螺旋线的实物图。罗马花椰菜、飓风的云图、松果里 8 条顺时针的生长线和 13 条逆时针的生长线交织着。引导学生感受生活中螺旋的美妙应用(图 4-79)。

图 4-79

观察的过程中，启发学生感受这些图中螺旋线的存在。

5. 透过现象看本质，螺旋线为什么那么美？

组织学生讨论：这些螺旋线为什么看起来那么美？

组织小组合作完成任务：

①看看图，看看数，螺旋线为什么这么美？

②分工合作算一算，前一个数除以后一个数所得的商，有什么规律？

③你发现了什么？

学生分工合作，有的除不尽的保留几位小数呢？有的学生习惯于保留两位小数，就有碍于准确规律的发现，保留四位或四位以上小数位数的，更容易发现确切的规律。

$1 \div 1 = 1$，$1 \div 2 = 0.5$，$2 \div 3 = 0.66\overset{.}{6}$，$3 \div 5 = 0.6$，$5 \div 8 = 0.625$，…，$55 \div 89 = 0.617977\cdots$，$144 \div 233 = 0.618025$，…，$46368 \div 75025 = 0.6180339886$，…

前一项与后一项的比值越来越逼近黄金分割数 0.618。保留位数多一些的小组，

会发现：越到后面，这些比值越接近黄金比。

6. 探索黄金螺旋线的属性

怎样计算黄金螺旋线的长度？图 A 中正方形的周长、图 B 中两条曲线总长和图 C 中的螺旋线相比，哪个长度是最长的？请解释理由(图 4-80)。(备注：最小正方形的边长为 1，最大正方形的边长为 34。)

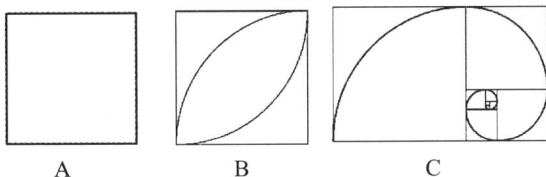

图 4-80

教学时，先请学生凭着经验和直觉来判断，哪一个图对应的长度最长？猜测后，请学生付诸行动，进行精确的演算，基于证据得出结论。

学生独立演算：

A：$34 \times 4 = 136$。

B：$\frac{1}{4} \times 2 \times \pi \times 34 \times 2 = 34\pi = 106.76$。

C：$\frac{1}{4} \times 2 \times \pi \times (1 + 2 + 3 + 5 + \cdots + 34) = \frac{1}{2} \times 87\pi = 43.5\pi = 136.59$。

教学时，学生都猜测是图 C 的螺旋线最长，尽管猜对的同学比较多，但通过计算也发现，其实与图 A 相差很少，"惊险"猜对。

7. 应用黄金螺旋线

除了大自然的选择，人们在活动中也会应用黄金螺旋线来创造美。比如在拍照中构图时，创造出黄金螺旋线，照片看起来会很美。包括很多的电视剧，之所以看起来很唯美，主要也是应用了螺旋线的构图方法(图 4-81)。

8. 课堂小结

教师组织学生，基于学生的经验和体会，用数学语言表达自己的学习体会。

古希腊学者毕达哥拉斯提出了"万物皆数"的观点，他说："和谐的美感，是从一定数字的比例关系中派生出来的。"

如果请你来说一句话，谈谈你学习黄金螺旋线的体会，你会写什么？请写下一

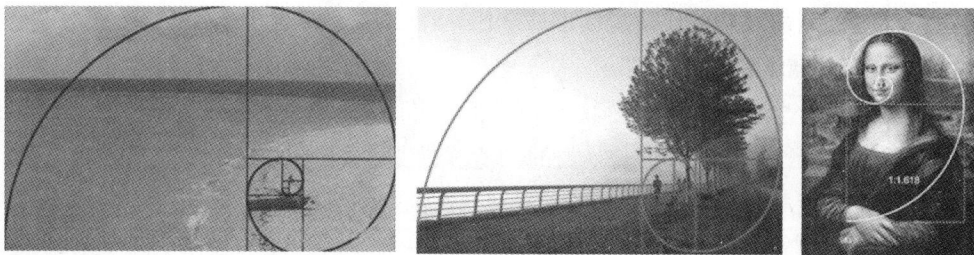

图 4-81

句最能表达你真实想法的话，如果你觉得还不错，就在旁边署上名，这样就成了"名言"了。

教学反思：

(1)不要简单地说别人简单

不知从什么时候开始，也许很多人和笔者一样一直以为国外的数学学习内容总是比较简单一些。或许是常听人讲超市里人家不会很快找零以及经常拿出计算器来计算那些我们都能口算的题目吧。但如果说起今天这样的内容，你一定对国外的数学有了不一样的认识。

正如常常有人用"一英里宽，一英寸深"来描述美国数学教材一样。英国也如此。相比，我们国内数学学习的内容比较集中，所以学得比较深，英国的学习内容相对比较浅，因此学得比较宽一些。具体到学习的内容，在数和计算方面可能中国见长一些，而在直观思维和空间观念方面，他们可能更为重视一些。像这样螺旋线的欣赏，之前我们很少涉及，但却走进了英国小学的课堂。

有句英语名言："当你对问题了解不太多的时候，比较容易提出解决办法。"当我们对一个事物并不太了解的时候，更容易得出结论，然而有时结论恰恰并不完全正确。也许我们不该"简单地说别人的数学都简单"。对于国际之间数学教学的比较，还是需要本着理解不同的文化和价值观的原则，相互借鉴，共同提高。

(2)教材不是数学学习的唯一材料

在互联网的今天，教材不再是学生学习数学的唯一材料，在倡导全民阅读、全科阅读的今天，作为数学学科，也应该提倡课外的延伸阅读。把更多丰富多彩的数

学内容，通过学生喜闻乐见的形式展示出来，供学生选择性学习。像今天这样的数学欣赏，也是数学课外阅读的一种形式之一。当前，在讨论数学学科核心素养的时候，越来越多的学者认同三个"用"，用数学的眼光观察现实世界、用数学的思维分析现实世界、用数学的语言表达现实世界。我们不能依靠增加纸笔的操练来提高数学的基本技能，在我们身边，越来越多的大数据已经证实：我们的教学正在或已经导致部分学生的基础学力出现过剩，而在高等级的思维能力培养上却显得不足，我们需要转变数学教学的方式，丰富数学学习的内容，才有可能为数学素养的提升寻找新的可能，而在这样的数学欣赏课堂里，学生的数学核心素养悄然生长。只有为学生呈现丰富多彩的数学内容，展示数学的美妙，才有可能让学生觉得数学好玩，萌发数学学习的兴趣；只有为学生创设一些富有现实性又具有挑战性的情境，才有可能激励学生创造性地解决问题；只有让学生感受到数学有用、数学原来就在身边，才有可能帮助学生提高"学数学、用数学"的能力；只有让每一个学生都经历发现、推理、直觉感知、演算、得出结论的每一个过程，才有可能在学习数学的过程生发智慧。

附：用数学的眼光欣赏世界

——听唐彩斌老师教学"数学欣赏：螺旋的美妙"有感

欣赏即是享受美好的事物，领略其中的趣味。大千世界，纷繁复杂，无奇不有，时刻变幻。学会了欣赏，可以让你在世间的百花园中陶冶情操、增加情趣。欣赏的角度有很多，学会用数学的眼光欣赏世界便自然会对世界多一份理性的思考，也自觉对大自然生发出一份感叹与敬畏。唐老师引领着学生用数学的眼光去欣赏世界中螺旋的美妙，也引发了我们对于数学欣赏、数学素养、数学教育等问题的思考。

一、在数学欣赏中感受别样的美好

欣赏是一种享受，是一种切切实实的美好的体验，数学欣赏亦应如此。在大自然与数学的联系中获得一种美好的体验，在螺旋的美妙中去体会纷繁世界带给我们的美好。整节课从神奇的达·芬奇密码开始开启了一次美好而别样的体验之旅。

欣赏美妙的螺旋、探寻螺旋为什么那么美、应用黄金螺旋线，每一次的经历与体验无一不是感受美好的过程。各种具有强烈视觉冲击的画面带给人美好而奇特的体验，一串串奇妙的数据又何尝不是一种美好而神奇的体验呢。学生在欣赏中感受美好，又在试图探寻神奇的斐波那契数列背后所隐藏的秘密中不断体会着美好的感受。

这是一节数学课，更是一次美好而神奇的发现之旅。唐老师的课就这样让孩子们静静地在欣赏与发现数学与世界的联系中感受、积淀了一份别样而独特的美好体验。这份美好，令人震撼、启迪思考、生发智慧。

二、在数学欣赏中联系数学的思考

"数学欣赏：'螺旋的美妙'"不仅是简单的一节数学欣赏课，它也是一节探究课。当运用数学所学知识将欣赏与探究有机结合时，欣赏便多了一份理性的思考，欣赏的眼光又增加了另一个观察的角度与思维的深度。

螺旋是什么？它是自然奇观，它亦是数列，是图形，是运算。整节课中唐老师引导学生在欣赏的过程中用数学的思维方式分析现实世界。学生们在数学思考的过程中感受数与形之间的联系，在计算中发现螺旋线美的秘密，数感、空间观念等核心能力在课中自然渗透。同时学生们也在其中不断学会要从数学的角度来思考问题、欣赏世界。

唐老师在课中引用毕达哥拉斯"万物皆数"的观点：和谐的美感，是从一定的数字比例关系中派生出来的。通过这节课的学习，相信当学生再次欣赏向日葵、松果、仙人掌……时，会在其中比画螺旋线，会去探究更多的世界中存在的美妙螺旋，会对数学与世界的联系多了一份深切的感悟。

三、在数学欣赏中拓宽教育的视野

视野决定思路，思路决定出路。唐老师用他宽泛的视野设计的这一节课为学生打开了一扇窗，让他们看到了更为广阔的新奇世界，激发了他们的探究欲望。同时也拓宽了我们的教育视野，引发了我们对自我工作的反思。

国际教育视野下的数学课堂究竟应该是怎样的？我们需要更多地关注学生未来成长的需求，更多地为学生的可持续发展助力。

学生在数学学习中不仅需要习得知识技能、思想方法，也要学会思考、学会做事，同时也需要在此过程中不断建立起博大的情怀、独特自在的内心感悟等。数学欣赏课无疑是一个很好的载体，当然还有其他更多的优质数学教学载体。这些载体

需要我们不断拓宽视野、与时俱进，具有良好的课程意识才能循序渐进地去寻找与跟进。当然不断学习、学会反思是必经的路径。

　　唐老师执教的这节欣赏课引领我们用数学的眼光欣赏世界，他的幽默、睿智无疑让学生们眼中的世界更加美好。同时他的大气坦诚更让我们对他又多了一份敬意与欣赏。欣赏他的坦诚，唐老师坦诚地告诉大家课中图片都是在英国学习期间复制的。他希望我们开阔眼界，去吸收、借鉴与创造出更好的学习资源为孩子们服务，并进行积极地思考与实践，这是一种教育家的姿态与境界。

　　唐老师的课引导我们用数学的眼光欣赏世界，也让我们用欣赏的眼光去看他。欣赏他在中外数学课程整合中体现出来的深厚功力，也让我们在对他的欣赏中积淀前行的力量。

（浙江省杭州市拱墅区教师进修学校　孙钰红）

能力为重的数学活动课程的新尝试

一、数学阅读：从三角形内角和到外角和

课前思考：

苏霍姆林斯基曾经说过，学会学习首先要学会阅读，一个阅读能力不好的学生，就是一个潜在的差生。近年来，在包括 PISA 在内的越来越多的国际学力评估中也发现，阅读素养与学业水平呈正相关，经常阅读的学生与从不阅读的学生相比，在思维水平、推理能力、解决问题等方面都有着显著的差异。既然阅读的素养对于孩子来说那么重要，就应该视为每一门学科的核心素养。对学生进行相关的阅读指导不应只是语文老师的事，而是每一个学科教师的职责，数学教师也不例外。当前，全社会都在推进全民阅读，全国各地都在全面深化课程改革，笔者以为推广数学阅读，可拓展数学课程的内涵与外延，应当成为更多人聚焦的重要领域。

尽管开展数学阅读的方式很多，无须千篇一律，完全可以因地制宜、因人而异，但无论选择怎样的方式，都要勇敢快速地行动起来。为了抛砖引玉，笔者选择了数学经典科普读物《数学家的眼光》第一课"三角形的内角和"做了尝试，努力把数学阅读与原来的课堂教学联系起来。这节课适合作为学生学习了"三角形内角和"以及代数式的简单运算之后的数学课外阅读课，考虑到学习的内容和学生的学情，笔者在六年级开展了教学。

教学目标：

①通过课外阅读，在理解三角形内角和 $180°$ 的基础上，拓展对其他多边形内角和与外角和的了解；

②经历自主提问、合作探究的过程，发现"变与不变"的规律，渗透"求变、一般化"的思考问题的方法，增强解决问题的能力；

③基于熟悉的问题情境，发散性地提出新的问题，感受数学"变与不变"的奥妙，激发阅读兴趣。

教学过程：

1. 回顾已学知识，阅读新材料提出新问题

师：三角形的内角和是多少度，你是怎么得出这个结论的？

生 1：我们是量出来的。

生 2：我们是折出来的，把三角形的三个角折在同一条边上，就成一个平角了。

生 3：把 3 个角撕下来拼起来就是一个平角，所以三角形内角和是 180°。

引出问题：是啊，有那么多方法都能帮助我们知道三角形内角和是 180°，可是，有一篇数学阅读的文章，一位数学家却说三角形内角和等于 180°这是不对的，（学生惊讶）你们想不想了解究竟是怎么回事？

呈现阅读资料：关于三角形内角和，张景中院士记录了数学家陈省身的故事。

美籍华人陈省身教授是当代举世闻名的数学家，他十分关心祖国数学科学的发展。人们称赞他是"中国青年数学学子的总教练"。1980 年，陈教授在北京大学的一次讲学中语惊四座"人们常说，三角形内角和等于 180°，但是，这是不对的！"大家愕然。怎么回事？三角形内角和是 180°，这不是数学常识吗？接着，这位老教授对大家的疑问做了精辟的解答：说"三角形内角和为 180°"不对，不是说这个事实不对，而是说这种看问题的方法不对……

那么到底怎样的看问题的方法是对的？我们需要重新认识"三角形内角和"。

根据"三角形内角和是 180°"这个信息，引导学生发散提问。

启发学生提问：四边形的内角和是多少度？五边形的内角和是多少度？……多边形的内角和有什么规律？三角形的外角和是多少度？四边形的外角和是多少度？……多边形的外角和有什么规律？

2. 探究多边形内角和的规律

（1）探索四边形的内角和

通常学生会画一个特殊的四边形——长方形来研究四边形的内角和（图 5-1）。

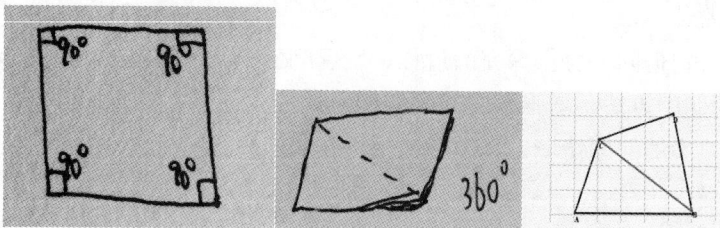

图 5-1

生 1：第一幅图，长方形 4 个角都是 90°，所以，四边形的内角和是 360°。（试

图用一个特殊的例子得出一个一般的结论）

生 2：第二幅图，画的是平行四边形，但是分成了 2 个三角形，2 个 180°，四边形内角和是 360°。（图形是特殊的，但分析是一般的）

教师在教学时追问："其他的四边形内角和是不是也都可以转化成 2 个三角形？"可以出示第三幅图一个一般的四边形，启发学生理解，不管怎样的四边形，只要连接其中的一条对角线，就分成了 2 个三角形。

（2）五边形的内角和

学生的可能想法，如图 5-2。

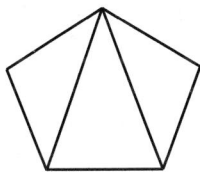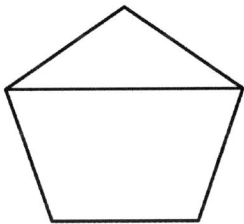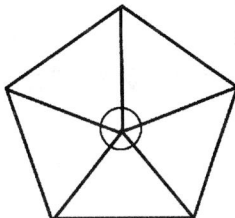

$3 \times 180° = 540°$　　　　$360° + 180° = 540°$　　　　$5 \times 180° - 360° = 3 \times 180° = 540°$

图 5-2

生 1：把五边形分成 3 个三角形；

生 2：在四边形的基础上，多了一个三角形，也就是 360° 的基础上加上 180°；

生 3：把五边形分成 5 个三角形，但这样多了中间一个周角，所以要减去 360°。

（3）探索六边形的内角和

用同样的方法推导六边形的内角和：$4 \times 180 = 720°$。

（4）探索规律

根据以上推导出的不同多边形的内角和，可以组织学生不完全归纳其中的规律（表 5-1）。

表 5-1

多边形边数	3	4	5	6	n
内角和	180°	360°	540°	720°	$180° \times (n-2)$

(5)解释规律

教师引导学生思考：为什么会有这样的规律，为什么不是几条边，就是几个180°呢，你能解释这个规律吗？

通常学生有两种不同的解释。一种是基于前面的活动经验，多边形有几条边就有几个三角形，但是这样的话，中间有一个周角要减去，相当于 2 个 180°，所以 n 要减去 2。另一种解释是：三角形的内角和是 180°，之后每增加一条边，也就是多加一个顶点，就多一个 180°，也就是说，如果不管最前面的 2 个顶点，之后每增加一个顶点，就是对应一个 180°。

教学的过程中，既有不完全的归纳，又有合情的推理，学生对规律的理解就更坚定了。

3. 自主探究多边形的外角和

(1)认识外角以及图形的外角和。

师： 刚才我们研究了多边形的内角和，现在我们再由内而外继续思考。挑战一下多边形的外角，也许我们会有更多收获。那么，什么是外角呢？我们先来了解一下。

教师介绍什么是外角，以及多边形的外角和指的是哪几个角的和(图 5-3)。

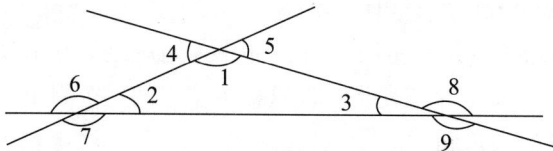

图 5-3

∠4 是∠1 对应的外角，∠5 也是∠1 对应的外角，∠4＋∠1＝180°，∠5＋∠1＝180°，∠4＝∠5(图 5-4)。

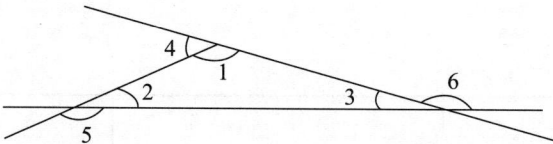

图 5-4

像图中三角形的外角和是指：∠4、∠5、∠6 的和。

（2）三角形的外角和是多少度呢?

学生尝试解答，引导学生借助平角和内角和（图5-5）。

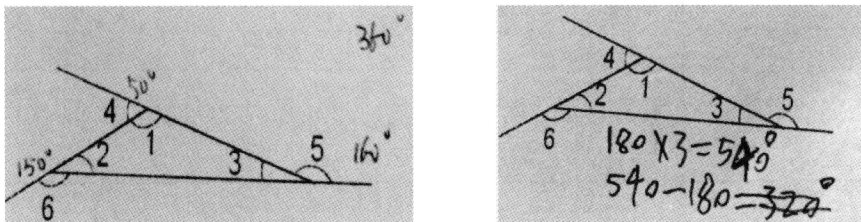

图 5-5

如图 5-5 左图，学生居然量出了每一个角的度数，求出了和。尽管度量有误差，但这个学生还是量出了正确的结果。

如图 5-5 右图，有的学生先算出内外角和：$3 \times 180° = 540°$。（内角和外角合并成一个平角，也就是 3 个平角）减去内角和就是外角和了：$540° - 180° = 360°$。（这个学生虽然计算出了错，但方法还是完全正确的。）

教学时，还可以借助超级画板直观动态展示三角形的外角和（图5-6）。

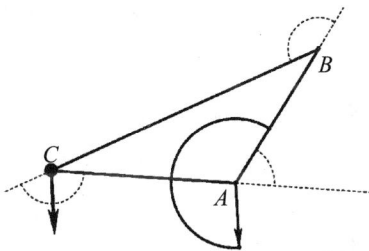

图 5-6

如图 5-6，箭头动态移动，将三个外角同步映射到以 A 点为顶点的圆上，三个外角合并在一起刚好是一个周角，无论三角形变大变小，都是一样。这个动态的超级画板积件，还可以将三角形由大变小，最后缩成一个点，让学生直观感悟得到：三角形的外角和就是一个周角。（此积件蕴含着极限的思想，由张景中院士设计制作。）

（3）在讨论出三角形外角和的基础上，小组合作探索四边形、五边形、六边形的外角和（表5-2）。

表 5-2

图形边数	内角和	内外角之和	外角和
3	$180°$	$180°×3$	$360°$
4	$180°×2$	$180°×4$	$360°$
5	$180°×3$	$180°×5$	$360°$
6	$180°×4$	$180°×6$	$360°$
n	$180°×(n-2)$	$180°×n$	$360°$

在基于计算的推导基础上，还可以借助图形的直观演示，验证推导的结论（图 5-7）。

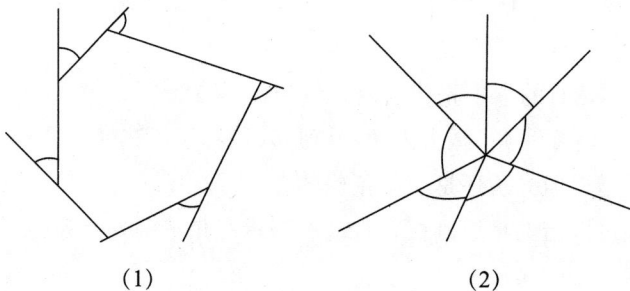

(1)　　　　　　　　　(2)

图 5-7

图 5-7 中图(1)是一个六边形，先描出 6 个外角，把 6 个外角围绕一个中心点拼在一起，便成了下图(2)，刚好是一个周角。七边形、八边形也一样。学生直观感知多边形的外角拼在一起成为一个周角。

(4)多边形的外角和有什么规律？

通过不完全归纳，以及多种直观演示，学生得出结论：多边形的外角和都是 $360°$。

(5)解释规律

教师组织讨论：为什么多边形的外角和不变呢？怎么解释这种规律。

教学时，通常有两种不同的思路。一种是借助代数式推理，n 边形的内外角之和是 $180°×n$，而内角和是 $180°×(n-2)$，那么外角和就是 $180°×n-180°×(n-2)=360°$。

另一种解释可以借助蚂蚁运动图直观演示。设想一只蚂蚁在多边形的边界上绕圈子（图 5-8）。每经过一个顶点，它前进的方向就要改变一次，改变的角度恰好是

这个顶点处的外角。爬了一圈，回到原处，方向和出发时一致了，角度改变量之和当然恰好是 360°。

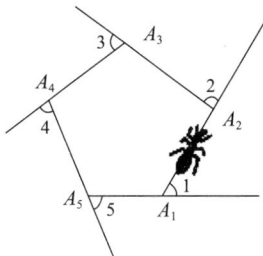

图 5-8

4. 回顾总结思考问题的方法

(1)回顾比较多边形的内角和和外角和，有什么体会与感受？

先想一想，再把体会说给同桌听？多边形的内角和，随着边数的增加，内角和也在变大；多边形的外角和，随着边数的增加，外角和却不变。

(2)再读阅读材料，呼应前面提出的问题

说"三角形内角和为 180°"不对，不是说这个事实不对，而是说这种看问题的方法不对，应当说"三角形外角和是 360°"！

把眼光盯住内角，只能看到：三角形内角和是 180°；四边形内角和是 360°；五边形内角和是 540°……n 边形内角和是 $(n-2)\times180°$。这就找到了一个计算内角和的公式。公式里出现了边数 n。

如果看外角呢？三角形的外角和是 360°；四角形的外角和是 360°；五角形的外角和是 360°……任意 n 边形外角和都是 360°。

这就把多种情形用一个十分简单的结论概括起来了。用一个与 n 无关的常数代替了与 n 有关的公式，找到了更一般的规律。

(3)课堂小结

数学的学习，有时是在不断地变化中发现变化的规律，更有时，要透过看似变化的规律发现其中还蕴含着的不变的规律。

课后思考：

(1)数学阅读课的目标是知识技能的巩固，还有经验的积累、思想的渗透

数学的学习不能止于低等级水平技能的重复训练，而是应该注重高等级思维水平

的提升。数学阅读作为拓展数学课程的新领域，就不能限于原有知识技能的巩固。更应关注学生在数学阅读的活动中，积累了哪些经验，渗透了哪些思想。就拿本课的阅读来说，如果要学生熟练应用三角形的内角和，那么只要多布置一些习题，不断操练即可。而本课的设计，学生要花大量的时间去探索不同图形的内角和，并努力去探索其中的规律，即便在课堂结束的时候，还有学生不清楚某个多边形的内角和是多少度，但对于用不完全归纳的方法得出相应的规律，却是每一个学生都经历了。张景中院士一直关心基础教育，提醒我们在小学数学教学中，也要让学生"感受数学思想的力量"。在本课的一次公开教学中，著名特级教师曹培英老师曾提到，在小学里，大家都开始关注"类比"的数学思想，但类比不一定是正确的，这节课从三角形的内角和到外角和，就是一个难得的例子。另外，对于"不变量思想"也是一次重要的渗透，张奠宙教授曾指出：长期以来，我国数学教学中对不变量思想的重视不够。"变化下的不变性"从小学阶段开始孕育，在小学数学学习阶段提一提，也许是必要的。

（2）数学阅读的推广需要大家共同来创建序列，共同丰富选择

笔者之所以用公开课的名义来推广"数学阅读"，是希望用大家所熟悉的教学样式来呼唤大家对数学阅读新领域的关注，其实，在我们身边，已经有很多的老师已经在自己的班里设立起了数学阅读角，在自己的课堂上已经开始做数学阅读的推荐，方式多样，形式不拘一格。有的在课堂，有的课外，有的在老师上完课以后，有的在学生做完作业之后，只要愿意，随时随地随处都可以开展数学阅读。现在，我们需要携手来共建一个适合小学生的数学阅读书目，创建一个符合学生认知、适合数学学习的阅读序列。近两年，我们新思维小学数学团队做了一些基础性的工作，做了数学阅读材料的收集工作，收集了中文版的适合小学生阅读的图书300多本，现在已经在一些实验学校开始试验，我们现在能粗略地推荐，低年级的学生看哪些数学绘本，高年级的学生看哪些数学故事，但是具体到学习完哪个内容看哪几本数学阅读书，需要更多教师一起来推荐，把适合学生阅读的经典的数学阅读书罗列出来，让孩子们在最需要阅读这本书的时候找到它。

如果有足够的兴趣，也欢迎大家加入数学科普创作的队伍中来，相对来说，数学阅读的书国外引进比较多，国内原创相对较少，作为离学生最近的教师，我们应该在数学科普大家的引领下，也加入创作数学阅读读物的队伍中。其实，学生既是数学阅读的读者，也可以成为小作者。也许学生最懂得同龄人需要什么，也许同伴

最能读懂同龄人的表达。

数学阅读，方兴未艾，值得关注。

（特别感谢为本课教学提供指导的数学家、中国科学院张景中院士）

二、主题提问课：小动物上学教学设计

教材分析：

《新思维小学数学》致力于构建主题化设计与开放性学习相统一的教学模式，以数学主题活动为主线，将结构性的数学知识和学生的日常生活经验加以整合，把数学课程标准中规定的内容与学生熟悉的现实生活相联系，有机地组成一个一个主题，按照儿童的认知规律，力求以学生的生活实际或者学生喜闻乐见的场景为背景，以数学问题为切入口，展示丰富多彩的数学世界。单元主题图是本书的一个特色，即在每一个单元的起始以主题图的形式创设学生喜爱的情境，落实数学教育中提出问题和解决问题能力的培养，强调引导学生提出问题，学会"数学地"思考问题，系统生成，自主建构。

本课例选自一年级上册，单元的知识点是比轻重、比长短、比高矮，教材创设了"小动物上学"的主题图情境(图5-9)。教材通过呈现直观的图示，唤起学生已有的生活经验，引导学生观察，思考，提问，交流，感受生活中"比较"的必要，感受量的相对性，渗透数学思想的相对性，培养学生的逻辑推理能力。

教学目标：

①对主题情境图进行观察与讨论，对本单元的学习内容形成整体的认知，为自主建构知识体系做准备；

②经历提出问题的过程，培养学生的问题意识和提出问题的能力；

③初步感受"轻与重、长与短、高与矮"与生活实际的联系，初步感知比较的方法；

④呈现有趣的场景，提高学生学习数学的兴趣，体验学习的快乐。

教学过程：

1. 联系生活，轻松引入

师：小朋友，现在我们已经是小学生了，我们每个人都要来学校上学，动物王国里的小动物，也和我们一样热爱学习。今天，他们也要去"动物学校"上学。现在正在路上，让我们一起去看看。（出示主题图，如图 5-9）

图 5-9

师：请你仔细地观察一下，有哪些小动物要去上学？

生 1：长颈鹿、小羊、猴子、小熊。

生 2：大象、熊猫、斑马。

【注析：这个问题可以说比较简单，但作为课堂的开始，为了增强学生提问和发言的信息，设计这个问题是遵循由易到难的原则，如果一开始就比较难，可能会影响学生参与学习的积极性。】

师：它们在上学路上会碰到哪些问题呢？请小朋友们静静地观察，根据主题图提出一些问题来。

学生先独立准备问题，然后小组交流。

师：已经有同学发现问题了，现在请你把问题说给你们小组里的伙伴听一听。

教师在小组中进行巡回，适时参与小组的讨论或倾听。

【注析：提出数学问题的能力的培养是一个循序渐进的过程，对于一年级的学生来说，我们更需要在时间上保证让他们有充足的时间思考，有充足的时间讨论和交流。】

2. 自主提问，随机生成

（1）看与说

①学生汇报问题，教师适当地进行归类记录。

师： 小朋友们，刚才大家把自己提出的问题在小组里进行了交流，你们小组有哪些问题是很有价值的，请你们推荐推荐，看看能不能把提出的问题推荐到"问题宝库"中。

生1： 大象怎么去上学？

生2： 大象坐船会沉吗？

生3： 熊猫他们乘哪条船？

生4： 长颈鹿脖子那么长能过山洞吗？

生5： 斑马走哪条路？

……

教师板书记录时，将有关斑马上学路上的问题写在一起，长颈鹿和大象的亦同。

【注析：怎样鼓励学生乐于提问，敢于提问，需要一种激励评价机制，设计"问题宝库"，就像是"光荣榜"，能把自己的问题写到"问题宝库"是光荣的。同时，也借此来引导学生提出更有价值的问题。对于非数学问题，我们应该在保护其提出问题积极性的同时，注意引导。】

②教师选择与主题图有关的几个问题进行解决。

师： 好，看来我们小朋友观察得很仔细，帮小动物们在上学路上发现了那么多的问题，现在它们正赶着去上学，那就先来帮它们解决这些问题，你们愿意先帮谁来解决问题呢？

学生选择，教师点击相关路径进入。

生1： 大象。

师： 大象和小熊乘船去上学，刚才有小朋友问"大象坐船会沉吗？"你们觉得怎么样？

生2： 坐小船要沉，坐大船不会沉。

师： 为什么？

生3： 大象太重了。

师：谁来坐小船呢？

生4：小熊。

师：大象坐大船，小熊坐小船。这说明什么？

生1：大象重，小熊轻，大象要比小熊重。

教师板书：轻、重。

师：大象坐上大船，小熊坐上小船，他们平平安安去上学。我们接下去再帮谁解决问题呢？

生1：长颈鹿。

师：刚才有同学问"长颈鹿脖子那么长怎么过山洞呢？"怎么办？

生2：可以弯下来，弯下来就可以过去。

师：小羊与长颈鹿一起坐车需要弯下来吗？为什么？

生2：小羊不要的，长颈鹿高，小羊比长颈鹿矮。

师：哦，原来它们的身高有高矮。

教师板书：高、矮。

师：通过比较我们也帮长颈鹿想到了解决问题的方法。哎呀，还有斑马呢，马上就要上课了，斑马该过哪座桥？

生3：直的那座桥。

师：为什么要走直的呀？

生1：直的比弯弯曲曲的要短。

生2：走直的快。

师：看来，原来这两条路有长短。

教师板书：长、短。

师：我们小朋友积极动脑筋，通过比较轻重、高矮、长短帮小动物们顺利地解决了上学路上的这些数学问题。真能干！

【注析：轻、重，高、矮，长、短，三个不同的知识块，根据课堂中学生的提问随机生成，教学流程不以线型预设，而是块状呈现。】

（2）做与玩

师：其实在我们身边也有这样的数学问题，请你找一找，能不能找到比较轻重的问题？

生1：橡皮比铅笔盒轻。（学生随手拿着实物）

师：你是怎么比较出轻重的？

学生用手掂一掂表示。

师：你用掂一掂的方法比较出它们的轻重。哪个重？

生1：铅笔盒。

师：掂的时候你有什么感觉？

生1：重、沉。

师：谁再来比较一下。

生2：铅笔比书轻。

生3：铅笔盒比书重。

生4：……

师：同学们很会比较，老师这里也有两样东西，请你们帮忙比较一下。（教师出示一块大大的塑料泡沫和一块小小的石头）你猜猜谁重？谁能比较出哪个重？

请一个学生上台比较轻重。

生1（掂一掂）：石头比塑料泡沫重。

师：看来有些同学不相信，再请一个同学来比较一下。

生2（掂一掂）：石头比塑料泡沫重。

师：看来比较轻重，光看大小行吗？

生1：不行。

师：老师这里还有两个一样大小的球，看看这两个球大小相同，应该是同样重的吧，是吗？

请一个学生上台比较轻重。

生1（掂一掂）：铁球比乒乓球重。

师：再请一个同学来证实一下。

生2（掂一掂）：铁球比乒乓球重。

师：看来它们大小相同轻重却不一样。

师：我们用手掂掂就比较出了轻重，你觉得还有什么方法可以比较出它们的轻重？

生3：用秤称。

师：不错，用秤可以更准确地比较出轻重。

【注析：课堂上的学习就地取材，学生信手拈来，切身感受到生活中处处是数

学。教师适时创设一些情境，引发学生的认知冲突，深化比较物体轻重的方法。】

师：刚才我们用身边的一些物品比较了轻重，那么你还可以用身边的一些物品比较出长短吗？

生1(举起来)：这支笔比那支笔长。

生2(举起来)：橡皮比铅笔短。

生3：……

师：同学们找得真不错，在我们的身边有没有比较高矮的事例？

生1：我和同桌比身高。

师：怎么比呢？

生：肩靠肩。

师：怎样比比较标准？

生2：背靠背。

师：背靠背比的话，你可以请你们后面的同学做裁判帮你们比。

同桌学生比较身高。

师：请你说说比较的结果。

生1：我比某某高。

生2：……

师：我再请两个同学上来比高矮，请下面的同学说谁比谁高。

生2：强强比佳佳高。强强高，佳佳矮。

师：现在请强强和老师比，谁高？

生3：老师比强强高。老师高，强强矮。

师：刚才还说强强高，怎么现在又说强强矮了呢？

生1：他刚才是和佳佳比，现在是和老师比，比的人不同，老师是大人。

【注析：联系身边的事物进行比较，感受比较结果的相对性。虽然学生表达的话略显稚嫩，但表达句句真切，自然流露。】

3. 课内小结，课外延伸

师：刚才我们比较物体的轻与重、长与短、高与矮，其实在我们生活中还有不少这样的例子，你能说说在生活中还有哪些比较"轻与重""长与短""高与矮"的例子吗？

生1：铅笔比书轻。

生 2：……

师： 看来生活中的例子真不少，在比较"轻与重""长与短""高与矮"的过程中，还会有些怎样的问题呢。在这个单元中我们将继续学习。

课后反思：

①对学生提出数学问题意识的培养，需要从低段年级开始。小学生数学问题意识的培养是一个循序渐进的过程。作为低段的教学，我们需要创设一定的情境引导学生提出问题，保证充足的时间和空间。在提问之前，引导学生有序观察和思考，逐渐提出有质量的数学问题。

②单元主题图的知识点关键在于整体引领。作为一种新课型，在教学目标的定位上，我们不是把某一个知识点的掌握作为目标，我们制定目标的重心一个是问题能力的培养，另一个就是在知识点方面的整体引领，引导学生在原有的认知基础上，便于自主建构新的知识体系(图 5-10)。

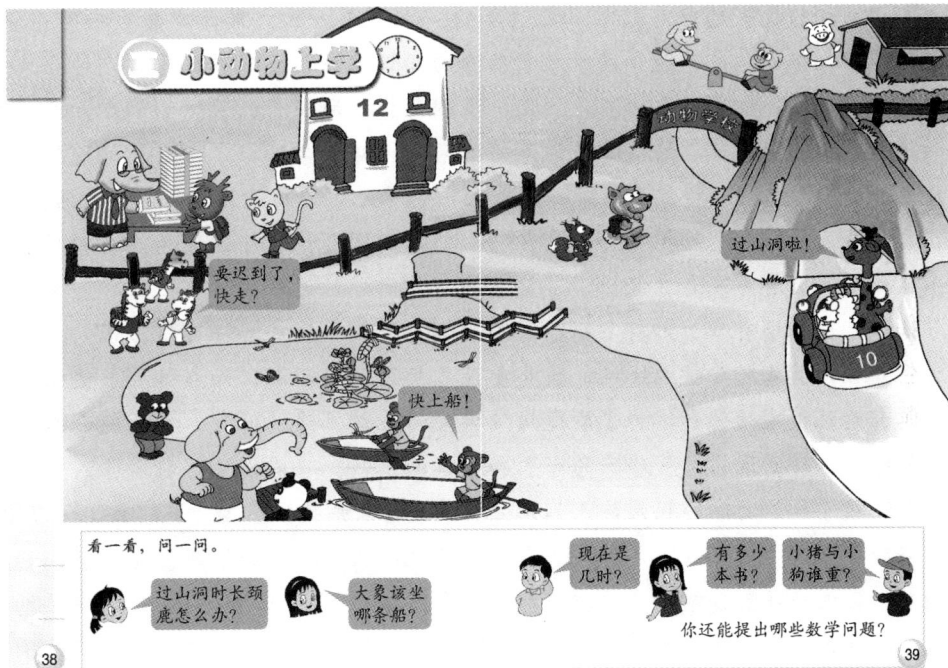

图 5-10

③课堂教学随机生成，无须牵强引导。因为在教学中，把问题的提出作为重要的目标，所以充分体现了学生的主体意识，课堂的走向和流程不能简单地预设，也不能按既定的线型流程实施，因此，课堂必须根据学生的即时表现自主生成发展，这样的课堂才是学生自主的课堂，才是一个以学生发展为本的课堂。

附：探求"单元主题图"的教学功能及策略

小学数学教材建设中的"单元主题图"是《现代小学数学》（新读本）的原创构想，《小学数学教师》2004年6月曾刊登过"小动物上学"单元主题图教学案例，尚属此类课题国内公开发表的首个案例。作为一种承载着新理念的新课型，关于它的研究一直没有间断过，同时也吸引了越来越多的教师投身于此类课题的研究中，并逐渐形成了专项的研究成果。

1. 单元主题图：实现知识结构重组的平台

知识结构的改变是当前数学课程改革的一个重要方面。张天孝先生一贯强调：小学数学的知识体系，不能等同于数学本身的知识体系，更应该体现的是适合儿童学习的知识体系，切实以人为本。目测、步测、长方形周长、长方形面积、两位数乘两位数、乘法分配律，这些从传统教材观来看，从数学知识本身之间的逻辑关系来看，并非一个系列，根本不可能出现在同一个单元，然而从儿童的现实生活背景、常识和经验来看，这些知识都可置身在"篮球场"的问题情境中，因为儿童对现实生活中篮球场的了解，或者在经历了解篮球场有关问题的过程中，可以来学习相关的数学知识，篮球场有多长，有多高，需要步测和目测；篮球场一圈有多长，要计算长方形周长，篮球场要铺木地板，就是要计算长方形的面积，而在计算长方形面积中，就有两位数乘两位数，为了展现两位数乘两位数算法的多样，前面还介绍了乘法分配律，借助的素材是篮球队的球衣和球裤的价钱。可以发现这种联系，已经不再只是纯数学知识之间的联系，正如荷兰数学教育家弗赖登塔尔所说，数学学习中，联系得越紧密，越是记得牢，学得快。也就是说，数学联系除了应注重数学内部之间的联系，还应注重数学外部的联系。在教学中，我们可以迁移现实生活中熟悉事物之间的联系，从而建立数学知识之间的联系。这就为数学课程建设中知识结构的重组提供了新的可能，多了一个联系数学知识的平台。当然，注重数学外部的联系，也就是注重数学联系生活实际，并不是排斥数学内部之间的联系，事实上，即便框

架用数学与生活的联系来构建，枝节仍然符合数学内部知识之间的严密逻辑。

2. 单元主题图：落实提问能力培养的途径

问题解决是世界各国数学课程改革重点关注的焦点，我国在新一轮课程改革中也强调了问题解决在数学学习中的重要地位，而问题解决并不只关注解决问题的能力，同时也应该注重提出问题的能力。早年蔡金法先生在比较中美学生问题解决方面的差异时，就从中国样本中发现提出问题的能力与解决问题的能力有较强关联。从小学数学教材建设角度，倡导问题解决从提问能力的培养开始，"单元主题图"就是基于这样的理念而产生的。有了单元主题图，就有了专门训练提问能力的课时和素材，为学生提问能力的培养提供了更多的时间，为学生提问提供了丰富的素材，主题图的选材从直观形象到符号表格参与，逐渐抽象，如一年级的"餐厅里的数学问题"中有大量的卡通动物，直观的杯子和碗，而四年级"购球问题"中除了球以外，多了一些表格以及相关的数据。学生提问的要求也从简单转向复杂，从一般的提问，到补充条件提问、做出假设提问，转向拓展性的提问，比如一年级"餐厅里的数学问题"引导学生提出"13个杯子，拿掉 6 个，还剩几个"，而对于"购球问题"，就要求学生提出三步计算的问题"一个篮球比一个排球多多少元？"（篮球和排球的单价都不直接给出）或者提出假设的提问"如果有 100 元钱，可以买多少个排球"，等等，逐渐形成培养提问能力的序列。

3. 教学单元主题图：提问不泛化不单一

"小朋友们，从图上你们发现了什么？能提出哪些问题？"教师说完后学生陆续提问，然后教师时不时插话"还有其他问题吗"试图引导更多提问，等学生问题提完后，然后根据教学的需要选择相应的问题予以讨论解决，这是日常课堂教学中所习惯使用的套路。然而，现在还有另外一个新的提问课流程：独立观察—自主提问—整理分类—针对提问—尝试解决—基础训练。问，仍然是课的主旋律，但不再泛泛而提，问得更有顺序，从整体到局部，或从局部再回到整体；更有侧重，先是根据图示提出问题，再是根据要求提出问题；更有层次，根据已知的初始条件提问，再是补充条件或做出假设进行拓展性提问；更有章法，以前是只在口头，只说不写，现在是要说也要写，转向强调学生用合适的数学语言来表征。

在之前的一些单元主题图的提问中，我们经常可以听到类似的提问："青蛙为什么不下水""大象为什么要乘船"，面对学生突发奇想的提问，我们总是为了保护其积极性，宽容他们"冒险的勇敢的提问"。但是作为中高年级的提问我们着实应该积极引导他们提出更有质量的数学问题，并鼓励学生从多种角度提出问题，而这种引导，就在于教师在教学的过程中，抓住学生的表现予以指导。"能自己加上一些条件，真是一个好问题。""看来我们提出的问题不仅要有数学价值，还要符合实际情况。"这些指导语都在提示学生向哪个方向努力，用实例告诉学生什么是好问题，引导学生提出更有质量的数学问题。

4. 教学单元主题图：学习重整体重基础

单元主题图的教学，除了培养提问能力之外，还是本单元学习内容的索引，可以为学生的学习提供一个整体的认识。学生各自从不同角度提出的问题，处于一种离散的状态，而通过"整理和分类"，就能把问题聚集在几个点上，然后区分哪些是能够解决的，哪些是不能解决的，不能解决的正是本单元要学习的内容。在提问的过程中，学生在自己的已有知识的基础上，构建了一张即将要学习的内容的知识网，先有了这个粗线条的整体建构，再跟进知识点的具体认识和学习，逐渐完善新的知识结构。由离散到聚合，需要分类和概括，这个过程正是数学思维发展的重要过程，这也是单元主题图的浓郁数学味所在。在每一个单元主题图的教学中，在学生提出问题后，在明确本单元要学习的内容的基础上，进行相应的基础训练，为本单元的学习奠定基础，每一个基础训练的设计都是为学习本单元的某一个内容做前期孕伏，这也是重视"双基"的具体体现。

新事物总是伴生更多的新问题，单元主题图，作为一种新型的课例，如何建立一个培养提问能力的序列，怎样切实帮助学生学会提问？主题图的取材怎样更加符合儿童的认知规律？怎样看待主题图的集中和学习的开放之间的关系？单元主题图的作用是否只是"开头一问"，对后续的学习有何作用？学生提问的能力和解决问题能力之间到底是有着怎样的关联？这一系列的问题都有待大家共同研究。

三、数学绘本课："灯塔之谜"带着问题去阅读教学案例

作品介绍：

很久以前，在古希腊有一个叫毕达哥拉斯的小男孩儿，他对任何事情都有着非常强烈的好奇心，并且善于思考。他发现了直角三角形的奥秘，从而帮助工匠修改了长度不够的梯子，还为父亲算出了到达克里特岛的距离。直角三角形是不是很有用呢？在你的生活里，有哪些地方用到了直角三角形？

教学目标：

①通过师生一起阅读绘本，解释阅读材料，让学生初步体会直角三角形的特点和勾股定理。

②通过比较自己的经验，提出问题，解决问题，感受直角三角形各条边的规律。

③通过操作实践探究，经历猜想、实验、推理和对照的过程，进一步体会找出勾股定理的过程。

④感受数学与实际生活的紧密联系，渗透一定的数学思想方法，激发学习数学的热情。

教学过程：

1. 初始引入，提出问题

师： 看到这个题目"破解灯塔之谜"，你有什么想说的？还有什么想问的？

生1： 灯塔之谜是什么谜？

生2： 谁破了灯塔之谜？

师： 那么破解灯塔之谜的小朋友是谁呢？现在请小朋友们仔细看一看：

很久很久以前，在古希腊的萨摩斯岛上有个小男孩儿，叫毕达哥拉斯。毕达哥拉斯对一切都充满了好奇。好奇心有时会给他带来麻烦，但更多时候，也让他发现了生活中的乐趣。

毕达哥拉斯在这里会遇到哪些问题？请小朋友自己阅读书的第4～9页，边读边思考：毕达哥拉斯遇到了哪些问题，你能从数学的角度提炼出来吗？

学生自主阅读第4～9页。

师： 毕达哥拉斯遇到了哪些问题？

生1： 梯子6米为什么不够长？（出示梯子不够长。）

生2： 柱子东倒西歪，那怎么办呢？

生3： 到克里特岛比别人慢怎么办？

2. 引发思考，寻找方法

（1）发现直角三角形

师： 毕达哥拉斯是怎么解决这些问题的呢？我们继续往下看，请阅读第11～31页，边读边思考：毕达哥拉斯是怎么解决这些问题的？他发现了哪些秘密？

学生自主阅读第11～31页。

师：毕达哥拉斯是怎么来解决这三个问题的呢？

生1：他跟父亲去经商，发现了一个灯塔，买家就是参与灯塔建设的建筑师，他有一根上面打了结的绳子，于是他发现了直角三角形。

生2：他们去了亚历山大港，参与建设的建筑师用一根绳子摆出了一个独特的三角形，他管这个三角形叫直角三角形。它有一个完美的直角，用这个直角来切石头，这个石头就不会东倒西歪。

师：我也带来了这根祖传的绳子，这根打了结的绳子怎么才能变成直角三角形呢？

出示同桌活动要求：

看一看：观察这根打了结的绳子有什么特点？

想一想：怎样才能变成一个三角形？

试一试：组成一个直角三角形？

说一说：这个直角三角形的三条边有什么特点？

师：这根打了结的绳子有什么特点？

生1：每段都是一样长的。

师：你们做好的这个直角三角形，它的三条边有什么共同特点？

生2：直角三角形的三条边分别是三段、四段、五段的（图5-11）。

图 5-11

师总结：刚才我们与毕达哥拉斯一样发现了直角三角形的秘密：这个三角形的一条边有3段，另外一条边有4段，而最长的一条边有5段，3段和4段这两条组成了一个直角，这两条边叫作直角边。5段的这条边叫作斜边。

师：你觉得这三个问题中的哪个问题可以解决了呢？

生1：柱子东倒西歪，用直角三角形当中的直角来使柱子底座变正，柱子也就正了(图5-12)。

图 5-12

(2)发现三边关系

师：那剩下两个问题：梯子的长度问题和克里特岛的距离问题能解决了吗？

生1：他在院子里发现了一个直角三角形的底座，旁边有很多方砖，他想给它装饰一下，就摆起了方砖。他沿着底座的一条边摆了一排红色的方砖，正好是三块，然后又在旁边摆了两排，最后摆成了一个正方形(图5-13)。

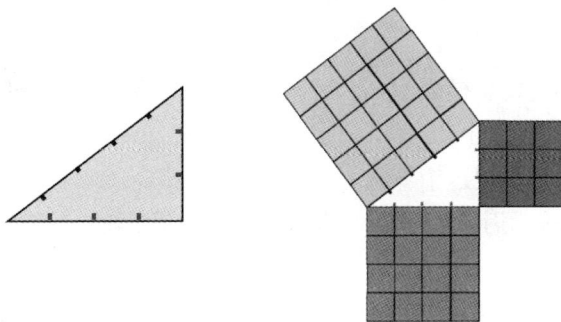

图 5-13

师：看懂了吗？我们来摆摆看。（电脑显示摆的过程）

先摆3的这条边，一排摆3个，摆3排，变成了一个3×3的正方形（图5-14）；再摆4的这条边，每排摆4个，摆4排，变成了4×4的正方形；这条斜边会摆成5×5的正方形。

师：红色的、蓝色的、绿色的正方形分别有几块？

生1：3×3＝9（块），4×4＝16（块），5×5＝25（块）。

师：你有没有发现三个正方形之间有什么关系？

生1：3×3＋4×4＝5×5。

师：为什么会这样呢？我们来看一看图（图5-15）。

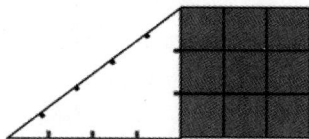

图5-14

（电脑展示用蓝色和红色正方形合拼成绿色正方形的过程）

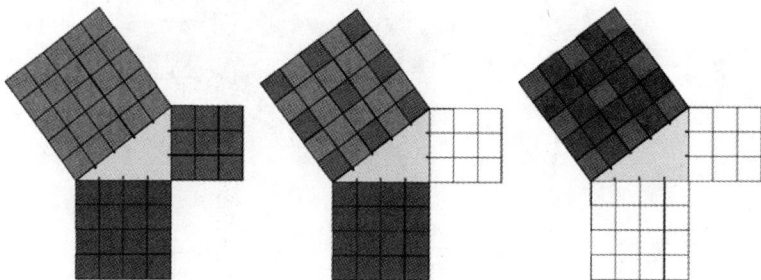

图5-15

蓝色和红色方块正好可以拼到绿色方块里。所以我们可以得到3×3＋4×4＝5×5这个算式。

师：你知道3×3、4×4、5×5是什么数吗？

生1：平方数。

师：平方数还可以怎样表示？

生2：3上面写一个小2，表示3的平方。

师：所以我们可以把这个算式写成：$3^2＋4^2＝5^2$。

师：如果说我们用字母a、b、c来表示直角三角形的三条边，这个算式又该怎么写呢？

生2：$a^2＋b^2＝c^2$。

师：毕达哥拉斯也发现了这个秘密（图5-16）。

图 5-16

3. 找到方法，解决问题

师：发现了这个直角三角形三边的关系，毕达哥拉斯能不能把剩下问题都解决了呢？如何解决梯子的问题？

生 1：梯子、墙壁和地面正好是一个直角，墙壁和地面是直角边，所以 $1.1^2 +6^2 =$ 梯子的平方，梯子至少要 6.1 米(图 5-17)。

电脑演示计算过程。

梯子的长度问题

梯子要是6.1米应该就够了。

6米　6.1米

1.1米

"如果梯子的底部离墙有1.1米远的话，应该就比较容易爬了。"毕达哥拉斯想，"佩布罗斯说过，墙有6米高。"

他在地上画了一个三角形，又写了几个算式：

$$1.1^2 + 6^2 = ?$$
$$1.21 + 36 = 37.21$$
$$37.21 = 6.1 \times 6.1$$

"对了！梯子要是6.1米应该就够了。"于是，他把梯子接长了一截。

回到家，毕达哥拉斯找了一张航海图，认真研究起来……

图 5-17

师：那怎么解决克里特岛的距离问题？

生2：因为萨摩斯岛与罗兹岛和克里特岛三点连在一起正好形成了一个直角三角形，所以我们可以用 $200^2 + 210^2 = C^2$，算出直接到克里特岛的距离（图5-18）。

克里特岛的距离

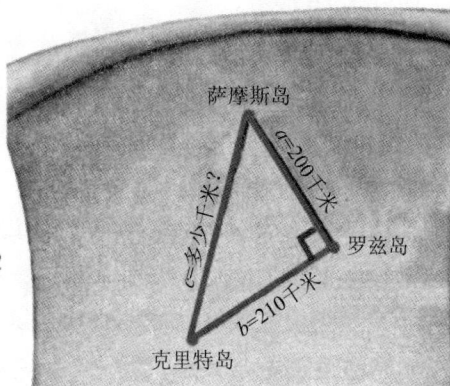

从萨摩斯岛到克里特岛的距离大概是290千米。

$$200^2 + 210^2 = C^2$$
$$C^2 = 84100$$
$$C = 290$$

图 5-18

师：三个问题都解决了呀，太厉害了！

4. 拓展练习

师：这次毕达哥拉斯在亚历山大港发现了一个问题，你们能够用刚才的方法帮助他解决吗？

出示灯塔之谜续集：堤岸比船高6米，船离岸边8米，需要准备一块至少几米的木板才能把货运到岸上？船上准备了一块10米的木板，现在知道堤岸比船高6米，船要停在离岸边几米以内，才能把货运到岸上？（课件出示图，图5-19）

生1：木板、堤岸的高度和船离堤岸的距离正好也是一个直角三角形，根据刚才的方法，我们可以通过算式知道：$10^2 - 6^2 = 100 - 36 = 64$，而 $8 \times 8 = 64$，所以船停在离岸边8米以内的地方就可以了。

5. 回顾和总结

师：听完这个故事，你有什么收获？

灯塔之谜续集：

船上准备了一块10米的木板，现在知道堤岸比船高6米，船要停在离岸边几米以内，才能把货运到岸上？

图 5-19

生 1：我们发现了一个特殊的直角三角形，知道了这个直角三角形的三条边分别是 3、4、5。

生 2：这个直角形的三条边的关系：$a^2+b^2=c^2$。

师：你从毕达哥拉斯身上学到了些什么？

生 2：通过仔细观察，发现生活中的数学问题，认真思考，解决问题。

师：希望你们跟毕达哥拉斯一样，用数学的眼光发现身边的问题，并且努力去解决这些问题。

6. 拓展阅读

(1)毕达哥拉斯的介绍

毕达哥拉斯生于公元前 570 年左右，他童年时代的真实故事早已无从考证。毕达哥拉斯有可能曾经在埃及，也可能到过亚历山大港的所在地。但他肯定没去过真正的亚历山大港，更没有看到过那里著名的灯塔，因为亚历山大港始建于公元前 330 年左右，而那座灯塔则大约建成于公元前 270 年。

毕达哥拉斯是一位哲学家、音乐家，但他的数学家身份更广为人知。定理 $a^2+b^2=c^2$。在西方通常被称为"毕达哥拉斯定理"，就是我们所说的"勾股定理"即在任何一个直角三角形中，两条直角边 a、b 的平方之和等于斜边 c 的平方。

（2）介绍勾股树

这是一棵勾股树，也称智慧树（图 5-20）。

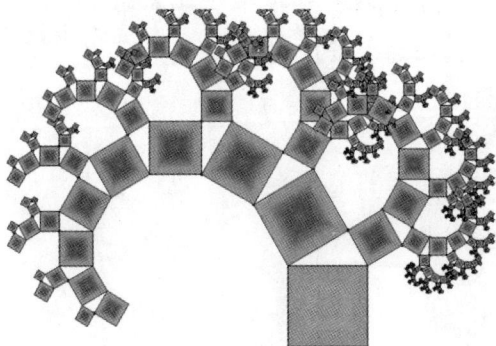

图 5-20

教学反思：

在信息技术不断发展的今天，数学的学习再也不能只局限于数学教材，在倡导全民阅读的今天，学校开设了全科阅读，作为数学学科，也应该提倡课外的延伸阅读。在数学绘本的阅读中，学生在研究数学知识，体会运用数学方法解决实际问题的过程，体会数学的思想方法，发现数学的魅力，在这样的过程中学会阅读数学书籍的基本方法，提高综合阅读能力。根据三年级的学生原有的数学知识结构和认知特点，笔者选择了《破解灯塔之谜》这一本数学绘本，尝试带领学生通过提出问题，带着问题阅读，并想办法解决问题，初步体会直角三角形、勾股定理等数学知识，在不断地思考、提问、尝试、操作中让学生懂得数学阅读的方法。

问题意识是儿童自主学习能力发展的起始点，也是学习能力与学习动力相互促进的交汇点。安野光雅曾经说过："孩子们主动用自己的头脑去思考问题，最终自己能够明白书中构造，这是最理想的状态。"在本节阅读课中，笔者尝试着让学生自己阅读思考，通过几次的提出问题、解决问题的过程，体会绘本的真正内涵。第一次阅读题目，提出自己的问题：灯塔有什么谜？谁破了灯塔之谜？带着问题阅读第一段，知道了毕达哥拉斯。第二次带着问题去阅读书的第 4～9 页，边读边思考：毕达哥拉斯遇到了哪些问题，能从数学的角度提炼出来吗？用课堂中宝贵的时间安静地

阅读，带着问题阅读的质量非常高，学生们马上发现了毕达哥拉斯所遇到的三个问题：梯子 6 米为什么不够长；柱子东倒西歪，那怎么办；到克里特岛比别人慢怎么办？第三次带着这三个问题进行阅读，边读边思考毕达哥拉斯是怎么解决这些问题的，他发现了哪些秘密？

　　学生带着问题进入情境，发现了解决这三个问题的关键所在，首先知道了直角三角形的存在，以及它的特点。为了进一步理解直角三角形的特点，我们带着问题进行活动，用一根打了结的绳子构建直角三角形，通过观察、实验，在活动中验证直角三角形的特点，解决了柱子东倒西歪的问题。学生从阅读中发现了解决另两个问题的方法，通过摆方砖，学生发现了直角三角形三条边之间的关系：$3 \times 3 + 4 \times 4 = 5 \times 5$，电脑的动态演示更是让学生加深了对这个等式的理解，延伸开来就得到 $a^2 + b^2 = c^2$，运用这个，找到了梯子的长度、到克里特岛的距离。问题得到了解决，更了不起的是学生不仅理解了这个定理，更是可以灵活运用这个定理来解决问题，"船离岸要多远"的问题就是知道斜边和一条直角边来求另一直角边，学生顺利地解答了问题。通过对毕达哥拉斯的延伸阅读，发现了这个定理就是著名的毕达哥拉斯定理，也就是我们所说的"勾股定理"。问题式阅读法，就是源于问题意识的自主学习方式，在本次绘本阅读的过程中，学生经历了提出问题、自主阅读、探究方法、解决问题的过程，这不正是我们学习数学的正确途径吗，也是学生进行绘本阅读的最好方式。带着学生阅读，帮助他们学到数学阅读的方法，就好像为学生开启了数学知识的大门。

（执教者：杭州市时代小学　胡卿燕）

四、基于项目的 STEAM 课程实践

——以数学之花为例

缘起：

　　在我校四季课程"花"项目的推动下，全校以花作为主题，学科为载体设计了拓展性课程。作为数学老师在设计课程的过程中从课本出发，在花的形状中抽象出了基础图形，关注数学之美培养审美情趣，提高数学综合素养。

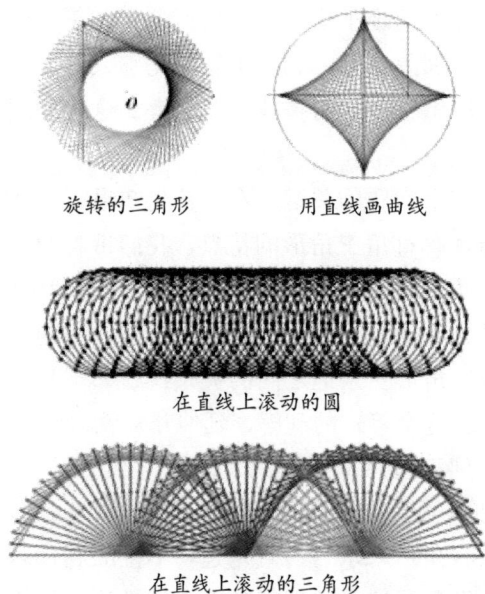

旋转的三角形

用直线画曲线

在直线上滚动的圆

在直线上滚动的三角形

我们生活在一个美丽的几何图形世界里，你认识那些几何图形？

图 5-21

这是四年级下册几何单元的起始课（图5-21）教参中的教学目标是让学生在图形的运动中认识图形。以这个内容作为学生学习的基础，通过学生比较感兴趣的钉线画形式开展课程。在动手操作的过程中，学生将体验线缠绕在钉子上，感受图形变化的过程（图5-22）。学生们通过研究学习创造出了奇妙的作品，这些作品也成为"花"项目中一在独特的风景线（图 5-23）。

转变：

在这个学期初学校和美国印第安纳州 STEM 教师进行交流活动，安排我把"花"项目课程的内容作为 STEAM 课程进行展示。因为这个机缘让我接触了 STEAM 课程。STEAM 是由 STEM 演变而来的除了包含了科学、技术、工程、数学的教育，还融入了艺术和语言。因此在设计 STEAM 课程的时候我们就更加有意识地去思考，数学之花内容除了数学以外还包含了 STEAM 课程的哪些元素。

图 5-22

图 5-23

教学过程：

1. 欣赏数学之花

这部分主要是艺术的欣赏，借鉴了美术欣赏课，以科学作为知识背景，用音乐来渲染氛围，让学生来感受美。

学生欣赏西班牙视频《大自然的数学之美》，引出数学之花，引发进一步的讨论欣赏。

欣赏数学之花视频。从生活中的具象的抽象到数学中抽象的花朵，学生通过欣赏图片谈自己的感受和发现。

设计意图：这个环节主要通过视频激发学生的探究兴趣，在欣赏的过程中感受数学之美。在学生之间的交流中分享感受，碰撞思维。

2. 认识数学之花

这个部分主要是数学知识的学习，整合了数学原理和绘画的色彩搭配。

在坐标轴中把(1，0)和(0，12)两个点连起来，把(2，0)和(0，11)连起来，按照这样的规律学生接着往下连线。

学生交流规律。

生1： 横轴和纵轴上的数字之和为13。

生2： 横轴数字一个个增加，纵轴数字一个个减小。

生3： 线段一格一格下滑。

从这个现象出发引出包络线的概念——用一系列直线包围组成的曲线(图5-24)。

设计意图：初步感知钉线画的制作原理。数学之花的最初的形式是数学刺绣，主要是在纸和布上通过针线来完成的，这和学生以前接触的数字连线画有些类似。在初步认识数学之花的环节中从学生熟悉的坐标和连线的方式进入，把先前的数学知识和新认识的数学之花进行沟通，让学生能调用元认知构建新知识。

在图形中连线。按照规则将点连接成线，直线上的点，将同样颜色、同样数字的点连线；圆上的点，按照数字顺序依次连线(图5-25)。

设计意图：同样是连线，这个环节的连线是从上个环节的局部过渡到了整体。在完整图形中绘制包络线，形成小鱼的花纹。学生在这样的趣味连线活动中发现包

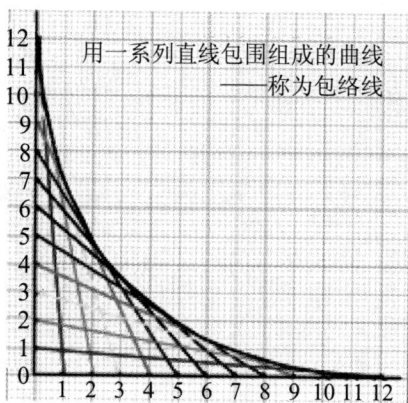

图 5-24

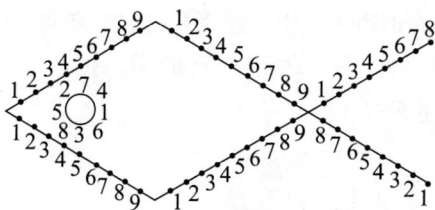

(图 5-25)

络线新的特征，进一步熟悉了包络线。

3. 创造数学之花

这部分是设计工程作品。在数学原理的支持下，学生经历从图纸到实物作品的设计过程，并在小组合作中参与分工，设计、讨论，展示汇报。

(1)设计作品图纸

学生用彩铅和尺子在纸上设计。教师提供了设计的外轮廓(图 5-26)。

学生反馈。通过对比发现线段通过旋转才能出现包络线。

学生在探究中发现的方法：

①在图形的每条边上依次标上数字(模仿前面教师提供的材料)(图 5-27)。

②每两条边上的点依次进行连线(图 5-28)。

③图形每条边上相同的点进行连接(中心旋转)(图 5-29)。

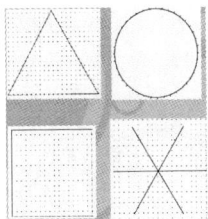 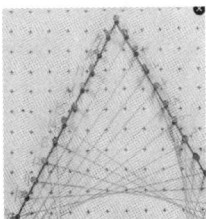 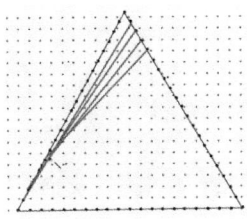 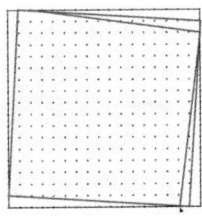

图 5-26　　　　　图 5-27　　　　　　图 5-28　　　　　图 5-29

设计意图：学生独立体验包络线的形成过程。有了前面的基础，尝试独立设计，这是他们对新的认知经验进行操作实践的过程。在交流展示中，进一步让学生进行思维的碰撞，发现包络线形成的关键步骤是旋转，并设计了不同的设计方法，为后面实物操作打下了基础。

(2)学生修改自己的设计，教师简单介绍钉线画

材料：图纸，钉子、泡沫板、丝线、护目镜。

①固定图纸。②按照图纸钉钉子。③进行绕线。

(3)学生制作钉线画

图 5-30

四人小组合作完成。分工：协助者——负责整个小组活动的安排和主要发言；记录员——进行简单的过程记录；材料员——负责活动材料；记时员——提醒小组成员完成时间。每个成员有各自任务，同时每个成员都是产品制作的参与者(图 5-30)。

设计意图：STEAM课程非常注重团队协作，分工合作。在课堂上让学生承担不同的角色，可以提高效率，取长补短。这样的分工在课堂上可以是临时的，在后续学习中还可以进行角色交换，让学生经历不同的角色体验。

(4)学生作品展示

每个小组都给他们的数学之花取了名字，并向同学们介绍了作品名字的含义和制作过程(图 5-31)。

设计意图：STEAM项目学习的评价主要通过作品进行考量，评价包括自我评价和他人评价。在作品展示环节主要是通过语言表达让学生进行自我评价，展示作品，反思制作过程，总结作品的优缺点。

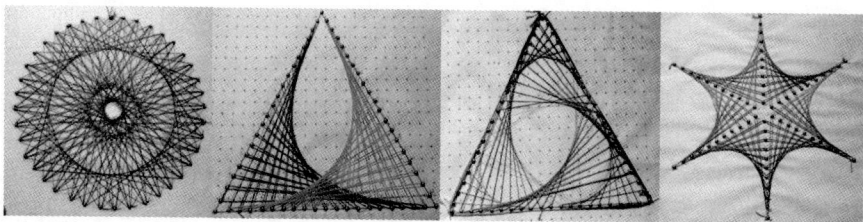

图 5-31

交流：

美方教师提出，这节课的延伸是什么？把几节课的项目活动放到一节长课中，在展示过程相对完整的情况下学生探究的过程就缩短了。美方教师强调 STEAM 课程需要给学生足够的探究时间，在活动体验中知识、认知不断完善。

中方教师提出需要把课转变为课程，让学生充分地经历探究发现的过程。关于包络线，教师还提出在研究变与不变的量的时候是否可以多一些数学味。如果利用合适的软件把内容和信息技术进行整合，可以更快速地呈现学生作品。

延续：

这样的 STEAM 课程给学生带来了什么？从学生课堂的参与度来看，无疑他们是喜欢的。课结束后仍有几个学生自发地在画数学之花（图 5-32）。数学之花的花瓣就这样散落在学生今后的学习过程中，给他们学习带来了变化。教师需要做的是坚定自己的想法，继续开发适合小学生的 STEAM 课程。让我们课堂中的改变，汇成学生学习过程的精彩。

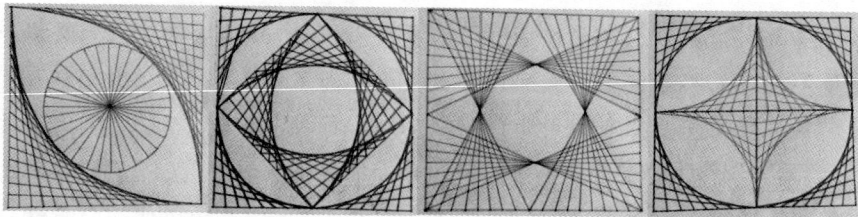

图 5-32

反思：

从项目学习到 STEAM 课程原本是一个机缘巧合，但是在实践过程中我们发现，基于项目的学习为学生提供了融入真实情境的体验，这些体验辅助学生学习，帮助学

生对科学、技术、工程和数学以及各领域里的概念形成了有力而逼真的理解，整个过程都有语言、艺术和社会研究的支持。STEAM 学习的过程不仅是把科学、技术、工程和数学知识进行简单叠加，而是强调将本来分散的四门学科自然地组合形成新的整体。STEAM 思想，并不是一味地强加整合，而是希望更好地帮助学生不被单一学科的知识体系所束缚，鼓励学生跨学科解决问题，培养综合解决问题的能力。

五、数学游戏：数学魔牌 24 点

自 1995 年以来，我校开展了以"数学魔牌"为教学具的活动活，将计算与创造性思维有机地结合在一起，把枯燥的基本教学计算变成有趣的游戏，有效地提高了学生的计算能力和计算速度，学生创造性思维得到了强有力的训练。

(一)把枯燥的计算变成趣味盎然的游戏，激发学生的求知欲和活动兴趣

在开展"数学魔牌"的活动中，改变了以往"纯粹"的计算，尽管答案都是 24，但思考方法却多种多样，千变万化。魔牌，看得见、摸得着、想得出，直观形象可操作。每题都有一个或多个解，适合智力竞赛游戏。例如：3666 这一张牌，笔者创设了学生感兴趣的题型，看数字填运算符号，列出四个式子：

6　　6　　6　　3＝24；　　　6　　6　　6　　3＝24；

6　　6　　6　　3＝24；　　　6　　6　　6　　3＝24。

四个数字排列顺序完全相同的算式，要求在数字之间填上合适的运算符号，使它们成为几个本质不同的算式，激发了学生的好奇心和活动兴趣。有兴趣就有了动力，当学生想出一种解的时候 $(6+6)\times(6\div3)=24$，每位同学都希望自己是最快的，于是竭力地想下一种 $6\times(6-6\div3)=24$，$6[(6+6)\div3]=24$，到了关键的时候，又总是希望自己有更妙的方法，更突出的表现。学生这种好胜心不断激励着自己创造性的思维，有的就想出来了：$6\times(6+6)\div3=24$……这正像教育家苏霍姆林斯基所说的那样："在人的心灵深处，都有一种根深蒂固的需要，这就是希望感到自己是一个发现者、研究者、探索者。而在儿童的精神世界中，这种需要则特别强烈。"数学魔牌正满足了儿童精神世界的这一需要。

(二)让每个学生都分享成功的喜悦,增强自信心

培养创造性思维,要有自信心。自信心的树立在于让学生有更多的成功机会,享受胜利的喜悦。在活动中,笔者常出一些基本训练题,比如 2216,1234,4824 等,每一位学生都有机会获得成功。同时要让学生"跳一跳,摘果子",在高年级的活动课中,笔者出示了一道题:1555,先向学生说明;这道题比较难,连很多大学生都不能马上做出来,甚至做不出来。学生一听就来劲了,个个都跃跃欲试,想抓住这个表现机会……终于有学生惊喜地叫了起来:"想出来了! $5 \times (5 - 1 \div 5) = 24$。"这时大家都沉浸在成功的氛围中。久而久之,学生们只要有不同的见解都会大胆地说出来。

(三)不断激励和鼓舞学生,强调勤劳、多思

在整副魔牌中, $\frac{3}{4}$ 的牌是多解的,在活动中,教师要鼓励学生从多方面思考问题,提出多种不同的解法。凡想出一种解就奖一朵大红花,分组活动,看哪组的红花最多?例如,2448 这张牌,一开始有的组想出了 6 种解法,得了 6 朵大红花。过了一会儿,有学生发现了新的方法,6 种变成了 8 种,为小组又争得了 2 朵红花。再过了一些时间,有的组让 8 种变成了 10 种,又多了 2 朵……桌面上的红花一次次的增多,解法一次次的增多,一次次刷新比赛的记录。加强一题多解的练习,培养了学生多思的习惯,更是培养了学生勤奋、不怕困难、爱动脑的思维品质。

(四)及时肯定学生的表现,提倡首创精神

在活动中,要重视首创精神的培养,要及时肯定学生创新的苗头。在一次活动中,笔者出示了一张牌5577,不到一秒钟就有人想出了 $5 \times 5 - 7 \div 7 = 24$ 算法。这位学生的话音刚落,有一位学生想出了 $5 + 5 + 7 + 7 = 24$ 算法,过了一会儿,又有一位学生惊喜地发现 $(5 + 7) \times (7 - 5) = 24$,沉默了许久,大家的眼神直盯着这张牌,绞尽脑汁地想:还有没有其他的计算方法?终于有学生又想出来了 $7 \times 7 - 5 \times 5 = 24$ ……在小学生眼里,这就是发明,这就是创造,只有及时予以肯定,才能进一步促进创造性思维的发展。

(五)丰富学习生活，力求活动的多样性

良好的训练效果，助长了教师加强训练的念头。活动课时间之外，开展了形式多样的活动：有的放在课前 5 分钟，取代了一贯运用的口算训练；有的放在课外，此如开展规模不等的竞赛活动，校魔牌比赛、市魔牌比赛、市魔牌大赛。我们还协助浙江电视台少儿 TV 组织擂台赛，并使活动搞得有声有色。

多样化的活动，丰富了学生的课余生活，提高了计算能力，培养了学生创造性思维。

(严子林先生研制的数学魔牌 24，是一副智力竞赛游戏纸牌，共有 404 题，囊括了 4 个 1 位数能组成 24 的全部数字组合，将传统的数学 24 游戏提高、完善、归集到了一副游戏牌中，集教具、学具、玩具于一体。)

六、数学实验："数字天平"课例实践

学情分析

一年级学生学了 20 以内加减法之后，就经常会遇到类似"$7+2=($ 　 $)+1$"这样的习题。大人们一想，这还不简单吗？$7+2=9$，$8+1=9$，括号里填 8。但事实上，孩子们完成此类题目正确率低，多数错误的答案都是填 9。为什么呢？一年级的孩子对于等号的理解，绝大多数停留在等号右边是左边算式的结果这一水平。也就是说，孩子们认为 $7+2=9$，9 就填在括号里。

其实，等号的本质含义是等号两边的量相等，即等价。那如何引导他们理解等号表达的是等价关系呢？

我们都知道，越是贴近学生的，学生越容易理解。如果能运用学生已有的生活经验来学习新知，如跷跷板、天平的直观感受，那是不是会事半功倍呢？于是，笔者尝试通过天平实验探索等式，创设体验探究活动，让学生在动手操作中获取感性的认识——"平衡"，从而理解内化"等价"这个抽象的数学概念。

教学目标

①借助直观的天平，通过观察，理解等号的本质含义——左右两边的量相等，并会根据天平平衡找到等式；

②在"想、挂、写、说"等活动中学会有序思考，感受思维的乐趣，获得成功的体验；

③在猜想、操作、验证、观察、归纳中感受"变与不变"，初步建立代数思想；

④在实验中培养合作意识，以及数学表达能力，激发学数学的兴趣。

课堂实录

1. 复旧引新

师：小朋友，今天这节课，我们继续来玩"数字天平"（图 5-33）。

图 5-33

请看，现在天平是怎样的？

生 1：平衡。

师：如果老师拿出一片黄卡挂在左边 7 的位置上，天平会怎样？

生 1：天平斜了。

生 2：天平不平衡了。

师：再拿一片黄卡，挂在右边哪儿，不告诉你，你猜？天平会怎样？你能用手势告诉我吗？

学生用手势表示：有的平衡，有的向左倾斜，有的向右倾斜。

生 1：挂在右边 7，两边一样平（图 5-34）。

图 5-34

板书：7＝7。

生 2：可能挂在右边的 1～6，天平左边低了，右边高了（图 5-35）。

生 3：还有可能事挂在右边的 8、9、10，天平左边高了，右边低了（图 5-36）。

图 5-35

图 5-36

小结：你们想得可真全面。是呀，这片黄卡挂在不同的位置，天平会出现不同的情况：可能平衡，也可能不平衡。

设计意图：开门见山，引出"天平"。通过"猜怎么挂黄卡"激发学生兴趣，调动思维积极性。从"左右两边都是 7"引出"7＝7"，激活学生已有的经验：两边的数一样，天平平衡，等式成立。同时也为"两数相等"过渡到"两式相等"做好了孕伏。

2. 探究秘密

实验(一)不平衡→平衡

师：左边的 7 不动，我把另一片小黄卡挂在右边 5 这个位置上(呈现数字天平)，天平怎样？

生 1：不平衡。

师：可以用怎样的式子来表示？

生 2：7＞5。

师：只动一片黄卡，你有办法使天平平衡吗？

生 1：移动右边的"5"，7＝7。

生 2：移动左边的"7"，5＝5。

师：还有吗？

生3：在右边增加一片"2"，7＝5＋2(图5-37)。

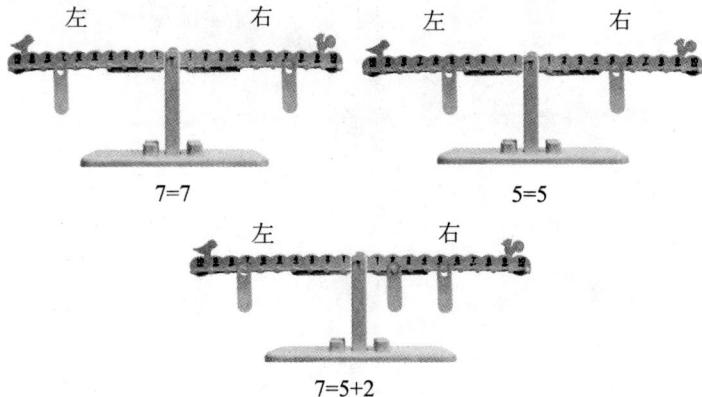

7=7   5=5

7=5+2

图 5-37

师：小朋友真能干，我们不仅可以用"移动"的方法，还能想到"增加"的方法。看来我们要学会从不同的角度去思考。

设计意图：想办法使天平从"不平衡"到"平衡"，拓宽学生的思维，不仅可以"移动"，还可以"增加"，引导学生进一步直观地感受"天平平衡，两边的量相等"。

实验(二)(   )＝(   )＋(   )

(1)设疑

师：这片不变，还挂在7上，如果这两片黄卡随便挂，不一定挂在2和5(拿走"5"和"2")，你也能让数字天平保持平衡吗？

生(异口同声)：能。

师：先想想，你想挂在哪儿，可以写出怎样的算式？

出示实验要求：想、挂、写、说。

(2)操作(同桌合作，图5-38)

(3)交流

师：刚才老师巡视全班，发现最少的也有3个答案，这3个答案都对吗？

呈现学生的记录单：7＝1＋6、7＝2＋5、7＝3＋4。

师：怎么验证？

生1：挂挂看。(生演示两片黄卡的挂法，图5-39)

图 5-38

图 5-39

师：都同意吗？（生点头表示同意）

生 1：我发现右边这两片黄卡越来越靠近。

师：你真会观察。

师：除了这 3 种答案，谁还有补充？

生 2：还有 7＝6＋1、7＝5＋2、7＝4＋3。

生 3：老师，这三道算式其实跟上面的差不多。

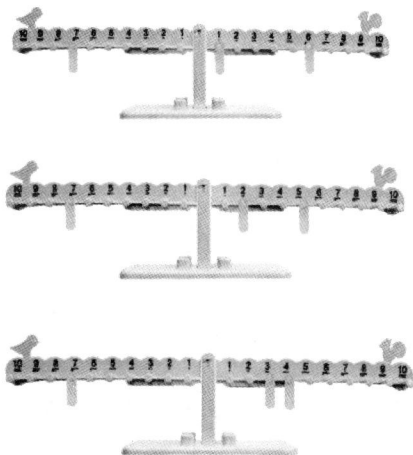

图 5-40

师：怎么差不多？

生 3：就是两个加的数位置换一换（图 5-40）。

师：哦，是挂法一样，写法不一样？

生点头表示同意。

生3：我还有 $7+0=7$。

师：什么意思？怎么挂？

生到前面操作给大家看（图 5-41）。

图 5-41

底下学生一片哗然，有人说可以，有人说不可以。

师：到底可不可以？

生1：我觉得可以。3 片黄卡，左边挂在 7，右边也在 7，还有一片挂在中间 0 的位置，天平是平衡的呀。

生2：我也觉得可以啊。刚刚老师说这两片黄卡随你挂，那不一定都是要挂在右边呀！

师：你要求听得很仔细哦！是呀，这另外两片不一定都挂在右边呀。

师：刚才写出 $7+0=7$ 请举手（6 人），哇，你们真是能干！

师：还有吗？

生1：我还有不同的挂法。

师：好，你来演示，请你的同桌来写算式（图 5-42，图 5-43）。

学生在黑板上写算式：$7+1=8$　$7+2=9$　$7+3=10$。

师：看来这两片黄卡还可以一左一右分开挂。

(4)小结

师：通过这次实验，你有什么想说的？

生1：一定要听清要求。

生2：不能只想到挂一边，可以分开挂。

生3：还可以挂中间 0 的位置。

生4：一定要多从不同的角度想。

图 5-42

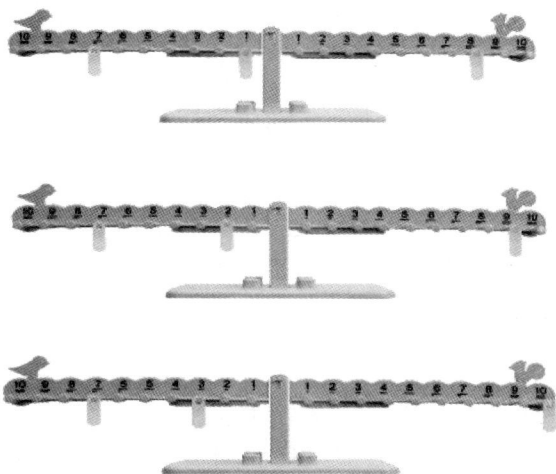

图 5-43

设计意图：开放的问题，给学生不同的发展空间。学生能从不同的角度去思考，方法灵活多样，尤其值得肯定的是 $7=0+7$，突破常规，独具新意。学生在交流操作中，相互启发，相互完善，思维向纵深发展。

实验(三)$7+a=5+b$

(1)出示问题

师：左边一片挂在 7 上，右边一片挂在 5 上。再给你两片，怎么挂天平会平衡？先想想可能有哪些挂法？怎么想，我可以得到更多的答案？

(2)独立操作

出示实验要求：想、挂、写、说。

(3)小组交流

(略)

（4）推荐发言

展示学生作业纸（图 5-44）。

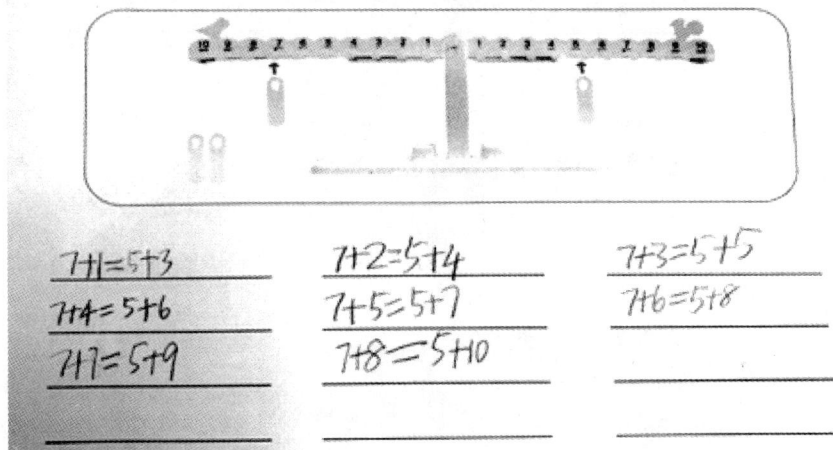

$7+1=5+3$
$7+4=5+6$
$7+7=5+9$

$7+2=5+4$
$7+5=5+7$
$7+8=5+10$

$7+3=5+5$
$7+6=5+8$

图 5-44

师： 这道算式你也有的，请举手。怎么挂的？

师（遮住后面）： 请你猜猜他接下来会怎么挂？算式又是怎样的？

师： 还有不同的吗？（图 5-45）

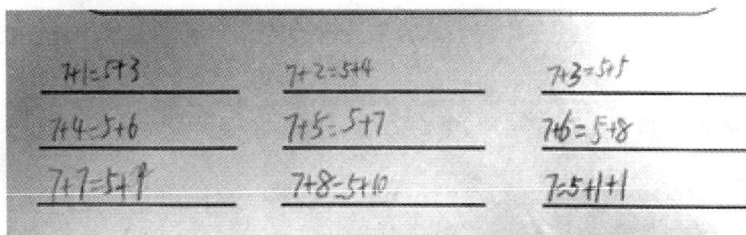

$7+1=5+3$
$7+4=5+6$
$7+7=5+9$

$7+2=5+4$
$7+5=5+7$
$7+8=5+10$

$7+3=5+5$
$7+6=5+8$
$7=5+1+1$

图 5-45

生 1： 我还有，$7=5+1+1$。

师： 可以吗？大家想一想，怎么挂？

两片都挂在右边。

生 2： 我也有补充 $7+0=2+5$。

师： 怎么挂？

(5)观察比较

师：你有什么发现？（图 5-46）

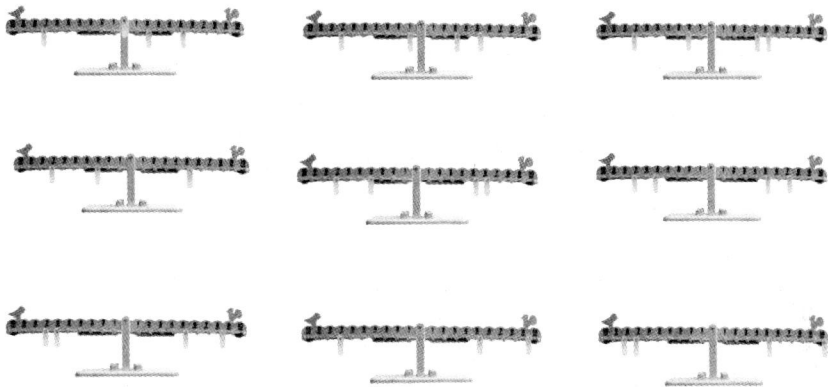

图 5-46

生 1：左边加起来的和与右边加起来的和相等。比如 7＋1＝8，5＋3＝8。

生 2：有一道算式很有意思，7＋5＝5＋7，两个加的数位置换一下，结果和还是一样的。

师：是吗？如果是 8＋5 呢。

生齐答：等于 5＋8。

生 3：左边 7 和右边的 5 都不变，左边另一个数从上到下，一个比一个多 1，右边一个数一个比一个少 1。

师：这是为什么呀？

生 3：拉拉平呗。

生 4：5 那边要挂的数总比 7 这边要挂的数多 2。

师追问：什么意思？谁明白？

生 1：他的意思是说，7 那边要挂 1，5 那边就挂 3，7 那边要挂 2，5 那边要挂 4……

师：要挂的另外两片总是相差 2，这又是为什么呢？

生 2：因为原来左边比右边多 2 呀。

师：哦，原来左边比右边多 2，为了保持平衡，现在右边必须比左边多 2。

设计意图：在同一个问题中，不同的学生有不同的发现，不同的孩子获得不同的发展，这正是在班级授课制前提下实现差异教学的理想方式。对于全体学生来说，学生在观察比较中发现"和相等"即可。而对于学有余力的学生来说，他还会发现其他的变化规律。

实验(四)练习与检验

师：(终极挑战赛)想一想，填一填，再挂一挂。

①8＝（   ）＋（   ）。

②6＋2＝（   ）＋（   ）。

③7＋3＝（   ）＋4。

④5＋9＝3＋（   ）。

学生练习。

全班反馈。(第①②题略)

师：第③题，你是怎么想的？

生1：我根据左边7＋3＝10，那右边几加4也等于10呢？括号里填6。

生2：我是看右边4比3多1，要想平衡，那么填的数就比7少1。

师：第④题填几？你怎么想的？

师：有什么问题？

生：挂不出，因为天平上没有"11"这个数。

师：虽然挂不出，但我们能运用前面发现的规律来解决问题，真是能干！

设计意图：因为有了前面的操作、探究与发现，学生不仅积累了一定的活动经验，而且增进了对"等式"的认识。现在再来解决这样的题目，学生就得心应手了。

3. 总结

这节课你喜欢吗？

这节课你有什么新的收获？

教后反思：

这节课引入了"数字天平"来学习"等式"，效果较好。

(1)数形结合

数学是研究现实世界的数量关系和空间形式的科学，数和形是数学知识体系中两大基础概念。把刻画数量关系的数和具体直观的图形有机结合，来探求问题的解答就是数形结合的思想方法。数形结合的思想方法将抽象思维与形象思维有机结合，

能扬数之长、取形之优，使得"数量关系"与"空间形式"珠联璧合，相映生辉。正如我国著名的数学家华罗庚先生所说"数缺形时少直观，形离数时难入微，数形结合百般好，隔裂分家万事休"。

等式是一个数学模型，是抽象的，而天平是一个具体的东西。"天平平衡，左右相等""天平不平，左右不等"，多么直观！利用天平，通过"挂黄卡""写等式"，显然是化难为易。这些大量丰富的表象积累，为以后学生进一步学习"等量代换"以及"方程"等代数知识做了知识和能力上的储备。

（2）手脑结合

著名的教育家苏霍姆林斯基说过"儿童的智慧在他的手指尖上"。

数学学习是枯燥的，乏味的，当我们把"数字天平"呈现在孩子面前时，学生是多么欢喜。学生在"挂黄卡"的过程中，不断经历"平衡—不平衡—平衡"，思维不再僵化，更不会模式化。黄卡从"两片"到"三片"，再到"四片"，要求在增加，难度在提高，挑战性也越来越大，学生的思维也在不断地发展。黄卡可以挂一边，也可以挂两边，甚至还可以挂在中间"0"的位置，真是出其不意呀。一个答案，三个答案，多个答案，学生智慧的火花在操作中不断地被激发，学生的创造性不断地得以展现。这就是我们要的"心灵手巧"吧。

（3）学思结合

学生学习应当是一个生动活泼、主动和富有个性的过程。学习不是一个被动接受的过程，它应成为学生主动探索的历程。本节课教师作为学习的组织者、引导者与合作者，为学生积极创设问题情境，提供动手操作以及小组合作的机会，让数学学习有了探究性、操作性和趣味性。学生有了充足的时间和空间去经历猜测、实验、验证、观察、发现、交流等活动过程，学得更主动、更充分、更有趣，也更有成就感。"学而不思则罔"，在教师问题指引下，在"变与不变"的思辨中，学生不仅学会了构建等式，而且还发现了有关等式的很多秘密，并且还会运用这些规律进一步思考。填未知数的难题也随之迎刃而解了。

玩中学，学中思，试问，这样的学习，学生怎么不喜欢。

（本案例由杭州市时代小学任婷提供）

青年教师专业成长个案

一、一段成长小传

(一)师范毕业，留在附小

1976 年，据说那是一个天寒地冻的冬天，我出生在浙江兰溪的小山村，在老家愉快地读完了初中，为了"鲤鱼跳龙门"，早日拥有"铁饭碗"，我幸运地在中考中获得了全校最高分，也是唯一一个考上中专的学生，那时，招生的顺序是先招中专，再招重点中学，我如愿地进入了金华师范学校。三年的学业顺利完成，1994 年，作为一名发展比较全面的中师毕业生，幸运地被金华师范附属小学提前录取。那是一所令人向往的学校，学校历史悠久、名师荟萃，是当地最好的学校。就是在这样的校园里，作为年轻教师的我得到了长辈们的无私关爱与学校悉心的培养，观念得到了提升，业务水平上得到了提升。名校总是与名校长联系在一起，他们都是我成长过程中的关键人物，我在金师附小工作时的几任校长都是著名的特级教师，他们对我的成长起到了至关重要的作用，把我招进学校的是滕春友校长，他为我的成长把持着方向，"多做业务，少做事务"，默默地给了我很多的支持与鼓励，我那时对计算机辅助教学感兴趣，他专程带我去苏州，现在想来实属"高度重视"；郑宏尖校长虽与我共事时间不长，但为我们树立了科研的榜样，虽然他教语文，我教数学，但也有过科研的合作，就是基于信息技术的网络作文教学；徐锦生校长接任时，我是学校的教学副校长，他教我学校管理，教我待人接物，助我全面成长。在附小工作期间，学校的数学教学专家给了我无私的指导与引领，老校长金义和常常给我写作上的指导；胡德龙老师悉心指导我们上课做课题；俞正强老师思维独特，见解深刻，常常教我思考问题的方法，倪军健老师与我一起讨论教学问题，共同进步。还有几位老长辈葛玉英老师、章孝友老师都给了我手把手的教导，贡献了很多教学的资源。

还记得我上的第一次公开课。那是在 1998 年春天，记得那是一个学期开学的第一天，时任校长滕春友做了一个重要的决定，工作例会后，所有的老师一起听我上一节计算机辅助教学的数学课"图形的面积"，对于刚参加工作不久的我来说，那是一个大场面，现在回过头看，这节课的设计有待商榷，计算机辅助得还可以更贴切，但对于当时，能够实现计算机辅助教学，已经是一种最新的尝试了，课堂引起了大家的强烈反响，加快了计算机辅助教学多学科的全面展开。还记得那时条件艰苦，没有便携式投影机，为了展示，我们常常携带着沉重的 29 寸大彩电，至今印象深刻。随着研究的深入，后来我在省教研室方张松老师的组织下加入了省教研室的计算机辅助教学课题大组，还去宁波慈溪上了省级的观摩课，那是我第一次去市外上课，慢慢地在工作中就确定了自己的研究主题。还记得那是 1997 年，我在《金华教育科研》发表了文章，并且刊登上了封面，"让计算机走进课堂"，当时给了我莫大的鼓舞，虽然是没有正式刊号的杂志，后来相应的实验报告和案例先后在《中国电化教育》《小学数学教师》上发表，正因为有"计算机辅助教学"这一点特色也使得我多了一些机会，获全市论文一等奖，并在全市年会上做了报告。2000 年成为那一届最年轻的省教坛新秀……直到现在，信息技术与学科的整合也是我一直以来的研究关注点。

在金师附小工作期间，学校良好的氛围，也让我形成了喜欢写点科研文章的习惯。那时，在金华有一位热心教育的严子林先生，虽然他不是老师，但热衷于数学魔牌 24 点的研究，他经过自己的悉心研究，穷尽了所有能够计算出 24 的数的组合，在上海教育出版社正式出版了一套《数学魔牌 24 点》。那时，我在学校就负责这个小实验，所带的学生在金华市区学校比赛中获得了冠军，写了一点总结的小文章，在严老师的帮助下，先后在《光明日报》《上海教育》等发表，那时根本不知道《光明日报》是什么分量，但却成功了，真正体会到了"初生牛犊不怕虎"。

在金华工作期间，除了学校的前辈指点，金华的师长也给了我很多帮助。特级教师方栋梁(金华市教研室原主任)一直鼓励我静心研究数学教学，给了我业务上很多的帮助，每次促膝谈心总是肯定成绩，提出不足。记得为了计算机辅助教学他曾亲自送来一些资料，为了让我多看书，他在退休那年带我去一个储藏间把一些有价值的书送给我，直到现在，每次看到书架上那些泛黄的书籍，总有一股暖流回荡心间。市教研员杜笙姣、孟佩娟，区教研员王俊峰老师，都把我作为重要的新秀来培养，常常给我一些机会，或上公开课，或做观点报告，或去各区县支教展示……还有金华兄弟学校环城小学的特级教师盛天兰、特级教师夏美丝，盛老师曾给我们回答过教学上的问题，至今我还保存着她的回信，夏老师和我同时担任两所学校的教导主任，给了我无私的帮助与鼓舞，作为兄弟学校，学科之间有竞争更有合作，记

忆中我们之间更多的却是相互学习、共同进步……如果说我现在业务上有一点点成绩，那离不开金华这些师长的教诲。金华是我教学生涯的开端，是我成长的基石。

(二)结缘杭州，举家搬迁

在金华工作得顺顺利利，学校重视培养我成长，教师之间和睦友爱，25岁就被破格提拔为学校的副校长，这一切看起来都那么顺当，甚至可以预见一个比较美好的未来。在研究小学数学的过程中，因为学校使用的是《现代小学数学》，所以一直与杭州的《现代小学数学》编委会保持着业务的联系。有一次，教材主编张天孝老师要编写一本《学数学用数学》，同时组织了几位老师写一个书稿的样章，最后，他对我写的样章表示满意，就按照我写的样章开始组织编写。还记得，每个来杭州，每个中午，张老师都带我去学校隔壁的奎元馆吃面，每一次都点有名的"虾爆鳝面"，偶尔也流露出"是否有意来杭工作"的邀约。

在2001年秋天，我接到了一个特殊的任务。受《现代小学数学》教材主编张天孝老师的指派去参加现代小学数学广东分中心的年会，地点在广东的电白。上课的内容是新编内容"运行图"，这节课是基于折线统计图的学习基础，结合现实情境应用数学知识，内容新颖，综合性强。结果课上学生表现精彩，上出了预设的效果，得到了专家和老师们的一致好评。若干年后才知道，这不是一个普通的上课任务，还是一次面试。因为《现代小学数学》编委会中两位德高望重的前辈顾汝佐和张梅玲都在现场。在我并不知情的情况下，他们把我上课的表现，都反馈到了杭州。后来有一次，杭州举行一次教学展示活动，只是提前一天，我接到了通知，再到杭州来上"运行图"，那一天，张天孝老师、朱乐平老师都在现场。我只是知道上课，不知道原来也是在考核。

2002年，张天孝老师和朱乐平老师向教育局提议，正式调我来上城教师进修学校工作，从此我开始了教材建设与教学研究的生涯。在两位长辈的引领下，我们形成了一个老中青的团队，团结协作、刻苦研发，克服重重困难，在全国几乎停止教材立项审查工作的背景下，终于抓住了一个难得的机会，挤进了义务教育实验教科书的行列，最终成为全国通过教育部中小学教材审定委员会审查通过的8套小学数学之一。在这个过程中，我亲历其中，各种心酸各种困难，各种复杂的利害关系，都亲身经历了。现在回想起来，有几件事情还是值得庆幸的。在张老师坚决、坚强的引领下，在几乎不允许使用其他教材的情况下，杭州上城区在教育厅的支持下还坚持使用我们自己的教材，与此同时，以教材为主要成果张老师从教 50 周年的研究成果通过了权威专家的鉴定，与此同时，获得了浙江省基础教育成果一等奖，进而获得了国家基础教育课程改革成果二等奖。这些工作，从某种程度上都是在助推教材顺利立项，顺利通过。有些事情，看似不可能，努力了，就能在一有机会的时候变为可能。我深深地体会到梦想不只是梦和想，努力，在困境中的奋起，才能使梦想成真。

在教材实验的过程中，我们克服了常人难有的艰辛，还记得刚开始先行实验的时候，我的任务是跟踪崇文的一个班级做先行试验，教材是用彩色打印机一张一张打印出来的。回想那个过程：教材一页一页地讨论，专家建议一个一个请教，教师意见一条一条记录，一次一次反复修订……回想起期间所遭遇的曲折，让人心酸，期间得到的鼓舞，备感欣慰倍。

张天孝老师一辈子从事小学数学教材建设，老骥伏枥，坚守理想，令我一生敬佩，2016 年，我们隆重举行了张天孝老师从教 60 周年的思想研讨会，张老师是我的恩师，是我生命中的贵人。朱乐平老师，曾经是教师进修学校的校长，也是上城区教育局的副局长，他挚爱业务，放弃了从政的选项，一心扑在小学数学教育研究上，站得高，想得新，做得细，干得实、思考深刻独到，教学风格别具一格，是我们年青一代学习的标杆。如果说，到了杭州，我业务上有所长进，离不开两位恩师的引领和言传身教。

到了杭州，省教研室方张松、斯苗儿老师，省教育学院的吴卫东教授、市教研室的平国强老师，在金华时就熟识的两位兄弟区县的长辈周建松、唐哲源老师也是对我关爱有加。给了我很多的指导，为我融入杭州创造了很多的机会，让我"入乡随俗、水土相符"。还有一批语文专家，王燕骅、张化万、杨明明等著名特级教师，也常给我鼓励，促我进步。在杭州与金华不同的，就是身边拥有大量的专家资源，以前，要见专家很难，现在是，要不见专家很难。

（三）评选特级，经受历练

2006 年，区里进行特级教师评选，有一条硬指标：教研员要在一线工作 10 年，明知我只有 9 年，区教育局依然把我推荐上去冲一冲，结果自然没有意外，落选也

是情理之中。2007 年，教育局考虑到我的个人成长与区域发展需要，动员我响应教育均衡"振兴东南战略"的号召，就这样我又重新回到了小学，来到了区内一所较为薄弱的学校望江门小学，开始先支教半年，后来正式调入该校担任起副校长，同时将该校作为新思维实验小学酝酿筹办。一到学校，赶紧适应，凭借着以前的一线管理经验和教学研究积累的资源，为学校的教学质量管理和科研做了一定的贡献，创办校刊，举办论坛，引进专家，构建校本资源库，做一些力所能及的改进工作。时至今日，由于旧城改造的整体规划，学校还在规划筹建中。作为新思维实验学校筹备小组的成员之一，我也参与了学校的设计与规划，为能够在钱江新城望江地区建设一所优质的学校而尽自己的最大努力。

2008 年，根据组织和张天孝老师的安排，我调回杭州现代小学数学教育研究中心，并承担起主任的管理职责。在教材顺利通过审查的基础上，参与组织教材配套材料、编写教学参考书以及相应的教学研究活动。期间，我们还和澳门数学教育研究会联合编写了澳门《新思维小学数学》。后来我参与策划了大量的教学研究活动，比较有影响的就是"中国小学数学教育峰会"。坚持每一年组织好实验学校的实验指导和暑期培训工作，坚持稳固阵地和积极拓展相结合，开展了系列"走进试验区"的活动。渡过了教材实验最不稳定的时期，各项工作逐渐步入正轨。随课题组携带教材参加第 10、11 届国际数学教育大会，参展、交流，为教材后续发展做了积极的努力。

在研发教材和组织数学学术活动的过程中，自己的数学教学研究的能力以及对数学教育的理解得到了长足的进步。我和张天孝老师合作，在《比较教育研究》上发表了教材国际比较的文章。这也是迄今为止，发表的学术层次最高的论文。

后来，在张天孝和朱乐平老师的引荐下，我参加了教育部数学教育高级研讨班，开始结识国内顶尖的数学家、数学教育家，张景中、张奠宙、戴再平、郑毓信等。在张景中院士的指导下，我在信息技术与学科整合方面取得长足进步，主持了一项国家课题，开展了"超级画板与小学数学的整合研究"，和一线教师一起积累了数十个教学积件以及数十多个经典课例。在张奠宙老师的带领下，我参与了高等学校规划教材《小学数学研究》的编写，和同事们合作完成了多篇有影响力的文章和报告，这也帮助我拓宽了视野，提升了数学水平。近十年来，我有计划地访问了 20 多位数学大家，蔡金法、曹培英、戴再平、范良火、顾汝佐、黄毅英、孔凡哲、刘坚、吕玉英、邱学华、宋乃庆、孙晓天、谈祥柏、王权、汪甄南、吴正宪、张奠宙、张景中、张梅玲、张天孝、周玉仁，等等，个个鼎鼎大名，整理了名家们的访谈录，如今已结集出版，在我心里，每一份都是珍贵的口述史，记录了学术思想，更展示了名家品格，是思想的盛宴，更是人生的映照。

2010 年，第九届特级教师开始评审了，带着更为丰厚的研究成果，也满足了一线教学十年的要求，我信心满满参加选拔，在评选的过程中，我发挥正常，在业务考核方面排名靠前。眼看就要顺利推荐，意外发生了。评委会收到了一封匿名信，说我支教无效，一线工作不满十年。虽然评委会派代表查实"匿名信与事实不符"，但还是影响到了评审结果。现在谈起这件事情，是带着宽容与平静的。因为毕竟时间冲淡了当时的委屈与悲愤，每一个人的人生之路都不是一条平坦之路，面对坎坷我们需要选择依然勇敢与坚强。感恩那些正义的传递者，感恩我的家人，感恩我的恩师和伙伴，感恩上城教育，在我人生遇到波折的时候给了我温暖与力量。

2014 年，第十届特级教师评选，我从容应对，抛掉上届失利的忧伤，还是以教研员的身份参评，在竞争极其激烈的状态下，再次以名列前茅的实绩如愿评上浙江省特级教师。有时我们常说淡泊名利，真正要做到的确太难。有时我看着这张荣誉证书，就暗自反问：为什么要把这么张纸看得那么重呢？有和没有到底又有什么差别呢？有这张纸，水平就高了吗？没有这张纸，水平就低了吗？后来，我有幸代表所有新评上的小学特级教师发言，我提出了特级教师的三重境界：不把特级当回事，太把特级当回事，特级教师就那么回事。面对荣誉，应该坦然、淡然、欣然、自然。

（四）拓宽视野，国际交流

2007 年，在团省委的支持下，我有幸成为团中央百名青年赴日研修的成员，与全国各地各个行业的 100 名青年，一起赴日研修近一个月，这是我第一次长时间的出国学习，既感到新鲜，又觉得开了眼界。世界那么大，的确要走走。

2010 年底，幸运再次降临。虽然在此之前，自身研修一直没有间断过，参加过杭州师范大学与澳大利亚堪培拉大学合办的教育领导力硕士学历进修，参加过浙江省教育厅"百名教师培训者培训"到浙江大学访学；参加过浙江省首届小学数学教师高端班到浙江教育学院进修……没有想到，经过层层推荐，面试选拔，我居然入选

参加了教育部首批公派中小学教师海外高级研修班，留学英国。感谢当时教育部课程中心有宝华处长的引荐，感谢参加选拔的评委老师给我特殊的机会，因为我在面试的时候，除了自我介绍用英语，后来回答问题用的都是中文，但评委老师认为"这位老师有迫切的愿望和好学的动机"。

在家人的大力支持下，我踏上了远赴英国留学的路，这一次的学习整整半年，接待我们的是雷丁大学，但我们有大量的时间在英国中小学校学习，这个安排实在是太难得了，我们每一个学习者都倍加珍惜这样的学习机会。这半年，一方面让我能站在国际视野下来思考教育的问题，另一方面，也让我有半年的时间停下来、静下来思考以前的教学实践和研究的问题，这段经历对于我来说收获甚丰、意义非凡，如果说这是一段学习的经历，那么，可以说增长了见识，丰富了阅历，增进了教育理解；如果说这是一段难忘的人生，那么它的意义就在于让我对人生价值有了更多的认识。在英国结识的朋友、在英国的见闻，至今温暖和感染着我的工作和生活。英国的这半年，是我人生美好的半年，是难忘的半年。回国后，我和同伴一起撰写了一本专著《零距离英国教育》。

回国后，我依然关注着英国教育和英国小学数学的动态发展，恰巧当前英国主动地想学习中国数学，我也为促进中英数学的双向交流做着积极的努力。国际化背景下的数学课程交流应该是双向的，中国数学值得英国教师学习，英国数学也值得中国教师借鉴。单向的学习与模仿都是不太切合实际的，英国的一句谚语能说明一切：英国的天气最适合英国。

芬兰，是被誉为全球教育第一的国家，一直充满着神奇，2015 年 10 月，我和上城教育芬兰教育改革考察培训团一起在芬兰学习了 21 天。亲身感受了一下世界上最好的芬兰教育。走进大学，走进中小学，走进职业学校，走进社会保障机构，全方位立体化地感受了芬兰教育，回国后，我写了两篇文章，一篇是从学校管理者的角度，介绍了"芬兰教育热的三个理由"，另一篇从小学数学教师的角度，在与一个教师的对话中，揭示了芬兰小学数学成功的奥秘。

工作以来，我有幸去英国、美国、墨西哥、韩国、日本、芬兰等国家学习和考察，渐渐地拓宽了自己对教育理解的国际视野，能够在一个更为宽阔的背景下来思考教育的问题和学科的建设。

(五)静心教书，潜心育人

一直以来从事小学数学的教育研究，研究取向窄而深，直到 2009 年，我接到了一个特殊的任务，有机会接触到区域教育的方方面面。2009 年的某一天，教育局领导布置了一个特殊的任务，令我参与区域重大综合改革项目"基于学生发展的区域质量提升工程"的研究，作为项目组核心成员，与来自不同基层单位的骨干教师合作与北京师范大学专家团队联合成立项目组，开始几个不同领域的先行实践与研究。这对我来说，又是一个全新的挑战，从小学数学的小口子又转换到基础教育的各个方面，接触和熟识了北京师范大学校长董奇、边玉芳老师等教育专家，项目合作整整 5 年，内容涵盖：区域管办助评体制改革、中小学发展规划、发展性评价、区域信息化工作推进、区域成长支持中心等，5 年的研究，取得了应有的成果，对于区域教育来说，改革案例成为教育部义务教育均衡区域优秀案例，对于我个人来说，更是得到了全面的锻炼，跳出学科看教育，对于教育也有了更为深刻、更为宽阔的理解。

近年来，我曾先后担任浙江省新思维教育科学研究院院长、杭州新思维教育培训中心主任、上城教育学院的副院长，得到了各级领导和同事的信任与支持，在管理能力上也得到了锻炼。

2015 年 7 月，教育局党委找我谈话，我又来到新的工作岗位杭州市时代小学，重新回到一线，担任校长和小学数学教师。这是一所民办学校，2000 年由天长小学创办，传承名校风范，在杭州享有美誉。我接手学校，正值基础教育课程改革深化的开始，新一轮的义务教育课程改革正在开始，学校作为杭州市课程改革试点学校，正在制定课程改革的方案，我和我的同事在第一时间投入到积极的课程改革中，并且承担了杭州市教育科研的重大课题，学校在课程改革方面，找准了方向，制定好了规划，做出了亮点，调动了教师的积极性和创造性，激发了学生的潜能，取得了初步的成效，得到了社会各界的普遍认同。近两年来，学校获得杭州市首批国际化教育示范校、杭州市智慧教育示范校等称号，还在全省小学中率先设立了"钱学森实验班"。学校坚持以"开发潜能，发展个性"为办学宗旨，倡导学生"学得扎实、玩出名堂"，学校师资精良，理念新，工作实，口碑好。当前，学校正全面深化课程改革，稳步推出时代课程 3.0，丰富学校的活动，激发孩子的灵性，全面提升教育质

量。在社会各界和家长的支持下，学校正全力推进教育制度化、个性化、信息化、国际化，实现时代办学"新四化"。

回望过去，十年多的时间在一线教学，十年多的时间在做教学研究，知足常乐，感觉自己是幸运的和幸福的。2007年团中央选100个青年去日本交流，其中教育工作者有20人，我有幸入选；2010年教育部选派60人去国外留学，其中小学数学教师有2人，我也有幸入选；2013年第十届杭州市青年科技奖共10人获奖，教育方面只有1人，我却有幸入选。2016年获得全国教育改革创新优秀教师奖、杭州市政府特殊津贴，被推选为杭州市第十一届政协委员……自己所做的工作是有限的，能力是一般的，却得到了很多的机会与嘉奖。

逢泰微喜，遇否勿忧，取得进步和荣誉，依然保持不骄不躁，面对困难和挫折，沉着镇定，从容不迫。始终怀有一颗向上向善的心，胸怀正义，作为一名党员教师，牢记总书记的号召，做四有教师：有理想信念、有道德情操、有扎实知识、有仁爱之心。

我罗列的是个体成长中的关键时间、关键人物和关键事件，定有挂一漏万，只盼理解，还有很多的人和事，都值得被记住。当然，我们也可以不用那么在意，因为这毕竟不是一个大人物的历史传记，只是一个小教师的自述而已。我们无法自定人生的长度，但是我们可以通过努力改变人生的宽度、厚度和密度。谦卑做人，扎实做事，成绩只值鼓励，未来更需努力。

二、两位大师引领

从我工作开始，在作为小学数学教师成长的路上，一路名师相伴，有方栋梁、杜笙娇、王俊峰等金华教研员，也有胡德龙、俞正强、倪军健等同校师长，后来还有国内外很多教授名师。然而，在小学数学业务上给我帮助最大的便是我在杭州新思维数学团队里的恩师同伴。两位引领人是著名功勋教师张天孝、著名特级教师朱乐平。2011年，我们三位远赴墨西哥参加国际数学教育大会，在华人数学教育者的聚会上，英国南安普顿教授范良火介绍我们是小学数学教育的三代人，我们各相差20岁，是数学教育团队的等差数列。

　　说起张天孝老师，人们常常用九个字来形容：一个人，一辈子，一件事。一个人，1937年出生于浙江农村，中师毕业到小学教书；一辈子，从1956年开始到2016，整整60年，花尽一生所有时光；一件事，执着于小学数学教育的实践和研究。"一个人，一辈子，一件事"，这9个字，就成了描述"张天孝老师一生研究小学数学"的最为简洁而概要的介绍。60年的风雨岁月，60年的跌宕人生，要介绍张天孝老师丰富的数学人生，就是像用有限数位的小数来表示出圆周率π那样困难，永远也写不完。描绘张老师60年的研究图景，不可能全面铺陈，因为那样会显得拖沓甚至不得要领，也不可能精简扼要，因为那样会遗漏精华以至于乏善可陈。张老师在小学数学的领地里辛勤耕耘60年，从青春年少到白发苍苍，从默默无闻到声名远扬。张老师的研究成果宛如一座高山，常人难以逾越，让人肃然起敬。张老师是数学教育家，他研究小学数学教育，笔耕不辍，著作等身；张老师是教育改革家，他编写小学数学教材，不断进取，勇于创新，他的研究成果对不同时期的数学教育改革产生了独特的影响，做出过积极而不可替代的贡献。

　　张天孝老师痴于专业执着。在张老师的家里，门后面放着一头铜铸的牛，姿态刚劲有力，俯身前探，勇往直前，势不可挡。是有心人相送的礼物，因为张老师属牛，也是张老师数学教育生涯的写照。没有这股钻劲儿，不可能在20世纪60年代初，口算比赛一举成名；没有这份毅力，不会积累2000多张应用题的卡片；没有这份执着，受政策影响巨大的教材事业早已停歇……如果为了荣誉，已是浙江省功勋教师的他，没有比这个更高的荣誉了，就是因为痴迷般的执着，陈景润痴迷于演算的场景在张老师的办公桌上也时常上演，晚上睡觉梦到某一个数学题，他就起身记在小本子上；有60年积淀的张老师，12册教材上的哪一道题在哪一册的什么地方，他如数家珍；张老师的办公桌很"乱"，因为他博览群书、定期去书店，有时为了一道题，他非要算出所有的方法来，还跟某些畅销书的作者较劲。在张老师的办公室里，他总是一头扎进堆积如山的书堆里，用略显颤动的手紧紧地握着铅笔，在白纸上一笔一画地写，从来不曾停止，也从来不知疲倦。张老师的一生，注定已是小学数学教育的一生，研究小学数学已是他工作的全部，也是他"休闲娱乐"的主要方式，常人眼里的枯燥乏味，张老师并不怨苦，因为热爱，因为执着。

　　张天孝老师乐于合作担当。一个人走可以走得很快，一群人走才可以走得更远。在张老师成长的路上，如果没有合作，一个小学数学老师，也难以走到今天的巅峰。

因为和杭州大学孙士仪教授的合作，才有了"三算结合"的上城经验；因为和杭州大学王权教授的合作，才将"三算经验"推向国际交流；与中央教科所赵裕春教授合作，开展了"全国小学生数学能力测查与评价"；与中国科学院心理研究所刘静和、张梅玲等教授合作，有了《现代小学数学》教材；与澳门数学教育研究会汪甄南会长合作，才有了澳门《新思维小学数学》的成功出版……可贵的是张老师在合作中乐于担当，在"全国小学生数学能力测查与评价"课题组中，受课题组负责人的委托，承担了中年级卷的专著任务，从那时起，实证研究已成为张老师的研究习惯；在《现代小学数学》教学实验协作组，张老师承担起了执笔全套教材的重任，编写教材的工作十分辛苦，也非常具体，真正可以说是"一步一个脚印"。一个个字、一幅幅图，一道道题、一节节课，都要反复琢磨、精雕细琢。只有合作才能走得更远，只有勇于担当的精诚合作才能走得更久。

张老师老师勇于实践创新。常常有人说：张老师编写的教材真的是"实验"出来的，张天孝老师虚心学习，却从不盲从，他坚持"实践是检验真理的唯一标准"。张老师勇于实践，敢于创新。三算结合的实验，他倡导高位算起；应用题教学实验，他启动了"补救计划"；在"全国小学生数学能力测查与评价"中，他坚持"能力是可以培养的"；在"现代小学数学实验"中，他破除原来的传统教材结构，重新创建小学数学的知识序列；在"新思维小学数学"实验中，他坚持"代数思维早期培养"；在张老师看来"提高数学素养"与"降低学习难度"之间不是矛盾的，在新时期的"英才教育计划"中，他倡导"人人都可以成为英才"……他总是与众不同，从不轻易妥协，从不随波逐流，有时几乎是接近"固执"般的坚持，熬忍"缺乏认同"的孤独，而每一次的坚持，所幸在孩子身上换来的是久违的拨云见日的硕果。他总是敢为人先，创办了杭州第一个数学教育研究中心"杭州现代小学数学教育研究中心"，创办了浙江省第一个直接登记注册的民办教育研究院"浙江省新思维教育科学研究院"，这一切的创新，没有张老师，都不可能成为现实。

张天孝老师富有家国情怀。张老师是数学老师，却爱看小说，爱看央视主旋律电视剧，当过语文老师，当过大队辅导员，如今是一位杰出的数学教育家。他作为一名老党员，与时俱进地与国家的大政方针保持一致。作为一个区级单位要承担国家教材编写的大任，困难可想而知，而他就是坚持以"出名师·育英才"为己任，在孤寂中前行，参与过张老师培训的老师，从20世纪60年代开始至今，少说也有几十万，读过张老师教材读本的学生，少说也有几百万，如今，他依然走上讲台，亲自给学员讲课，作为国培计划的专家、作为浙江省名师工作站的导师、作为教材的主编，用他铿锵有力的声音，用他有点口音的普通话，影响着一代又一代的数学老师；用观点启发教师，用精神感染年轻人。近年来，他还精选了多本适合学生学习的数学材料，影响着一个又一个成长中的孩子，让孩子们学数学长智慧。张老师年近八十，在研究上却一点也不固板，甚至很开放，同事出国带回来国外的教材，是他最喜欢的礼物，他一直具有足够的国际视野。但作为中国的数学教育家，他却拥有足够的民族自信，决不允许我们年轻人试图贬低中国数学教育来盲目抬高国外数学教育经验，只允许我们比较借鉴，在传承中创新。如今从教 60 年的张老师，80 岁的年龄，却依然有"80 后"的实践研究热情，续写着数学教育人生。也许在他心里有一个"梦想"，就是想带领团队坚定地走在具有中国特色的小学数学教育研究之路上。

另一个引领人是著名特级教师朱乐平。在 2003 年之前，只是远距离听朱老师上公开课、做讲座，我认识朱乐平老师的时候，那时他在胜利小学担任校长，我那时对计算机辅助教学比较感兴趣，而胜利小学在全省走在前列。第一次，让我对朱老师有比较全面的了解，是因为上城区教育局要编写所有特级教师的宣传册，并取名"师魂"。当时，我接到了任务，要为朱老师整理一份教育事迹的材料，于是，我钻进了进修学校的资料室里查了很多资料，起草了朱老师的教育事迹，取名"一直站在最前沿"，这也是第一次全面感受朱老师丰富而又多彩的教育人生。

朱老师是一位令人尊敬的学者。作为浙江省第一批中小学教师被评为正高级职称，成为教授级教师。近年来，他受教育部基础教育司的邀请参加国家义务教育数学课程标准的研制，作为核心组的成员，为我国义务教育数学课程标准的编写做出了贡献。他还是九年义务教育实验教科书《小学数学》（浙教版）副主编，也曾经是北京师范大学出版社《新世纪小学数学》教材的编委。他受聘于教育部基础教育质量监测中心，从事国家数学质量监测的命题工作，他是浙江省、杭州市基础教育课程改革专家工作组成员；是浙江省第三届中小学教材审查委员会委员。他被杭州市教育局聘为市百名学科带头人指导教师；被浙江省师资培训中心聘任为国家级小学数学学科带头人导师。他是浙江省小学数学教学专业委员会副会长，浙江教育学院兼职教授，杭州师范大学硕士生导师。

他早年曾留学德国，较早较为全面地把德国的数学和基础教育的经验介绍到国内。著作等身，科研成果多次获得教育部、浙江省政府基础教育教学成果奖，在核心期刊上发表重要论文近百篇，多次参与教育部教师培训项目，参与编著《现代小学数学》《小学数学同课异构》《小学数学开放题的测查与设计》《小学新思维数学研究》等。近年来，编著了《一课研究》，基于一节课进行系统全面的设计，成为当前中国小学数学教育的一大特色工作。朱老师与时俱进，基于微信平台组织教学研究，坚持不懈，精益求精，微信公众号"一课研究"受到了国内广大数学教师和数学研究者的广泛关注与好评。

朱乐平老师是一位一流的培训师。记得，那是我刚到教师进修学校工作不久，有一次进修学校的业务学习，朱老师当时是进修学校校长，这次学习由他亲自主持，主题好像是关于科研的意义，没有指定谁发言，轮到谁就谁讲。结果朱老师直接指名我们几位新加入进修学校的同志站起来发言，这还不算，朱老师还有一招："刚才旁边人说的是什么，现在你根据自己还记得的、印象深刻的马上写下来……"随后大家都各自开始回忆记录，朱老师又抽取了几位，读出自己记录的内容是什么。就是在这样的体验式、参与式的培训中，每一位研究员都感受到了：一个人说的，和被另一个人记下的，还是有很大距离的。后来，接触最多的便是我们在教材编委会一起讨论教材，朱老师才思敏捷，学理兼通，常常在我们七嘴八舌的讨论中理出一条清晰的线索，常常在我们混沌模糊的思索中确定方向，他懂数学，懂教学，懂兼顾，懂包容。

朱老师倡导民主自由、体验参与的培训方式。他创造性地设计了"理论·实践·反思"三大板块的骨干教师脱产班研修计划，并主持举办了四期数学骨干教师脱产研修班。这在当时是很有影响力的培训，也培养了很多的数学名师。朱乐平老师曾多次成为区数学骨干教师、市学科带头人、省数学名师班学员和国家级数学骨干教师培养对象，还多次赴澳门，培训数学教师。朱乐平老师为我国的数学教育做了许多富有成效的工作，培养了一大批数学骨干教师。近年来，他主持"朱乐平小学数学名师工作站""朱乐平网上名师工作室"，为学员设计专业的课程、倡导独特的研训模式，重视研训成果的物化分享，营造了线上线下相结合的研讨氛围。

朱老师不仅培训老师，而且还自己给小学生上课。他上的公开课极具自己的个性特征。有人曾经罗列朱老师的课堂招数，"这是什么意思""谁听懂他的话了"，甚至称这些是"招牌动作"。一定要用一个词来形容朱老师的课堂，我想到的是"静水流深"，朱老师的课堂很静，静的你都觉得有点冷场，但是学生却一直在火热地思考；朱老师的课堂很慢，慢的你都觉得会拖堂，但是学生一直在敏捷深入地思考；不经意之间，思维已经跃上了一个新的高度，问题变得一般化，从一道题开始蔓延到一类题，甚至是一种数学思想。朱老师有一句从教数学的箴言：成为一个好的数学教师可以是一个目标，生命或许不能与目标同生，但要追求与目标同灭。

朱老师还是一位富有个人魅力的领导者。朱老师做过小学校长，也担任过教师进修学校的校长、教育局的副局长，他博学多知，处事周全，有明确的现代办学思想，能提出许多操作性很强的实施办法。他担任领导期间，身体力行，特别重视领导班子和教师的学习和观念先行，特别注重现代教育技术的应用，率先推行"专题化、菜单式、互动型"的教师培训模式；他构建了"五个中心，一个办公室"的进修学校管理体系；开创了进修学校教师"项目制"工作方式；创造性的构建了上城区第三期跨世纪园丁工程中的四级培训网络。他管理的教师进修学校，学术氛围浓，创新意识强，敢为人先，记得那时候电脑还刚刚普及，我们进修学校的每一位教师就每人一台笔记本电脑，在当时是一笔不小的投资，不仅如此，还给我们配备了录像机，为我们去基层听课指导、研究课例做了积极的准备。要给学生一杯水，教师要有一桶水，当时对教研员的自身业务学习要求很高，每月都有科研月汇报，还会举行各种层次的学术论坛。

朱乐平老师也是一位仁义博爱的人生导师。朱老师在教学研究的时候，也在传递着他的处世之道，他常常提醒大家：尽孝要尽早。记得，几年之前，我也见过朱老师的父母，一家人都很和蔼，他们一家是和睦之家。有时，朱老师会接到老母亲的电话，电话里估计是叮嘱什么，朱老师会慢慢地轻轻地回复，刚开始，我都不知道他跟谁通话，会如此的轻声细语，对方像是一位可爱的小朋友，后来，才知道他是和自己年迈的母亲在通话。身处一旁的我们，相形见绌，只有惭愧。

"在武林界，越是武术高明的人出场越是低调"，教育界也是如此。朱老师自己声名卓著，但是在数学教育界，不管是遇到知名专家，还是和一线教师研讨，他都保持谦卑，从不强词夺理，也从未以权势欺人。张天孝老师，是我的恩师，也是朱老师的恩师，朱老师敬重有爱，初心未改。

我今生有幸，在数学教育研究的路上遇见了两位大家，也被编委会委任为教材的副主编，唯有加倍努力，才不辜负这份机缘，这份荣耀。

三、三次留学经历

由于各种机缘，走上工作岗位以后，有机会去过世界上的 10 多个国家，美国、英国、日本、韩国、新加坡、墨西哥、印度尼西亚、瑞典、爱沙尼亚芬兰等国家，印象最深的还是 2007 年去的日本，2010 年年底去的英国和 2016 年去的芬兰。因为在这几个国家的时间最长，对于我的教育国际视野影响也是最大的。

（一）日本之行：2007 年 6 月 10—28 日

※为什么会去日本？

作为 2007 年度中日青年友谊计划，应日本政府邀请，共青团中央组织来自全国各地的 100 位青年代表赴日考察（简称"中国青年考察百人团"）。本人有幸受共青团浙江省委委派与经济界一位代表田宁总裁一同前往日本执行友好访问任务。

数字看日本：从当时日本国驻华大使馆新闻文化中心提供的一份材料看来（2005 年数据）：日本的国土面积 37.8 万平方千米，人口 1 亿 2776 万，国内生产总值（GDP）45668 亿美元，人均 GDP35751 美元；相对应我国的数据：960 万平方千米，人口 13 亿 756 万，国内生产总值（GDP）22257 亿美元，人均 GDP1707 美元。这一组数据一对比，就基本清楚日本是发达国家，而中国是一个发展中国家。

※日本研修内容

本次研修由日本国际协力机构（Japan International Cooperation Agency，JICA）中心负责，18 天的时间走访了石川地区的中小学、地方教育政府，还结合住进了日本友人家里，也结合当地的风土人情，进行了观光考察。全方位深度地体验了日本的生活和教育情况。

※日本研修体会

如果抛开两国历史，去除国家之间的政治较量。走进日本，走近日本教育，是一次难忘的丰富美好的经历，走在日本街头，普通的日本人给我们留下了深刻的印象是：有礼有节、认真负责、节约守时、规范有序、勤劳坚韧、高效务实。

记得有一天下午，学习完规定的课程，我们教育团的大部分成员一起去大阪，从 JICA 中心出发，坐上电车，到了大阪，去的时候，因为有翻译陪同，心里还算有点底，但是回来的时候没有翻译，很是侥幸。不过，在这个过程中，我们很是感激几位素不相识的日本青年，一位是推着纸箱的工人（充其量是蓝领），当我们询问哪里是家电城的时候，他其实不知道在哪里，但是他停下手里的推车，自己去问旁边的人，问好了再告诉我们，让人心存感动。回来的时候，日本的电车轨道很多，我们不知道从哪个站台坐哪个方向的车回来，有一个估计是刚下班的日本青年（是一位白领），他告诉了我们在哪里坐，并且告诉我们是第 2 站下车，可是我们坐来的时候是第 6 站，怎么回去会是第 2 站了？写在我们脸上的疑惑他可能看出来了，他没有多说，只是重复着他的话，上了电车，他也上了，我们还以为同路，到站的时候，他告诉我们车站到了，真的是第 2 站，因为这是快车，后来道别的时候我们才知道，原来他不是来这里的，他先把我们送到这个车站，自己再去坐地铁回家……在日本街头如果问路，不用任何的担心，一定会得到热情的指引。

尽管有些走马观花，尽管我们的行程只是穿越大阪路过京都停驻石川，尽管我们不能与日本的师生进行深入的交流……但是，日本基础教育的种种现象还是给我们留下了深刻的印象，结合当前国内基础教育面临的焦点问题，职业的敏感让我们不断在比较，在欣赏，在借鉴，在感悟。

（1）学校均衡发展：硬件软件都公平。

图 6-1

基础教育的校园建设，就如同是日本社会基础建设的缩影，城际之间、城乡之间没有太大的差异，在很多地方，学校成了本区域最好的建筑之一，学校的硬件建设相对统一，主要来自政府的投入，义务教育阶段全部免费，并且政府补贴中餐的部分费用，日本社会正追求优质的义务教育。然而，日本"少子老龄"的社会现象也给教育带来了影响，因为义务教育阶段基本上要满足"就近入学"，于是就出现有的学校有的年级一个班不足 10 人，综合各种原因，这样的班级在原已建的学校里继续存在，政府没有严格地计算教育成本，而是人性化地让学校延续它的教育功能。

    学校均衡发展中，软件的均衡一直是个难题。日本的做法值得借鉴。每年的 4 月，教育部就会组织一次有计划、有组织的教师流动，流动教师的比例将近 20%，无论流动到哪个学校，教师的待遇都是不变的，还是享受公务员的待遇。不过，在处理的时候，也是比较人性化，让每个教师上班的单程时间不超过 1 小时。学校教师不是某一个学校的教育资源，而是教育行政部门的公共资源，这样想来，软件的教育均衡也是可操作的。

    （2）学生健康成长：个人团队两不误。

    "每天一杯奶，健康一代人"，我有机会体验了一次日本学生的中餐，味道真是不错。健康从饮食开始。同时，日本校园比较注重学生的体育锻炼。不过在操场的布置上略有不同，中国很多的小学校园，条件好的都喜欢铺上塑胶跑道，日本校园，都习惯铺上细沙。当问起为什么的时候，日本教师的回答很简单：学生喜欢。我们有幸观摩了一个学校的运动会，比起中国小学校园的运动会，少了些个人的比

图 6-2

赛，多了集体的比赛，少了竞技，多了表演。在阳光下，学生个个笑容灿烂，有明知得了第 3 名（一共也只有 3 个队）还使劲鼓掌的啦啦队员，他们分明在告诉我们：运动会绝不是个人的竞技场，而是团队精神的发扬地。运动会没有观众，人人都是主人。

图 6-3

    注重团队，并不是不关注个体。恰恰相反，日本的校园里很关注学生的个性，即便是有些先天残疾的孩子，也能在公办学校得到应有的教育，学校在建设时会为他们开辟出相应的场所。学校总是希望每一个学生能在校园里得到充分的发展。就像他们唱的一首歌那样每一个人都是"世界上仅有的一朵花""不要争做 NO.1，我们每一个人都是 only one"。

（3）公共资源建设：学校社会来共享。

在日本的校园里访问，能了解到社会为学校做了很多的志愿工作。学校组织运动会，会有社会人士来赞助；在接送学生上下学时，也有志愿者来维持交通秩序。在学校组织一些活动的时候，总有社会志愿者参与其中，社会志愿者充当了学校的另一部分人力资源。

与此同时，学校为社会开放资源。学校的图书室，白天学生用，晚上就向社区开放，学校的室内球场，白天师生活动，晚上就可供市民活动……在校园建设的时候，就已经考虑到了这些资源的共享，如果有些只能供学校教育所用，不便共享，学校会用一扇门隔开，区分哪些是社区用的，哪些是学校用的。

学校与社区，相互共享，构成了一个和谐的共同体。

感谢JICA给予我们研修的机会和关照，认真是一种态度，用心是一种境界，感动上田先生、山本老师、北川老师的认真与用心，感谢他们的帮助和体贴，从他们身上学到了很多的东西，感恩生活中有这么一段美好的回忆，丰富着我们的心灵，启迪着我们的思想，幸福着我们的人生。

（二）英国之行：2010 年 12 月 29 日—2011 年 6 月 29 日

※怎么会去英国？

2010 年年底，根据"国培计划"的总体部署，教育部组织实施了中小学教师海外研修计划，选派了 30 名中小学教师分别赴美国和英国进行为期 6 个月的海外高级研修活动，旨在了解国外先进的中小学教育发展状况和趋势，学习先进的教育理念和方法，进行中小学教育的比较研究，将来在实施素质教育的过程中发挥更好的示范、辐射和引领作用。

我有幸被时任教育部基础教育课程中心处长有宝华推荐，交了个人材料，最后入围面试人选。北京来电：参加面试，需要用英文。我当时就在犹豫要不要去，就凭自己这点初中水平的英语，怎么行啊？电话那头的回答很清楚：通知不通知，是我们的工作，来还是不来，是你自己的决定？我想了想，哪怕就当北京一日游吧，我就去北京"赶考"了。面试的时候，巧合的是碰到了华东师范大学张华教授和华南师范大学的高凌飚教授，之前，他们对我的业务水平有所了解，但我的英语水平实在是太差了。过了一段时间，记得还是在我们组织西博会名师名校长论坛期间，我

当时在后台忙着会议主持，忽然，电脑里跳出一个邮件提醒，我点击一看，居然是：恭喜您，您被入选教育部首批公派留学英国的高级研修团。就这样，开启了一段难忘的英国之旅。

※英国的研修内容

英国组一行 14 人于 2010 年 12 月 29 日来到英国里丁大学，承担此次培训任务的英国里丁大学教育学院（全英教育学院最新排名第三）。对于 6 个月的研修活动，工作人员做了周密的安排，除了精选大学几位资深教授做专题报告（包括外请伦敦大学的教授等），让学员对英国教育有整体了解，还精心联系当地最有代表性最好的 4 所学校供我们以小组为单位实地考察，在基层学校实地考察的基础上，还安排了每两周一次的大学回校日，让我们与项目中心主任李大国博士交流，同时以小组为单位与大学导师面对面进行咨询辅导。

考虑到我在国内的工作重点，工作人员还在观摩中学的基础上，特意安排了近两周的时间让我们去英国的小学实地考察。

在工作人员的统一安排下，我们先在大学集中研修 2 周，然后在 2 所中学蹲点，分别在里丁肯德里克女子学校观摩 11 周，在梅登厄里学校观摩 4 周，后来去了 2 所小学，分别去了圣彼得小学和奥郡特小学约 2 周时间。来到中小学，除了听一些专题介绍，主要是进班听课，先后一共听了大约 100 节课。同时，还在导师和同伴的指导协作下有计划地对英国的教育专家和学校校长进行了 5 次比较正式的录音访谈，分别是英国里丁大学教育学院院长安迪·古德文教授、英国里丁肯德里克中学校长 Mrs. MarshaElms、英国南安普敦大学范良火教授、英国里丁大学教育学院凯瑟琳博士、圣彼得小学副校长等，在英国访学期间，所见所闻，专门开设了博客"我在英国这半年"，写了 88 篇博文，约 20 万字。其中，已有 2 篇访谈文章在第一时间在国内《中国教育报》刊发，数学教育的相关文章也在《小学数学教师》连载。

对于本人研修来说，主要的收获集中在三个方面，第一个方面是教师教育方面，有大学的教师教育经验以及校本层面的教师教育模式；英国求真务实的职前教育给了我们很大的启发。第二个方面是教育管理，英国学校层面的一些管理理念，尊重儿童，更加切合教育发展的规律，有很多管理的细节都值得我们学习，比如"校长的信任""一线教师的科研""目标的分层""慈善活动""书香校园"，等等。第三个方面是学科教学，主要是从课堂观察中引发的英国数学教育的几个重要特征，以及对国内数学教育的启示。这部分也是本人着重完成的研修报告。

图 6-4

※英国研修体会

虽然这次留学只有六个月，但在英国却显得漫长。因为我们常说一年四季，但是在英国一天就有四季，有时早上还看到大太阳，中午说不定就下起绵绵细雨，夜晚甚至让人感觉到寒意，春天的风、夏天的雨、秋天的枯木、冬天的雾有时会混搭在一起，虽然也有人为这样的天气叹气，但是英国人却自豪地说：英国就是英国，英国的天气最适合英国。同样，当我们置身在教育改革的背景中，可以类比的是，中国教育的经验最适合中国。

诚然，他山之石，可以攻玉，如今站在国际视野上，做好教学改革变得越来越重要。身处异国他乡，我们努力克服两种极端认识倾向。一种就是盲目接受，把别人的"过去时"转化我们的"现在进行时"，看到表面现象，透析背后原理，反思前因后果，才是成熟的学习品格。另一种就是盲目排斥，总觉得别人的就是不适合自己的。其实，有时不一定要"照搬照抄"，有待"改良""嫁接"，但绝不至于"全盘否定"。通过学习国外的一些经验，类同的会坚定你的思想，不同的也会在你考虑问题的时候多一种角度，丰富认识，拓宽眼界。

面对纷繁复杂的信息，我们应该坚信：适合的才是最好的。翻看历史，别的国家成功的经验，生搬硬套到中国难免"水土不服"，有时甚至出现东施效颦的尴尬。教育本源相通，但不能用简单的"种属"关系来迁移教育的思想，从某种角度说，中

国的基础教育就是中国的基础教育，有其独特性，无可替代。

　　我们站在英国的土地上，翻看英文教材，走进英国教师的课堂，对话讲英文的孩子，我们深知国情不同，文化背景不同、社会价值观也不同，新鲜不意味着先进，人家常用也不意味着对我们有用，某些方面延后绝不意味着落后，某些方面不习惯并不是一种错误。我们也深知，中国教育有自己的特色，英国也有英国的专长，英国教育大臣还在演讲中倡议要向中国的教育改革学习，说中国是"重视知识""尊重教育"的国家。看来扬长避短、相互学习是未来国际教育交流的一种基本态度。

　　有时我们常常顺口溜似的说"面向世界胸怀祖国"，然而，要真正做到谈何容易。在学习路上，一方面，我们需要静心地虚心学习，另一方面也要警惕不要在"外国月亮"下迷失自己前进的方向，作为一位学员，我想唯有多看多听多思考，看到的现象就是事实，实事求是地记录所见，听到的声音就是观点，原原本本地记录所闻，事实只有一个，感想启示各可不同，结论还需谨慎。

(三)芬兰之行：2016 年 10 月 4—25 日

　　※为什么去芬兰？

　　芬兰位于欧洲北部，与瑞典、挪威、俄罗斯接壤，南临芬兰湾，西濒波的尼亚湾。面积为约 34 万平方千米，人口约为 550 万。与我国浙江省相比，面积约是浙江的 3 倍，人口相当于浙江的十分之一。为什么这样的一个国家，教育却在全球享有盛誉，引发全球的关注？主要是因为在 PISA，近年来不论是阅读素养、数学素养，还是科学素养，芬兰的青少年都是名列前茅。

　　在制定"十三五"教育发展规划前夕，为了积极推进教育国际化，切实推进区域教育优质均衡发展，在国家外国专家局的批准下，上城区教育局组织了中小学学校和服务型机构的研究人员组成 18 人基础教育考察团，远赴芬兰进行了 21 天的专题实地培训，试图揭开"芬兰教育全球第一的秘密"。

　　※21 天在芬兰去哪里？

　　第一周，我们在芬兰的坦佩雷大学接受培训。坦佩雷大学教育学院院长带领教授团队，给我们介绍了芬兰教育体系以及芬兰教育基本的情况。讲座中还具体介绍了芬兰的学校系统、历史与发展状况，包含教育政策，教育理念等。芬兰方面的负责人还特意安排我们参观大学的附属小学和中学，在小学我们观摩了学校的反霸凌项目，在中学，我们观摩中学课堂教学。在附属中学，校长还安排了有经验的教师给我们介绍芬兰研究型的教师培养模式，介绍了教学成功的经验。在坦佩雷大学，学院还就当前芬兰的学校教育评估与教学质量管理做了专题介绍。让我们对芬兰学校管理模式有了初步的了解；学院还特别安排我们与坦佩雷教育部儿童特派员座谈交流，特派了儿童委员会的学生代表与我们见面交流，让我们了解到芬兰政府如何让儿童与青年参与到学校教学与社会发展中。

第二周，我们来到了芬兰首都赫尔辛基。为了让我们对中芬教育有一个全面的了解，相关负责人特别邀请了坦佩雷大学华人教授蔡瑜琢先生为我们进行了讲座，此前蔡先生刚刚陪同中国教育学会原会长顾明远先生访问芬兰，他为我们系统全面地介绍了他眼中芬兰教育成功的秘密。

为了对芬兰教育有一个立体的全面考察，我们开始考察芬兰的社会教育机构。第一站是芬兰海蒂自然生态中心。海蒂自然生态中心是芬兰中小学生的课外教学基地，在此我们实地观察了芬兰学生如何在校外进行学习，体验了芬兰学校以外的学习环境和芬兰国家对教育的软性支持在基础教育中起到的作用。第二站是芬兰科技馆。科技馆的工作人员为我们进行了科技馆教学法的介绍，使我们了解了学生如何在科技馆通过自己的方式体验有关物理、科学、天文等各方面知识。第三站是芬兰社保局，我们对芬兰的妈妈大礼包以及芬兰的社会福利保障系统有了概要的了解。

第三周，我们开始走访各种不同类别的学校。第一站我们参观访问了波尔沃职业学校，校长以波尔沃学校的管理为例子具体讲诉了芬兰学校的管理模式。在职业学校，我们还听取了哈格·赫利尔应用科技大学教授对高校选拔优秀人才的模式、录取模式及考试内容的相关介绍。第二站，我们走访了芬兰凯瓦昆普小学和中学，了解了学校的教学活动安排，并分班听课。第三站，我们拜访了赫尔辛基大区万塔国际学校，了解了芬兰国际中学的特色，深入了解了国际教育、英语教学以及国际课程的发展和有关国际项目。第四站，我们拜访了芬兰曼纳海姆儿童福利联盟。芬兰曼纳海姆儿童福利联盟是芬兰最大的儿童福利组织，我们了解了该社会组织如何与学校合作共同促进中小学生发展，并听有关专家讲述了学生在求助热线上对学校教育的看法，了解了该组织如何为学校协调 MLL 项目（同伴领袖、学校和平、互联网安全）。

　　※对芬兰教育印象最深刻的是什么?

　　(1)我们也倡导尊师重教,但芬兰的教师职业受到了更大程度的欢迎

　　传统上中国和芬兰一样,都坚奉:百年大计教育为本,富国强民的根本在教育。教师是广受尊重和欢迎的职业。如今,在中国,随着社会经济文化价值观的悄然转变,教师受尊重的程度也在发生变化。在近几年上城区新入职教师的问卷调查中,对于"您为什么会选择教师这个职业?"回答选项中"就读师范,顺其自然"这一选项选择人数最多,达35.6%;居其二的是"职业比较稳定",达28.2%;而选择"喜欢这个职业"的人数比例为22.4%;"从小的理想""收入较高"这两个选项选择的人数比例不足5%。坦佩雷大学教育学院每年招生120至130名学生,而报名者约两千人(入学基本条件是普通高中毕业),入学率有时不到5%(坦佩雷大学招生的平均录取率是10%)。这样严格的筛选,在很大程度上保证了师范生源的质量。为什么在芬兰教师职业会受到如此的欢迎?是不是工资特别高,倒也不是,芬兰基础教育教师的工资水平只是稍高于芬兰平均工资水平,但是每年三个月的假期还是很具吸引力的。另外,在芬兰当教师需要有硕士学位,入读大学教育学院几乎是唯一的途径,这也使师范教育更具吸引力。从精神层面来看,芬兰教师在教学和业务规划上享有很高的自主权,这也提高了教师职业的幸福感。

　　(2)我们也说以人为本,但芬兰的学生得到了更为有力的保障

　　都说教育公平,芬兰的公平是从每一个生命诞生开始的。芬兰的社保工作有一个特色,就是符合条件的妈妈们在医院生下孩子的时候,无论是谁,都会得到一个"妈妈大礼包",里面有婴儿必备的生活用品,能够保证婴儿在舒适的条件下健康生长。每一个孩子在上学之前,每一个人都有15次免费的体检,能够保证每一个孩子健康的成长。从2015年8月开始,6岁的孩子都要上学前班,相当于义务教育又向前提前一年。

　　芬兰教育不仅免收学费,而且还提供免费学习用品和午餐,如果远的,政府还提供免费接送。不是国家保障的免费教育阶段,也提供了完善的申请补助计划,之所以这样做,是希望不要因为经济的条件而影响不同人的学习成长机会。

　　都说顺应天性,芬兰的学校更让孩子喜欢。我们都希望学生在一个放松的环境下学习,可是怎样让学校成为学生放松的地方?学生们一走进学校就把鞋子脱了,穿着袜子或者轻便的鞋子,就像在家里一样。环境上的舒适只是学生进行良好学习的基本

前提，更重要的是心理上的安全。每一个教师在每一个课堂要去考虑全纳教育，让每一个孩子得到有差异地发展。当发现学生在某些方面的确存在困难时，学校的特殊教育教师会在第一时间组织专题的辅导，努力让学生在起始水平上取得积极的进步。芬兰教师认为：教育的目的不单纯是成绩，而是我们教育的人能够在社会中最大限度的实现自身的价值。芬兰的教育提出：让所有的学校像同一个学校一样。促进教育公平和均衡发展；但同时又希望，让每一个学生变得不一样，促进个性成长。

芬兰的教育没有落下一个孩子，从孩子出生开始。芬兰教育没有死胡同，为愿意接受学习的孩子们随时提供机会。

（3）我们也说办学自主，但芬兰的学校得到更为充分的信任。

都说办学自主，学校处在对办学做出决策的最佳位置。与我们的教育机构相比，芬兰没有那么多教育机构。芬兰没有教研室，教学研究主要在学校；芬兰没有教师培训中心，倒是有教师培训学校；芬兰没有督导评价，学校有高度的自治和自主，因为社会相信学校有责任提供高质量的有效教学。教育的信任度是很高的。就像人民相信警察一样，民众也相信教育。在芬兰，课程标准由国家教育委员会制定和颁布，但教材的选择、教学方法的选择、课堂组织、教学活动、评价方式都由老师们全权负责。

如果说没有那么多服务的机构，芬兰教育会显得孤立无助，那倒也不是。倒是相反，可以为学校提供教育帮助的机构和场所还有很多，像很多校外的机构基地、科技馆以及基金会和非政府机构，都在关心教育事业。科技馆为学生提供了科学探索的课程，森林公园为学生提供了野外生存的环境，儿童福利组织与学校合作共同维护中小学生应有权益，等等。

芬兰教育成功的秘密有很多条，但一定要我选最重要的一条，我选：信任。教育的卓越源自对教育、对学校、对教师、对学生的信任。

（4）我们也说教师为本，但芬兰的教师教育更务实

精选人才，课程设置实践化。芬兰通过高质量的教育培养体系吸引最优秀的人才进入教师队伍的做法值得我们借鉴。芬兰没有教师资格证书，取得中小学教师资格的唯一途径是通过在大学教育学院学习并取得硕士学位。报考师范专业竞争非常激烈，如坦佩雷大学是芬兰最热门的大学之一，每年的录取率只有10%，而该校师范专业的录取率有时不到5%。芬兰师范教育主要是在研究型大学完成的，其核心理念是：基于研究、与实践紧密结合。教学中，聚焦师范生核心素养，突出专业精

神的凝练和培养；突出教学实践，实习课程系统化，注重以实践问题整合课程知识，凸显教师教育课程内容选择的实践品性；以实践问题切入学习专题，并围绕这一专题提供必要的理论知识、训练相应的技能，并在实践中使问题获得解决。

聚焦问题，研究结果资源化。据介绍，芬兰教师没有严格的继续教育制度。教师的职后培训的原则要面向需求（客观上）、面向要求（主观上）和面向实践。芬兰教师培训十分重视教师需求，突出知识和方法的更新，教师职后培训项目强调个性化设计，可灵活参训，教师可根据自我的需要进行相应课程的强化学习，这些课程与教师的教育实践紧密联系。培训者面向教师实践，将客观需要和主观需求紧密结合，针对教师工作实践中碰到的问题，非常注重学员个人信息的调查和分析，重视学员的人生经历，以提高教学活动的针对性和准确性。同时，在教师教育中关注教学研究成果及其推广，套用教授的话那就是"原创思想得以应用"。注重针对性，实现有效性，这一切都值得我们的教师培训机构借鉴。

（5）我们也说教育公平，芬兰的公平更加系统化

学习之路的公平。芬兰教育从顶层设计到基层的执行，处处都体现着公平这一思想。芬兰教育面向全民，从学前教育到终身教育，人人都有免费接受的平等机会。无论是在大学教授的讲座中，还是小学校长、教师的介绍中，他们都多次提到了芬兰的学制特点（图6-5）。

芬兰实行的也是九年义务制教学，学生在完成义务教育之后，可以选择升入普通高中或者是职业学校继续学习。升学是不用参加中考的，而是让学生自主去选择（家长不能干涉孩子的选择）。那么问题来了，用什么样的标准去衡量谁能上什么样的学校呢？在芬兰的学校里，都有学习辅导教师，他（她）的职责不是辅导学生作业，而是通过观察，记录学生的成长、学习经历，通过与学生的交流，帮助他们选择最适合自己的学习方法，以及今后适合自己的学校。即使是升入职业学校学习的学生，都是有机会进入理工大学学习的。如果能够完成高中会考（这是芬兰孩子唯一的一次统一考试），也可以升入综合性大学学习。

学校课程的公平。在芬兰的学校中，没有主课与副课之分。拿语言课来说，芬兰的孩子们除了学习芬兰语之外，还要学习瑞典语、英语等语言，最不可思议的是：如果一个学区内有六个相同外籍的学龄儿童，政府还会为学校配备这个国家的母语教师。

芬兰的学校有自主选择教材的权利，芬兰教师也可自主选择上课的形式，可以

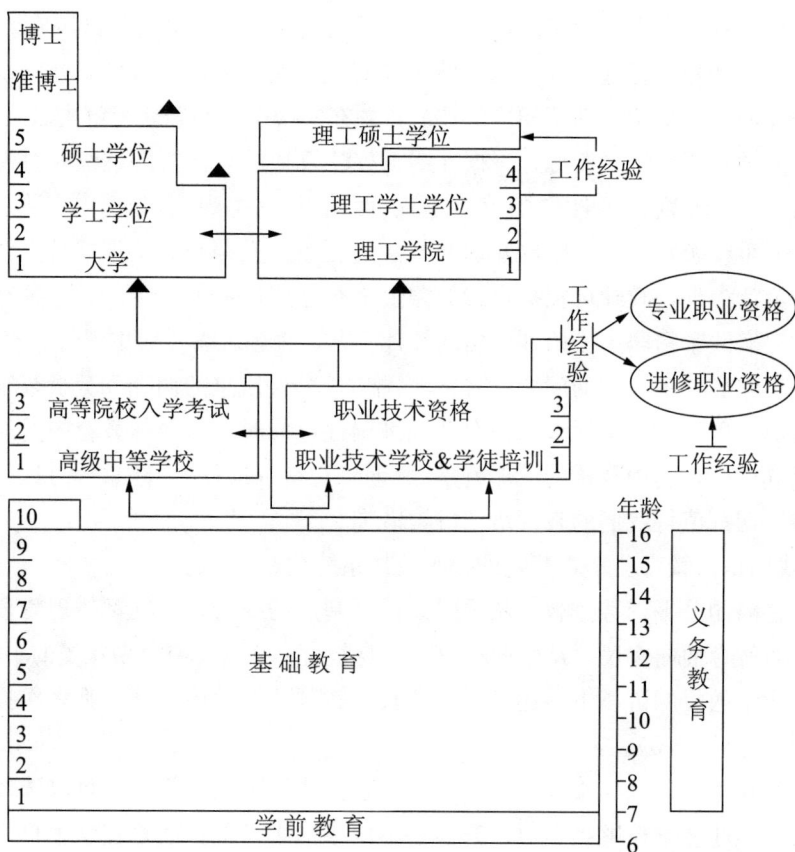

博士

准博士

理工硕士学位　　← 工作经验

5
4　硕士学位　　　　　　4
3　　　　　　理工学士学位　3
2　学士学位　　理工学院　　2
1　大学　　　　　　　　　1

工作经验 → 专业职业资格

→ 进修职业资格

工作经验

3　高等院校入学考试　职业技术资格　3
2　　　　　　　　　　　　　　　　2
1　高级中等学校　　职业技术学校&学徒培训　1

年龄

10　　　　　　　　　　　　　　　16
9　　　　　　　　　　　　　　　15
8　　　　　　　　　　　　　　　14
7　　　　　　　　　　　　　　　13
6　　　　基础教育　　　　　　　12　　义务教育
5　　　　　　　　　　　　　　　11
4　　　　　　　　　　　　　　　10
3　　　　　　　　　　　　　　　9
2　　　　　　　　　　　　　　　8
1　　　　　　　　　　　　　　　7

学前教育　　　　　　　　　　　6

图 6-5

采用现代教育技术来进行网络教学，也可以采用传统的课堂教学。

　　相对而言，正如前面我们所说的那样，芬兰的学校也相当注重实践与动手能力的培养，学校里的家政课都是"真刀真枪"上马。学生在厨房学习完成之后，都会享用自己的劳动成果。在凯瓦昆普中学，带领我们参观的学生居然还给我们示范了如何利用织布机来织壁毯。

　　人与人之间的平等。在芬兰期间，我们多次听到了两个名词："全纳教育"和"反霸凌"。其内涵也是反映了人与人之间是平等的。芬兰的全纳教育就是关爱每一个学生，不让一个学生掉队，无论你是身体有残疾还是学习有障碍，都能在芬兰的普通学校就

读。学校会专门配备助理教师来管理这些"特殊"学生，教室里有专门的区域(或是小教室)能让助理教师来专门辅导学生，协助他们顺利地完成学习内容。

"反霸凌"项目虽然从表面上看来是反对校园欺凌现象，指导学生正确对待校园、网络等欺凌事件。其实在我看来，也是对人人平等的一个诠释：没有人是可以有特权的，每个人都有自己的尊严，每个人都应尊重别人，同时也会获得别人的尊重。

当然芬兰重视平等的教育观念也曾受到过自己本国一些专家的批判，认为基础教育太注重公平，不注重精英教育，会导致国家没有精英人才。然而我们也看到，就是这样注重大家平等，注重"先见林后见树"的团队观念，让芬兰在 PISA 中是取得了团队的胜利。反而观之，芬兰的教育真出不了精英人才吗？那诺基亚曾经是如何在世界称霸的？"愤怒的小鸟"这款手游是如何风靡全球的？还有全世界 70% 的网络服务器用的 Linux 操作系统，这也是芬兰的学生创造的……平等就是芬兰教育的公开的秘密。

附：普鲁斯特问卷问答

1. 你认为最完美的快乐是怎样的？

用自己的努力让别人得到快乐。

2. 你最希望拥有哪种才华？

独立个性思考，与人愉快合作。

3. 你最恐惧的是什么？

家人的安康。

4. 你目前的心境怎样？

遇否勿忧，逢泰微喜。

5. 还在世的人中，你最钦佩的是谁？

生活中我有个人崇拜主义的倾向，但一定要选一个最钦佩的，确定不了。

6. 你认为自己最伟大的成就是什么？

没有伟大，小的成就是人生中大多数人认为我是好人，少数人认为我是坏人。

7. 你自己的哪个特点让你最觉得痛恨？

明知这件事很重要，却不能把它做到、做好。比如多看书、学英语，多陪孩子。

8. 你最喜欢的旅行是哪一次？

与家人一起去苏格兰。

9. 你最痛恨别人的什么特点？

源自不理解的误解。

10. 你最珍惜的财产是什么？

亲情与友情。

11. 你最奢侈的行为是什么？

躺在阳光下的草坪上美美地睡一觉。

12. 你认为程度最浅的痛苦是什么？

丢了不重要的东西。

13. 你认为哪种美德是被过高地评估的？

彬彬有礼。

14. 你最喜欢的职业是什么？

教师。

15. 你对自己的外表哪一点不满意？

明明不喝酒却有"啤酒肚"。

16. 你最后悔的事情是什么？

人生是选择，没有什么好后悔的。

17. 还在世的人中，你最鄙视的是谁？

暗地里中伤别人的小人。

18. 你最喜欢男性身上的什么品质？

淡定。

19. 你使用过的最多的词语或一句话是什么？

改变一点点，一点点改变。

20. 你最喜欢女性身上的什么品质？

善良。

21. 你最伤痛的事是什么？

被人诽谤。

22. 你最看重朋友的什么特点？

真诚。

23. 你这一生中最爱的人或东西是什么？

我的父母与妻女。

24. 你希望以什么样的方式死去？

不让别人痛苦也不让自己痛苦的安然离去。

25. 何时何地让你感觉到最快乐？

家人团聚的时候。

26. 如果你可以做改变你家庭的一件事，那会是什么？

多一些一家老小欢聚在一起的时间。

27. 如果你能选择的话，你希望让什么重现？

重现没有亲人离去的时光。

28. 你的座右铭是什么？

谦卑做人，扎实做事。

29. 你喜欢在哪儿生活？

有中国的亲人有英国的环境的地方。

30. 你认为现实中的幸福是怎样的？

与朋友带着家人无忧无虑地看世界。

31. 哪一种错误你觉得是最可以被纵容的？

在努力想把事情做得更好的动机下却因过失引发的错误。

32. 虚构人物中你认为谁是英雄？

孙悟空。

33. 你最欣赏的历史人物？

我知道的历史不多，文字的历史本身也有立场，我还是不回答了。

34. 现实中最欣赏的女性是谁？

这个问题如果不说自己的妻子会是什么后果，大家都懂的。

35. 你最希望拥有的？

健康。

36. 你最希望成为谁那样的人？

令人尊敬的老师。

37. 你最显著的特质是什么？

对人真诚，与人为善。

38. 你最想成为什么？

一个能为孩子和教师创造一个幸福校园的校长。

39. 你天性中的缺点是什么？

顾此失彼，优柔寡断。

40. 你最想在哪个国家生活？

英国，最好是推广普通话的英国。

41. 你最珍惜的东西是什么？

信任。

42. 觉得自己最有底气最自豪的能力？

友好相处，协同创新。

43. 什么是你最不喜欢的？

虚伪。

数学教育方面的问答：

1. 在您看来，数学是什么？

数学是通向未来学习、生活、工作的基础工具。

2. 您认为怎样的课是好课？

学得开心，很有收获。

3. 您追求成为怎样的教师？

学生喜爱。

4. 您认为，课堂上什么最重要？

让孩子在原有的水平上得到进步。

5. 教师的角色是什么？合作者、引导者、主持人、向导、导演……

最重要的是引导者。

6. 您的成长之路平坦吗？

本来以为不平坦，现在觉得还是平坦的。见过大海的波涛，湖面的涟漪只能说平静。

7. 在您成为名师的道路上有没有关键的一些事，对您起到重要的作用？（思想上顿悟的节点、人生道路的转折、教学风格的蜕变等）

作为教师，我们远大的理想在微小的课堂中，就说几节课的节点吧。在我工作3年后，在全校面前开了一节计算机辅助的数学课，增强了我教学的自信，也确定了我教学研究的方向；在我工作第8年的时候，我上了一节课，使我有机会调动工作岗位，去更高的平台发展；在我工作第18年的时候，我上了一节课，得到很多人的好评，却有国外的学者从不同的角度提出了意见，让我对课堂有了更为全面深刻的认识。

8. 您能成为今天的名师，最大的秘诀是什么？

其实我还算不上名师，只能说是"有名字的教师"简称"名师"，向别人学习是重要的，向身边的人学习，师长、同伴和学生，每一个都有值得我们学习的地方，还要向书本学习，不同的书可以从不同的角度丰富我们的见识。

（成功没有捷径，但有没有秘诀？）

9. 今天，我们怎样当一个好教师？

读懂学生，读懂课程，除了教育学，还要学习心理学、脑科学、信息学。

10. 教师如何让自己变得幸福、快乐？

为每一个学生制定一个通过努力可以达到的目标，不要分分"计较"，也不要与兄弟班"比较"，有时我发现影响教师工作幸福度的就是隔壁班的老师。

11. 您能给年轻的教师一些建议吗？

年轻教师与学生的身心年龄最接近，最应该努力成为孩子的伙伴，成为学生喜爱的教师。作为年轻教师，暂时缺少一些经验，需要虚心学习，不要"自信地说着错误的话"。在学习的过程中，不要盲目照搬全抄，别人常用的您不一定适用；也不要盲目排斥，认为别人的就不会是自己的，类同的可以帮助自己坚定已有的想法，不同的也让您处理事情时多了一个考量的角度，在团队协作中做出自己的个性，形成自己的风格。

12. 您最近几年关注哪方面的研究？

信息技术与学科的融合，小学生数学能力的培养与监测，国际数学教育动态以及数学阅读推广。

附　录

附录1：唐彩斌发表论文和专著索引

文章标题	期刊	日期
将计算和创造能力有机结合的数学活动课	上海教育	1997 年 9 月
简单计算，蕴含创造	光明日报	1998 年 6 月 17 日
"图形的面积"教学设计	中国电化教育	1998 年 10 月
小学数学应用 CAI 的效果研究实验报告	中国电化教育	2000 年 5 月
"图形面积"教学设计	小学数学教师	2000 年 7、8 月
简论 CAI 在美育中的作用	浙江教育信息报	2000 年 11 月 23 日
优化应用题的教学内容	浙江教育信息报	2000 年 11 月 25 日
贴近生活，感受应用	小学数学教师	2001 年 12 月
案例：与众不同	中国教育报	2002 年 4 月 5 日
贴近生活，感受应用	人大复印资料小学各科教学	2002 年 4 月
新教材、新理念、新设计	小学数学教师	2002 年 5 月
数学因为应用而精彩	小学青年教师	2002 年 6 月
信息技术让数学课堂"活"起来	中国教育报	2002 年 7 月 19 日
数学，在信息化环境下纷呈异彩	网络科技时代	2002 年 7 月
让时事走进课堂	小学数学教师	2002 年 9 月
"运行图"练习设计与评析	小学青年教师	2002 年 10 月
正归一应用题还可以这样教	小学数学教师	2003 年 1、2 月
正归一应用题课堂实录与评析	中小学数学	2003 年 4 月
小学数学教学生活化的理解与思考	内蒙古教育	2003 年 8 月
小学数学教学生活化的尝试	中小学教材教学	2003 年 10 月
开放题为我所用	小学数学教师	2003 年 11 月
小学数学教学生活化的尝试	小学各科教学	2004 年 4 月
新教材新理念新课型——单元主题图	小学数学教师	2004 年 6 月

续表

文章标题	期刊	日期
对称图形教学设计	小学数学教师	2004 年 7、8 月
电话里的数学问题	小学教学设计	2004 年 7、8 月
美日德小学数学教材特征及启示	比较教育研究	2005 第 1 月
美日德小学数学教材特征及启示；	人大复印资料小学各科教学	2005 年 3 月
小学数学课程建设中培养信息素养的实施策略	中国电化教育	2005 年 7 月
只有具体才能深入	小学青年教师	2005 年 10 月
解读一线课堂	小学青年教师	2006 年 3 月
小学数学教材建设的实践与反思	中国教育学刊	2006 年 1 月
探寻单元主题图的教学价值	小学数学教师	2006 年 4 月
应用题教学何去何从，	小学青年教师	2006 年 5 月
新课程理念下的四则计算教学	小学青年教师	2006 年 6 月
构建小学新思维数学教学体系	小学青年教师	2006 年 8 月
一个凸显数学本质特征的教学领域	人民教育	2006 年 7 月
教学改革五十年，而今迈步从头越	教学月刊	2007 年 1 月
封面人物，钻石天空专辑	小学教学(数学版)	2007 年 2 月
理性思考数学教学情境的三个关系	小学数学教师	2007 年 1 月
理性思考数学教学情境的三个关系	人大复印资料小学各科教学	2007 年 4 月
形数结合的归一问题	小学数学教师	2007 年 4 月
数学课堂教学设计六问	小学教学(数学版)	2007 年 6 月
问题解决与小学数学教学	小学教学	2008 年 2 月
小学数学教学情境的思考与实践	课程·教材·教法	2008 年 3 月
分数大小的比较教学设计	小学数学教师	2008 年 4 月
新课程背景下应用题教学的若干反思	教学月刊	2008 年 6 月
数学原来可以那么美	小学教学	2008 年 9 月
俞子夷：中国算术教学特色创建者	教育信息报	2008 年 10—11 月

续表

文章标题	期刊	日期
关注课堂是数学改革不变的主题	小学数学教师	2008 年 12 月
心理学研究与小学数学教学	小学教学	2008 年 11 月
院士谈小学信息技术辅助教学	小学教学	2009 年 1 月
台湾小学数学教学解析	小学教学	2009 年 1 月
关于数学本质的对话	人民教育	2009 年 1 月
关于小学数学本质的对话	人大复印资料	2009 年 5 月
追求积极向上的数学教学目标	中国教育报	2009 年 2 月
统计教学重在观念	小学数学教师	2009 年 3 月
简单公式背后蕴藏着什么？	小学教学（数学版）	2009 年 5 月
澳门小学数学教学解析	小学教学	2009 年 6 月
新思维数学新在哪里	中国教育报	2009 年 8 月
基于超级画板的小学数学教学实践	中国电化教育	2009 年 11 月
追忆弗赖登塔尔的思想	小学教学（数学版）	2009 年 11 月
从历史的眼光看待数学教育的发展	小学数学教师	2009 年 12 月
让数学既好玩又有数学味	人民教育	2009 年 11 月
Prospective Elementary Mathematics Teachers' Knowledge in Mathematics and Pedagogy for Teaching：with a Focus on Fraction Division	国际数学教育心理学 PME 大会会议论文集	2008 年 8 月
提升数学素养，降低学习难度——张天孝访谈录	教学月刊	2010 年 1 月
线段，射线和直线教学设计	小学教学	2010 年 4 月
小学数学应用题的本质是数学建模	小学数学教师	2010 年 7、8 月
小数的意义教学设计	小学教学	2010 年 7、8 月
小数的意义教学案例与反思	小学教学设计	2010 年 8 月
从题型到模型，从解题到建模并不遥远	福建教育	2010 年 10 月
上得了理论的殿堂，下得了实践的课堂	小学数学教育	2010 年 11 月
平行和垂直教学设计	小学教学（数学版）	2010 年 12 月
教师教育务实求真——英国里丁教育学院院长访谈	中国教育报	2010 年 3 月 18 日

续表

文章标题	期刊	日期
新加坡模型法教学的启示	小学教学	2011 年 4 月
创建数学素养高学习难度低的数学新结构	新世纪小学数学教师	2011 年 4 月
探寻适合中国小学数学改革的 0.618——周玉仁教授访谈	小学教学	2011 年 5、6 月
福建教育，思考，扬弃什么	人大复印资料	2011 年 5 月
英国数学教育见闻(1-4)	小学数学教师	2011 年 7—11 月
国际视野下的数学教育共性特征-范良火教授访谈	小学教学(数学版)	2011 年 7，8 月
寻找适合点：英国中小学数学教育的观察与启示	人民教育	2011 年 11 月
英国的分数教学	教学月刊	2011 年 11 月
减负：英国的经验与启示	教育信息报	2011 年 11 月 12 日
英国小学数学教育概况解析	福建教育	2011 年 11 月
Improving teacher expertise through master teacher work stations: a case study	国际数学教育	2011 年 11 月
微观英国教育现代化	上海教育环球教育资讯	2012 年 2 月
对数学课程标准的修订的若干思考与启示	新世纪小学数学教师	2012 年 4 月
韩国小学数学教材建设的经验与启示	小学教学(数学版)	2012 年 5 月
英国的小数教学	教学月刊	2012 年 1 月
"四基""四能"给课程建设带来的影响——宋乃庆教授访谈录	小学教学(数学版)	2012 年 7 月
菱形教学的尝试与思考	小学数学教师	2012 年 7、8 月
数学课程改革这十年——刘坚教授访谈录	小学教学	2012 年 7、8 月
敢于尝试，勇于创新——邱学华访谈录	小学教学	2013 年 2 月
名师工作站教师专业发展模式研究	中国教育学刊	2013 年 3 月
教师需要怎样的个人知识	浙江教育报	2013 年 3 月 18 日
中美数学课程与课堂比较	人民教育	2013 年 6 月
立足小学科，做好大教育——吴正宪访谈录	中国教育报	2013 年 4 月 16 日
数学不了情——谈祥柏访谈录	小学数学教师	2013 年 5 月

续表

文章标题	期刊	日期
综合实践活动的案例	福建教育	2013 年 6 月
英国小学数学毕业试卷中空间观念题分析	小学教学	2013 年 4 月
好玩的圆周长	小学教学	2013 年 7、8 月
做有思想的行动者——曹培英访谈录	教学月刊	2013 年 6 月
能力为重的复习教学设计	教学月刊	2013 年 12 月
数学当以能力为重	浙江教育报教师周刊	2013，12、13 日
珠算应克制非遗的冲动	中国教育报	2013 年 12 月 12 日
未来十年中国小学数学教育微观展望	小学数学教师	2014 年 2 月
教学的艺术在于学习材料与序列的选择	小学数学教师	2014 年 2 月
长方体表面积体积教学设计	小学数学教师	2014 年 2 月
漫谈英国的数学考试	小学教学数学版	2014 年 2 月
转换——发展学生空间观念的重要策略一	小学数学教师	2014 年 5 月
操作——发展学生空间观念的重要策略二	小学数学教师	2014 年 7、8 月
一篇篇文章一点点进步一步步成长	小学数学教师	2014 年 10 月
动态几何——发展学生空间观念的重要策略三	小学数学教师	2014 年 12 月
从问题到建议：中小学教育研究的常见范式	人民教育	2014 年 12 月
认识几分之一教学设计	小学教学	2014 年 11 月
认识几分之一教学设计	人大复印资料转载	2015 年 2 月
能力为重的数学教育	小学教学设计	2014 年 12 月
使劲的方向	小学数学教师	2015 年 3 月
数形结合——发展运算能力的重要策略	福建教育	2015 年 4 月
不同的人学习不同的数学	教育视界	2015 年 4 月
新思维坚若磐石的信念	小学数学教师	2015 年 7、8 月
纵观小学数学微课时代	小学数学教师	2015 年 7、8 月
分数乘除法	小学教学	2015 年 7、8 月
课程改革，方向比速度重要	小学教学	2015 年 7、8 月

续表

文章标题	期刊	日期
发展运算能力的重要策略 2	福建教育	2015 年 7、8 月
只有教对，才能教好	小学教学	2015 年 12 月
数学阅读，拓展数学课程新领域	小学数学教师	2016 年 2 月
芬兰小学数学教育成功的秘密	小学数学教师	2016 年 3 月
小学校长眼里的芬兰教育	人民教育	2016 年 3 月
小学数学与信息技术深度融合的二十年探索	教育视界	2016 年 4 月
《数学欣赏：美妙的螺旋》教学与思考	教育视界	2016 年 4 月
英国的课堂：尊重规则的个性发展	浙江教育报	2016 年 5 月
法理并重：发展运算能力的教学策略 3	小学教学	2016 年 5 月
植树问题教学设计	小学教学	2016 年 7、8
小学数学视角对核心素养的思考与探索	小学数学教师	2016 年 7、8
基于核心素养构建时代课程 3.0	中国民族教育	2016 年 7 月
国家核心素养框架需要序列化具体化校本化	中国民族教育	2016 年 12 月

附录 2：主要参考文献

1. 中华人民共和国教育部. 义务教育数学课程标准(2011 年版). 北京：北京师范大学出版社，2011.

2. 张丹. 未来十年小学数学教育展望. 新世纪小学数学教师，2013(11).

3. 史宁中. 数学思想概论. 长春：东北师范大学出版社，2008.

4. 张天孝. 新思维小学数学研究. 杭州：浙江大学出版社，2011.

5. 李希贵. 后行政班时代的教育追求. 中国教育报，2013.

6. 张奠宙. 数学教育研究引导. 南京：江苏教育出版社，1994.

7. 张景中. 超级画板与小学数学. 北京：科学出版社，2011.

8. 辛涛，李峰. 基础教育质量监测的国际视野. 人民教育，2007(13).

9. 马立平. 小学数学的掌握与教学. 上海：华东师范大学出版社，2011.

10. 唐彩斌. 中美数学课程与课堂比较(上)——美国特拉华大学终身教授蔡金法访谈录. 人民教育，2013(5).

11. 张奠宙. 中国数学双基教学. 上海：上海教育出版社，2006.

12. 范良火等. 华人如何学习数学. 南京：江苏教育出版社，2005.

13. 郑毓信. 国际视角下的小学数学教育. 北京：人民教育出版社，2004.

14. 唐彩斌. 怎样教好数学——小学数学名家访谈录. 北京：教育科学出版社，2013.

15. 张绪培. 核心素养如何转化为学生素质. 光明日报，2015-12-22.

16. 马云鹏. 关于数学核心素养的几个问题. 课程·教材·教法，2015(9).

17. 史宁中. 推进基于学科核心素养的教学改革. 中小学管理，2016(2).

18. 唐彩斌. 芬兰数学教学成功的秘密. 小学数学教师，2016(3).

19. 邱学华. 小学数学教学研究，福州：福建教育出版社，1990.

20. 张天孝. 小学数学教改实验，成都：成都科学技术大学出版社，1994.

21. 张奠宙等. 小学数学研究，北京：高等教育出版社，2009.

22. 张奠宙等. 数学教育研究导引. 南京：江苏教育出版社，1994.

23. 张奠宙. 数学教育经纬. 南京：江苏教育出版社，2003.

24. 张天孝. 小学数学应用题教学. 北京：科学出版社，1993.

25. 马芯兰. 小学数学应用题教学中能力的培养. 北京：光明日报出版社，1989.

26. 陈梅芳. 小学数学应用题类型及教学，北京：中国广播电视出版社，1992.

27. 路海东. 韦雪艳，近年来国外数学应用题解决研究述评. 辽宁教育行政学院学报，2002，19(7).

28. 胡典顺. 数学模型方法在中学数学中的应用. 数学教学研究，2007(8).

29. 王俊辉. 小学数学应用题的"弃"与"扬". 小学教学研究，2004(2).

30. 郭兆明等. 代数式应用题图示研究概述. 数学教育学报，2007(4).

31. 张景中. 从数学教育到教育数学. 北京：中国少年儿童出版社，2005.

32. 孙晓天. 数学课程发展的国际视野. 北京：高等教育出版社，2003.

33. 唐瑞芬. 数学教学理论选讲. 上海：华东师范大学出版社，2001.

34. 陈昌平. 数学教育比较与研究. 上海：华东师范大学出版社，2000.

35. 朱乐平. 德国小学数学教学中理论联系实际的做法. 小学教学，1991(12).